看见成长

——河北省名师秦喆工作室研修成果集

秦 喆 主编

南海出版公司

2021·海口

图书在版编目（CIP）数据

看见成长：河北省名师秦喆工作室研修成果集 ／ 秦
喆主编． -- 海口：南海出版公司，2021.5
　　ISBN 978-7-5442-6306-1

　　Ⅰ．①看⋯ Ⅱ．①秦⋯ Ⅲ．①中学教育－文集 Ⅳ．
① G63-53

中国版本图书馆 CIP 数据核字（2021）第 061918 号

KANJIAN CHENGZHANG
——HEBEI SHENG MINGSHI QIN ZHE GONGZUO SHI
　　YANXIU CHENGGUO JI

看见成长
——河北省名师秦喆工作室研修成果集

主　　编　秦　喆
责任编辑　余　靖
出版发行　南海出版公司　电话：（0898）66568511（出版）
　　　　　　　　　　　　　　　（0898）65350227（发行）
社　　址　海南省海口市海秀中路51号星华大厦5楼　邮编：570206
电子信箱　nhpublishing@163.com
经　　销　新华书店
印　　刷　临沂同方印刷有限公司
开　　本　710 毫米 × 1000 毫米　　1 / 16
印　　张　23.75
字　　数　363千
版　　次　2021年5月第1版　2021年5月第1次印刷
书　　号　ISBN 978-7-5442-6306-1
定　　价　88.00 元

主 编 秦 喆

副主编 冯竞超　孔伟利　王　银　秦　琳

　　　　　师文亮　段纪飞　刘　鹏　刘明伟

　　　　　范倩楠　范志会　郭素霞　贾立平

　　　　　来艳宁　徐　韬　张永涛　王变变

　　　　　马进才　王政敏　刘建光

工作室简介

　　河北省名师秦喆工作室吸纳河北省教学能手和学科带头人，现有成员二十二人，其中正高级教师三名，副高级教师九名，其他均为一线一级教师；有一位是主管教学副校长，三位教务或办公室主任，七位年级（副）主任或学科组长。成员业务科研能力提升显著，均为各个学校的中坚力量，均有参加或多次参加毕业班的教学经历，且均担任班主任。他们敬业爱岗，在各自岗位上作出了突出贡献。

秦喆工作室成员基本情况一览表（共二十二位）

河北省工作室成员，共七位，分别来自六所学校：

孔伟利，男，邯郸市第二中学，中学正高级教师；

王　银，男，邯郸市第一中学，中学高级教师；

秦　琳，男，河北师范大学附属实验中学，中学高级教师；

王建平，男，邯郸市永年区第一中学，中学高级教师；

范志会，男，河北师范大学附属实验中学，中学高级教师；

范倩楠，女，河北定州中学，中学一级教师；

冯竞超，男，邯郸市第一中学，主持人助手。

邯郸市数学工作室成员，共十五位，分别来自七所学校：

郑宇邻，邯郸市第一中学，中学正高级教师；

师文亮，邯郸市第一中学，中学高级教师；

段纪飞，邯郸市第一中学，中学高级教师；

郭怀玉，邯郸市第三中学，中学高级教师；

郭素霞，邯郸市荀子中学，中学高级教师；

来艳宁，邯郸市第二中学，中学一级教师；

徐　韬，邯郸市第一中学，中学一级教师；

贾立平，邯郸市第一中学，中学一级教师；

张永涛，邯郸市复兴中学，中学一级教师；

马进才，邯郸市第一中学，中学一级教师；

王政敏，邯郸市第一中学，中学一级教师；

王变变，邯郸市第一中学，中学一级教师；

黄妍妍，邯郸市第一中学，中学一级教师；

刘建光，邯郸市广平县第一中学，中学一级教师；

王聪晓，邯郸市实验小学，一级教师。

工作室研究的方向

　　研究在新课程背景下高中数学教学模式的有效变革对学生的积极影响；探讨在互联网下线上教学方式的前瞻性变革，以及如何围绕学生在自主、合作、探究学习中有效促进其创造性思维发展，实现学生主体地位的教学模式。在教育教学实践中总结一些有价值、可推广的经验，并为此开发新课程下数学探究性学习的课程资源。

前　言

时光荏苒，岁月如梭。河北省名师秦喆工作室已经度过了三个年头，在这创新的时代，工作室按照上级文件的精神要求，扎实地深入到教育教学第一线，积极参与送教下乡，带领一批教师骨干力量敢于担当，顺应了教育大潮的发展。就让我们通过本书一起来体验教育工程是多么富有魅力又多么艰辛和充满传奇色彩的。

河北省名师秦喆工作室是河北省中小学幼儿园教师首批 100 个名师工作室之一，于2017年7月在石家庄挂牌，其宗旨是践行习近平总书记提出的"做四有好教师"，推动基础教育向现代化发展，扩大名师的知名度，带动并培养一批"师德好、业务精、能力强、善创新"的高层次骨干教师，实现"出名师、办名校、育英才、创特色、塑品牌"工作目标。工作室定位于促进河北高中数学教育的区域发展，着眼于促进青年教师专业健康成长，带出一支数学教育教学水平过硬的教师团队。工作室成员由上级教师工作处统一选拔安排，目前共有成员二十二人，分别来自河北省十一所学校。

当今世界教育改革发展的共同趋势已经从知识教育走向能力教育、素养教育。我国的教育改革也从双基转向三维目标，到目前的素养教育。知识、能力、素养三者都是人所共有的，也是可以相互转化的，前两者可以转化为素养，素养也可以生发出知识和能力。

什么叫学科核心素养？核心素养是指学科价值的本质体现，它是最关键、最重要、不可缺的素养。就一门学科而言，其内涵包括核心知识、核心能力和核心品质，核心素养并非三者简单累加，而是在内心潜移默化地根植与渗透，学科本身没有素养，素养是指修完学科之后人自身所留下的东西。核心素养包含三个要素：关键能力、必备品格及价值观念。学科目标定位和教学活动都要从素养的高度来进行。

纵观近三年高考命题，在总的框架保持稳定的前提下，命题思想与评价体系已发生根本性转变，"突出学科素养导向，增强综合性、应用性，以真实情景为载体，贴近生活实际，在学科教育、评价中落实立德树人的根本任务"。

三年来，秦喆老师带领工作室成员送教下乡常态化，在新课程、新理念、中学数学教育、教材教法、学法教育及高考备考等许多方面举办了公益讲座。一切活动着眼于基层学校教师新课程、新理念的培养与提升，送教、送研、送理念，实现与多所学校展开合作教研与同课异构活动，共同分享教育教学成果。工作室学员几乎都参加了活动，或做课，或专题讲座，或经验交流主旨发言等，在数学教学与教育管理等方面不断拓宽深化，结成帮扶团队，竭诚为基层服务，有力实现了数学教育教学资源的整合，达成共同发展的目标。

工作室承担了邯郸市教育科学"十三五"规划重点课题"新课程下高中数学教学模式的变革对学生的影响研究"，从课堂教学模式变革着手，深入研究新课标、新理念；在实践层面上，全力实现学生的主体地位，采取启发式、小组合作式、探究式教学方式，从备课、教研、课堂活动、师生交流、命题测评等角度努力大胆创新，创设了"学思研导"的课堂教学模式。倡导教师要为提高学生的学习能力而教；创设情境实现学生主体地位，以问题为主线层层递进，达成"使要我学为我要学"的学生思想转变；整个课堂充满尊重和激励学生思维发展的气氛，突出学生动眼（观察）、动手（展示等）、动脑（思维活动）、动嘴（自主讲解有序评价）等多元主体活动，形成以学生提出问题来拓展、深化和延伸课堂的良性机制，从而实现有针对性地培养学生扎实的数学基础和学科素养。

本书分为三大篇章，第一篇成长篇，生动记录了工作室成员从选择教师职业到作为事业成为一线骨干教师、名师以及进入工作室之后茁壮成长的经历，案例生动鲜亮，充满着智慧与坚持，更多地表达出对事业的奉献与热爱；第二篇实践篇，学员老师各具风格地阐释了作为实践者如何面对教育教学中的难题作为课题一步步走向成功，如何在工作室指导下忘我耕耘、爱校如家，做出一件件可歌可泣的动人事迹，对同行，对社会各界，尤其对家长都有着可圈可点的参考价值；第三篇硕果篇，体现了平凡工作蕴含着不平凡的成就，硕果不是一朝一夕就能练成的，工作室的经历虽然只是教师生涯中的一个瞬间，然而由此激发出的内在动力是无可限量的！在这里有成功的案例、论文，也有师生来往信件，同时附加了没有公开征集，只是摘录了个别学子代表的发展现状和点滴成就，这是因为几次催促参编老师交"硕果"，老师们却总是那么低调，不过教师的价值其实就是学子日后的成就来代表的，将优秀学子代表的发展现状及成就参偏其中也仅仅是众多学员老师培育硕果的一个缩影。

中国现代教育专家及全国名师工作室联盟顾问，现已七十八岁高龄的成尚荣先生在2019年5月全国《教学转型与课堂创新》高峰论坛暨千山教育峰会上对教师角色做了最新阐释，教师具有七个身份角色：学习者、领导者、引导者、实践者、合作者、促进者、创新者。教师角色的多重性彰显着教师位置的重要性，教师一肩扛着学生的未来，一肩承载着民族的命运。他说"在现实中教师的温暖一般都是给予，而不是被给予：给予学生，给予社会，给予国家……教师可以从学生那里得到感动、启迪和智慧等。繁重的教学任务、频繁的检查评比以及沉重的思想压力难以带来温暖，而教育科研能给教师带来春风，名师工作室的应运而生，使教师抱团蓄势，是教师在温暖中成长的一条捷径"。

在这里，我们可以见证每一位成员在不同的育人环境下成长的经历，体验他们是怎样炼成优秀教师、学科名师的；可以通过真实案例感受一线教师的苦与乐，了解他们怎样实现学生主体地位转换，面对学生的思想焦虑是如何展开工作又怎样帮助学生健康度过青春期的，怎样实现与家长的良性沟通，怎样引导学生学会数学思维等等。在这鲜活的众多案例中总有一例可以贴近你的所思所想，帮你找到解决困惑的金钥匙。

在这里，你可以深度了解主持人秦喆老师在其三十多年的教育教学实践中所积累的成功经验，尤其是担任级部组长时期，在校委会的领导下，依靠工作组带领高三全体员工奋力拼搏，为国家培养出一批又一批的优秀人才！这些经验的总结一定会给你有益的启发！尤其在培养青年教师健康成长和带团队的一些成功做法，对于处于成长期的青年教师或一线中层来说都有可借鉴的价值和意义。

感谢在本书筹备和撰写过程中给予大力支持的各级领导和老师，他们是王伟、张书生、高玉峰、肖波、徐文阁、李永忠、崔建国、索润生、王玉栋、赵艳红、曹洪章、刘洪敏、杨延琦等；感谢工作室的每一位成员，他们的成长成就了这个平台；感谢一起奋斗、一起成长的历届年级领导和团队教职员工及同学们！感谢给予支持和帮助的社会各界所有的朋友们！

感谢您的阅读，希望您在这本书里能看见成长！

河北省名师秦喆工作室

邯郸市秦喆数学工作室

2020 年 7 月 5 日

目 录
CONTENTS

第一部分　成长篇

第二部分　实践篇

第三部分　硕果篇

硕果篇A　教育教学实践课题篇

硕果篇 B　教育教学调研与案例分析

硕果篇 C　师生交流、学子捷报

第一部分

成 长 篇

人们常说，教师是太阳底下最美好的职业。这是对她赋有塑造人类灵魂这一特殊职业属性的赞誉！作为一名教师，我们始终牢记人民教师的崇高任务，为人师表，无上荣光！既然选择了这一职业，就要敬业爱生，勤奋扎实，甘于奉献。

　　教师的成长是伴随着学生的成长而成长起来的，在呵护学生的同时，自己也成熟了。自从选定了教师这个职业，从此就将其视为毕生的事业来做了。育人工程是异常艰辛的，在即将开始的"成长篇"里，你会看见许多感人的故事和成功的案例伴随着工作室成员一步步成长。成尚荣先生说："对待孩子的尊严，要像对待玫瑰花上的露珠一样。""用爱育爱"这或许是他们的相同点。

　　一个人的生活质量取决于他的精神世界的内涵，而敬业的程度决定了他的精神境界的高低。作家路遥曾说过："只有初恋般的热情和宗教般的意志才能成就一种事业。"

育人工程千秋业，鲜活生命绽风采

河北省名师秦喆工作室主持人

邯郸市第一中学　秦　喆

金色的求学时光

三尺讲台，挥洒春秋，作为省重点中学的数学教师，虽不具有数学大师的睿智，但可以追求严谨踏实的个性特征；虽不具有教育家的博大情怀，但可以实现备课上的一丝不苟，课堂上的求真创新；虽不具有艺术家的造诣，但可以探究数形结合的意境和完美对接……

每个人的成长经历都不会相同，而我选择教师作为毕生事业的经历就更加曲折。

小时候，幸福是件很简单的事；长大了，简单是件很幸福的事了。

当年就读的子弟小学坐落在太行山脚下的土坡上，隔着临山一面的窗户便能看到满山的红柿子树，此情此景仍然记忆犹新，那种柿子甜的味道沁人心脾，至今还是难以形容。每当雨天总要光着脚蹚过积满一洼洼清水的山崖上去采摘山崖菜［俗称碲裹莲（音译）］，我记得那时候美好的上学时光并没有什么课业负担，课外都有大把的时间养几只兔子，放学时去山坡野地采集各种野生植物来喂养。那时的天空湛蓝得没有一丝乌云，山涧的流水捧起来就可以喝。那一潭潭清水的深处便是游泳的好去处。快乐的少年时光留下了许多难以忘怀的记忆，老师会亲自带着我们参加野外劳动。课堂上，所有老师的课大家都喜欢听，笔记做得也好，对课本有一种超然的喜欢。那时候对老师顶礼膜拜，认为老师简直就是真理的化身。亲其师信其道，小学记忆深刻的有李玉芳老师、陈洪才老师、张在峰老师，他们衣着朴素，治学严谨，关爱学生，俨然就是家长般的细心呵护。我的初中老师赵染生老师治学严谨，不辞辛苦，风趣幽默，一节课至少板书两个黑板，为了提升我们的数学能力，常常加班到很晚才回家。他的爱人赵怀萍老师是全国模范教师，敬业爱生，堪称典范。还有金钟崟老师、宫学礼老师都是十分受人敬仰的数学教师老前辈。高中记忆深刻的当数中心校的裴桂荣老师，他教学十分沉着，无论多么深奥的数学题都是娓娓道来，始终一板一眼地在板书。高三那年是王培普老师（当年河北省唯一的数学特级教师）担任我们数学老师，他是复旦大学的高才生，对数学教育的理解以及美妙的教学艺术深深地影响了我。这几位老师的言传、身教深深地激励了我，让我高考预报志愿时毫不犹疑地选择了师范院校的数学专业。说到选择教师这一职业作为人生理想，我还要感谢我的班主任王现帮老师、曲新文老师、张炳香老师以及索润生校长等多位令我十分敬重的老师。他们爱生如子、以校为家，在工作上精益求精、实事求是的工作作风使我受益终身。

索润生老师当年是我们子弟校最年轻的团委书记，作为学生会成员的我负责办学校黑板报、刻写钢板，便有机会接触到索书记，每次都能聆听到有关学生成长中的谆谆教诲，困惑便能及时得到释然并找到努力的方向。曲新文老师讲授唯物辩证法，抽象的道理经过曲老师绘声绘色的案例分析，不经意就接受了用一分为二的辩证观点来看待人生与社会，给我个人发展乃至今后的人生之路增添了新的内涵与认识。班主任王现帮老师硬笔字、毛笔字都写得相当有水准，字如其人，语文课每每都讲到人生哲理，粉笔字写得刚劲有力。在让学生学到文学常识的同时，讲做人做学问的道理也使学子受益终身。张炳香老师是我高中生涯的最后一位班主任，她忘我工作的身影至今历历在目，对学生关爱备至，我记得进入大学后的一次假期到家里去看望张老师，言语不多，匆匆一别。参加工作以后，家庭的忙碌及事业压力便失去联系，不久听同学说张老师因患重疾已经离开了我们……内心深处的痛苦无以言表，敬畏之心油然而生……愿张老师在天之灵安息。张老师的毕生付出终有收获，分布在各行各业的学子们一定会加倍努力报答。

常言道，从小看大，一个人的世界观往往是在其早年就深深埋下的。那首歌唱得真好——"长大后我就成了你"，人生真的就是这样富有哲理。

"长大后，我就成了你"

我是 1987 年 7 月到邯郸市一中报到的，不久就担任了班主任。由于个人的勤奋，不断取得进步，连续取得了一些成绩，2000 年便被聘任为年级组长，之后又兼任学科组长，推选为年级支部书记，主抓年级的全面工作并担任两个教学班的任务。在这多重身份的教师生涯中，我始终牢记一切为了学生的健康成长，始终为了一切学生和学生的一切而忘我工作。学生一生发展的奠基在高中阶段尤为重要，是世界观、人生观、价值观形成的关键期，人生要从此启航。每每想到此倍感责任重大，总有种感觉，三年或两年送一届毕业班恍如一年，至今前后共送出了十三届毕业班，因此感觉时光总是那么快！屈指一数三十多年过去了。

1988 年 8 月，我至今仍清楚地记得那是我人生职业生涯担任班主任接的第一个起始班级 88-5 班的岁月。初为人师的喜悦自不用说，面对全班五十六位学子求知若渴的目光，我只有以全心投入工作，以勤奋来赢得学生及家长的认可。从课堂到课外，至今学生相聚仍然记忆犹新。每次班会都要精心准备素材，比如那时教室多媒体配备不足就利用自家电器开展音乐欣赏。《命运交响曲》、小提琴协奏曲《梁祝》等唤醒学生对艺术、对美好生活的向往；邀请书法界名师讲硬笔书法，突出写好汉字的重要性；开展班级野外拉练，那时和学生一起徒步到牛角河以磨炼其意志和毅力；熄灯后的间隙和学生交流苦读经历，培养其吃苦的精神等。都说"师生情，一生情"，三年的陪伴真的很值得。1991 年的 7 月是收获的季节，王建民考入清华大学，牛海珍考入中国人民大学，李学义考入第四军医大学（现中国人民解放军空军军医大学），还有考入上海交通大学、北京邮电大学、北京第二外国语大学等全国知名重点大学共二十一名。自然状态下的本科率当年已经达到约 88%，圆满完成了学校交给的任务。感谢校领导的信任与培育，我从 1993 年到 1996 年连续四年担任班主任从高二或高三接班送毕业班，一口气连续送了三届。1993 届我是高二接的班，当送完这届时，我的自信心大大增强，因为我看到了自己与最优秀班级的差距在缩小，当时我班曹宜的数学考了满分 120 分。到 1994 届我带的三班夏光睿、孙仲云分别考入清华大学、北京大学。他们在来信中说："秦老师始终如一的严格要求，对我们今后求学路以及工作中追求理想、实现人生目标至为关键。"

作为教师在学生身上延续的不仅仅是知识，还应有美好的情感和无私奉献、勤恳耕耘等做人的美德。班主任的作用就像一个大班长，2002 届 1 班荣获省级先进班集体，六十四人中有十五人向党组织递交了申请书，其中陈丽丽在毕业前夕，光荣地成为中国共产党预备党员并考入上海东华大学，大学第一年就成为学生会主席，并当选为上海市青联委员，2005 年在北京参加的全国共青团第二十四次代表大会上，受到了当时的总书记胡锦涛的接见。她在第一时间给我发来短信并通过电子邮件发来了照片，她说这是邯郸一中母校的光荣，她深深地为母校的栽培而感到自豪！之后陈丽丽还被公派到法国攻读硕士学位。

我于 2002 年暑期接首届理科实验班数学课任务，同时担任年级组长。整个假期全部用于预科上课。当年生源没有外界冲击，学生求知欲强，每节课后基本都在学生包围之中。学生提的问题都很有深度，俗话说得好，"教学相长""实践出真知"，这使我有了深度的思考，教学水平骤然提升，学科思想逐步成熟。根据经验，对特优生因材施教，我将高中全部教材提供给贾力岩同学并列出计划督促和指导，基本上高一下半年他就提前完成了全部高中数学课程的学习。2004 年贾力岩就获得了全国数学"希望杯"金牌。在 2005 年高考中，侯广东考取了全省理科状元，贾力岩进入省前十名，一大批学生进入 985、211 大学。

在 2008 年高考中，我任教的两个理科尖子班本科上线一百零五人，上线率达 92% 以上，邯郸市理科前十名有四名来自我班，并且任群同学以总分 671 分（不含加分）的成绩取得了邯郸市理科状元，数学单科 148 分，被清华大学电气工程与自动化专业录取。我所教的学科有效分获邯郸市第一名，本人在教学及管理两个方面荣获校长特别奖。

回忆过去，感受最深的一点，就是当你年轻时一定要有所担当，不仅有"初生牛犊不怕虎"勇气，更重要的是要有一份责任在肩上。无论在班级管理层面还是教学研究，要不断观察、思考、交流和总结，要主动向老教师请教。凭着对教育事业的热爱、坚持与执着，靠吃苦和顽强的毅力才能不断走向成功，从而不断证明自身的价值。正是凭着这股劲儿，我每次都倾尽全力，出色地完成学校交给的任务。

记得有一次我因交通创伤需要二次手术，当时恰逢毕业班工作，我说服家人，把手术安排到炎热的暑假，利用仅有的二十余天时间接受手术治疗，然而治疗并不顺利，康复过程缓慢。然而一想到高三工作的紧要性，我主动放弃了休息，忍着行走的疼痛提早上班上课。当时儿子马上就要中考，初中校有很多工作需要家长的参与，但是却没有更多的时间给孩子，想起这些我总是有些愧疚，欠孩子、欠家人的太多。

年级需要团队各位老师的齐心合作，作为级部主任更应表示出对大家的关心，尤其对身在异乡的青年教师，他们更需要温暖，这是增强年级凝聚力的根本所在。

家在外地的青年教师王小斌，有一次因急性阑尾炎需马上安排住院并接受手术。当时已是晚上十点多钟，当我和他的指导教师岳印山赶到医院时，情况已经很严重，需要立刻做各种术前化验，由于夜里只有值班大夫，我们跑前跑后，同时又与单位联系解决了住院款。王小斌做完手术时，已经是凌晨1点多钟了。

工作室的成员也需要细心呵护，外出送教下乡，很多教师克服照看孩子的难题，甚至出现意外情况，也要按要求按时赶往县里，所有这些都深深体现着一份爱心、一种奉献！

教书育人　无悔一生

教育创新，科研先导。新的教育形势下个人的力量都是有限的，2002 年

3月，我申报河北省教育科学"十五"规划课题"中学师生关系的研究"，获得省重点资助课题立项。在四年的实践研究中，结合班级管理存在的问题列出了八项调查问题，设计调查问卷，历时三年对中学不同阶段的师生进行了普查，共收集到一千余份回卷，获得了第一手关于师生关系定位的详尽资料。我在此基础上撰写了两万余字的研究报告，多次请市教科室、邯郸学院专家学者点评、修正。同时感谢学校领导和教研室的大力支持。经过了几十次的易稿，在2006年11月省级专家组评审会上获得了很高的评价，对中学阶段的师生关系提出了可供操作的十六条措施，对中学新型师生关系的建立提供了具有建设性意义的宝贵经验，尤其提出突出学生主体地位，注重交流与沟通，建立良好的师生关系的若干措施等研究成果，获得在同类学校推广。

2005年、2006年，我先后参加了河北省数学骨干教师的培训和河北省骨干教师高级研修班的学习，利用业余时间加紧充电。并参与编写专业书籍和论文。

想，就壮志凌云；干，就脚踏实地。满足现状是无法适应现代教育形势发展的，随着教育改革的深入，社会对学校品牌的要求越来越高。教师如果没有超人的才情和深厚的学养作为基础，就不会具有感召性的人格魅力和精神气质，也就无法满足学生的需求。学生是祖国的未来，他们的健康成长关系到祖国的兴衰成败。作为一名教师，不言而喻，责任十分重大。站得高，才能看得远。教师要不断学习有关理论，掌握辩证的工作方法、技能，"积好在心，久则化之"，以期内化为自己的素质、健全自己的人格。只有这样，才能将自己平凡的一生化成永恒。我坚信，教师这个职业是自己一生无悔的选择，通过自己的努力，一定能做得更好！

我所教的班曾多次被评为校级先进班集体，我多次获得邯郸市教育系统嘉奖、记功奖励。2000年8月我被中国数学会奥林匹克委员会评为一级教练员；我所教的99级1班，2001年被评为河北省先进班集体。同年我被授予邯郸市"文明个人"称号；2003年我被评为邯郸市优秀科研型教师、邯郸市骨干教师；2004年被评为邯郸市师德先进个人；2005年被评为邯郸市优秀教师；由于工作业绩突出，2006年、2007年两个年度被考核评审为"优秀"等级，2006 年年终考核我获得全校的最高分，并荣获邯郸市二等功奖励及"市级模范先进工作者"的称号；连续多年被评为校先进、优秀、校"五比三树"标兵。连续三届荣获"邯郸一中名师"称号。2007 年度被河北省数学会授予"2007 年高中奥赛辅导成绩突出奖"；长期担任学科组长，年级主任，并带徒弟，充分发挥"传帮带"的作用。工作中我严格做细做实，组织落实好每一次的教研，带头编写教学案、习题集，并做好作业展评。对青年教师的"传帮带"作用体现在把每次上课都作为示范课来要求自己。以校为家，发挥特级教师模范作用。

对于特优生的培养绝不"放养"，清北生也绝非天成，要注重让优秀生树立正确的世界观、价值观、人生观等，只有抱有报效祖国、为人民服务的信念，才是可塑人才。古人有"因材施教"的哲理，当今的实践也充分证实仅有天赋是不够的，要根据国家的教育方针，靠科学的决策和人才培养的客观规律来培育。不仅要有精准的专业备考指导，更重要的是要经历毅力锻造与品格的塑造，要把握其思想脉搏，始终怀有一颗感恩之心。对其阶段发展过程的短板适时制订科学的计划与策略使之悄然超越。决不能在思想上放松要求，特殊对待反而会误导人才发展，对其未来有害无益。2016 届毕业班是历尽艰辛、精心打造的一个成功案例，各个层面的班级均大面积凸显优秀毕业生，考入清北十六人，被国家 985、211 大学录取达九百余人，在校史上多项数据达到了一个顶峰。作为级部主任、工作组组长，我感觉在高中起始阶段尤为重要，树立良好的治学习惯，营造一个过硬的团队是成功的必要条件。个人的智慧是有限的，还需要校领导的方针策略和大力支持，依靠年级工作组和教师团队的力量，并且深度研究高考对人才选拔的要求，做好基础平台，才能为国家培养出更多德才兼备的优秀的栋梁之材。

"甘将心血化时雨，润出桃花一片红。"教师的职业性质注定不仅要言传身教，更要以实践和成效激励、影响学生，把自己全部的爱以不同的形式传达给学生。"如果一个教师将热爱教育事业和热爱学生相结合，他就是一个完美的教师。"用"心"教书，用"爱"育人，用丰富的知识武装学生。教育家徐特立曾说，教师有两种人格，一种是"经师"，一种是"人师"，我认为在做好

"经师"的同时更应追求做一名好的"人师"。

在三十多年的教育教学实践中，我很幸运能聚天下英才而教之，今日以莘莘学子为荣，勤勉工作，发挥余力。俱往矣，聚一帮"绿林好汉""拼命三郎"十年如一日，为了一切学生和学生的一切，舍小家顾大家，为了人民教师这一神圣的使命和荣誉而不懈地努力与拼搏。回忆过去，恍如隔日，峥嵘岁月，无悔人生。曾经一起奋战的他们是刘鹏、杨冰、卢现军、王贺渠、刘明伟、张宁、王红艳等，以及各学科主任张福永、李保荣、张艳艳、刘文宝、王丽、陈旭敏、刘福全、耿学良、王贺渠、卢现军等，感谢给予年级的支持、全力配合的各个职能部门，尤其原教务主任焦运涛、石建军，高考研究室的牛相燕主任，他们认真领会上级精神，深入贯彻，开拓创新，助推年级工作上台阶。另外给予档案、微机、体检及后勤保障的各级主任王艳丽、郭宏伟、李洁、马建辉、何健、贾春平、王凯、田成帅等，他们默默地为一中奉献着自己的一份力量。

在这里不可能一一列举那些仍奋战在教育教学一线的优秀班主任及任课教师，他们同全国各基层尤其贫困地区的老师们一样，以校为家，视生如子如女，包容又不失对目标的追求，为国家培养了一大批德才兼备的优秀人才。虽然我个人获得了一些荣誉，但这都是上级部门及校领导对年级集体的赞誉及表彰，离开了团队，个人什么都不是。所有成绩都离不开校领导的英明决策和信任，离不开团队里每一位老师的勤勉工作。在2019年教师节，当获得"恩师奖"做即兴发言时我曾经说道，我要深深地感谢团队里每一位同人！在我有限的生命里是你们让我留下了难以忘怀的记忆，感谢你们，谢谢！

成长有力量

河北省名师秦喆工作室成员
邯郸市第二中学副校长 孔伟利

孔伟利，河北省首届学科名师，首届正高级教师，河北省优秀教师，河北省中小学优秀班主任，中国数学奥林匹克一级教练员，第三届全国数学青年教师优质课大赛一等奖获得者。曾主持和参与了"十五""十一五""十二五""十三五"等多项河北省重点教育规划课题研究，主持的"三分教育"曾荣获河北省第六届基础教育教学成果三等奖，现为邯郸市孔伟利名师工作室主持人。

时间在繁忙和有序的生活中悄然而过，加入河北省名师秦喆工作室已经有两年多的时间了。回顾在工作室的学习，我感受到这个集体给我带来的收获与欢乐，也让我在这个团队中得到了成长。也许这两年多的时间我并没有值得夸耀的荣誉或值得炫耀的成绩，但工作室领衔人及同行们好学上进、乐于创新、勇于开拓的精神给予我很大的动力。成长是一个过程，是一份快乐，近三年我收获了很多。自我进入工作室以来，有理念的更新，有教育实践的反思，有我个人成长经历的回顾，同时也看到了未来的发展方向。

名师对于青年教师的榜样作用应该体现在实践中的示范与思想引领，这种超越实际行为的精神感染，才是名师的"名气"所应该具有的价值。相比之下，我们更多地应该在教学质量、人格魅力、教学风格、教学情感投入、教育信念与信仰等方面向名师看齐。名师的定义首先应该是在一定地域范围内具有一定知名度、认可度、美誉度、影响力，且专业素养较高的优秀教师。既然称得上名师，那么在某一个领域或者某几个领域必定有其擅长之处。在掌握这些技能或者知识功底的过程中，他们也必然经历过许许多多的心理层面的考验，对于他们在面临不同心理层面的考验时的心理状态进行分析和研究，有利于帮助青年教师在面对类似困境或抉择时更容易找到判断是非的风向标。

我认为名师的基本内涵应该如下：名师，是指在一定的时空范围内通过言传身教培育出众多德、智、体、美、劳全面发展的优秀学生，为国家的教育事业作出重大贡献，富有创造性，具有较高的知名度、认可度、美誉度、影响力的优秀教师。具体而言，名师的基本内涵应该包含如下几点。

独特的人格魅力。名师无一例外都拥有各自独特的人格魅力，这种人格魅力在无形中影响了无数的人，并且这种影响是深远的，而这种影响是和名师个人的奋斗历程、突出的教学成就分不开的。如名师于漪现在已是我国教育界的领军人物，她独特的人格魅力使她成为无数人竞相学习的榜样。

精湛的专业知识。较普通教师群体，名师有更加系统化、精确化和深度化的专业知识。正因为有精湛的专业知识这块基石，我国的蔡元培、魏书生、陶行知、叶澜等名师才能够在教育的某个领域内取得辉煌的成就。

深厚的教学功底。如教学语言、操作技能等教师必备技能性教学因素和诸如教育机制、课堂的监控能力等非技能性教学因素，这些深厚的教学基本功是所有名师之所以成为名师的基础。无一例外，我国李吉林、窦桂梅、鲁杰等名师都有扎实深厚的教学功底。

丰富的实践性知识。丰富的实践性知识只能从教学一线得来。名师在教学过程中对教学的反思、对学生的研究、对专业知识的不断更新等综合成丰富的实践性知识。名师李吉林毕生研究、探索和实践"情境教育"，积累了丰富的有关"情境教育"的实践性知识，名师通过不断地尝试创立了"尝试教学理论"，类似的案例不胜枚举。

突出的科研能力。教学与研究是成就名师的"双翼"。"教"而不"研"则浅，"研"而不"教"则浮。教学是研究不竭的源头活水，研究是教学富有生命与活力的有力保障。新时期名师要具有较高的学术素养和研究能力，才能把教育教学中遇到的问题，及时科学地转换为科研任务，通过对教育科学研究，实现对教育问题及其规律的开拓性认识和探索，从而不断提高教育教学质量。

显赫的教学业绩。与同行的工作成就相比，名师的业绩可谓显著。名师只有在自己的教育岗位上作出了非凡的业绩，深得学生、同行、家长和社会的拥戴才能成就名师之名。像名师徐特立、费孝通、霍懋征等，他们都可谓是桃李满天下。

强烈的合作意识。名师在博采众长之中成长，在日常教研活动和教学总结活动中，我与我的同事时常一起探讨教学方法，学习专家们的先进教学思想，一起进步。不断地汲取同行、专家的教育教学智慧，是为"合"。同时，名师所关注的已经不仅仅局限于本学科的教育功能，还要重视多学科教育功能的整合，需要与其他学科同行协作，共同关注学生的综合素养与全面发展。可以说，合作意识的有无是衡量一名教师能否取得长期发展的一个至关重要的因素。

崇高的精神力量。崇高的精神力量是基于对教育事业的社会历史价值的深刻体会与认同，基于对教育事业的钟情挚爱，基于在教育事业中个人成长及价值创造的幸福追求。名师的精神力量主要包括孜孜不倦地追求真善美的力量。这种精神力量是名师所共有的人格特征，比教师职业道德更深地渗透、融通于教师的所有职业生活乃至生命历程之中。

作为一名有着二十多年教龄的教育者，我通过不断学习、不断实践、不断感悟、不断成长，逐渐明白一个名师应具备的基本内涵。

一、选择教师职业的心理因素

选择教师行业的心理趋向是含有时代特征的。我心目中的好老师除了知识渊博、积极上进、爱岗敬业等之外，更要有自己的特色、个性，要能让学生学会思考、生存、做人。因为老师传授的知识，学生可能会忘记，但老师的为人与处世、对生活的态度、人格魅力却像一缕缕微风，在不经意间吹进学生心里，给学生带来永恒的影响。老师在教育学生思想意识形态方面起着重要作用。爱心比理念更重要。一个空瓶子，向里面倒水，里面就装着水；向里面倒垃圾，里面就装着垃圾。人是什么？人什么都不是，人就是一只空瓶子，向里面倒什么，得到的就是什么。心里装着善良、宽容、真诚、感恩，生命就充满了阳光。教师应把追求理想、塑造心灵、传承知识当成人生的最大追求，关爱每一名学生，关心每一名学生的成长进步，努力成为学生的良师益友，成为学生健康成长的指导者和引路人。

从贴近人们生活的角度说，教师扮演着一种不断创造精神财富的社会角色。在家庭和学校环境的熏陶下，我从心底崇拜且立志要做一位优秀的人民教师。

二、名师成长内在动因的激发

美国学者费斯勒把教师的生涯发展分成八个阶段：职前教育阶段，实习导入阶段，能力建设阶段，热心成长阶段，生涯挫折阶段，稳定停滞阶段，生涯低落的阶段，生涯引退阶段。其中，处于"生涯挫折阶段"的教师会在教学时遇到许多挫折：理想幻灭、工作不满、情绪低落，等等。教师在遇到挫折时如果停滞不前，或者说持续在生涯低落阶段而不知在专业领域奋进成"专家的""卓越的"，则将永远也成不了名师。

有学者认为，在教师职业发展的中期，常常会出现"职业倦怠"的心理，而且会将这种心理归纳在"高原平台期"或"职业危险期"的范畴。教师专业发展的高原平台期通常需要 8 ～ 10 年度过，对应的教师年龄大约在 35 ～ 45 岁，为资深老教师，他们会由于自身的经验及资历而自以为是，也会由于"职称到顶"而不思进取……产生职业倦怠心理，从而失去进一步发展的动力和可能。

显而易见，职业倦怠心理在教师发展的中期很容易被察觉，我认为这种倦怠心理其实是贯串于整个教学生涯的一颗"毒瘤"，无论是教学生涯的前期、中期还是后期，都是这颗"毒瘤"孕育的"温床"。

教师能够脱颖而出，在一定的年纪自我反思、自我学习、自我情感教育的能力已经基本成熟，并不依靠他人指点。只有采取激励和自我激励的方法才能调动教师的积极性，树立其正确的价值需求，使其在不断完善自我的过程中走向名师之路。

要想激发内在动因，专业素质则是教师成为名师的基础。加强专业素质和文化修养，是教师在专业发展过程中的首要任务。除此以外，还要学会评估自己的专业素质水平，充分了解自己，根据自己所处的环境和实际掌握的知识文化技能，对自我作出客观评价。其次，要学会根据自身的专业素质水平制定相应行动目标和实施方案，给自己的行动预设相应目标，并对自己的完成情况进行客观记录和理性分析，然后通过反思性的思维活动，再加以修正和改进。

三、收获与期望

回顾加入秦喆工作室这两年多时间的学习，让我感受到了名师底蕴深厚、热心教学的魅力，感受到了工作室伙伴们勤于实践的精神，感受到了这个集体给我带来的收获与快乐。秦老师带领全体成员积极承担课题研究，在这里的每一位名师都会全身心投入工作，我被工作室的各位名师的工作热情、积极上进的精神、超凡的人格魅力所激励，我的人生有了更明确、更高的奋斗目标，我也懂得了如何去将自己有限的时间更高效地投入到数学教学与研究中去。

秦喆工作室以"立足数学核心素养，优化高中数学课堂教学"为主题，以基于数学教学核心素养的课堂教学资源的开发利用与研究为课题，以帮助青年教师成长、促进骨干教师成长为目标。对我来说，工作室为我的教学提供了方法，为我今后的发展指明了方向。

与名师对话，洗涤心灵。在与主持人老师和各位老师的交谈中，我发现工作室的老师都很亲切，关于数学教学的真知灼见自然而然地流露出来，每每让我豁然开朗。

与学员对话，在听课中成长。我们的工作室是一个团结合作、乐于学习的团队。学员们虽然工作繁忙，但是工作室的活动大家都会积极参加。我们喜欢像工作室这样团结、充满学术氛围的一个团队。秦老师经常带领我们去听团队中青年教师的见面课、骨干教师的示范课，课后我们会一起讨论本课的优缺点，在这里总能感受到秦老师及伙伴们闪耀智慧的思维火花，大家分享听完课后的心得让我视野开阔、思想升华。

与书本对话，充实自我。作为一名教师，深知不断"充电"的重要性，学生们在不断地成长，教师不能只"放电"不"充电"，能够帮助我们"充电"的方式就是多读书。之前，我总会找这样或那样的理由不愿去读书，而秦老师经常提醒我们要多看书，要了解新课程标准，熟悉教材，并建议我们多看看《章建跃教育随想录》等教育著作，还给工作室每个学员赠送了教育教学的书籍、杂志供我们学习、研究。通过阅读这些书籍，让我对数学教学有了更加清晰的认识，感觉自己的理论功底也随着一次次的学习、一次次的思想碰撞在逐步提高，有时对于教学中产生的一些想法、疑惑等，我也逐渐会自觉去书中找一找相关解释，也因此养成了爱看书、爱思考的习惯。读书已经成为我个人生活的一个习惯，我相信这个习惯将会让我以后走得更高、更远。

甘做守望的灯塔

河北省名师秦喆工作室成员

邯郸市第一中学高三优秀班主任 王　银

王银，1997 年 7 月毕业于河北师范大学，中共党员、中学高级教师。担任班主任二十二年。先后获得了优秀班主任，学生最喜欢的教师，市优秀共产党员，市优秀教师等称号。担任过年级主任并多年送毕业班，育人理念是：大格局铸大成就，好心态赢好人生！喜欢的格言："苔花如米小，也学牡丹开。"从教二十三年培养出了多名北京大学、清华大学、中国人民大学等名牌大学考生，得到了各级领导、学生、家长的认可。通过自己的努力，圆了孩子的梦、家长的梦，也践行了邯郸一中的"一切为了生命的幸福成长"的办学精神。

一、求学之路

一个出生在 20 世纪 70 年代的农村娃，在那个饭都吃不饱的年代，只有参军当兵、考大学才能逃脱农村繁重的体力劳动，这就是我考大学的动力。《平凡的世界》中的孙少平的成长经历是我们这一代人的真实写照。我也曾多次想象独闯一个大城市开开眼界，所以拼了命地学习，只想着换一种立身的本领，至于从事什么职业还没想那么多，能上大学就是最高理想，所以当年拿到师范院校录取通知书时还是十分高兴的。

四年的求学经历，给了我一个开阔视野、明确方向、坚持理想的真实过程。一个就读师范院校的人就得为教育事业奉献自己，这就是职业操守，当然我的大学同学大都是这样的，我为有这样的同学感到幸运和骄傲。

二、教学之路

毕业后我被分配到河北大名师范学校（现邯郸学院大名分院）。这是老家的一所市属中师学校，我的工作就是培养未来的人民教师，学生都是当地几个县的优秀孩子，他们很聪明，我和他们关系很好，到现在也还有联系，时常小聚。自己的生活也变得有规律，上班，下班，接送孩子去幼儿园，说实话，这可能是大多数教师的普通得不能再普通的生活，我也乐在其中。不知不觉过了几年，女儿上了小学四年级，生活就是一面催人改变的镜子，自己孩子的教育问题又出现在生活中，去哪儿上初中、高中？在当地，还是去邯郸、石家庄？去外地求学，孩子考得上吗？能适应吗？自己的经济能支撑吗？生活不知什么时候已转为以孩子为中心了，可能这就是那个阶段的父母的真实写照吧。

2006 年 8 月份，我过五关斩六将应聘到石家庄二中，一个当时已经在河北省很有名的中学，能在这里上学是许多优秀学子的理想，能在这里上班，也是许多人所期望的。虽有九年的教学经验，但我深知在这里是远远不够的。所以，我需要继续坚持学习，对自己提出更高的要求。当时我每天需要先听课、消化，再备课、上课。那时候经常听特级教师王大芬老师的课，课后多想几个为什么，针对自己的学生再重新备课，设计每道题怎么讲授才能让学生更容易听懂，并能做到举一反三。经常不知不觉备课到深夜，坚持每天进班辅导学生，作业全批全改。这样坚持了三年，自己进步很快，处理教学上的问题基本上可以做到得心应手。2006 级毕业生考得很好，像考入香港大学的宋一凡、复旦大学的章迎莹等名牌大学的学生有很多。2009 年 8 月我继续接手任教高三的一个班，这个班比较特殊，数学教师换了三个（不算代课教师），我是他们的第四个任课教师兼班主任。接手新班级，先统一思想，立规矩，创建良好的学习环境。我连续值晚自习一周，了解每一个学生情况，为每一个学生制订高三学习方案，让每一个学生都能把全部精力转到学习上。第一次月考，学生整体成绩没有起色，我便鼓励他们继续努力，而我则上好每节课，批好每份试卷、作业，用批语和学生沟通，鼓励再鼓励，树立榜样。坚持再坚持，第二次月考，我们的班级已升到同类班级第二名。当然，我们并不满意，因为我们的目标是第一，我们的口号就是"十班第一"。士气已经被调动起来，剩下的就是靠时间来验证。接下来的考试中，十班一次接一次地实现着我们的目标——"十班第一"。年级前十名，最好的一次十班占了三个，创造了重点班的新的纪录。在和他们相处的过程中，自己深刻感受到"陪伴就是最大的教育"的真谛。说，容易；做到，很难。自己为这群孩子付出了很多，回想起来满眼都是幸福的泪啊！

2010 年高考揭榜，十班的张翼飞以 668 分（自主招生降 20 分）考入清华大学，是当时重点班考入清华大学的第一位同学（后在清华大学读博士研究生）。另外，十班考得 600 分以上的同学有三十一名。我在这一年的年终考核也获石家庄教育局级二等功。

2010 年 8 月，我被任命为年级主任，主抓教学，服务的对象加上了老师们。为服务好每一位老师，让老师安心教学，我总是第一时间竭尽全力解决老师们的困难，在教学上，我联合各备课组长制订详细的教学计划，抓落实，检查，听评课，常忙得昏天黑地。老教师带新教师，结成师徒（终身），年轻教师必须先听课，充分消化后再备课、上课，为的是尽快让年轻教师成长。我也带两个徒弟——李珊珊、黄会凯，不仅他们要听我的课，每周我也需要听他们的课，及时指导。全体教师每周的"一课一评"，从备课、试讲、正式上课环环相扣，三年下来，年轻教师受益匪浅，成长很快。黄会凯从教四年就获得了石家庄市教学评比一等奖，接下来多次带教高三年级。我所任教并任班主任的 29 班是文科班，学生资质较好。要让资质好的学生变得更强，不仅要文化成绩好，人生观、价值观、世界观也必须正确，符合国家建设需要的高层次人才的要求。我通过每周的班会课，向学生传输正确的人生观、价值观、世界观。通过三年的学习，2013 年高考成绩辉煌——沈墨佳被世界联合大学免费录取，李昊昱、徐鹏航考入北京大学，杨帆考入中国人民大学，康宁考入浙江大学，等等。这些学生在大学里的发展很顺利，后来在读硕、博的有三十多人，也有十人就读国外的大学，还有的已就职于国家部委。

2014年8月—2017年7月，我又送走一届学生，每届学生都有三年的师生情。三年的朝夕相处，虽只是学生人生中短短的一程，但能够影响学生的一生。只是分别后学生阔步向前，我们转身向后，开始下一次的一程。学生迎来广阔前景，我们也收获了幸福和自豪，这就是作为老师的情结吧。

2017年是不平凡的一年，我来到了邯郸市第一中学就职，结束和家人两地分居的生活。为"大家"服务了那么长时间，是时候为自己的小家着想着想了。我继续从事自己喜欢的教师职业，教书育人，爱在其中，其乐无穷。如"英雄八班"这样的口号时常在操场、班级里回响，这可能就是一个老师最喜欢的场景，虽不显眼，但足以感动自己，虽只是一程，但每一步都可以让自己刻骨铭心，这样的经历虽苦也幸福满满！

三、教育成长之路

我从教已二十三个年头，中间有一年没有担任班主任，教师生涯中如果没有班主任经历，是职业生涯的一种缺憾。教师尤其是班主任工作的核心应该是培养情感、传递爱，并以情感和爱为载体来传递知识、传递道理、帮助成长、成就优秀。

所以"走心"才是班级工作的着力点，才是班主任挑战的一个方向。怎样去修炼班主任的"内功"呢？

思考一：面对纷繁复杂的工作，你足够从容吗？

班主任的工作千头万绪，你是以抵触之心在抱怨，还是以无奈之心在应付，抑或是以从容的态度在面对？在工作不得不做的时候，请给自己一个答案。这决定着你的工作效率，也决定着你的工作幸福指数。

冷静下来，你会明白，如果你足够了解每一个学生的话，我们很多所谓的意外其实都在情理之中。在这样由几十个青春期的孩子组成的教室里，任何事故都可以被理解。能不能解决暂且放下，首先让自己从容面对。从容生智慧。你要把这些困难当成对你的雕刻，一次次成就你的成熟，而不要把它当成刁难，一次次摧毁你的幸福。

经过这二十多年的工作，我已经能从容地面对工作中的困难和意外而不再那么容易急躁；从容地相信教育是个慢的艺术，不再追求教育的完美和神速；从容地坚信向上、向善、向美是生命的必然；从容地创造各种契机帮助孩子们成长；从容地选择最恰当的策略培养孩子们自我净化的能力。

从容单靠时间的累积是换不来的，那是我们自己主动争取的结果。普通班磨炼老师，好学生成全老师。我想，麻烦到来的时候，不要恐慌，勇敢地面对它，尽你之力，把每种状况，无论是正面的还是负面的，都转变成助你成长的契机。

感悟一：成功处理的，保留经验；处理不好的，积累经历。经验和经历，其实都是财富。越用心，越幸运！越从容，越智慧。

思考二：你在学生心里是个什么样的老师？

从容镇定之后，你该去追问，班级问题层出不穷，班级管理低效，原因在哪里？不只是管不住人，更主要的是拢不住心，很多原因出在师生关系不融洽上。老师需要对师生关系负责。良好的师生关系有老师的功劳，不和谐的师生关系有老师的责任。

老祖宗说，"亲其师，信其道。"这种"亲"，可以理解为接纳、喜爱、信服、敬佩、敬畏等不同层次，尤其是敬畏。有了学生对老师的这些情感，所有的工作其实都可以事半功倍。

担任班主任时间越长，我越有体会。那就是当你在学生心目中建立了不可动摇的光辉形象，你可以达到无招胜有招的境界。

老师，我想，若没有遇见你，高中生活对我来讲也许没有这么大的意义。我不曾体会如此强烈的班级感，估计，这就是唯一。离开父母，我精神上的力量源泉是您给予的。很多次，悄悄地被您感动着。

感悟二：有了融洽的师生关系，才能高效开展的教育活动。你在多大程度上走进一个孩子的心，赢得孩子的心，你就会收获多大程度的幸福感和成就感。

思考三：你做的哪些事情可以让学生以你为豪？

在班级建设之初，班主任可以做一些事情，尽快建立起学生对班级的认同感，如果学生能为在班级中感到自豪，那么他对班主任的认同感也会增加。

这些事情可以是一件班服，一句班级誓词，一个文件柜，第一次家长会，一次在全年级公开发言的机会，建立不贴奖状的班级……

所谓的特别的事就是你做得到别的老师没做到，或是学生们还想不到做不到的事情。这样的"与众不同"不光给学生以思考和自豪，也是班主任的工作个性之所在。

感悟三：魅力源于独特，魅力源于引领。优秀的班主任需要在别人止步的地方坚持，在学生思维止步的地方起步。同时，每一次"与众不同"其实都是精心准备的。但不能投机取巧，长久的精心准备才是成功的关键。

思考四：你组织集体活动的能力怎么样？

李镇西说："没有活动就没有集体。一个班集体如果除了上课便是考试是不会让学生产生感情的。一次又一次花样翻新、妙趣横生的活动，使班级内始终充满生机并对学生保持着一种魅力。"

我们知道最好的教育方式是让受教育者在并不觉得自己在受教育的情况下接受你的教育内容，也就是"润物细无声"。因此集体活动寓教于乐，对于班级的建设有不可估量的作用。但是我想提醒大家注意的是，集体活动的影响是两极分化的。最好的一极是付出了时间和精力，赢得了荣誉，提升了能力，增强了凝聚力，从而有助于班级建设和学生学习。最糟糕的一极是付出了时间和精力，却产生了分歧、涣散了军心、松懈了状态，在班级对比中本班学生开始羡慕别的班级，丢失了原本的班级精神和班级自信心。可谓是成也活动，败也活动。

因此在新班级组建之初一定要特别注重集体活动的策划与组织。完全由学生来策划的风险太大了，大型活动最好能有班主任的指导。当然也不是所有的活动都能胜利，但输赢都可以进行教育。

感悟四：成功的集体活动是更高等级的班会课的原始素材，是最好的教育契机，即形式要有设计，内涵要充实。内外兼修搞活动，才能考验班主任的智慧，才能展示班主任工作的魅力。

思考五：你发现（创造）了多少平凡中的小精彩？

集体活动这样的机会毕竟不是天天有，更多的时候我们还是平平淡淡过生活。班主任要善于捕捉生活中的细节，发现问题，也发现精彩。感人的瞬间往往能起到四两拨千斤的作用。

发现或创造这些精彩，赞扬这些精彩，会让孩子得到信心，也会让班级始终充溢着正能量。这样的正能量会形成一个气场，这样的气场就会自觉抵制假恶丑、弘扬真善美，这样的气场会激发更多的正能量。

感悟五：发现平凡中的美好，这不是技巧，而是习惯，而习惯会变成魅力。聚焦当下，聚焦快乐，聚焦正向价值。心里有热爱才看得见，有热爱才有赏识。

思考六：你会和学生说"情话"吗？

感人心者，莫先乎情。良言一句三冬暖，如果我们还不能一下子让自己的话充满智慧，那就先让我们的话充满感情。温暖的语言是打开心门的钥匙。会说话，说能入耳入心的话，其重要性不必多说。

有一年教师节，我对学生说："你们为老师准备的惊喜让我感动，我决定对你们'以身相许'了。"

我们可以有多少种说法来表达对学生的爱呢——

我最欣赏你的细心，我最佩服你的毅力，我特别看好你的潜力，我很喜欢你的心态，我特别期待你的进步，我非常理解你的处境，我最心疼你的努力，我最羡慕你的才情，我最感谢你的理解，我确信你会进步，我最担心你的身体，我最体谅你的处境，有你这样的学生真棒，等等。

我们需要把这样的表达融入自己的语言习惯里，真诚地表达我们的心声。

感悟六：教师要花更多的时间了解自己的学生，表达自己对学生的关爱之情，让自己的话变得有温度。

思考七：你会和学生写"情书"吗？

一些不太好表达的话，或是需要孩子们反复体会的话，都饱含深情地写下来，这无疑是一种很好的方式。这样的文字交流我几乎每天都在和学生进行，如作业的批语、提醒的纸条，等等。

下面是一些我写给学生的纸条或评语。

给一个因想家而流泪的孩子——直到现在，我也不会把想家、想父母当成什么坏事情，因为这折射的恰恰是一个人内心的善良和爱。也正是因为这样的善良和爱，你才是同学们心目中那个文静的、体贴的、值得交心的好朋友；同样是这样的善良和爱让你拥有了走向更加优秀、强大的原动力。有了这样的原动力，我才坚定地相信，思念不会阻挡进步，牵挂不会阻挡成长。

给一个新转入班的学生——真正的安全感，来自你对自己的信心，是你每个阶段性目标的实现。而真正的归属感，在于你的内心深处对自己命运的把控，因为你最大的对手永远都是自己。

给一个曾经读小说上瘾的学生——我一直觉得，老师和学生之间最宝贵的情感不是通过完美地制定制度和执行制度来体现的，而应该是一种默契，一种对视中就可以传达的默契。有了这份默契，老师能在关键的时候伸出援手，更能在平时放心地放手，学生能信赖老师，更能自觉自律地成长。我觉得我们有这样的默契。在这份默契之下，我能感受到你对集体发自内心的热爱，即便不做班干部也不会丢掉责任；我能感受到你发自内心的对于目标的追求，在读书中寻找，又在暂时不读书中努力，别人难以控制的"瘾"被你坚定地控制了，证明着你强大的内心世界。

给一个心思细腻的男生——现在的你，细腻有余，刚劲不足，感性有余，理性的努力不足，风花雪月有余，金刚怒目、金戈铁马不足。我不希望你被困难吓倒，也不希望你被柔情羁绊，更不希望你躲在自己的小世界里生活得不爽快、不坦荡。你要在你的精神中注入永远挺直腰杆的力量。面对暂时的困难，敢于立下壮志雄心，敢于说出壮语豪言，更能拼出意气风发。

我想说，这不单单是"情书"，更是饱含深情的嘱托。在作业本中，在试卷上，在小纸条上，这样用心的话会成为学生的珍藏。我看到不少学生把我写给他们的话粘在桌面上警醒自己。我给学生的评语也会收到家长的好评，收服了家长的心，也会多很多支持，少很多困扰。

　　家长的回复——孩子一回家就叫我们看了您写的评语。看完后的第一感觉就是：对老师感激和敬佩，从心底里感觉老师真好。从您给孩子的评语中可以看出您对孩子的了解，也能体会到您对 29 班的责任心和敬业心。您在短短五个月的时间里，就对她了解得那么透彻。回来后，听她一声声地叫着"银爷"，说着关于您的故事，我们知道，这是改变孩子一生的时刻，把她送到石二中是个正确的决定。

　　感悟七：班主任的工作就是让爱可以看得见。写下来的文字是你凝固后的爱，让你的关怀久久被回味、久久被惦记。

　　思考八：你能用多少种方式来讲道理？

　　情感不是目标，当我们能赢得学生心的时候，剩下的就是帮助孩子们成长了。

　　如何帮助孩子面对高中，面对比高中复杂得多的生活和世界呢？我确信一定有人可以比我们认识得更透彻，表达得更到位。而且我觉得，德育绝不是"头疼医头，脚疼医脚"那么简单。一个学生不爱学习，你就告诉他一堆学习的道理；一个学生爱迟到，你就告诉他习惯的重要，这样的"补窟窿"的德育会显得比较被动。多带着孩子们读点书，始终相信"腹有诗书气自华"。读书可以从根子上改变学生的气质和修养。

　　我会带着学生一起读我们印发给学生的文章。上面有非常好的陶冶情操、启迪智慧的文章。坦白讲，如果老师不读书是跟不上学生的步伐的。这也许符合了我校张校长提出的"思想的引领、文化的熏陶"的宗旨。

　　非常普通的图片里可能就蕴含着很好的道理。

　　人生的成功并非靠那致命一击。我们的人生是将每一天当作一块拼图，经过岁月积累拼凑而成的巨幅作品。

　　这是最考验教育智慧的地方。在这样的交流中学生会觉得自己有收获，而且他也能感觉到自己被重视，因为总给学生讲非常浅显的道理本身是一种不尊重。

　　感悟八：生命的暗示无所不在，成长是一种领悟，领悟出智慧。为道理找到更好的表达方式是教育的艺术！

思考九：你是不是学生的表率？

学生日益成熟，瞒与骗、吓与罚都不是好的教育方法，时间久了还可能适得其反。日久见人心，一个教师的让人钦佩的魅力靠的不是一时的表面功夫，甚至天长日久的勤奋也还不够，重要的是来自他深厚的学识底蕴和人格修为。这可能是更为直接和根本的。

我常想，为什么六小龄童演别的形象总还是有"孙悟空"的感觉，为什么赵本山演什么都像是演喜剧，因为他们的形象太深入人心了。同样，如果你平日里嬉皮笑脸的形象太深入人心，那即使是严肃起来也不像真的。你平时处事就是认真负责，你不用说别人也知道你的风格。所以老师们要注意自己的行为。

自己的工作态度是不是足够认真？自己的教学方法学生是不是喜欢？学生如果对你的教学不认可，是不可能认可你的班主任工作的。你的坚持与执着，学生是不是可以看得到？你刚接手一个新班级时的那几把火烧了多久就开始不了了之，开始得过且过？你真的对你讲的道理深信不疑吗？还是你希望学生照做而你自己并不相信且不履行呢？

这才是根本。

感悟九：学生会听你怎么说，更会看你怎么做。你做的比你说的更有说服力！

思考十：你是不是愿意和学生一起学习、一起成长？

我越来越深刻地感觉到，积淀自己最好的方式是读书。成功的教育，靠的就是读书，是学生读书，更是老师读书！

读书是最高雅的姿态。我们很多很多的困惑，都是因为想得太多而读书太少。读书是我们自己最好的成全。读书需要韧劲儿。韧劲儿在我理解就是你要坚持做一件在当下好像没有意义的事情，可正是这些事情为你的未来留下了种种可能，因为你不知道它会在什么时候派上大用场。读书可以让你看得更透彻，说得更入耳入心，写得更真挚动人。读书不能老想着"有没有用"，其价值不是速效的，是缓释的，是一种浸润和渗透的营养。许多时候，自己以为看过的书籍都成过眼烟云，不复记忆，其实它们仍是潜在的，在气质里、在谈吐上、在胸襟上，当然也会显露在我们的思考和文字中。

读了一系列教育名家的书，我越来越强烈地感觉到，从他们身上可以知道一切优秀教师成长的秘密，那就是：安于平凡，不甘平庸，追求卓越。

感悟十：你在生命中行进的方式，正是你能传递给学生的最坚实有力的东西。

所以——

请做一个能够眼观六路、耳听八方的用心者，充分借鉴身边高手的经验。

请做一个能够潜心思考、绝不抄袭的创新者，时刻牢记我们的努力为的是超越自我。

请做一个能够耐住寂寞、守住理想的读书者，在书的世界扎根，做一个幸福的杂家。

请做一个能够见证自我、笔耕不辍的记录者，用文字打败时间，做一个有故事的人。

我特别期望从一个监工变成一个教育者，从一个制度的执行者、监督者、惩罚者，变成一个成长的感召者和心灵的净化者，我想让我的教育教学工作从容起来，也让生活从容起来，为孩子和老师的幸福而努力奋斗。

四、结束语

闲暇时，回想自己二十多年的工作经历，感慨万千，工作的对象是孩子，祖国的未来，唯有用"真心"去了解、用"诚心"去沟通、用"爱心"去帮助他们，让他们健康地成长，用自己的陪伴去送他们一程，为培养未来的政治领袖、科技精英和各行各业的领军人物奠定基础。

我的教育事业还会继续，还会参与许多学生成长历程，期待有更多刻骨铭心的教育故事继续发生……

不忘初心，砥砺前行

河北省名师秦喆工作室成员

河北师范大学附属实验中学教务主任　秦　琳

　　秦琳，中共党员，河北师范大学附属实验中学数学教师，班主任，教务处副主任。2003 年毕业于河北师范大学数信学院。毕业以来一直在河北师范大学附属实验中学任教，并且连续十七年担任班主任工作。2013 年被评为中学高级教师。参研河北省省级课题两项，主持河北师范大学课题一项。

　　获得的主要荣誉有：石家庄市骨干教师，石家庄市优秀教师，石家庄市优秀班主任，河北师范大学先进工作者，河北师范大学院处级优秀共产党员，石家庄市青年教师评优课一等奖，石家庄市桥西区青年教师评优课一等奖，石家庄市桥西区班主任素质赛一等奖，石家庄市桥西区高考良好奖，石家庄市桥西区中学班级管理先进个人等。所带班级多次获得市级优秀班集体的称号。

一、一路走来

　　小时候我印象最深的一首歌就是《长大后我就成了你》。教师这个职业在我的心目中是神圣的、崇高的，我从小就立志成为一名光荣的人民教师，所以在高考填报志愿时，我义无反顾地报考了师范院校。怀着对教师这份职业的热爱我走上了教师之路，从事教育教学工作十六年来，我始终以"教书育人、为人师表"为己任，把成为优秀教师作为自己的目标，孜孜追求。

初为人师时，无论是育人还是教学都显得稚嫩，也走过不少弯路，但是通过师父的帮助和自己的努力，渐渐地取得了一些成绩：市级青年教师评优课一等奖，市级优秀教师，市级优秀班主任，市级骨干教师，河北师范大学先进工作者，区级班主任素质赛一等奖，等等。现将自己成长中的感悟分享给大家，希望能对青年教师的成长有些帮助。

（一）梅花香自苦寒来

我把从教第一个五年称为成长期，在这一阶段，教育教学都需要磨炼。在教育方面青年教师容易犯的第一个错误就是和学生过于亲密。那个时候一些男孩子不喊我老师，而是称呼我"秦哥"。有的同事提醒我，不应该和学生走得过近，但是年轻的我不以为然，觉得和学生打成一片没有什么不好。但是时间一长，问题就出现了，我们班的学生在我上课或者看自习的时候非常守规矩，但是当我不在学校的时候，就会出现各种各样的问题：上课说话，卫生扣分、跑操和纪律混乱……之所以出现这种情况就是因为学生对班主任没有敬畏之心。我开始意识到了问题的严重性，果断采取了一些措施：首先刻意与学生保持一定距离，从与学生谈话的内容、交流的语气等方面进行改变，显得更严肃、更稳重一些；其次建章立制，和学生一起学习学校的各项规章制度，完善细化班级的规章制度以及处罚措施，对于违反规章制度的学生按照规定严肃处理；再次定期召开班委会，和班委们统一思想，直面班级存在的问题，并找到解决方案；最后单独与问题比较严重的学生交流，做通他们的思想工作。通过这些措施，班级风气有了很大的转变。到了高三，我所带的班级还被评为校级先进班集体。我的经验和教训就是：班主任和学生的关系不能过近，当然也不要太远，这个度的把握是青年教师需要过的第一关。

在教学上，青年教师一定要虚心向老教师学习。非常幸运的是，刚参加工作学校就安排了特级教师王志英老师做我的师父。王老师治学严谨，理念先进，授课风格独树一帜。那时候我每周都听两三节师父的课，最大的感受是：王老师用她超凡的教学能力把本来枯燥无味的数学课堂变成一门引人入胜的华彩艺术。王老师的板书漂亮、工整，尤其是数学语言、符号的应用严谨、规范得令人折服。很多时候王老师指出的学生书写的问题其实也是我经常忽略的地方，这让我领悟到青年教师尤其要注意在书写的规范性上加强学习。王老师的教学语言简洁、生动，一堂课下来一句多余的话都没有。有时候我想将这句话换一个说法，发现不但用的字多而且还不够准确、清楚。当然王老师备课时不可能每句话都反复琢磨过，这是一种自然反应，也是一种境界。王老师的教态潇洒，上课时的每一个动作都充满了自信、张力、感染力。人无完人，王老师上课也会有说错话、算错数、看错题的时候，但是王老师从来都是坦承自己的错误，那种坦率从容，使学生对老师的尊敬有增无减。王老师对我的指导可以说是倾囊相授，在王老师的指导下，我成长得很快，参加工作第二年就有机会代表学校参加区里的青年教师评优课比赛，并获得一等奖。

（二）一分耕耘，一分收获

我把从教的第二个五年称为成熟期。在这个阶段，教育教学都形成了一套带有鲜明个性的行之有效的方法。作为教师要做一个有心人，要善于积累教育教学中的所思所想。在这五年里我写了大量的教育教学随笔，这个习惯为我撰写教育教学论文打下了良好的基础。教育教学上我开始从模仿走向创新，在教育上我开始总结班级管理得失，思考育人方法；教学上我开始探索适应新的教学理念的课堂教学模式。在这期间我的很多论文获奖并发表，我还获得了区级班主任赛一等奖，市级青年教师评优课一等奖，并成为学校教龄最短的中学高级教师。

在这五年里对我影响最大的就是参加市里组织的青年教师评优课活动。评优课对青年教师来说是成长蜕变的催化剂，我参加过两次市区级的评优课活动，每次参加完都有一种脱胎换骨的感觉。多次试讲，反复修改、雕琢，精细到每一句话和过渡语，过程虽然是一种煎熬，但更是一种提高和收获。有一点青年教师要特别注意，一般来说，在刚接到上课任务的时候，授课老师都是很有信心的。但是每一次试讲完，同组老师们都会提出这样或那样的意见，反反复复可能会使授课教师越来越没有自信。当然随着思路越来越清晰，设计越来越精细，这种信心会逐渐回来的，在整个准备过程中信心的缺失和建立是必然要经历的，青年教师要以良好的心态去对待。评优课对青年教师的成长有着非常重要的作用，所以如果大家有这样的机会一定积极争取，好好把握。

（三）不忘初心，砥砺前行

最近这几年，我感觉自己长期处在一个教育教学的舒适区，我不需要做什么改变就已经可以把工作做得很好，自以为用老办法就可以解决新问题。我发现自己已经很久没有新的想法、新的理念、新的目标了。

斯坦福大学的教授德韦克把人类的思维方式分为两类：成长型思维和固定型思维。成长型思维：喜欢挑战、拥抱变化、主动寻找机遇、凡事皆有可能、喜欢他人的反馈并主动学习改变、喜欢探索新事物、每一次失败都是资源、学习是终身事业。固定型思维：规避挑战、痛恨变化、总是关注限制、感觉无力改变现实、不接受批评、喜欢待在舒适区里、常觉得努力是没有用的，认为无须终身学习。

所谓瓶颈期其实是自己的思维方式从成长型思维变成了固定型思维，如何克服思维的惰性呢？这就需要我们重新审视自己做教师的初衷，只有"不忘初心，牢记使命"才能"砥砺前行"。

读书是改变思维方式，跳出瓶颈期的有效手段。随着时代的发展，教育教学的理念也在不断更新，只有多读书我们才能跟上时代的节奏，如果长期使自己处在舒适区，疏于学习，惰于思考，注定会被时代所淘汰。所以一定要有一个明确的专业成长目标，要有终身学习的毅力，要有成为专家型教师的愿望。即便是做个教书匠，也要独具匠心。

二、名师助成长

作为一名处在瓶颈期的教师，我非常渴望在专业上有更大的发展。2017

年我幸运地参加了河北省名师秦喆工作室，在秦喆老师和工作室其他老师的指导和引领下，我丰富了教育教学理论知识，促进了教学业务水平的发展，提高了教育教学研究能力，使自己的教育教学水平又上了一个新的台阶。

（一）广泛阅读，加强学习

加入工作室后，秦喆老师为我们选购了很多教育教学方面的书籍，并订阅了报刊。通过学习，我对教育学和心理学的教育理论产生了浓厚的兴趣，我做好读书笔记，写好心得体会，努力提高自己的教育教学理论水平。通过学习，我对建构主义理论有了进一步的认识，建构主义学习理论是历经对皮亚杰、布鲁纳、维果茨基、维特罗克等人的早期建构主义思想的不断发展，同时伴随着对认知心理学的批判和发展，于20世纪90年代出现在心理学领域中的一股强大"洪流"。

建构主义者在吸收维果斯基、认知信息加工学说、皮亚杰、布鲁纳等思想的基础上提出的许多富有创见的教学思想，如强调学习过程中学习者的主动性、建构性，提出合作学习、情境性教学等，对深化当前的教育教学改革具有深远的意义。基于对建构主义理论的学习，使我对改变原有的数学课堂教学模式产生浓厚的兴趣，并以此作为切入点申报了河北师范大学的课题。

青年教师一定要注意平时的积累和学习，不要觉得这些理论与我们的教学有很远的距离，理论和实践是相辅相成的，只有在理论的指导下，我们的教学实践才会更有效率，而高效的教学实践可以使我们对教学理论理解得更透彻，进而产生新的观点和想法。

（二）聚焦课堂，以生为本

工作室里的各位老师都是各地区的骨干教师，他们具有独特的教育教学理念和与众不同的教学方法。他们各有所长，有的老师经验丰富，有的老师见解独到，有的老师有高超的信息化水平，有的老师精于做题、创题。在这三年中，我参与了工作室组织的多次示范课和观摩课等活动，使我有机会领略各位名师的风采，感受先进的教育理念和教学手段带给我的冲击。我把所听、所思、所想、所学融入自己的教学过程，聚众人之思，集百家之长，促进我的教学更上一个新的台阶。

（三）重视研究，科研创先

在参加工作室之前，我对课题研究不是特别关注，总觉得搞科研是大学老师的事，和自己没什么关系。但是在这三年里，在工作室老师们的帮助和熏陶下，我对科研有了更深刻的认识。我发现无论我们从事的是什么学段的教育，都有很多值得研究的教育教学问题，而对这些问题的研究可以进一步提高我们的教学水平，正所谓"以研促教、以教助研、教研相长"。在这三年里，我不断培养自己的科研能力，将自己对教育领域的一些浅见形成了一定的成果，我于2018年申报了河北师范大学的研究课题并获得立项。"以研促教，以教助研"是促进教师专业成长的有效方法。

三、未来愿景

教师这个工作就像一本深奥的书，越读就越觉得深刻；教学这份事业就像一杯陈年的酒，越品就越觉得浓郁。工作室就像一杯浓浓的咖啡，越喝就越觉得香甜。这几年我从懵懂到了解，从自信到惶恐，终于对教师这个职业有了一点粗浅的认识。

我将带着对教师职业的挚爱，不忘初心，以成为"四有"好老师为目标砥砺前行。

以学论教，教学相长

河北省名师秦喆工作室成员

河北师范大学附属实验中学教务处主任　范志会

范志会，中学数学高级教师，现为河北师范大学附属中学教务处主任，河北省名师秦喆工作室成员，石家庄市骨干教师，河北师大专业硕士研究生实践指导教师。自 1995 年参加工作以来，一直从事中学数学教学工作，共有任教六届高三毕业班的经历，多次获得河北师范大学院处级先进工作者、优秀共产党员等荣誉称号。在 2008 年河北省高中青年数学教师优质课评比活动中荣获一等奖；2013 年因教科研工作成绩突出，荣获石家庄市教科研工作先进个人荣誉称号；2016 年指导青年教师参加河北省高中数学
优质课评比获一等奖；2017 年在河北省数字教育技能大赛活动中，荣获远程教研课例一等奖；2019 年获石家庄市高中教学管理先进个人。论文《对高中数学教科书使用的一些看法》获河北省中学数学教育教学论文一等奖，参与并主研《骨干教师培养与教师团队可持续发展关系研究》《教师工作压力和心理健康研究》《实现民主、开放的课堂教学，培养学生创新能力》等省、国家级课题。

　　"虽有嘉肴，弗食不知其旨也；虽有至道，弗学不知其善也。是故，学然后知不足；教然后知困。知不足然后能自反也；知困，然后能自强也。故曰：

教学相长也。"这段话摘自《礼记·学记》，强调教和学是相互促进、共同提高的。而我真正理解"教学相长"的含义，源自十几年的教学生涯。在我看来，"教学相长"主体是教师，强调教师施教的同时必须注重自身的学习，这也符合人的一种发展需求。

一、夯实基础，为历史开篇

回顾自己的教学之路，石家庄市第十三中学是我教学生涯的起点。石家庄第十三中学，历史悠久，学风醇厚，是一所有着七十年办学经验的完全制中学。我作为一名新老师，在教学经验方面是空白的，踏实工作、虚心学习是我的座右铭。

说到踏实工作，其实就是把教学常规的每个环节做到细致，遇到困难，及时想办法解决。比如写教案，把课上要讲的内容写在教案本上，我认为这是教案中的预案。虽然我们预想课上这样讲授或者准备怎样开展教学活动，但真正课上发生的事情会和预想的有出入，尤其是年轻教师，很难把控好整节课的节奏。我当时就为此苦恼过，后来我注重写课后总结，对已经生成的课例进行反思，我发现，这个工作就像我们要求学生改错题一样，如果我们能拿出更多的时间进行教学反思，对于教学业务的提高是有非常大的帮助的。再如，我们要对学生做好辅导，我认为辅导课是课上教学一个很好的延伸，既可以对普遍性的问题进行集体辅导，又可以对学生进行单独辅导。《学记》中有这样一句话："知其心才能救其失也。"所以辅导学生要真正走进学生的心里。2003 年我带教高三毕业班，那一年遇上了"非典"疫情，但高考并没有因疫情推迟，反而相比往年提前了一个月。学生思想波动很大，我当时还担任班主任的工作，于是发动老师们在辅导学生时更多关注他们的心理变化，建立特殊时期的学生成长档案，师生共同记录下这段难忘的经历，这样学生就能看到自己每天的点滴进步，缓解高考倒计时带来的不安情绪。我认为，老师能踏实工作，就会带动学生踏实学习。

虚心请教，拜师学艺。何文华老师是我从教以来的第一位师父，遇到何老师，是我的幸运。何老师为人正直，教学严谨，对任何事情都非常执着，对我教学业务提高和为人处世都起到了很大的帮助和影响。他的课以讲授法为主，但是在知识点的衔接处却总能启发学生思考明理，这一点给我影响很大。学生听课时没有困惑，困惑时没有求知欲，我们的课也就平淡无味了，授课时应做到"不愤不启，不悱不发"。何老师现在已退休多年，但对数学的热情不减，依然密切关注数学高考的动向。每年的高考数学题，何老师都要自己做一做，每年市里的高三模拟题我也都会给何老师留一套，这是我们见面聊天的主要内容，何老师对业务的这种执着精神，也一直影响着我。

三人行，必有我师。上讲台，我们去教；下讲台，我们去学习、去请教、去反思，其中，反思令人警醒，促人成长。

二、潜心学习，快速成长

2003 年，我来到了河北师大附中工作，在这里，促使我教学业务快速提高的一个重要因素是积极参加教研活动以及讲公开课。刚到附中不久，市教科所组织各学科教研员到校听课调研，正好赶上听我的课，当时还是数学教研员的张惠英老师见到我，有些意外："你不是十三中的小范老师吗？"我在十三中任教的时候，只要市教研室组织教学研讨活动，我都积极参加，并且都坐在靠前的位置，以便于听讲清楚，因此张老师对我有了印象。张惠英老师是我教学业务成长路上的一盏明灯，每一次全市的高中数学培训会，张老师都会做出内容翔实的分析与总结，解答老师们的困惑。她经常说的一句话："有的老师舍不得出来参加教研活动，总是害怕耽误了学生的一节课，埋头苦干没错，我们还要抬头看路呀！"张老师听过我的一节关于"球的概念与性质"的课，我的教案设计紧紧围绕"类比推理"的研究方法展开，从"圆的定义、垂径定理"类比到"球的概念和性质"：在一个平面内到一个定点的距离为定长的点的集合是一个圆。试结合三维空间的情况对上述结论加以推广，会得到怎样新的结论？在圆中，圆心与弦的中点的连线与弦的位置关系是垂直。那么想想看：在球中，类似的结论是什么？张老师充分肯定了我的教学设计，认为类比推理的教学能够让学生从原有的认知基础上自然过渡到对新知识的探索，她同时指出，结论有了，更重要的是对性质的证明与理解，这是培养学生更高层次思维的一个重要环节。听张老师的评课受益很大，这给了我一个启发：定理的证明是数学的一个中心活动。后来我对数学定理课的教学做了一些专门的研究。

他山之石，可以攻玉。抱着谦恭之心向专家、同行学习。我和附中的杨正军老师、吕春先老师亦师亦友，这两位老师都给我很大帮助。身边还有很多优秀老师，每个人都有教学上的长处。2006 年 11 月，我全程听完了"河北省青年教师优质课评比活动"的公开课，其中有两位老师给我留下了深刻的印象，现在回忆起来还历历在目，一位是正定中学的霍文明老师，一位是辛集中学的孙金宁老师。两位老师幽默风趣的语言、严谨科学的思维、由浅到深的课堂节奏给我留下很深的印象，以至对我 2008 年参加省市评优课的比赛产生了很大的影响。我购买了全套讲课比赛及专家点评视频光盘，抱着研究的心态去反复看这些视频，发现同一节课内容，老师对教材的分析和使用却不一样。于是，我就开始研究老师们这样处理教材的原因是什么，认真分析后，我对教科书的使用就有了自己的一些想法，比如，在讲"椭圆的简单几何性质"时，教科书是这样写的："在解析几何里，是利用曲线的方程来研究曲线的几何性质的，也就是说，是通过对曲线的方程的讨论，得到曲线的形状、大小和位置，下面我们利用椭圆的标准方程 $\dfrac{x^2}{a^2} + \dfrac{y^2}{b^2} = 1(a > b > 0)$ 来研究椭圆的几何性质。"这段话的意思告诉我们，要引导学生从方程入手，根据方程的特点来探究椭圆的形状、大小和位置，而不是根据椭圆的图形来得到。教材实际上在培养学生用坐标法来研究几何问题的新思维，如果我们不去认真体会领悟这一层含义，在教学过程中就会错失这一机会。也有老师这样处理教材：借助多媒体让学生观察了椭圆的图片，模拟了椭圆的扁、圆形状的改变，借助"形"的东西，让学生说出了椭圆的简单性质，再给以证明，这样处理教材降低了教学难度，学生易于接受，但我认为偏离了教材设计的本意，值得商榷。

三、名师引领，渐行渐远

《墨子》曰："资之深，则取之左右逢其源。"面对不断深入的教育教学改革，有必要用理论学习充实自己。2008 年我在河北师范大学教育学院开始在职教育硕士的进修学习。进修期间，张生春、张硕、陈雪梅三位教授是我的专业导师，给了我很大的帮助。三位老师经常到中学听课调研，积累了大量的一线教学案例。他们在授课时，从不空洞地进行理论讲解，而是和我们互相探讨进而拔高我们对教育教学的认知。张生春老师是我的论文指导教师，给了我很大的帮助。张老师和蔼可亲，指导我时耐心入微，还到课堂听我的课，检查我的学习作业，并指出不足，提出改进意见，带我去其他学校向名师请教。在张老师的耐心指导下，我完成了关于"数学课堂提问"的研究论文。深入地学习后再回到课堂实践，让我对教学工作更加精益求精，在课堂上更加自信。学生给了我这样的评价：在您的课堂上，数学不再由一个个生硬的数字和符号拼凑而成，而是严谨而又不失趣味的逻辑关系；教学不再是简单的知识灌输，更是培养学生获取知识的能力。幽默风趣的课堂，释放学习的压力；循循善诱的教学，放飞思维的翅膀；日日批改的数学日记，让我们学思结合，不断成长。

起于艰辛，结于平凡，同学们的认可是对我最大的鼓励，也是我前进路上的持久动力。

加入河北省名师秦喆工作室是我教学生涯的幸运和一次升华。秦老师是一位教学经验非常丰富、站位高、视野开阔的学科领头人。在秦老师的带领下，我和工作室成员深度教研，互通有无，一起学习现代化教学技术手段，录视频做微课，研究高考真题，开展专题讲座、讨论高考预测。2020 年年初，新型冠状病毒肺炎疫情暴发，开学延期，学生居家通过网络学习。在秦老师的号召下，工作室成员第一时间主动挑起重担，给全国的高三学生加油，秦老师多次召开视频会议，指导工作。我负责 2018 年和 2019 年高考中的关于"三角函数图象性质"真题解析，以及本部分内容在 2020 年的应考策略。录制微课视频，不同于线下授课，对时间的把控、语言的精练要求极高，更需要对考点和重难点精雕细琢。有压力，就有动力，我的成长也带动了身边教师的成长。我除了分享自己的劳动成果外，还组织了本校教师的微课录制教研活动，动员大家进行高质量的微课视频教学录制工作，学生受益了，老师也进步了。

面对时代的"变化"，只有不断地扩充、更新知识储备，才能让自己厚积薄发。时代的车轮滚滚向前，教师的成长亦无止境。古人云：活到老，学到老。而做老师：教到老，学到老！

博观约取，厚积薄发

河北省名师秦喆工作室成员

河北定州中学实验班班主任　范倩楠

范倩楠，河北定州中学一级教师。2011 年毕业于河北师范大学数学与信息技术学院数学与应用数学专业。获得国培、省培优秀学员等省级奖励五项，定州市三等功五次，定州市"师德标兵""教学能手"等市级奖励四十余项。参与省级课题两项，定州市课题一项，主持定州市课题一项。现为河北省名师秦喆工作室成员，定州市名师陈淑红工作室成员，定州市学科名师。

曾经的我被一个问题困扰了很久很久，什么是老师，什么是人师？两者有无不同呢？唐代韩愈说："师者，所以传道授业解惑也。""传道"是第一位的。一个老师，如果只知道"授业""解惑"而不"传道"，不能说这个老师是完全称职的，充其量只能是"经师""句读之师"，而非"人师"。那教师的魅力又是什么呢？"学高为师，身正为范"，是著名教育家陶行知先生的名言。他把教育的真谛用两个词概括出来，可谓是概括了教师这个职业的精髓。孔子也曾经说过："其身正，不令而行；其身不正，虽令不从。"教育的本质内涵丰富，而我们作为教师，应沿着教育家的足迹，追求自己的事业，走出自己的风采。

我一直思考，怎样才能做一个优秀的教师，或者是说一名优秀的教师需要怎样的素养，教师魅力的根源是什么？也许是一种思维的触碰闪现的灵光，也许是一种信念的执着迸发的力量。

时光荏苒，岁月如歌，八年的光阴转瞬即逝。现如今踏上三尺讲台已八年有余，回首过往，感慨万千。初登讲台时的场景历历在目，那份青涩与不安的记忆将终身相伴。现如今，讲台上那个自信阳光的青年教师已经完成了蜕变。

一、坚定理想，放飞期待

大学期间，我一直在思考怎么将学习变得真实且具有实践性，因为我一直坚信"知行合一"方可让我的路越走越远，能让我早日走出那座虽学术氛围浓厚，可能却和现实有着某种疏离的大学校园。在招聘会上，由于我的优秀表现，我直接杀出重围，被河北定州中学看中。这个机会对我来说是踏入社会的第一步。当我初次走上三尺讲台进行师与生的交流时，有忐忑、有惊喜、有兴奋，但更多的是难以言喻的感动和激动。在那一个个少年的眼中，我看到了他们对我的信任和期待，正如当初年少的我仰望自己的老师那般，他们的眼眸中闪耀着与我儿时一样的光彩，正是这一束束"光"照亮了我的教学生涯。当时从来没有正式站在讲台上的我直接被安排了两个班级的数学教学以及担任一个班级的班主任的工作，这对于我来说是一个挑战，因为第一次这样直面学生，不知道他们是否愿意倾听我讲课，是否愿意积极参与课堂互动，我的课程是否具有实效性。这一系列盘旋在心底的问号，让我不得不在每次上课前给自己打气、加油。

本来特别渴望站在讲台上，而且自己也已经练习讲课很多遍了，但是真要面对学生的时候，我一下子就有点胆怯了。我还在脑海里设想万一我讲到一半忘记讲课流程怎么办，万一学生提出的问题我不会怎么办，万一我知识点不扎实讲错了怎么办……我清晰地记得我上的第一节数学课，我一直在讲、讲、讲，就和我平时对着墙讲课一样。我跟学生提出了一个问题，大家都用眼睛直勾勾地看着我，没有人举手，我当时就说："怎么第一次讲课没人捧个场啊？给个面子吧！"当时全班都扑哧一下笑了。后来那节课也就那样顺利上完了。后来学生告诉我，当时觉得这个老师挺好玩的。后来我认识到教学幽默是一种风趣、睿智的表达方式，如同一支神奇的魔法棒，使得课堂处于一种轻松愉快的氛围，减轻高中生的学习压力，使得学生不是被动地学习，而是享受课堂。有的学生特别不爱学习数学，认为数学课堂枯燥乏味，而且学不明白。这时候，适当的教学幽默可以活跃课堂，使得他们压力感大大减小，让他们感悟学习不是为了高考而学习，更多的是一种乐趣。数学中的很多公式其实不需要死记硬背的，如果学生能够理解数学中的奥秘，其实很好记。对于我自己来说，我喜欢有激情地讲课，学生喜欢我的课堂，给我强烈的反馈，会让我很有成就感和幸福感。数学学科和一些文科不一样，它考察的不仅是广度，还有深度。掌握书本的知识是学习的前提，更主要的是解决实际遇到的题目。我讲解习题的时候不单单地去讲题，而是利用讲题拓展学生的思维能力。在我的课堂上，学生有任何好的解题方法，或者比我的还简便，我都会积极采纳，让同学们一起讨论和学习。我们要学会利用数学课堂发展学生的思维能力，充分活跃课堂氛围，使学生积极举手发言，将好的思路和方法分享给全班同学，以此让学生展开一场头脑风暴，促进学生思维更加活跃。

二、学习借鉴，跨越提升

入职定州中学的前三年对于我来讲，既是机遇也是挑战，首先作为新老师，我满怀对教育的激情和对自己的希冀，对于任何困难，我都愿意去解决、去学习、去成长。刚开始时，学校对每个新老师实行了师徒制，我当时是跟着经验丰富、上课充满艺术感的数学老师杨淑宏老师学习，成为她的徒弟。每次去听师父的课，我都收获满满。但由于初入课堂缺少教学经验，没有掌握正确合适的教学方法，在实际的教学过程当中，对于教材的重点和难点把握不到位，使高中课程进程较快，学生不能够适应课堂学习效率，学生对于所学的知识没有进一步消化，就学习了新的内容。在这种教学背景之下，加之学生自我约束能力较差，学习过程中带有随意性和盲目性，使得教学效果不佳。我记得那时候和我同期的老师，每天晚上都要备课到很晚，生怕自己的教学过程出现差错。我打小就爱钻研数学，所以备课倒是没有到很晚，但是上课是要将我脑袋里的知识教给学生，我还真没有琢磨过每一天的课堂。能把课顺利讲完，我的目的就达到了，也没有考虑学生能不能听懂、有没有问题。第一次月考成绩下来以后，学生的成绩和我的预想差距很大，我感觉自己受到了打击，并从那个时候开始审视自己，发现自己的教学存在着很多问题，我只是盲目地模仿使得自己陷入误区。

　　教学模仿是新教师获取实践性知识的必经之路，新教师在初级的教学过程当中会发现课堂中存在一系列问题，新教师会有意识地去关注和模仿一些有教学经验的教师的教学风格和教学手段，这是一种正常的崇拜心理。但是一味地机械照搬，把整个教学流程完全依照老教师的教学步骤进行模仿，这样只能学习到表层，并不能真正领悟优秀教师的课堂精髓。而我也为了尽快适应教学工作，盲目地模仿了师父的课堂，也导致自己陷入了泥潭。我记得有一堂课是立体几何中正三棱锥的结论，杨老师一节课讲了好多的性质，而且一环扣一环。我听完以后特别震撼，晚上回到宿舍反复去回忆这堂课，并且模仿着去讲这堂课，但是到了实际的课堂就面临各种各样的问题需要临场解决，也考验着自己的教学能力素养。后来我也反思，仅仅简单地将优秀教师的经验移植到自己的课堂上，对于一个教师的自我提升的价值很小。后来我每听完一堂课，都会从教学重点、教学难点、教学方法以及教学流程等多个角度来全方位地解析这堂课，通过分类组合的方法在头脑中构建一个体系，分析和提炼这堂课中的闪光点，并运用到我自己的课堂中。在下一次上课的过程中，我可以根据课堂教学过程中学生的反应来验证我的想法，这样课堂教学就会有明显的提升。除此之外，我们学校也经常请一些专家教授开展教学方面的讲座，我在这一系列的讲座当中接触到了很多教育教学理念。尤其是参加河北省名师秦喆工作室，对于我这样一个新教师而言，提升了自己的能力，拓宽了自己的视野。

　　河北省名师秦喆老师就为我们做出了表率，"停课不停学"期间除去日常的教学任务，他还率领我们研究高考制作出"直击高考2020"系列微课。旨在非常时期面对面帮助学生梳理高考核心考点，以最近高考真题为案例，把握

2020 年高考最新考向，并适当拓展，更加高效地备战 2020 年的高考。截至目前，我们共推出了三个系列，第一个是 2019 年真题微课系列，第二个是邯郸市 2020 年高三备考 3 月质检评析，第三个是 2018 年真题微课系列。很荣幸我参与了第一、三系列。其实最初我很担心，估计秦老师看出了我的担忧，于是发了这样一段话：

有人问一位 90 岁的老奶奶："您最后悔的事情是什么？"

那位奶奶答道："我二十岁的时候想学钢琴，但那时觉得学业繁忙，等工作了有闲暇再学。三十岁的时候又想学钢琴，又觉得家庭琐事太多，等退休了再学。六十岁的时候，又觉得有点晚了，就放弃了。唉，要是在三十岁就开始的话，现在已经演奏三十年了。"可以看得出来，这位奶奶言语间透露着些许遗憾和无奈。

是啊，总觉得一切都还来得及，可岁月却从不等人。等到了耄耋之年，才后悔当时没及时做想做的事。明日复明日，明日何其多。我生待明日，万事成蹉跎。这首耳熟能详的诗歌，又有多少人将它铭记于心呢？我们潜意识里，总以为时间还有很多。凡事可以拖一拖，以后再做，人可以等一等，日后再见。后来才意识到，未必到了明天，就一定会有以后。很多事情，是戛然而止的，会让你措手不及，甚至连一个弥补的机会都不会有。

所以，人这一生，千万别等。很多事情放在明天，也终将一事无成！

打消顾虑，因为只有勇于踏出第一步，才有可能取得成功。大胆向前，不能退缩。大家筹备第一个系列时，没有任何经验可谈，从最初的模板设计到微课中每一个环节如何处理会更好一些，我们都进行了好几次视频会议。团队的力量是无穷的，每次研讨时，大家精彩的发言都让我受益匪浅。我们团队中有电脑软件高手，在录制中录课软件、录课中可能遇到的问题都提前录好解说小视频避免我们走弯路。我们团队中有"百科全书"秦老师，他每天都会推送文章帮助我们拓宽自己的视野，这当中真的包罗万象，有课标、教材解读，有论文写法，有优秀课例等。其实我很清楚自己的短板，因为阅读产生少所以不会写。虽然好几次因课堂上产生某些亮点有写下来的冲动，但最后都不了了之。曾经给自己找的理由就是每天工作太紧张了，没有时间，自己是电脑"小白"，不会画图等。我也知道都是借口，其实课堂上的火花如果真的能够记录下来，肯定是一笔特别宝贵的财富。现在每天从消息群里面学习已经成为习惯。

在录制微课中我总共研究了三个小专题：2019年集合的运算与复数，解析几何中的定值定点问题，2018年中的平面向量。其中在解析几何中定值定点问题的研究中发现，2015—2019年连续五年全国卷一理科数学都对该点进行了考查。是什么原因呢？定值定点有没有什么一般性的规律呢？在"直击高考2020"2019年高考真题系列微课中我就力求找到一般性的结论。很幸运，我推导出来了，现在正在将其整理成文。其实这和秦老师当时说过的一句话息息相关：当你有想法的时候一定要写下来。不要考虑有没有写的必要，哪怕作为自己的一个总结也好，积少成多，集腋成裘，该做的事不要等、不要拖。不再过多去顾虑枝枝蔓蔓，大胆付诸实施，这就是我加入工作室以来最大的成长。也许改变伴随着不习惯，成长中必定会有风雨的阻隔，但我相信给我悉心指导的工作室的专家名师，我也相信只要自己勤奋，因为只有不断学习才能完成蜕变。

我除了去听学校各位优秀教师的课，也在网上查阅各种教育教学知识，反复观摩优质课大赛的视频，借鉴别人的经验，从那些优秀老师的一言一行，对他们在课堂上的每一个活动进行分析学习，努力让自己迅速成长，这也为我后面教学的成熟期打下了坚实的基础。

三、经验积累，特色形成

进入河北定州中学后忙碌的教学工作和学生工作让我每天都特别充实。因为每天和充满活力的学生一起我心中也是阳光满满的。当然对于我而言每天也都充满挑战，因为在不经意间一个课堂突发情况就会出现，这往往会让人始料未及。在解三角形正余弦定理的讲解中，我按照类比讲完推导过程之后，有学生迫不及待地说："老师这种方法太啰唆了。"我赶紧追问："那你有什么好方法吗？"学生回答："没有，但是总感觉有别的方法，只是一种感觉。"

其他同学听完哈哈大笑。我也愣住了，原本设想的是他提出质疑后应该会给出更为简洁的证明，但是他说感觉。冷静下来后我说了这样一句话："你的感觉很敏锐，那能否给你留一个课下作业，顺着感觉看能否找到更为简洁的证明方法？"而我原本要讲的其他方法也没有再延续，临时调整了本堂课的上课节奏。这位学生真的很棒，他课后交给我一篇正弦定理证明方法初探，提到了四种方法：（1）利用三角形的高；（2）利用三角形的面积；（3）利用向量；（4）利用外接圆。下午的定时练我就坐在台下听着这名学生讲解他的证明思路。虽然某些语言不够精准，但效果出人意料的好。这次尝试也让我真正地意识到什么叫作"学生是课堂的主人"，紧随其后的余弦定理证明过程我也交给了学生。我也将学生的手稿整理成电子版，然后发给了校报且成功发表。学生也十分开心，觉得自己学有所获且有成就感。面对课堂的突发情况只有反应能力强，才能游刃有余地让一堂课顺利而又几近完美。虽然很累，但是对我来说特别满足，因为在每天的积累中我意识到自身的不足，也收获了越来越多的经验。在自己的反思与学生、家长的反馈中，我不断地获得经验。在教学这块儿我每次备课都会广查资料，请教学校里有经验的教师。驾驭课堂的本领也在探索中成长，从刚开始的不知道讲什么，备课的东西不够或者太多，到后面可以相对自如地上课。

刚开始的时候，备课练习等环节我往往要思考良久，是我的前辈们教会了我许多。我喜欢每一位有经验的好老师，并向他们学习，在寻求方法的路上我学会了虚心求教，懂得了学无止境。许多老师都有属于自己的风格，有的严肃沉静，有的积极活跃。有时候去听课，有了自己的心得感悟，便匆匆记下，深得益处。一些有经验的老教师对于课堂有一种运筹帷幄、行云流水的感觉。从课堂开始纵观全局，从每一个问题到每一个问答，别具巧思，达到言有尽、心未决的程度。各方名师才思敏捷，备课充分，课堂丰富，课下功夫深厚。每每学习，收获颇多。

都说经验加上反思等于成长，而我也是一个经常反思自己的人，虽然不断听课有了很多收获，但总觉得这都是一些零零散散的经验，于是我开始做好计划再去听课。每次听课之前我自己会先了解这节课的重点、难点以及突破点等方面，自己会构想如果我教这节课会怎样开展教学，这样在听课之后就可以进行一个对比。不断汲取优秀教师教学中的优点，努力学习，渐渐地随着教学年限的增长、经验的积累，我渐渐发现上课的视野更开阔了，方法越来越灵活了。

最初在讲解基本不等式时，我以赵爽弦图引入，简单几句一带而过，完成了教学情境的教学。但第二次在讲解基本不等式时，我仍以赵爽弦图引入，却以一个简短幽默小视频完成了对赵爽及赵爽弦图的介绍。这样既吸引了学生的注意力，同时又渗透了中国古代数学的成就，增强学生的自豪感。同是本节课，采用一题多变让学生熟悉基本不等式的适用条件。结尾之处也做了很大的调整，以往是我或学生就本节课的知识或思想方法进行总结，但本节课我以一个既有知识总结、典例分析，还有知识拓展的小微课作为结束。

我通过自己的教学课堂进行自我反思，再通过听课、学习以及研讨等多种途径重新审视自己的课堂，从而筛选出来成功且适合自己的经验，再结合理论进一步反思。这样，我的教学过程就是：实践—反思—再实践—再反思。在这个过程中，我的教学能力也在呈螺旋式上升，随着教学经验不断丰富，教学理念和想法也在改变和深化。

四、虚心请教，交流合作

作为一名教师，与同事团结合作是非常重要的职业素养，特别是在教育教学方面，这一点显得更重要。每个教师在长期的教学过程中都会积累一些可推广的经验，教师课堂当中的独特性会成为每个教师的标志。没有完美的课堂，只有九十九分的课堂，因为任何一个老师都会有自己教学上的长处与不足。对于其他教师课堂存在的问题，我会对比自己有没有。他们有一些自己独特的观念才能使他们的教学风格个性化，经过激烈地讨论和思想的交流，每个老师都能从中得到许多收获，这大概就是我们为什么愿意从百忙之中抽出时间来参与关于教学问题的讨论和交流吧。

在校园里，教师的良好伙伴不仅是学生们，也是教学伙伴们——同事。

每次回到办公室，我都会小憩一会儿，和同办公室的同事们分享今天教学过程中的趣事，或者跟他们说班上哪个让我头疼的孩子又调皮捣蛋了，让他们帮我出点子。我们会彼此借鉴各自的教学方法，欣赏着彼此的教学态度，但每个人的教学风格却完全不一样，毕竟世界上没有完全相同的两片叶子，我们在互相借鉴与切磋中不断进步。在与同事的交流中，我仿佛也变成了一个孜孜以求的学生。我们一起团结合作，为整个年级组的数学学习出谋划策，为整个年级的数学水平的提高做出努力。在这个阶段，我虽然遇到了很多困难，但是一直坚定了自己的教育理念，教师的专业理想是教师对整个教育事业的向往和追求，这种向往和追求就像教师成长道路上的指向灯，为教师提供方向、提供目标。这种方向和目标，也是教师致力于教学事业的动力，没有教育理想的老师就没有站在全局把控教育方向的眼光，更没有立德树人的培养学生的视野。这种教育理想就包括教师的事业心，即他是否有追求教学到极致的理想；这种教育理想也包括一个教师的责任感，即他是否对那三尺讲坛有着负责的态度；同时这种教育理想也体现着一个教师的积极性，是身为师者勇往直前追求进步的积极性，更是一个教师所具备的师德。那核心其实就是对学生的爱，对教师这份工作的热情和付出。

五、相处有爱，真情陪伴

我在教学和管理中加入了更多的感情。我习惯用感情来束缚彼此。对于学生我要求自己绝对做到真心实意。我对带教的第一届学生做了一个承诺，等他们毕业我再结婚，让他们不要担心我会因为恋爱忽略他们。2015年，我迎来了我的第二届学生，我对我的学生说我很笨，只能专注一件事情，我同样给他们一个承诺，我不生宝宝，专心陪他们直到高考结束。做出这个承诺其实很难，毕竟结婚时间我可以一人做决定，但对于已经三十岁的我说还不要宝宝需要承受太多太多，即使我做通爱人的思想工作，但在家中长辈那里确实没法交代。因为工作一再推迟婚期，即使他们再通情达理，但我总因为工作而耽误人生大事对家庭而言是极其不负责任的。但我只能硬着头皮去和家人谈，希望得到家人的理解与支持，毕竟后院不起火我才能专心工作啊。很幸运，即使家人有些不高兴但终究接受了我的决定。其实真的很感激我的家人，一直支持我，使我从没有因为个人问题耽误过一丁点的工作。我知道，对学生那种发自内心的喜欢，才会让学生真正爱戴我。我认为最好的做法就是陪伴。当有特殊情况的时候我会和他们"请假"。爱心可以感化顽反的学生，也可以感动那些自以为是的学生。因为彼此之间存在一份真心实意，所以我们才会共同努力。

班主任的威信是建立在广博的知识、扎实的专业功底、高度的责任感、真诚的爱心和无私的奉献的基础上的。有了这个基础，才能打动学生，征服学生，感染学生。用以身作则、表里如一的人格魅力去影响学生，学生发自内心地佩服老师，班级管理就能顺理成章、水到渠成。

我的理念是：我想在平淡的日子里品出一些温馨。

我要做一个学生心中的好老师——宽容、严格、民主、慈悲、敬业、风趣、博学、求真。我要让孩子们的头顶是蓝蓝的天空。我要用我自由的心灵、飞翔的灵魂，发出"真"的声音，感动我的学生。希望用我的思想、个性、人格影响他们，或者给他们一些做人的启示。

有一天，我的学生们能够记起我，或记起和我一起走过的路，脸上浮起微笑，内心涌动平和、快乐、温馨，那才是我最大的幸福。有一天我会老，坐对夕阳，隔着无穷的时空，我又看见了纯真的笑脸、烂漫的身姿，听见了花开的声音。这一刻，就叫幸福。

当时我担任的是高三（22）班的班主任，且在 2016 年的高考中我班又大获全胜。但我深知这两届学生骄人成绩的取得主要靠的是"严加看管"，投入情感，变"要我学"为"我要学"。领导给予了我高度认可的同时布置了一个更为艰巨的任务，担任实验班的班主任。刚刚毕业四年就带实验班对我来说真的是一个很大的挑战，而且管理这样的班级的方式与以往完全不同。反思自己以前的管理方式，向老班主任请教，我又踏上了新的征程、进入了新的摸索期，唯一不同的是我多了一份坚定与自信。

高考竞争很残酷，然而平时的学习生活也并不是波澜不惊。2016 年，我在身怀六甲的情况下，但仍然担任实验班班主任的工作。在学初的军训中，因某个环节的疏忽，我们未能夺得高中第一个优秀班集体的荣誉称号，而这件事带来的那种挫败感让班级弥漫着一种压抑和愤怒的阴云，这时候最需要的是能有人站出来把大家从失败的旋涡里拽出来。为此，我默默地在后黑板上写下：寒风萧萧，马嘶狼嚎；硝烟散尽，血满战壕；泪雨下分，痛如刀绞；忍悲愤分，仰天长啸；倚剑强立，血泪尽抛；我志在大，岂肯屈挠；指天发誓，学似火烧；今吾所失，明日必报！今吾所失，明日必报！这一写一石激起千层浪，此处失去了就要在其他地方找回来，同学们被内心的班级荣誉感紧紧地团结在了一起，在接下来的期中考试中一举夺得出色的成绩，年级前十名占有八人，同学们也从中找回了属于自己的那份自信，从此班级进入优秀班级的行列。而考后班会我用以下这个小故事进行开场，然后上升到班级的归属感问题。

记得有这样一个希腊神话，安泰俄斯是海神波塞冬和大地女神盖亚之子。他从来也不会感到疲劳，他的身体一接触到大地就能吸取大地的力量。他最喜欢吃的食物是幼狮，并以杀人为乐。在他盘踞的地盘上，人畜都不能幸免于难。每当外乡人从海上或陆地来到利比亚，他就强迫外乡人和他决斗，并将人置于死地，然后将死人的头骨用来装饰他在海滨为其父建造的神庙。

大英雄赫拉克勒斯来到了安泰俄斯的地盘。众神交给他一个任务，即消灭海边和各条道路上伤害人畜的一切怪物。当赫拉克勒斯和安泰俄斯较量时，双方都为对手的力量所惊讶。尽管赫拉克勒斯不断地将安泰击倒在地，但每次大地女神盖亚都会使安泰俄斯重新恢复力量。最后，赫拉克勒斯发现了安泰俄斯不断得到力量的秘密，他抓住安泰俄斯这可怕的巨人，让他双脚离地，紧紧地把他勒在怀里，最后终于把他勒死了。

这个故事令人深思，对应到我们的班级之中，优秀的学生总能找到自己的归属感，从而能从中获得巨大的能量。班级是学生赖以生存的"家"，这个家需要每一个学生来共同建设，班级的优劣会在某种程度上影响每一个学生的发展，而其中的动力就是集体荣誉感。

我时常想，是一个优秀的班级成就了一批优秀的同学，还是一批优秀的同学成就了一个优秀的班级。这是个很有争议的话题，暂且不去追究真正的答案是什么，但有一点我们是很清楚的，那就是：成功的团队里没有失败者，失败的团队里没有成功者。

我们只有用实际行动来创造属于我们自己的荣誉和成功，在五彩缤纷的花样年华中书写着属于我们自己的那份激情。班级兴亡，我的责任！一个有集体荣誉感的学生，会把班级当成自己的家，为了维护自己班级的荣誉，他会竭尽全力去做任何一件事情。在他身上永远充满正能量，他的内心也因为班级的荣辱而发生微妙的变化，"班荣我荣、班耻我耻"已经成为他内心的一杆标尺和行为准则，他会和班级一起成长，最终长成参天大树。在与学生朝夕相处中，陪伴、坚定、自信，一段历经风雨锤炼的历程让我也体会到了成长的快乐！

名师伴我成长

河北省名师秦喆工作室成员
邯郸市第一中学教师　冯竞超

冯竞超，中共党员，研究生学历，2010 年毕业于武汉大学应用数学专业。中学数学一级教师，邯郸市第一中学教师，河北省名师秦喆工作室成员、主持人助手。自参加工作以来一直担任一线教学工作，高考成绩突出，曾荣获"邯郸市优秀数学教师""邯郸市高考优秀教师"，多次被评为邯郸市一中"高考功勋教师""最受学生喜欢的教师""优秀青年教师"等荣誉称号。2019 年参加河北省骨干教师培训荣获"优秀班干部"称号。曾参与编著《金太阳考案·数学》《高中数学经典习题集选修 1-2、必修 2》《圆梦之路高中数学精题集萃 (理科)》等教辅资料，在《河北理科教学研究》等期刊上多次发表教育教学论文。

独行速，众行远，跟着团队，跟随名师的脚步，让我快速地成长。

2017 年，我很荣幸加入了河北省名师秦喆工作室，成为工作室的第一批成员，工作室的老师们好学上进、乐于创新、勇于开拓的精神给予了我很大的动力。在秦喆老师的指导下，我与工作室的老师们共同成长、共同进步。回首这一程，我行走着、反思着、总结着、收获着、快乐着，也享受着，三年的学习历程，每一步都踏下了我坚实的脚印，都见证了我的成长和进步。

一、他山之石，可以攻玉

工作室为我提供了广阔的平台，使我有了很多外出研修和学习的机会，每次外出培训学习，我都能吸取一些先进的教育教学理念，开阔视野、增长见识。

2018 年 7 月 16 日至 18 日，我跟随秦老师参加了 2018 年河北省数学年会。其中北京大学张继平院士做的"对称之美"的报告给我留下了深刻的印象。张院士在报告中指出，数学家的爱好是探求真、追求美、力求简，并指出现代数学是一门综合学科，数学各领域相互交叉、相互联系，学生应该学会欣赏数学，不能死记硬背，只有学会欣赏才能享受数学。张院士的报告给了我许多启发，教师不仅仅应该把课上好，而应该让学生喜欢上数学学科，今后有兴趣往数学方面发展更为重要。

2018 年 7 月 25 日至 27 日，我参加了在鄂尔多斯举办的全国名师工作室联盟首届工作室创新发展特色成果博览会，我见到了来自全国各地的名师，看到了他们在各自领域对自己专业的精研细磨，他们先进的教育理念、教育方法，都让我受益匪浅。全国知名工作室主持人吴正宪老师的"促进教师专业成长发展的研究实践"的讲座让我印象深刻，打造"好吃又营养的课堂"这个理念让我内心非常震撼。十年来，吴正宪工作室硕果累累，实现了：教学创新——创造了儿童喜爱的数学课堂；教研创新——创新了教师研修方式；课程创新——创建了教师研修课程；机制创新——建立了教师研修机制；学术创新——提炼了系列研修成果。儒雅谦逊的吴正宪老师用一个个鲜活的案例，让全场教师感受到一个优秀的名师工作室对青年教师的成长具有巨大的推动作用，对学校的发展具有强大的示范作用，对区域学科的建设具有专业的引领作用。

2019 年 7 月 29 日至 31 日，我参加了由陕西师范大学出版总社中学数学教学参考编辑部在西安举办的"第七届数学课堂教学创新高级研讨会"研讨活动。该活动由章建跃博士主讲，章博士主要针对数学学科核心素养的理解、以核心素养为导向的数学课程改革、在培养"四基"过程中发展学生的关键能力、以数学核心素养为导向的单元教学设计等数学教育教学中的关键问题，以教学实例为载体，设计结构化的、连贯性的专题讲座，对新课标和教材进行全面解读和深入研讨。章博士在讲座中对"单元整体设计教学"进行了详细的讲解。"单元整体设计教学"绝不是对知识的简单堆砌，它追求的是"数学的整体性，逻辑的连贯性，思想的一致性，方法的普适性，思维的系统性"。我们日常的教学，大家习惯于"讲练结合、随堂巩固"，讲解一个新的知识点，就会配上大量的巩固训练。这样的训练看似有效，可一旦遇到综合问题就找不到解题思路，形成"老师一讲都明白、可一做都不会"的现象。其原因就在于这样的教学使知识碎片化，缺乏对新知识有一个系统性的认知，导致综合运用知识解决题目的能力不够。一节好课不仅仅是知识的传授，还有方法的传授，能让学生理解数学概念的本源，能用相同的方法解决不同的问题，让学生感受数学的纯粹与美好。

当然，这样的研修活动还有好多次，感恩有这样一个广阔的平台，能够使我走出去开阔视野，提升教学能力。通过参加工作室组织的研修活动，让我有幸聆听到学科精英的专业讲座，他们先进的教育理念、教育方法，都让我受益匪浅，经过专家理论的洗礼，我也有了一些反思和心得。

1. 加强数学理论学习，更新教育教学观念。在这个信息化时代，知识来源途径多元化、便捷化，我们也要不断展开头脑风暴，一定要勤于学习，学习先进的教育理念、先进的教学方法，只有这样才能使自己向一个优秀的教师迈进一步。鉴于此，为了提升老师们的教育理论水平，工作室为每位老师购买了很多教育教学书籍、杂志供大家学习研究。目前，全国各省份陆续都在进入新课改，新课程下数学教师要整体把握教材，沟通学科之间的联系，沟通书本知识和学生生活世界的联系，把教学知识放到一个知识体系里，形成知识树、知识网络。教学中要突出数学基本概念和基本原理的核心地位，重视数学概念和原理的早期渗透，注重激发学生对数学学科本身的学习兴趣。当然这对数学教师提出了更高的要求，要求教师必须为学生的学习和个人发展提供最基本的数学基础、数学准备和发展方向，促进中学生健康成长，使人人获得良好的数学素养。

2. 个人发展和团队发展。一个人可以走得很快，但一群人可以走得更远。工作室是着眼于团队共同发展而设立的教师自主探究、同伴互助、集体成长的集学习、教学、研究、培训于一体的教师专业发展共同体，需要团队的每一个人都有集体意识、责任意识、担当意识和共享意识。这就需要凡加入这个团队的每一位老师不断优化、提升自己教学、教研的精神状态、工作态度和研究方法，立足课堂，自觉学习，做实常规，重视反思，将研究变成常态。在团队活动中，不断取得新的教研成果，并积极分享自己的教研成果，使自己的教研成果效益最大化。

3. 树立长远目标。教师的专业发展并不是一件一劳永逸的事情，它需要持之以恒，久久为功。需要我们进一步树立长远的追求，给自己一个更为高远的专业发展目标。理想使人专注，信念使人用力，心中有理想，脚下有力量，唯有如此，我们才会把做好工作室的工作当作和自己上好课、带好班一样重要的事情来做。"小成功靠个人，大成功靠团队。"课堂是教师主阵地，教学是教师的生命线。工作室作为教师在更高层次上发展的教师成长共同体，发展是核心，学习是基础，研究是常态，引领是必须，自觉是底线，行动是关键。只有团队的每一个人都拥有这样的认识，有了自觉的行动，工作室的工作就会蓬勃开展，工作室的每一位成员也都会在自己原有的基础上获得更大的发展。

二、勇于实践，行思致远

送教下乡是工作室经常性的实践活动，组织工作室成员听课、评课，参加校教研并交流研讨。通过这样一系列活动，我领略到了不同学校老师的教学风格，增加了自己的见识，开阔了自己的眼界。

2018 年 10 月 19 日，为了实现工作室辐射引领的带动作用，秦喆工作室联合邯郸市高中数学工作室一行十三人，在主持人秦喆老师的带领下走进魏县一中开展送教下乡活动，参加这次活动的除了魏县一中全体数学教师还有县三中、五中、六中的部分数学教师。上午第三节课老师们分组听取了魏县一中马希仲、赵金喜、张庆丹、张敬甫、申文同五位骨干教师的汇报课。第四节由邯郸市高中数学工作室成员、邯郸市一中数学教师黄妍妍老师向全县高中数学教师做示范课。黄老师在课堂上充分发挥学生的主动性，让学生充分参与课堂，体会知识的生成过程。黄老师的课也受到县一中领导和其他老师的充分肯定和赞赏。随后秦喆老师以"高中数学教学实践的几点思考"为题，针对初高中的后续衔接、学生学习数学的积极性、数学计算能力的培养、课堂教学的基本模式、名师的成长路径等问题做了精彩的报告，发表了深刻而又独到的见解。

2018 年 11 月 22 日，工作室一行十五人在秦老师的带领下来到邯郸市第三中学南校区，举行了同课异构研修活动。三中南校区的领导高度重视这次活动，全校数学老师参加了这次活动。我代表工作室，同三中南校区的马培培、孔德富两位老师共上"直线与椭圆的位置关系"同课异构课。马老师和蔼可亲，语言精练，层层提问、设问、追问，巧妙运用几何画板演示直线与椭圆位置关系，加上深入浅出的例题，激发了学生的积极性。孔老师以富有激情的语言，具有挑战性的试题，彰显了老师的实力和课堂的魅力。前两位老师的优秀表现也让我倍感压力，我在课堂上采用小组合作、组内研究、共同展示的方式，始终以学生为主体，让学生做课堂的主人，充分调动学生学习的主动性，激发学生的兴趣，受到了在场老师和学生的充分肯定。这当然得益于秦老师的指导和我们工作室一直以来所倡导的课堂教学模式对自己的影响。每上一次这样的展示课对自己都是一种教学上的提升，自己教学教研能力都有很大的提高。

一个优秀的教师的课堂应该是鲜活的，充满活力的，应是有生成感、推进感的课堂，这样才能让学生爱上数学课。基于这种考虑，工作室立足数学核心素养下课堂教学变革这一主题，以"新课程下高中数学教学模式的变革对学生的影响研究"为课题，深入研究课堂教学模式，提出课堂应突出学生主体，立足于学科思维能力的培养，创设了"研思学导"的课堂教学模式。其宗旨是课堂教学要为提高学生的学习能力而教，实现"要我学为我要学"，突出学生主体活动。在这种氛围下，我也在尝试改变自己的教学方式，由之前的

"我教你学"传统的教授方式逐渐变为"以学生为主体，教师为主导"的课堂模式，积极发挥学生在课堂中的作用。教师作为学习活动的组织者和引导者，学生作为课堂的主体，尽可能地让学生参与课堂，把主动权还给学生。经过一段时间的尝试，我发现教学中很多好的想法都来源于与学生思维的碰撞。在这种轻松的氛围里，学生有了较为自由的空间，有了与老师平等对话的机会，变得越来越大胆，学习积极主动，在课堂上踊跃发言，积极表现自我。

秦喆工作室这个广阔的平台，为我提供了提升自身素质的空间，也是我们相互学习、互相促进的大家园。在这里我找到了自己前进和努力的方向，体会了互助共进的热情，领略了名师们的风采。跟随名师的脚步，我将继续前行，一息尚存，不落征帆。感谢身边的同事的辛勤付出，感谢秦喆工作室，今后的工作中我将继续一步一个脚印让自己在这里找到职业的归属感和存在感。

繁霜尽是心头血，洒向千峰秋叶丹

邯郸市秦喆数学工作室成员

邯郸市第一中学金牌教练　师文亮

师文亮，中国数学奥林匹克一级教练员，邯郸市骨干教师。曾获河北省德育先进个人、邯郸市优秀班主任、邯郸市师德楷模等荣誉称号。常年从事尖子生的教育教学及管理工作，所教学生一人获中国数学女子奥林匹克竞赛金牌，五人进入河北省队参加全国比赛并获"三银两铜"的成绩，三十二人获全国一等奖，多人进入清华大学、北京大学等全国知名高校学习深造，担任班主任的 2014 级 B1 班获河北省先进班集体。在《中学数学教学参考》《数学通讯》《数理天地》等核心期刊发表文章二十余篇，多次在省市级论文评比中获奖。

　　2006 年 8 月走上中学讲台，我的教师历程至今已经有十五个年头了。直到今天，第一次走上讲台时的兴奋与忐忑我仍然记忆犹新。回顾过去说长不长、说短不短的教学生涯，心中充满感激。感谢帮助过我的前辈，是你们让我领略了精湛的教学技艺和高尚的人格魅力；感谢我的学生，是你们让我一次次感受成功的喜悦，帮我实现自身的价值；感谢我的家人，是你们让我能专心教育事业。

　　细想起来，我的教育教学历程大致可以划分为三个阶段：

　　第一，初登讲台，从迷茫走向坚定。和许多刚上讲台的青年教师一样，我也满怀激情，充满信心，希望用自己的努力为国家培养出顶尖人才。于是我每天都钻研难题，课堂上就是"满堂灌"，总觉得时间不够用，自己讲得太少。课下给学生布置了很多作业，学生疲于奔命，应接不暇，甚至出现了不少抄作业的情况。从现在来看，这种做法当然是有些可笑的，学生是课堂的主体，老师的"教"必须服务于学生的"学"，不研究学情的教学当然是效率低下的。

不出意外，无情的现实给我好好上了一课。由于缺乏对学生的认识和研究，加上自己对教材钻研得不够深入，只是一味地追求练习的难度和数量，我的教学成绩很不理想，所教班级在同序列中排名非常靠后。这使我感到非常迷茫和痛苦，对自己产生了极大的怀疑，甚至认为自己根本不适合做教师这一行。就在这个时候，我的师傅郑宇邻老师给了我很大的帮助和鼓励。郑老师教学水平非常高，现在已经是正高级教师，更为可贵的是，她对年轻人非常关心，总是给予无私的帮助。她对我说，我的基本功很好，解题能力也很强，是一个潜力很大的年轻教师。我的问题就是教学上脱离了学情，没有从学生的需求出发，造成了教与学的脱节，只要在这方面有所改善，一定能成为优秀的数学教师。郑老师的话让我醍醐灌顶，我一下子明白了自己的问题和今后的努力方向。

从那以后，我经常去听郑老师等老教师的课，让自己的进度略微慢上一两节，等听完课后再认真琢磨，学习老教师处理问题的方法和课堂艺术，并把自己的所思、所想、所得融入教学。另外，我坚持在每节课上完后撰写课后反思，感到收获很大。同时，我经常找学生谈话，了解他们的所思所想，经过一段时间的努力，我所任教的班级有了很大的进步，我也得到了学生、家长、学校的认可。更重要的是，我明确了自己的努力方向，开始渐渐明白如何脚踏实地地去做一名数学教师。回想这个阶段，我时常为自己的幼稚感到可笑，同时我又很怀念那段时光，那种纯粹地专注地对数学教育事业的追求的确令人充满幸福感。

第二，上下求索，从青涩走向成熟。经过不懈努力，我送走了第一届毕业班，尽管成绩在现在看来不值一提，但还是给当时的我带来很大的鼓舞。

很多学生与我到现在还保持着密切联系，我也获得了教坛新秀、高考优秀班主任、优秀任课教师等荣誉。但这时的我却有些飘飘然，在我刚到学校的时候总是听人说，带过高三的老师就是成熟教师，上课肯定就没什么问题了。我想，自己也带过高三了，成绩也还不错，可以适当轻松点了。于是我在教育教学上产生了懈怠情绪，备课不像原来那样认真充分，和学生的交流也少了很多，交流也基本是事务性的谈话。这时，我教学生涯中的第二个"贵人"出现了，他就是秦喆主任，秦主任有一次在听完我的课后把我叫到办公室，和我深谈了一次，其中有些话我到现在还是印象深刻。秦主任说，"文亮你很优秀，取得了一些不错的成绩。但你决不能因此而自满，你的课还有不少可以完善的地方。你要注意总结，把自己的经验提升到理论高度，撰写一些教育教学文章。一名教师的业务修炼是没有止境的，故步自封只会让你变得平庸。"这些话犹如当头棒喝，给当时沾沾自喜的我浇上了一盆冷水，也让我冷静了下来。

回到办公室，我反思了很久，我有什么可骄傲的呢？就凭自己获得的那点校级荣誉？秦主任当时已经是特级教师，取得了很多重要的荣誉，同时还兼任着年级主任和学科组长，承担着繁重琐碎的日常工作，但秦主任桌子上摆着厚厚的习题集、教育教学管理著作，他还在孜孜不倦地学习，不断向数学教育的巅峰攀登，我有什么理由懈怠呢？我决心以秦主任为榜样，全面提升自己的教学水平和管理能力。我开始大量做题，并把做过的题目认真分类，撰写解题心得，研究解题理论，努力把自身的教学经验上升到理论。同时，在秦主任的鼓励下，我开始尝试撰写教育教学论文，并向专业杂志投稿，但开局并不顺利，屡遭退稿。当时我也是年轻气盛，就是咽不下这口气，开始大量阅读，认真修改自己的文章，并根据杂志的不同需求投稿。功夫不负有心人，目前我已经有二十多篇文章在全国知名数学教育类杂志上发表，我也养成了爱整理、爱总结、爱写作的好习惯。同时，我开始探索数学拔尖创新人才的培养模式，开始开发一些校本课程，如数学文化、数学解题、数学史等，获得老师和学生的一致好评。

第三，挑战自我，从成熟走向优秀。根据学校的工作需要，校领导让我担任年级副主任工作，主抓学科竞赛，并担任数学竞赛主教练。这两项工作都是学校的重要工作，学科竞赛是优秀学生进入名校学习的重要途径，成绩对高三学生而言是决定性的。我校向来是数学竞赛的强校，取得过非常辉煌的成绩，每年都有学生进入北京大学数学科学学院学习。对于我来说，这两项工作是完全陌生的，是不折不扣的"菜鸟"，所以一开始我非常犹豫。经过反复思考，我还是决定承担下来，挑战一下自己，我认为，不管成功还是失败，我一定能从过程中学到不少新的东西。真正开始后，我才发现，还是低估了这个事情的困难性。这两项工作都需要花费大量的时间和精力，所以我经常感觉时间不够用，晚上熬夜到凌晨也是家常便饭。在竞赛培训中，我始终和学生一起摸爬滚打。外出培训时，我跟着学生一起坐在教室后面听课；晚自习时，我也陪着一起自习，解答学生遇到的各种问题；遇到学生生病时，我就陪着学生一起看病，照顾他们的起居。不记得有多少次，我为了降低学生的费用与培训机构争得面红耳赤，为了提升培训质量与授课教师反复沟通。可以说，为了竞赛成绩，我"脱了好几层皮"。功夫不负有心人，在2019年的学科竞赛中，我校取得了优异的成绩——四人进入省队参加全国大赛并获得"一金一银两铜"的优异成绩，三十九人次获得全国一等奖，一等奖人数在河北省稳居第三，全国进入前五十，获得广泛赞誉和普遍认可。

回顾自己十五年的教学生涯，是一个不断自我否定的过程，尤为幸运的是，我在成长过程中始终有贵人相助，就像开篇所讲，回顾我的教学生涯，最想说的就是感谢。

三尺讲台抒壮志，一片丹心育栋梁

邯郸市秦喆数学工作室成员

邯郸市第一中学奥赛教练　段纪飞

段纪飞，2006年参加工作，邯郸市第一中学教师，中学高级职称，中国数学奥林匹克一级教练员，邯郸市骨干教师，邯郸市高中数学学科兼职教研员。曾获河北省优秀教师、河北省先进德育工作者、邯郸市师德标兵、邯郸市优秀教师、邯郸市高考优秀班主任、邯郸市高考突出贡献奖、邯郸市青少年工作先进工作者等荣誉称号。常年从事尖子生的教育教学及管理工作，所教学生二十二人进入清华大学、北京大

学，担任班主任的2018届A4班获河北省先进班集体。在《中等数学》《高中数理化》等核心期刊发表文章多篇，多次在省市级论文评比中获奖。2020年4月参加中国教研网、中国教师研修网组织的"心系荆楚，名师驰援"活动，做了"把握方向，精准备考——近三年高考重难点试题分析"主题讲座。

大学毕业至今教龄、班主任龄均已十五年，回顾自己的教育教学经历，没有多少轰轰烈烈，怀揣着对教育事业的敬畏与满腔的热情，每天都充满新的挑战。毕竟，需要面对的都是鲜活的、有思想的，有情感不断"进化"的孩子。不得不说，社会在进步，十年前的高中生和今天的高中生比起来，无论是思维的深度还是掌握知识的广度都不可同日而语，对教师提出的挑战就是：终身学习，勤于实践，不断反思，提升自我。

我和绝大多数一中教师、班主任一样，虽然每天的工作重复且繁杂，虽

然常有不顺，但始终秉承"一切为了孩子，为了孩子的一切，为了一切孩子"的工作精神，努力做好学生成长路上的陪伴者和引路人。

我的治班方针：公平。这是我最引以为傲的地方。

我始终告诉学生，不管你是谁，来到我带教的班级，将面临公平的对待。犯错时，一视同仁公开批评及处罚，不管你是班级第一名还是倒数第一名。以日常劳动为例，我常对学生讲，如果你逃避了，你所承担的那份活不会自动消失，而是意味着那些已经完成了自己的工作，明明可以休息了的同学，却不得不多出一份力帮你完成。这显然不公平，这是赤裸裸的"剥削"，应该进行严厉的"打击"。班级安排棘手工作时，我绝不会只安排给老实的孩子和听话的孩子，我会保证全体学生都有一样的机会且都必须面对。当然有人会干不好，此时谁干不好就应该接受教育，哪怕我手把手教他，也绝不会让他逃避这项责任。我很欣赏苏联元帅朱可夫的一句话："如果你们不会，我们教你；如果你们不想学，我们强迫你学，总之你要成为一名优秀的坦克手。"而我的目标是"总之你决不能成为一个不负责任的学生"。我也很清楚，把这活交给老实的孩子会很省心，但我不甘心、不安心。明明他们都是一样的学生，我不会惯着那些爱使聪明的人。

我的治班理念：合理疏导情绪，巧借外力管理，用挫折育栋梁。

一、合理疏导情绪

班主任是学校教育教学管理的具体操作者，每天面对的是五六十个活蹦乱跳的、正处于青春期的学生。面临繁杂、琐碎、重复的工作，难免情绪激动，因此班主任除了要善于调解自己的情绪外，还要善于拨动孩子心灵的琴弦——合理疏导学生不良情绪。

案例一 心灵对话实为教育良方

高一下半学期，学校文理分科后，我们班新分来八名同学。其中一个男孩子（以下称"L同学"）个子大大的，身体也比较壮，但就在他开口的一瞬间，我觉得这孩子很不一样，因为在他强壮的背后，说话却是非常的谨慎。

最初印象固然不错，但一次班会后的事情让我改变了对他的固有印象。那是周二下午按照惯例进行的宿舍周总结班会，会后大家都在安静地上自习，L同学突然冲到前面，近乎歇斯底里地喊道："我干什么都不行，就是个异类，你们都容不下我！"喊完就跑出去了。

我跟原班主任了解到，L同学宿舍生活比较随意，值日工作不及时做，打扫不干净，常常引起同学们的反感，受到宿舍长批评。来到新班级他决定给大家留个好印象，哪知一周过后，又恢复了老样子。所在宿舍因为他扣了分，与优秀宿舍的荣誉称号无缘，宿舍长嘟囔了两句，一下子揭开了L同学的伤疤……这孩子的确是太容易冲动了。

之后我查看了他的档案，并从他的初中同学那里对他有了更多的了解：初中期间的L同学时常打架斗殴，但是，在初三那年，他发生了质的改变，原因不详。以此为突破点，当天晚自习后，我主动把这个孩子叫到了办公室，把我自己上学的经历告诉了他，有坎坷也有惊喜。因为是说自己的事，所以用情很深。然而就在这时，这个孩子内心谨慎的一面还是体现了出来，他在观察到我的坦诚后，才主动地向我说起了他初三时改变的原因——家人无私的爱打动了他：在没有书的情况下，全家人为他抄书，让他复习……趁此机会，我就马上对他及时改变自己的做法和急于展现自己的渴望表达了肯定，并提出对他的期待与要求，希望他担任班里的生活委员。这时，他的眼里充满了对我的信任和感激。果不其然，从那以后他所在的宿舍一直被评为优秀宿舍，而且他本人在班里也很有威望。

眼看着这位L同学的脾性得到很好的控制，此时，鉴于班里的需要，我正式起用他为班长。虽然不太有把握，但我决定一试。在接下来的两年里，他都能把班内的大小事情处理得非常恰当，还能时不时地化解一些班内的小矛盾，他经常说的一句话："原来的我就是一条天生会喷火的龙，时常烧伤别人，伤害自己，是'老班'教会了我控制情绪。"

如今的L同学复旦大学硕士毕业后，在上海一家国企工作，事业有成，人情练达。

教育无小事，教师在教学生活中引导学生探索自己情绪产生的根源，会帮助学生减少许多不良情绪的困扰，轻松愉快地投入学习和生活中。即先调整心情，再处理事情。在教育过程中，尽量多谈些感受，少谈些道理，心理健康的孩子人生才是快乐的。

二、巧借外力管理

班级所在位置挨着领导办公室，这是大多班主任不愿意碰到的。谁都唯恐学生给自己找不必要的麻烦。但如果已经挨上怎么办？我的办法是，那就让"坏事"起点好作用。利用领导的身份和影响力作为我教育学生的巨大震慑力，学会充分"狐假虎威"，去解决平时的棘手问题。举一个例子：比如某同学有一个很不好的苗头，但还没有充分暴露，或者说这孩子有很不好的习惯但很善于反侦察，如果不去解决，一旦暴露出来，就会有很严重的后果。但此时对其进行教育又不容易形成实效，换句话说就是你没有充足证据让对方就范。这时就可以假借其他人的名义对其进行教育。比如说，我曾经发现我们班有一个挺优秀的男生，对一个女生比较有好感，如果不及时提醒，可能会发展成早恋，至少是单相思。此时，直接对他说，时机又不成熟，不说，一旦发展下去，他有可能已经深陷情网。无奈之下，我故意制造和路过领导在班级门前说话的机会。随后便找到这位男生，告诉他，领导最近路过发现有些苗头，让我关心一下，所以我才向他了解他个人感情的情况。同时我已告诉孩子，我向领导保证，这孩子是一个非常有正气的学生，绝对会对自己、对家长，对对方的未来负责任的。然后我提醒他，一定要好好学习，考一个好大学。此时师出有名，神奇地达到了目的。

三、用挫折育栋梁

现代社会是一个充满挑战的社会，在这样的社会中，不遭受挫折是不可能的。如果学生在学校中没有遭受挫折的洗礼，没有正确对待挫折的心态，就好像是"温室里的花朵",是不可能很好地适应社会的。我需要我的学生像柳条一样有韧性,虽遇困难和打击,始终不放弃,不会轻易投降。我绝不希望他们像生铁一样,虽然硬却很脆,一次打击便拦腰折断永不得翻身。所以,我会引导孩子们直面生活中的磨难,并学会反思提炼和沉淀,我希望他们成为栋梁。

案例二　共情引导,合育栋梁

小孟同学成熟、稳重,是我校"五年一贯"少年部学生。他学习主动,高中入学前的暑假已自学完高中数学必修课程。学习上顺风顺水,成绩名列年级前三。常规学习之余,他还参加了物理、数学两科竞赛特长班的学习。他是同学的榜样,家长口中的"别人家的孩子"。

步入高二,竞赛要集训,小孟同学不得不忍痛割爱,放弃了数学学科竞赛的学习,主攻物理竞赛。天资聪颖加之勤奋有加,在物理竞赛班里他是顶尖高手,也是主教练何老师手里的"王牌"。2011年的秋天,那是一个灰色的星期六,物理竞赛一试他考了95分,刚刚过线。对于目标是省队的他,这是何等的打击。据主教练何老师说,小孟出考场的时候脸都是灰的。没有经历过任何挫折的他,显然手足无措,在接下来的实验考试中他也连连失利,最后与一等奖失之交臂。周一,他没有来学校,周二、周三仍然没来。周四我给小孟家里打电话,接电话的是小孟的妈妈,还没说几句话,小孟的妈妈在电话里哭了起来,她哽咽,"他怎么也想不通,为什么是这样一个结果。他接受不了,我也接受不了……"大人况且如此,何况孩子?放下电话,我骑车赶往小孟的家里,安抚好家长,再安慰孩子。但我深知,响鼓还得重锤敲。所以我在安慰后严厉地说:"小孟,你是老师眼中优秀的孩子,优秀的人不能被一次失败打趴下,更不能轻易认输。今天是9月18日,离数学联赛还有不到一个月的时间,你敢不敢再试一次?"

接下来的一个月,小孟踏踏实实地做完了一本356页的数学竞赛习题集。在数学联赛中,他一举夺魁拿到了省赛区一等奖,顺利取得北京大学保送生考试的入场券,之后又以省第一名的成绩保送北京大学。

　　自古人生无坦途，任何一个人在成长的道路上，都会遇到这样或那样的困难和挫折。作为班主任，要及时引导学生，告诉他们勇敢面对，只有及时经历磨炼，强大自己的内心和抗挫折能力，才能不断成长，成就自己。年龄越小，犯错成本越低，既然一辈子该犯的错永远避免不了，不如在可控的时期选择勇敢面对。我们既然不会刻意地为自己制造困难，那么就请直面、珍惜甚至享受成长中的每一次挫折带来的壮大自己的机会。

　　十五年的班主任工作，让我尝到了苦与累，但更多的却是幸福与满足。教书育人，就像喝一杯苦丁茶，开始时会有些苦，但是很快便会回味出丝丝甘甜，历久弥香。

勇于实践，成长在路上

邯郸市秦喆数学工作室成员

邯郸市荀子中学年级主任　郭素霞

郭素霞，女，中共党员，硕士学位，中学数学高级教师。河北省优秀教师，邯郸市优秀教师，邯郸市优秀班主任，邯郸市教学状元，邯郸市教学技术能手，邯郸市骨干教师，邯郸市五一劳动奖章，邯郸市师德楷模。邯郸市教科所兼职教研员。

教师的生活是单纯的，人生大事只有教书育人；教师的思想是敏锐的，能够在众多相同中发现不同并进行深层次的思考；教师的言行是严谨的，每一句言论都有理可循、有据可查；教师的人生是积极的，每一天都斗志昂扬地走在成长的道路上。

上学的时候，老师为了鼓励我们学习，告诉我们学习有四层境界：第一层境界是不知道自己不知道，总觉得自己无所不会、无所不能；第二层境界是知道自己不知道，看到自己的差距，开始觉醒、追求进步；第三层境界是知道自己知道，能够更明确自己想要什么，已经做到哪些，还有哪些是自己要努力的；第四层境界是不知道自己知道，永远保持空杯状态，坚持不断地充实自己。这种思想的渗透贯串我整个求学时期并持续到现在，日常工作生活中总是以此为信念，提醒自己所处的认知境界，以能够时刻提醒自己在不同的时期、阶段要做什么。

第一阶段：静心潜修，在沃土中发芽

刚参加工作之初，有职场"小白"的钻研激情，也有年少轻狂的得意自负。但那时我清楚地知道，此阶段的我其实在教学业务上要充实的不仅仅是教学的内容和技巧，更是对整个高中阶段教学内容和教育技巧的深度及广度的理解与把握。

在这一阶段我首先做的一件事就是深层次地研读教材。上高中的时候，自认为已经将课本倒背如流，因为当同学问我问题的时候，我会快速、准确地告诉他（她）这道题考哪个知识点，在书上是多少页第几行。参加工作之后，当我再做这件事情的时候，我发现了一个高中时期忽略的问题。当时，我只记忆了各个知识点和各知识点之间的关联，但是只是单纯记忆，对每一个知识点并没有进行深层次的思考。现在，我再读课本，是站在一名教师的角度来看的，对于书上写的每一句话和设置的每一道例题，我都在想这句话或例题的目的和作用是什么，删掉行不行，换另一种方式表达行不行……总是在这种思考中陷入自己的空间，也因此而出过多次笑话。有一次，在办公室坐的时间太长了，决定到操场去舒缓一下。当时，脑子里还想着书上的一道例题，走着走着，就撞到了网球网上，真正做了一次"网红"。不仅如此，在校园里，我还撞过同事，更撞过校长，我也因此而全校闻名。时隔四年之后，在进行高中数学教学的同时，我用了半年的时间；不仅把高中数学教材重新背了个滚瓜烂熟，而且还根据我校学生的实际学习水平对教材进行再整理，形成了适合我校学生用的一整套教材资料。虽然当时由于生活条件的原因，都是手写稿，以至于没能很好地将底稿保存下来，但是于我来说，这是一份宝贵的财富，不仅仅是在资料上，更是在教学经验上。

在这一阶段我做的第二件大事就是整编近三年的高考试题。2000年初的那几年，网络信息的传播并不像现在这么普遍和迅捷，教师所用的教学资源绝大多数还是纸质版。我在书店里能找到的试题研究资料大多都是对试题的简单分类汇编，关于每一道考题的考查目标和考查方式等特点都很少详细谈论。于是，我在市面已有资料的基础上，将近三年高考试卷上每道数学题的考查目标和考查方式做了汇总。以数列这一章的知识点为例,我将三年河北用高考试卷中的试题选出来之后,从考查知识点、考查方式、在教材中的呈现等三个方面对每一道题进行详细分析,并且分别按照相同知识点和相同的考查方式进行分类。还在此基础上尝试改编或原创试题,在那一届学生的三年高中生活中,所有的自命题试卷均出自我手,并且保证没有原题。这一项整理,大概用了将近一年的时间(因为当时刚参加工作不久,工作以外的杂事比较少)。

随着整理的深入,我脑海深处关于高中教学内容的脉络越来越清晰,对各知识点之间的关系的理解也越来越深刻,同时也越来越体会到数学即生活,数学即人生。我想,正是对高考试题的深入思考,促使我的课堂发生了质的变化。我的数学课堂不再是仅仅体现在对教材的熟练把握上,更是体现在能够将生活中的问题、现象毫无违和感地带入课堂,以帮助学生加深对所学内容的理解和运用。有同学在毕业时的留言中就曾经说道:"在数学老师的课堂上,我们学会的不仅仅是课本中的知识,更多的则是通过对一个个知识点的学习研究而学会的生存能力。"对于课堂中的这一变化,直到现在,我坚持认为,仅仅是熟悉教材而不研究高考试题,是没有办法获得的。同样,我还坚持认为,几年后教科所高中数学室张向农主任能够让任职于普通中学的我主笔命制邯郸市期末测试卷,并且从此之后我一直多年成为命题组核心成员,就是得益于此。

因为当时没有电脑,所有的工作都是手写稿。也正是因为如此,每次搬家,我都是整箱整箱地搬运,但也因此经常会丢失一些东西,所以我也就需要重新整理、更新。和教材的整合相比,这一项工作相对消耗了更多的时间。所以我也就成了所谓的"大忙人"。但我深陷其中,乐此不疲。

在这一阶段我做的第三件事就是坚持跟着老教师听课、评课,并坚持积极参加讲课比赛。当时,我们学校没有老带新的活动,更没有拜师仪式。我就自己给自己找师父。郭付忠老师,是一个从教多年的老教师,有着极其丰富的教学经验和独特的教学风格,很多同事都向我们这些刚毕业的年轻人推荐了他。于是,怀揣激情和梦想的我们就开始跟着郭老师学习。但是郭老师的工作也有些忙,他还负责学校的电力方面的工作(即使当时用电主要是照明和上下课的铃声）。所以有时候互相听评完课后，郭老师来不及给我们深层次的建议就离开了。鉴于这种情况，有些人就逐渐退出了，而我则继续坚持了下来。我采取了小跟班的做法，每天除了上课、听课、备课，空余的时间我就跟着郭老师，随时向他请教一些问题。他去修电路，我就给他做助手，就是为了方便能够及时听到郭老师对我或某个做课教师的课堂给出的评价分析，以及解决我在教学中遇到的问题。时间长了，我就成了郭老师唯一的徒弟了。一有时间，他就带着我满校园寻找教学用材料。有一次讲到空间几何体这一节内容，恰逢冬天里的第一场大雪，学生们按捺不住激动的心情，小眼睛频频瞟向窗外，这个时候，放在讲台桌上的、我和郭老师精心准备的各种各样的空间几何体模型，已经吸引不了学生们的眼球。这个时候，郭老师就像打水漂一样扔了一个粉笔头，从这个模型跳到了那个模型，说了一段话，意思就是，外面下雪了，大家很激动，都想出去玩玩雪。但是单纯地出云玩雪，学校肯定不同意，所以，得找个理由。什么理由呢？大家看看书上空间几何体的概念和讲台上的这些模型，去院子里用雪做出自己能想到的空间几何体实体模型，然后回到教室，将所做模型按要求进行分组。之后，郭老师就将学生放出去了。最终的结果是，学生对这一节所学内容理解和掌握得特别好，之后的立体几何教学也非常顺利。不仅如此，据学生说，郭老师带过扑克进课堂、带过菜刀进课堂、带过校长进课堂，总之郭老师的课灵活多样，不拘一格。受师父的影响，我的教学风格也变成了严谨的知识、快乐的课堂。

　　当然我也不是只听郭老师一个人的课，其他各科老师的课都听。从学期一开始，我就坚持每天至少听两节课并且听讲课老师的自评，回去之后整理并给出自己的评价。当然这个时候的评课并不专业，深度也不够，主要是看老师们授课内容的处理和教学形式的展现。即便如此，半年下来我也开始形成自己的课堂特色。在我们学校开始有越来越多的老师进入我的课堂听课，在每次举行的讲课比赛中我都能获得第一名。由于当时我们学校还是一所县级中学，进市参加比赛的机会还是不太能轮到我们这些刚上班的"年轻人"身上的。即便如此，在2005年我还是以在我们学校排名第一的名次有幸参加了邯郸市的第二届青年教师讲课比赛，并且获得一等奖。那一年，教学模式还没有现在提倡的这么丰富，绝大多数还是传统上的经典课堂。当时，我是在邯郸市第四中学参赛讲课，授课内容是"函数的零点"这一节课。因为第一次站在重点中学的讲台上，所有学生都是邯郸市的优秀人才，刚开始的时候非常紧张，很担心学生不接受我的教学风格。这一节课从什么是零点开始，以问题串的形式层层提问，带领学生一起通过反复阅读教材来解决一个个逐渐深入的问题。整个课堂，我只负责提出问题和整理学生提出的问题，问题的解决全部由学生自己讨论完成。上课初始，没有提出分组，但在过程中学生已经自发地组建了团队。四十分钟，很短，短到下课的时候很多同学还意犹未尽地在讨论问题；四十分钟很长，我们研究的内容从教材概念、例题、练习题一直拓展到高考中涉及的试题。这一节课很严肃，我们严谨地表达了数学的概念；这一节课很活泼，我们可以自由地分组和充分地表达自己的观点。当我宣布下课时，学生自发地报以热烈的掌声，甚至各个评委老师也站起鼓掌。

当然，这次比赛，我认为于我来说最大的收获不是一等奖的奖品和证书，而是这一活动带给我的思想认知的转变——我开始想要走出去——同时我的另一个巨大的收获就是认识了张向农主任，为以后跟随张主任进行更高层次的学习研究打下了基础。后来在 2009 年，我代表学校参加了邯郸市总工会举行的职工大赛并获得邯郸市教学状元和教学技术能手两个称号。

随着工作时间的增长，我也由最初只以一腔热血献讲台的职场"小白"，逐渐冷静下来，理性地思考和总结一些在教育教学中遇到的问题。我越来越感觉到，自己知识和能力的匮乏，我迫切地想走出去，去学习更多、更新的思想和理论知识。我想，这个时候我应该是要进入认知的第二层境界了，我就要开启我第二阶段的激情燃烧的岁月了。

第二阶段：学以致用，在聆听中长大

随着对教学的不断深入摸索，我发现，自己有越来越多的问题需要解决。怎么办？那时候的网络信息并不像现在这么发达，要想学习，最直接的两个途径，一个是读书看报，一个是走出去听专家讲课。

我第一次走出校门参加的学习培训，应该是在2003—2004年，在邯郸市钢苑中学，由教科所组织，张向农主任主持的高中数学教师示范课展示。两位老师讲课的内容已经不记得了，但是张向农主任和来自邯郸市第二中学的张志明老师在点评时，反复提到了教学反思。我也是在这时第一次听到叶澜教授的至理名言："一个教师写一辈子教案不一定成为名师，但是一个教师坚持写三年反思，一定会成为名师"。我记住了这句话，回去之后我就开始坚持每天在上完课后把课堂上的问题、现象做一个总结，并在此基础上形成课后教案。虽然下一次在讲到这一节课时不一定会用到这个教案，但总归是多了一个相对完善的预案。以《函数的概念》这一节为例，最开始的教学设计是按照教材安排的顺序，先讲函数的概念，然后再介绍映射的内容。在上课的过程中，根据学生在课堂上思维发展的走向，我发现，先介绍映射的内容，再介绍函数的概念比较符合学生的思路。于是我在上完课之后，将授课教学设计进行重新整理，并且记录下在课堂上发现的问题及处理方式。在后来的教学过程中，这一部分内容基本上就是按照后来整理的教学设计进行的。就这样，我坚持写课后教案，并且随时翻翻看看，进行再调整。后来，我也有了自己的小粉丝，作为礼物，我就将自己这几年写的二次教案送给了她。

也正是这一次外出学习，让我尝到了参加培训的甜头。所以在以后的日子里，我每年都会积极争取外出学习的机会。虽然，每一次培训的内容我并不一定会全部记住，专家的理论我也不一定能够全部接收消化，但是只要我能记住并做好其中的一点点，都会让我受益匪浅，都会让我的专业素养有质的提高。

直到现在，我仍然在争取平均每年至少三次外出学习的机会。当然，随着网络的兴起，我接触到了越来越多的教育教学信息，也使我的教学风格越来越多样化。现在，借助工作室这个平台，我接触到了越来越多的来自全国的优秀教师。

在走出去学习的同时，我自己订了很多的教学杂志。同时，我也报考了河北师范大学的研究生，利用假期的时间，再次回到校园，求真经拜真佛。这次的回炉再学习，解决了很多自己在教学中遇到的问题，既有教学策略上的，也有教学内容上的。即使在研究生毕业之后，我也争取多次回到河北师范大学再造，每一次都会慰藉心灵深处那颗不安分的心。

第三阶段：研修提升，在团队中成长

受各位专家的影响，多年来我一直在坚持一个习惯，就是写教学反思，即使有时候不能详细地书写成篇，也要坚持简单地对当天的课堂做总结评价。现在每一次课后我都会再写一份二次教案。

从七年前开始，在张向农主任的指导下，我加入了邯郸市的命题工作组团队。后来我又加入了邯郸市秦喆数学工作室。在这两个团队中，我更加深刻地认识到数学的严谨、数学的鲜活、数学的高深。每一次的研修于我来说都是一次精神上的洗礼。在张老师和秦老师的建议下，我在我们学校也开始有意识地组建自己的研修团队。因为这个团队大都是年轻教师，每个人都有自己的优势，但是也有很多东西需要再深入学习。我们就先从基础做起，聘请我们学校的信息中心的李磊主任，给我们进行信息技术的培训，从精美的PPT课件到完整的录课流程，并且我们在学校内部开展了教学设计比赛和试题命制比赛。随着活动的增加，大家交流的信息也越来越深入，现在根据需要，我们和十七中的几个老师一起，将高考试题进行筛选，编制符合我们普通中学自己的教学资源。我们这种自发的活动，受到学校的高度认可，现在越来越多的老师希望加入我们的团队，其他学科也开始进行这些活动。和别人相比，我们算不得优秀，但是我们希望，以我们的行动来影响大家变得优秀。现在我们的团队成员在参加省市的各级比赛中也已开始争取自己的地位。其中，徐佳佳老师已经两次获得河北省级比赛奖项，王红霞老师、张园园老师多次获得邯郸市教学奖项。

第四阶段：成长一直在路上

虽然已有多年的工作经验，但是我想我现在仍然处于第三阶段，甚至处于第三阶段初期水平，我现在知道自己想要什么，也明白自己的短板所在，只有不停地学习再学习，才能让我和大家一起站到山顶上欣赏初升的太阳。我期待这一天的到来……

得益于此，我也开始收获来自大家的肯定。

一是教学职位的肯定：从 2005 年开始担任我校高中数学教研组长，连续两届入选邯郸市高中数学兼职教研员，2016 年加入邯郸市秦喆数学工作室。

二是荣誉称号的认可：河北省优秀教师、邯郸市优秀教师、邯郸市优秀班主任、邯郸市教学状元、邯郸市教学技术能手、邯郸市骨干教师，邯郸市五一劳动奖章，邯郸市师德楷模等，并且连续多年荣获邯郸市命题工作先进个人、"每日一小时"培训优秀教师，多次担任教师技能大赛评委。

三是教学成果的展现：参与编写邯郸市教育科学研究系列《高中数学教学备考指南》，参与编写高三复习资料《高考金钥匙——理科数学》，14 届任教班级高考数学平均成绩 108 分。

随着年龄的增长，也渐渐起了白发，在一些人的眼中，早已评上高级教师职称的我，应该停下来歇一歇，可以过一下上完课喝喝咖啡的日子了。但是在一个优秀的团队里，我怎么会允许自己不进步呢？也许我做不到最好，但是我可以坚持做到更好。我想要的不仅仅是相应的职称，我想做优秀的数学教师，这是我儿时的梦想，也是我永远的追求。我真诚地希望，有一天能够进入思想认知的第四层境界。

成长，永远在路上。

前行，在路上

邯郸市秦喆数学工作室成员

邯郸市复兴中学办公室主任　张永涛

张永涛，男，中共党员，邯郸市复兴中学高中数学教师。2000 年参加工作，从教二十年来一直工作在数学教学一线，多次带教高三毕业班并在高考中取得良好成绩。河北省名师秦喆工作室成员，中学高级教师，邯郸市中小学骨干教师。曾荣获河北省优秀教师、邯郸市优秀教师、邯郸市青年之星，邯郸市青年教师优质课一等奖、河北省青年教师优质课二等奖、邯郸市高考突出贡献奖、邯郸市高考优秀教师、邯郸市"三育人"先进个人，多次在年度考核中获得邯郸市教育局考核嘉奖、记功。现参研邯郸市教育科学规划课题"问题引导下的高中数学课堂教学设计案例研究"。

我是 2000 年到邯郸市复兴中学从事数学教学的，虽然有着近二十年的教坛耕耘与探索，但只有在加入秦喆工作室并参加了一系列研修活动后，我的教学理念才发生了彻底转变，完成了教学实践上的转折。为了更好地前行，我需要对自己之前的教学工作和认识进行一下回顾，对一名普通学校的数学教师在高中数学教学实践中的思想变化过程进行一下反思，当作对个人之前的教学工作做一个阶段性的总结，也是加入工作室后对未来教学之路的展望。

一、新手入职的思考

二十年前初到学校，那时的我还很年轻，头发还很茂盛，腹部还没有赘肉，身材虽消瘦但激情很饱满。那会儿学校不缺数学老师，在我接到教学任务之前一直按着师父的要求，每天都去听上几节课。直到自己站在讲台上才切实体会到，听课对一个新人来说有着多大的帮助。没多久我突然接到通知，让去上两个班的课，因为教这两个班的返聘老师生病请假了。我记得那天还正巧是愚人节。

怎么上好一节课？什么样的课是一节好课？以我当时的认知，就是课前要做好准备工作，把所有要讲的东西用一个链条给串联起来，阅读一下课本就可以建立一节课的课堂脉络，再把这些内容记住，上课时逐一倒出来就完了，而"深挖教材"只是挂在了嘴边。上课的时候，我一般都要求学生不看书，抬头看我写、听我说就好。带的课本和教案我一般也不会用，写教案也就成了走形式。那时，我觉得课堂就是一个舞台，我就是一个演员，而且还是那个舞台的主角。在我的带领下，师生交流顺畅，课堂气氛活跃，我把要讲的东西热热闹闹地全部讲完，下课铃响我刚好布置完作业——这就是一节好课。学生的知识获得来自我的课堂灌输，成绩的提升源于课后大量的习题和课上无休止的讲解，这在当时属于正常的教学模式。我就这样开始了我的数学教学生涯。

二、课赛过程促成长

2008 年的春夏之交，我正带着学生进行高三备考复习的时候，市教科所在邯郸市七中举办了全市高中数学青年教师优质课大赛。大赛分两轮，第一轮说课，第二轮讲课，我报名参加了。据说全市有六十多名老师参加，我感觉好有压力。我的说课题目是"函数的单调性"，晚上回家后我就开始闭门造车。我觉得说课最主要的是要阐明如何针对学情实施课堂教学，以达到预设的教学目标，所以我将学情分析和课堂教学环节作为重点板块来介绍。课堂教学环节上，单调性是以函数图象的观察为出发点，引出学生的思维活动，由图象变化过渡到坐标变化，从而引出单调性的概念。为此我选择了用上证股指一段时间内变化的模拟图形作为情境引入，目的在于提升学生的学习兴趣。在概念生成过程中，引导学生认真观察从图象过渡到坐标的变化规律，并尝试用数学语言描述总结，最后再给出准确定义。我根据课程设计制作了一个现在看来只能叫作简单的 PPT 课件，对着课件组织了语言，背了多遍，直到将说课内容和课件融为一体烂熟于心。结果还好，我进入下一轮讲课比赛。

新学期开始没多久，二轮讲课比赛就在四中举办了。给我的题目是"正弦定理"。我依然是晚上回家闭门造车，做教学设计，做课件。情境创设大家都比较了解，就那几种，教学过程大家也都了解，即定理的生成和应用。情境创设上我使用的是青岛地图，给学生的问题是在青岛和黄岛之间架设跨海大桥，在陆地距离可测、有精密测角仪的情况下能否求出跨海大桥的长度。定理的证明方法我选用了两种：三角形做高和外接圆。我抽签的顺序比较靠前，上课的时候情境引入、定理证明、课堂练习、回扣情境、布置课堂作业……学生积极配合，而感觉自己语言幽默，像一段戏里的主角一样把想要表演的给表演完了，整节课如行云流水一般，自我感觉良好。现在想起那次课，我表演得太多了，给学生们留的空间太少了，属于教师包办式的课堂。后来教科所来通知，让我代表邯郸市去省里参加青年教师优质课大赛，那一刻我觉得我有点小得意了。

可是直到现在，我仍然不愿再提起那次省级比赛，就连赛后主办方给的比赛录像光盘我都没有看，直接放到抽屉的底层。我不敢再直面那次讲课，因为，那是一次惨痛的失败。这里就把尘封多年的"事故"再翻出来，也算是一次面对和反思吧。

那次参赛的课题是"一元二次不等式表示平面区域"，当时学校安排数学教研组长和教科室主任跟我一起去，教研组长帮我磨课，而教科室主任是课件高手。有了这些助力，加上个人的自信，我感觉应该能讲出一节不错的课。

1. 我按照一直以来的老套路做课程设计，期盼着能再一次演出成功。脑子里不断地进行着课堂教学的彩排，于是没有和教研组长进行充分的交流，这是第一处问题所在。

反思：课程设计应该多听取不同意见，只有多交流才能让教学设计更加趋于于合理，而盲目的自信就是自负。

2. 赛前，市教科所高中数学教研员张向农老师通知我，说这次比赛提出了"双主体"的教学新理念，让我做好比赛准备工作。而我当时却没太当回事，未对教学设计做任何修改。

反思：在新的理念出现的时候，不能及时跟上，墨守成规，其结果是不言而喻的。

3. 我一直习惯于在脑子里想上课的各个环节，设想上课情况，却不曾真正地试讲一次，甚至拒绝了张老师让我面对几个老师试讲一次，给我是一下课堂不足的建议。现在想起来这是多么愚蠢的事情。赛前演练不充分是第三个问题所在。

反思：只有多讲几次才能暴露问题，让大家给看看才知道哪些地方有不足需要改进，这也是磨课的重要部分，闭门造车很可能是会出问题的。

4. 课上，我选了一个学生到黑板上画一个不等式表示的平面区域，我在下面观察其他学生画图情况。感觉下面学生画得差不多的时候，这才注意到在黑板上画图的学生画得有点慢，就又等了会儿。再到后来发现这学生作图有困难，才上前指导做完，导致时间把控上出现了问题，设计的习题未能处理完就匆忙结束。

反思：先进教学理念不足，课程设计创新性不够，课堂把控不够合理。

现在，回想当时向农老师赛前跟我讲过比赛新提出的"双主体"的概念，那应该是一次新的教学理念变革的开始，而这个机会，我却错过了。

三、求变而未变的道理

随后的十多年，我也在努力结合学生的实际情况，寻求着教学理念的更新、教学模式的改变，也尝试着有所突破，也听从学校安排外出学习各种教学模式，结果舶来的模式和方法基本没有落地生根。实际上我还是没有脱离传统课堂，还是讲啊讲、练啊练。因为我主观上认为数学知识可以直接灌输，经过强化训练，学生只要会应用就好了，其实这只会导致学生知其然而不知其所以然。还有一个感觉就是：这么使劲讲学生还不会呢，不讲更不行了！于是课上讲、自习讲，但收效甚微。这就出现了许多数学老师经常说的，这题我讲多少遍了，怎么考试还出错？现在看来，这种做法与我们教育培养学生核心素养的目标，简直是南辕北辙了。章建跃老师给我们讲课的时候说过，培养学生不但要让学生知其然，还要知其所以然，还要让学生知道何由以知其所以然。这才是培养学生核心素养的教学正确方式。

四、不再只做教书匠

有位老校长曾经讲过，教师分三个层次，有把教师当职业的，有把教师当事业的，还有把教师当作一门艺术的。我认为我至少是把教师当作了事业，多年来一直尝试做得更好，努力让自己的课堂充满生机、氛围轻松，让学生不觉得枯燥乏味，让学生在课堂上能学有收获。现在反思一下，若没有认真地学习，没有深入地思考，没有教学理念和教学模式方法的更新，那么前面试图寻求的改变，只是在原来的理念和模式下进行了细枝末节上的调整，并没有突破原有模式。这么多年的教学工作，看似取得了一些成绩，积累了一定的经验，其实还只是一个普普通通的"教书匠"而已，如果继续照此走下去，那所能到达的高度只会被模式限制。有人曾说"方向大于努力"，这句话在教学理念和教学模式的革新上依然适用：新的理念和模式必将给我们带来更广阔的发展空间。教学工作不是假装着去努力，也不是使蛮力，而是要找到正确的方法，在思想上有更加深刻的剖析，我虽年过不惑，但前行路上，仍需努力。

五、初闻核心素养

第一次认识秦喆老师是在两年前一次小范围的数学教师交流会上。当时秦老师跟我讲："永涛啊，还是要搞好专业才行。我们数学老师大有可为，高中数学新课标的实施，数学核心素养的提出，新的教学理念的变革，给我们提供了很多实践创新的机会。现在我这里成立了数学名师工作室，搭建了一个比较高的学习平台，你得加强学习，脚步得跟上形势才能走出更好的路。"新课标我知道，核心素养我是第一次听闻，差距太大了！于是只能点头称是，而内心惶惑。再后来就记得秦老师说作为一个数学老师，就是要高标准地把数学教学专业做好，这才是立身之本，做行政工作不如做回专业。这是第二个跟我说专业是立身之本的人了。记得当时秦老师还说可以考虑工作室开展活动的时候，给我一个学习的机会。不过后来忙于工作，我也没有再跟进，这都源于自身的懒惰和革新意识的薄弱。学习的机会，又一次被我错过了。

六、骨干教师培训

2018 年秋，我被派往河北师范大学数信学院，参加河北省高中数学骨干教师培训，我当时就下定决心，一定要利用这难得的机会，好好学习，接受一次教学理念的大洗礼。我是这么想的，基本也这么做了：随身行李箱里装满了教科书、教学用书。这次省培给我们学员安排了众多数学界的重量级人物为我们上课，包括人民教育出版社中学数学室章建跃老师、李海东老师，首都师范大学王尚志老师，河北师范大学张生春老师、张硕老师、程海奎老师，还有高中数学一线省级名师秦喆老师等。每次听课我都会坐到前排，认真聆听专家们的讲座，认真做好笔记，主办方发的记录本我记得满满当当，还在自己带的笔记本上写满笔记。二十天的培训让我收获颇丰。我感觉这次培训对我来说，真是一场及时雨。各位专家老师围绕数学核心素养，进行了多角度的阐述，让我这一向感觉良好的井底之蛙对数学教育有了全新的认识。至少在理论上，数学教育的变革从"双基"到"三维"，再到数学核心素养"四基""四能""三会"的培养目标的变化，我已了然于胸。我感觉，在重点中学，也许老师们外出参加培训的机会较多，接受这种理念比较早，而在普通中学，能把六大核心素养说上来的老师，人数可能并不乐观。所以能有机会接触到新的教育教学理念，其实是件很幸福的事。

我在教学中经历了"双基"（基础知识和基本技能）和"三维"（知识和技能、过程与方法、情感态度价值观）两个阶段，备课写教案最常写的就是这些。经过培训学习，逐渐认识到，全新的教学理念更强调数学核心素养的培养。其实核心素养和前面的"双基"与"三维"是一脉相承的。核心素养的培养提到了"四基""四能""三会"，"四基"在原来"双基"的基础上，增加了基本思想和基本活动经验；"四能"即培养学生发现、提出问题的能力和分析、解决问题的能力；"三会"即培养学生会用数学的眼光观察世界，会用数学的思维思考世界，会用数学的语言描述世界。核心素养的培养是对学生思维，特别是逻辑思维的培养，这些新的理念和目标较以往的提法更具体化、更实际化，层次更加清晰，易于把握，不空洞，便于教师的教学设计和教学实施。

数学核心素养的培养是对于学生思维的培养。章建跃老师提到过，学生的逻辑思维能力与学生所处的学段和年龄都有关系，所以教师需要针对学生的情况，在教学中设计思维高度合适的问题，引发学生的思考和讨论。何谓合适的思维高度？学生在已有的知识能力基础上，踮踮脚能够得着答案的问题，就是合适的思维高度。

借用章建跃教授在问题提出方面的建议，在三角函数诱导公式的教学中，以下提问的"度"是不恰当的：

1. 你能利用圆的几何性质推导出三角函数的诱导公式吗？

2. 两个相差180°的角的终边与单位圆的交点有什么关系？你能由此得出两角的正弦之间的关系吗？

3. 我们可以通过查表求锐角三角函数值，那么如何求任意角的三角函数值呢？能否将任意角的三角函数转化为锐角三角函数呢？

上述问题中，第一个问题没有对"圆的几何性质"与"三角函数"两者的关系做任何说明，学生"够不着"；第二个问题过于具体，思考力度不够；第三个问题不能引起学生对诱导公式的思维活动。

如果用以下的问题：同角三角函数的基本关系表明了圆中的某些线段之间的关系，圆有良好的对称性，你能否利用这种对称性，借助单位圆，讨论一下终边与已知角终边，关于原点和坐标轴，以及关于 y = x 对称的角与已知角的关系，另外它们的三角函数之间有什么关系？就能够对引导学生探究诱导公式发挥很好的作用。因此，让学生真正开动脑筋，参与知识的形成与获得过程，才是核心素养落地实施的体现。所以在日常的教学实践中，合理地创设教学情境，分步设置合理的问题，引导学生主动思考并积极参与到教学活动中来，才是一节好课。让学生从原来的被动接受，转化为主动参与思考，从而获得知识，正是接下来我们需要实践的。教学的改革不是对以前的教学成果、方法、模式的全盘否定，而是矫枉不过正，在之前基础上做进一步的革新。

这次培训还有一个不小的收获：认识了好多新同学。省培的地域性还是比较明显的，培训结束后同一地级市的交流比较多。后来发现，好几个同学都是邯郸市秦喆数学工作室的成员，他们在新理念改革的道路上已经先行一步，也有了好多的研修实践成果。这让我愈发感觉到自己的落伍，这也成了我后来经常和几个同学交流的动力。秦喆老师在培训中，讲到了名师的成长之路，想成为名师，道路一定是崎岖不平的，那一定是静下心来耐得住寂寞、担得起责任、经得起磨炼，一步一个脚印走出来的。此话可共勉。

七、加入秦喆工作室

2018 年 11 月 20 日晚上突然收到秦喆老师的一条微信消息：

特邀你参加周四省数学工作室研修活动，地点三中南校区。

我看到消息有点懵，回信息：秦老师，您这是发给我的吗？

秦老师：是的。

我：我是永涛。

秦老师：我知道，特邀请你参加。

我：哈，谢谢秦老师，周四几点？

秦老师：上午十点一刻到！半点开始听课，下午送课、评课。

我：收到，我准时到。

秦老师：好的，非常欢迎你参加教研评课！

我：收到。

第二天，又收到秦老师的微信消息，他让我发个简要介绍。

我：什么简要介绍？

秦老师：你是参与评课的评委，我们在评课之前先介绍一下专家评委。

我：秦老师，我观摩学习就好了，可不敢当评委啊，我也不怎么会说，到时候再露怯。

秦老师：有这么个机会，想给你锻炼一下，你决定。

秦老师都这么说了，我岂能不接着？

我：行，那我就试试。稍后我发个简介给您，到时候说不好您给我兜着点。

秦老师：参与就好！锻炼一下！抓住一点说就好！

秦老师还不忘鼓励一下我：你可以！一定很棒！

我：谢谢您给我机会锻炼，第一次，努力！

秦老师：一定要走出去，参加活动，才能不断拓展自己！

我：嗯，的确是天天只在学校感觉很落伍，营养不够，出去学习一下，充充电真能长见识，以后跟您多学习！

秦老师：一起努力！！

最后这四个字，在我跟秦喆老师的聊天中出现过很多次。一个省名师工作室的主持人、到处被邀请讲学的专家，经常跟你说一起努力，有没有想过会有什么效果，这是很鼓励人的！此处并非我吹捧唱赞歌。

对于一节课的评价，仁者见仁，智者见智。学校每年都会举办各种形式的业务练兵，如汇报课、展示课、教学大比武等，同学科教师都会参与评课，有时候外出参加观摩活动也曾聆听过专家点评，只是自己此前从未在如此正式的场合对一节课进行过点评。接到任务之后，我找出了之前省培的笔记本，复习各位教授对落实核心素养的课堂教学理念和方法，同时也学习了同学雪中送炭般发给我的专家课堂点评录音，又从网上学习了课堂评价的角度、内容和要点等。通过课前准备不由得感觉处处皆学问，学习就有收获，参加活动，同时也顺势给自己充了电。

　　周四很快来到，分给我的评价任务是课堂教学评价。连着听了三中南校区两位老师的课，下午又听了工作室成员冯竞超老师的课，基本心里有点底了，明显的区别在于冯老师的课堂已经在落实核心素养培养的理念了。冯老师虽没有什么华丽的言语，但最重要的是将学生放在了学习的主体地位，并加以适时的引导，将课堂交给了学生，通过学生的合作交流讨论，最终使学习预设目标得以达成。

　　点评中，我把三位老师课堂的亮点逐一点到，最后提到了一点——前面两位老师在课堂上，注意到了与学生的互动，引领学生完成了课堂教学，但是教师的分析、讲解、示范在课堂上占据了大部分时间，学生紧跟教师的思维接受了本节课的知识内容；而冯老师却是将课堂交给了学生，让学生主动去思考，通过合作讨论得出结论，比老师把结论告诉学生要好得多。二者的区别在于，师生在课堂上的地位不同，知识的生成方式不同，课堂的效果也就有所不同。相信大家对一句话很熟：这题型讲了多少遍了？怎么一做还错？一考试就丢分？我想这跟我们的课堂教学理念、学生的知识获取方式和思维活动的参与方式都有一定的关系。学生被动地接受知识，课堂上思维活动参与度低，只强调公式、定理的运用，通过大量重复练习提升成绩，其实是不利于学生的思维发展的。如果能在课堂设计中活跃学生的思维，给学生足够的空间和时间去思考问题，让学生参与到知识生成的过程中，最终达到知识点的自然生成，才能掌握得更加牢固。这也就是现在经常提到的核心素养培养的实践体现，因此在我们的课堂教学中一定不要低估学生的能力，要相信学生，放开手，让学生去做，会有我们意想不到的惊喜。那是个冬天，室温不错，好多人都把棉衣脱了。我穿着羽绒服坐前面点评，我承认我这次还是多少有点紧张的，不过我觉得如果我也把羽绒服脱了的话，可能会少出点汗。

　　现在想来，那次秦老师邀我参加工作室的评课活动，是给了我一次学习的机会，也应该算是对我的一次考查。由于前期准备充分，以及客观环境的影响，我在新教学理念方面应该还差强人意吧。

八、第一次参加研修活动

有一天接到通知后，我准时赶到邯郸市一中，参加了工作室年终汇报研修。看着工作室的同人一一走到发言席前，就自己的学习、教学、论文发表等情况一一展示，我又有点懵——原来，作为工作室成员还有这么复杂的工作要做啊！要做好真是不易啊。想我最近一次论文还是在评副高的时候发的，可那已经是八年前了。当时想，职称评完了，认认真真地给学生上好每一节课就是了，哪里还会想着再发论文这些事情。

研修汇报结束，秦老师对工作室的研修情况做了总结，对工作室成员的下一步工作提出了细致的要求。读书学习是基本的，还有论文发表的要求，还有编写原创模拟题的要求。多年来，我的确远离了教学研究，这些要求对我来说难度有点大了，感觉陷入了恐慌之中。由舒适区待久了到了恐慌区了，怎么办？刚加入就撤？那不成逃兵了？多难看啊！一步一步来吧！活动最后有一个赠书仪式，秦老师为大家准备了章建跃老师的《章建跃数学教育随想录》。好，那就从这里开始学习吧，路还很长，需要一步一步地走下去；有困难要上，没有困难制造困难也得上啊！就把《章建跃数学教育随想录》作为学习的开端吧！

九、引领新理念的课堂教学

引领高中数学核心素养指导下的有效课堂教学，是工作室的一项重要工作，也是一项特色工作。秦喆老师时常说，课堂教学就要将核心素养落实在课堂上，要引导学生数学思维的发展，因此在课堂上就要敢于放手，敢于将课堂交给学生；学生是课堂学习的主体，如何能让学生积极参与到课堂中，在参与的过程中进行思维的碰撞，最终达到预想的教学目标，正是我们要努力实践的。不同学校的学生水平会有差异，一个年级班与班之间学生水平会有差异，同一个班级的不同学生之间水平也有差异，而核心素养的培养是针对全体学生，只要课堂设计合理，问题导引恰当，合乎学情，那就要相信我们所面对的学生。放手让学生主动思考，教师是引导者、帮助者、启发者，这就是找准了核心素养落实的实践过程。一句话：你的每一次放手，都是给学生一次进步的机会。

十、前行，在路上

自加入工作室以来一直积极参加工作室举办的学习培训活动，每次都会有所收获。我是这样想的：在成长的路上，首先，树立正确的教育教学观，明确自己的目标和使命，只有不忘初心，才能砥砺前行；其次，践行先进的教学理念，理念指引方向，方向正确，努力才会有更好的效果；再次，相信团队力量，紧跟团队引领，教学工作从来都不是一个人的事情，团队合作更有利于提升；最后，正视不足，强化学习，三人行必有我师，身边的每一位老师都有自己的长处，无论是教学理念还是现代化的教学技能，都有值得我们学习的地方，需要不断向同人学习，丰富自己。

我深知自己的起点比较低，需要走的路还很长，所面临的困难会有很多。但，既然选择了前行，就无惧荆棘满路，什么时候开始都不算晚，重要的是我已经在路上。

致一路同行给予我帮助和力量的同人，感谢前行路上有你们。

以梦为马，不负韶华

邯郸市秦喆数学工作室成员

邯郸市第一中学实验班班主任　马进才

马进才，2006年毕业于陕西师范大学，现供职于邯郸市第一中学，邯郸市秦喆数学工作室成员。所带历届班级成绩优异，2014年王欣欣同学摘取邯郸市理科状元桂冠，班级同学全部进入清华大学、北京大学、浙江大学等国内知名985、211高校。任教以来所教学生有十五人考入清华大学、北京大学等全国名校。教学之余，潜心研究数学教育与数学解题，有五十多篇文章发表在《数学通讯》《数学教学》《中学数学月刊》《数理天地》等国家级、省级刊物上。

一路走来，热切期待。一路播撒，春暖花开。

莱民斯说："时间是最不值钱的东西，也是最宝贵的东西，因为有了时间，我们就有了一切。"我有幸加入邯郸市秦喆数学工作室，在秦老师的指引下幸福成长。成长在这些属于我的时光里，我特别享受这些美妙的时光。长时间的学习和熏陶，风雨兼程，收获满满。在这些时光里，多次的专题讲座，专家们内容详尽，细致入微而又高屋建瓴，独特的见解，让我如获珍宝。在这些时光里，多节名师课堂观摩，老师们灵动智慧的教学策略，亲切民主的师生交流，让我如沐春风、豁然开朗。在这些时光里，多次的主题研讨，老师们"饮似长鲸快吸川，思如渴骥勇奔泉"，各抒己见，思想的火花碰撞出璀璨之光。在这些时光里，我阅读了秦老师赠送给我的《章建跃数学教育随想录》

《中学数学教学参考》，以及工作室订阅的各种书籍。无论在静谧的校园还是热情的课堂，每每碰见秦老师，他总会嘱咐我们多读书，读好书，读书能不断促进课堂的变革，能使人的生命充盈、生活有趣。在秦老师的鞭策和督促下，我陆续阅读了《数学教育的中国道路》《数学竞赛与竞赛数学》《一个数学家的叹息》《文化视野中的数学与数学教育》《守望教育》《教育走向生本》等书籍，每一本书都让我沉醉其中，并努力汲取营养。

读张奠宙教授的《数学教育的"中国道路"》这本书，是由于在一次座谈会上秦老师向我推荐了它。这本书不仅开阔了我的眼界，更丰富了我对数学教育的起源和历史发展的了解。其中张教授阐述的研究数学教育的中匡道路，可以聚焦于数学课堂教学的以下五个特征：（1）数学新知的"导入"艺术丰富了情境创造的教学内涵。（2）"尝试教学"体现了学生进行数学"探究"的教学特点。（3）"师生互动"体现了适合中国国情的合作交流。（4）"变式教学"化解了重复操作的弊端。（5）数学教学中关注数学思想方法的提炼。遵循这五个方面，在秦老师的指导下我的高三课堂从"一言堂"变成了学生积极思考后的"群言堂"，课程内容更加丰富，学生的数学思维更加发散，教学质量大幅提高，学生数学成绩大幅度提高。

午后细碎的阳光，黄昏清凉的晚风，夜半无人打扰的安谧，我与一册书卷、一杯清茶为友，心灵在文字的濡染中逐渐专注平和、透彻宁静。

周建人说，人的寿命如以八十五岁来计算，与宇宙来比，当然短促得很。在工作室的这段时光，恍如弹指一挥间。在编写初高中衔接教材时，秦老师谈到新教材的编排特色与教学理念指出："数学核心素养来自学生的思考、质疑。反思是重要的思维活动，是思维活动的核心和动力。好的问题是学生创新意识的萌芽，学生是否能够提出问题，并且提出有价值的问题，必须引起教师的高度重视。教师要善于激发学生的兴趣，引起学生内心的冲突，从而引导学生在'互辩'中寻求最佳方案，使学生的探究意识在'冲突—平衡—再冲突—再平衡'的不断循环和矛盾中得到强化。教师带领学生不断反思，带着这些问题去思考、去探究，不断'咀嚼与回味'，然后进行多角度的观察与联想，从而找到更多的思维通道。这样才能真正提升学生的思维能力，促进学生创新意识的产生。"秦老师这样的教诲常在脑海中浮现。秦老师为我们搭建起一个深入学习的平台，我们每一个人都努力以一双敏锐的耳朵、一双明亮的眼睛、一个冷静的头脑去安静地倾听、安静地观察、安静地反思，从而安静地收获、安静地生长，初步了解了转变学生学习方式所带来的课堂教学静悄悄地变革。忘不了秦老师带领我们走进复兴中学，同专家学者一起探讨新课程、教育理念和教学方法以及高考二轮备考；忘不了秦老师邀请河北师范大学教授给我们讲述高考阅卷评分细则，使我们更清楚地了解了阅卷的"秘密"；更忘不了撰写论文《阿波罗尼斯圆性质及其应用》一文时对其性质的探究和证明，尤其让我至今记忆犹新的是秦老师在我论文的最后帮我点出的直线与阿波罗尼斯圆的四美（以下为摘录的论文部分内容）：

拓展——阿波罗尼斯圆与直线有四美

第一美：同一个方程，根据参数 λ 的不同，时而表示直线，时而表示圆，这是直线与圆的统一美；

第二美：当 $\lambda \neq 1$ 时，不妨设 $c = 1$，可得：

$$\left(x - \frac{\lambda^2 + 1}{\lambda^2 - 1}\right)^2 + y^2 = \left(\frac{2\lambda}{\lambda^2 - 1}\right)^2 \qquad (2')$$

注意到：$\left(\lambda^2 + 1\right)^2 = \left(\lambda^2 - 1\right)^2 + \left(2\lambda\right)^2$，可得：$\left(\frac{\lambda^2 + 1}{\lambda^2 - 1}\right)^2 - \left(\frac{2\lambda}{\lambda^2 - 1}\right)^2 = 1$，

说明 $\lambda^2 + 1$，$\left|\lambda^2 - 1\right|$，$2\lambda$ 这 3 个数之间存在勾股关系，这反映了阿波罗轨迹内部的结构美；

第三美：在方程（1）中，如 $\lambda > 1$，圆心 $\left(\frac{\lambda^2 + 1}{\lambda^2 - 1} \cdot c, 0\right)$ 在 y 轴右边，如 $\lambda < 1$，令 $\mu = \frac{1}{\lambda} > 1$，代入（1）得：

$$\left(x - \frac{\frac{1}{\mu^2} + 1}{\frac{1}{\mu^2} - 1}\right)^2 + y^2 = \left(\frac{\frac{2}{\mu}}{\frac{1}{\mu^2} - 1}\right)^2 \Rightarrow \left(x - \frac{1 + \mu^2}{1 - \mu^2}\right)^2 + y^2 = \left(\frac{2\mu}{1 - \mu^2}\right)^2 \qquad (3)$$

方程（3）与（2′）具有类似的形式，只不过由于 $\mu > 1$ $\therefore \dfrac{1+\mu^2}{1-\mu^2} < 0$，圆心在 y 轴左边。这两个方程表示的图形关于 y 轴对称。例如分别取 $\lambda = 2$，$\mu = \dfrac{1}{\lambda} = 2$ 时，分别代入方程（2）与（3），得：$\left(x - \dfrac{5}{3}\right)^2 + y^2 = \left(\dfrac{4}{3}\right)^2$ 和 $\left(x + \dfrac{5}{3}\right)^2 + y^2 = \left(\dfrac{4}{3}\right)^2$，它们的图形关于 y 轴（阿波罗直线）对称。

所以方程（1）又彰显解几图形的对称美与完整美；

第四美：对于方程（1），只要 $\lambda \neq 1$，它都表示圆，当 λ 无限接近于 1 乃至等于 1 时，其图形最终成为直线，这又是曲线由量变到质变的运动美。

这部分是文章最后的点睛之笔，使文章更加出彩。此文最终经多次修改发表在核心期刊《数学通讯》上。在工作室的每一次讲座，每一次报告，每一次同课异构，每一次年终汇报，每一次论文修改都使我受益匪浅，流连忘返。

教师的人生需要一种精神，需要一种信仰，我追随着秦老师的足迹，追随着同伴们的光芒，在书山上攀登，在教海中泛舟，采撷着一朵朵晶莹纯净的浪花。在刚刚溜走的 2019 年这 365 个日子里，我参与的邯郸市青年教师比赛课《"数形结合"在高考中的应用》获得邯郸市一等奖第一名，《含参线性规划问题再探究》《不等式易错备忘录》《排序不等式的应用初探》《双变量的"任意性问题"与"存在性问题"辨析》等多篇论文发表在国家级、省级期刊上。受邀担任邯郸市高中数学试卷命题并获得"优秀命题人"荣誉称号。先后获得"邯郸市优秀教师""邯郸市优秀班主任"等荣誉称号。这些沉甸甸的荣誉让我无比激动与自豪，我的内心深知：读万卷书不如行万里路，行万里路不如阅人无数，阅人无数不如名师指路。我感谢工作室的伙伴们，你们是我职业生涯中的贵人，是你们那么优秀又那么努力的姿态激发了我的学习热情，鞭策着我朝着明亮那方静静努力、默默前行。

实践反思促我迈上新台阶。进入工作室，我觉得自己已经有了较大的进步，学会了如何去进行教学的总结，感觉自己在教学的道路上开始真正地成长。但是也存在不足。在科研方面，自己努力的程度远远不够，离工作室的要求还有一定的距离。苏霍姆林斯基曾说过："如果你想让教师的劳动能够给他们带来乐趣，使天天上课不至于变成一种单调乏味的义务，那你就应引导每一位教师走上从事研究的这条幸福的道路上来。"有幸得到秦老师的引领，他不仅给我们推荐阅读有关如何开展课题研究的书籍，更带着我们踏上了幸福的教育科研之路，跟随着他开展相关的研究工作，一步一步地走进教育科研的探索殿堂。此后，在积累了一定的经验后，我勇敢迈出第一步，主持了人生中首个自己的课题"新课程下高中数学课程导入的研究"，并在秦老师的帮助和指导下，得以顺利结题，对我校的数学教学工作起到一定的促进作用，而我的个人教育科研能力也得到了提升。

回望来路，收获颇丰，但发现自己还有太多需要提升的地方，所以下一阶段在工作室这个平台上一定努力提升自己。

作为青年教师，为了使自己快速成长，成为理想中的老师，首先要加强自身师德修养。教师职业道德是为人师者的基本。我们面对的是一群有血有肉、朝气蓬勃的孩子，我们的点滴都会给他们留下永恒的印记。面对孩子，你呈现给他们的是什么，他们会放大两倍、三倍甚至十倍地呈现给你。在教育教学工作中，作为青年教师，我要真正为学生的终身发展负责，不要让孩子在成长的过程中因为我而留下遗憾。

虚心请教，取人之长，补己之短。作为一名青年教师，由于缺乏资深教师的经验而容易出错。因此，我要积极向同事学习，多走进同年级教师和优秀教师的课堂，多向大家学习。积极参加教研活动和集体备课，就教学感悟反思、学生的思想问题及解决方法等与同组教师交流学习。

让反思成为习惯，让反思促进成长。只要教学存在，反思就存在。但大多时候却不能及时地记录下来，这就导致了很多资源的浪费。我要对自己的教学活动及时进行反思，积累经验，提高自己的教育教学能力，为了学生的全面、健康、快乐发展，让反思促进自己的成长。

青年教师是充满希望、拥有活力的队伍，青年教师也是需要努力学习和经受锤炼的群体。作为一名青年教师，我们拥有许许多多的机会，也会面临不计其数的困难。我知道自己身上还有许多需要改进的地方，但我也要说年轻就是我们的资本，我们有着不甘落后的进取心，我们会充满激情地奋斗、开拓、进取，将青春挥洒在自己热爱的教育事业中。

教师是一个平凡的职业，非常容易让我们平淡地度过流逝的时间，我们应该让这份平淡不平凡。在这里，我呼吁更多的优秀教师，特别是青年教师能够加入秦喆工作室，努力找各种机会学习，提升自己，创造自身价值！

长夜漫漫，没有梦的时候，我们以爱为梦；

旅途险远，没有马的时候，我们以梦为马。

我们在迷惘中坚定前行，在体验中收获成长。

追寻数学教师梦

邯郸市秦喆数学工作室成员

邯郸市第一中学奥赛讲师　王政敏

　　王政敏，中共党员，2008年毕业后在邯郸市第一中学任教至今，中学一级教师，数学竞赛教练员，工作期间多次获得"教坛新秀""优秀青年""三八红旗手""高考优秀教师""清北之师""师德标兵""优秀党员""全员优质课""竞赛优秀指导教师"等荣誉称号，并在2018年度"一师一优课、一课一名师"评比中获省级优课，在2020年邯郸市教学技能大赛中荣获一等奖。

　　教学中喜欢钻研、反思和总结，热爱数学教学工作，积极参与课题研究，在《中等数学》《中学生理科应试》等杂志上发表多篇文章，并于2019年3月创建个人微信公众号"莒米数学"，至今已发表百余篇文章，旨在交流高中数学教学和优质班会课分享。

　　三岁看大，七岁看老。一个人长大后从事的职业很多时候能在他的童年找到缘由。如今想来，刘凤云老师对我的职业启蒙影响最深，她是我的第一任班主任老师。记得刚上一年级时，教室里走进一位女老师，白皙的皮肤，黝黑的麻花辫，一身米色呢子套装，气质出众，她温柔地同我们讲着普通话……这一幕始终深深地印在我的脑海里，画面清晰而美好，也许从那时起，一颗教学梦的种子就已经播撒在了我的心里。

　　我出生在一个普通的农村家庭，物质的匮乏迫使我去创造自己的乐趣。

那时候，一块儿小黑板、一根小木棍、一颗粉笔头，就满足了我当老师的幻想。后来高考就自然地报考了师范专业，而且填报了自己最喜欢的数学专业。

2008 年毕业后，我回到了家乡，来到了我们这里最好的中学，也是中国百强中学——邯郸市第一中学就职，当时激动的心情现在仍能体会。更为幸运的是，当时我的教研组组长正是秦喆工作室的主持人秦喆老师。在秦老师的悉心教导下，我逐渐适应并胜任了教学工作。

时光如白驹过隙，一晃十二年，在这十二年里我教学生涯的大部分时间都在秦喆老师带领的团队里。我坚信我专业的成长离不开秦老师一如既往的严谨，离不开团队务实肯干的工作作风。这些年，我渐渐褪去青涩走向成熟。每当我看到组里较年轻的老师全身心投入工作，中午不休息在做习题，没有晚自习还在办公室加班，周末闲暇时间仍在备课研磨，甚至连走路都在请教讨论问题时，我就好像看到了当年的自己。在经历过一段彷徨、浮躁和低迷的时期后，现在的我业务愈发熟练，处事更加成熟干练，也更加了解自己。我是一名老师，踏实而热爱我的职业！

2019 年 9 月我十分荣幸地加入了秦喆老师的工作室，在这里我结识了许多在数学教育教学上都十分优秀的老师。秦老师专门给工作室成员征订了《高考试题分析》《中学数学教学参考》等刊物，还常在微信消息群里分享高品质的教育教学文章或教育前沿动态，并通过"走出去、请进来"的方式给工作室成员创造近距离聆听专家讲学的机会。这是一扇窗，让我看到了更广阔的教学美。

张思明老师说过，想要给学生一碗水，老师只准备一桶水是不够的，而是要做一眼泉。在我的身边，有充满活力的年轻老师，有经验丰富的骨干教师，还有像秦喆老师这样实力卓越的特级教师，他们每个人都脚踏实地，在自己的专业领域深耕不辍。工作的这些年里，我始终兢兢业业，怕自己跟不上他人的脚步，学生要学习，作为老师更是要不断地学习。除了做好日常的基础教学工作，每周还要额外做些"硬茬题"。厚厚的解题笔记凝结着我的汗水心血，却也让我越来越自信，教学上愈发游刃有余。正当我沉浸在解题的愉悦中自我陶醉时，一个声音响起：应重视解题教学的探究方式。秦喆老师经常向我们强调，作为数学老师，好的教学应是注重启发学生的数学思维活动，注意引导学生的参与，从自主学习到小组合作，而不是教师单方面的解题呈现。这一句话犹如薄雾中的一声钟响，警醒了我，让我对数学教学有了更深入的思考。

2020年1月，恰逢河北省"五个一"名校高三同课异构活动，主题是函数的零点问题，这类题型中利用零点存在性定理找零点是难点，学生经常看答案也看不明白。对于这节课我是这样设计的——

1. 情景引入。

通过对学生导数学习的调查问卷入手，展示导数题型框架，浏览近几年全国卷导数压轴题的考查，发现热点就是函数零点问题，只是前几年题序是21，题目中含有参数，到2019年全国卷一、卷二均不含参数且题序变为20。

2. 典题分析。

例1和变式分别是2019国Ⅱ理第20题和2019年国Ⅱ文第21题，都不含有参数，看起来简单，其实内涵丰富，所以在引导和分析上用了较长时间，注重零点存在性定理的应用。对于例1其实两侧找零点都很容易，但高考答案却用了个非常有意思的方式，我个人觉得这是非常值得注意的地方，而且这个结构在2019年年底的邯郸市质检中也有模拟考查。

例2是2017年全国卷一理科第21题，含有参数，找零点开始变得有难度。想到秦老师同我说的，课堂不是解题教学，不是老师一个人的表演，而是师生思维互动的呈现，只有学生积极性被调动、学生的思维被激活才是一堂精彩的数学课。所以我并没有急于给出结果，而是不断地引导学生，首先考虑先取点再证明，同学们提出了不同的取点方式，之后我又继续引导学生考虑第二种方法——能否将超越方程放缩成可解方程从而确定零点呢？有个同学结合常见的放缩不等式漂亮地解决了这个问题，获得了大家的一致称赞。这个难点的突破为这节公开课增加了亮点。

3. 反思感悟。

想学好数学，"悟"比"做"更重要！经过几个例题的分析后让同学们自己总结解决导数零点个数问题的方法思想。

4. 教师总结。

从方法思想技巧上给予指导总结。

通过这次公开课，我为学生的思维被成功启发而感到喜悦。教育的本质就意味着，一棵树摇动一棵树，一朵云推动一朵云，一个灵魂唤醒一个灵魂。

兴趣是最好的老师——我热爱我的工作！日常教学中，我精心备课，积极参与教研讨论，还不断研磨高考真题与分析，学习各大数学微信公众号的内容，且注意优秀题目的收集和整理。在专业上，只沉浸在解题中我觉得是不够的，还要多阅读数学思想方面的相关书籍、报刊、文章才能让自己的教学更有指导性。

在忙碌的教学工作之余，我阅读了《孙维刚数学》《数学的神韵》《数学家的思想》《张思明与数学课题学习》《中学数学中的数学史》等书籍，工作室给老师们订阅的《中学数学教学参考》也是鲜美的精神大餐，这些书刊增加了我的教学底蕴，丰富了我的数学课堂，让我更能熟练地驾驭课堂。

因为对数学的喜爱，我还参与了数学竞赛教学，协助主教练取得了优异的竞赛成绩。在带竞赛课的日子里，我每天除了备好常规课，还要计划好时间埋头啃竞赛课的内容。通过对网上几十节视频课的反复学习，我的笔记和教案都各写了厚厚一本。当有学生跟我说"老师，您的组合课清晰易懂，讲得真好"时，那种兴奋与喜悦让我体会到了我的职业价值。参与竞赛教学对我来说是一个挑战，但我却很享受它带来的满足感。

随着教学经验的积累，不由生出一种想表达的渴望。2019 年 3 月，我开设了个人微信公众号"苔米数学"。从对公众号操作的一无所知到对编辑设置的逐步熟悉，从对所需软件的知之甚少到不断尝试而愈发熟练，每当在教学中收获了新的想法我就会记录在本子上，然后利用上课备课之余的琐碎时间将它们及时地敲成文字和字符。虽然辛苦，但我始终坚持精品原创，发表了百余篇数学论文。这些文章是我教学生涯的一个记录，是我作为一名普通老师的一点沉淀，同时它是一种非常好的个人教育教学反思提高的方式。在写作的不断磨砺中，我的收获也非常大，从文章的排版到动态几何画板的使用，文章内容也从就题论题的模式到现在可以写一些方法、理论和认识，虽然离期刊要求的高标准还是有很大差距，但我相信只要脚踏实地必能迈向彼岸！

一个教师的成长，离不开他所在学校的培养，离不开他所在平台的支持，离不开他的伙伴们的帮助，离不开他的学生的配合。感谢我的学校，感谢秦喆老师的工作室，感谢亲爱的同人，更感谢我的每一位学生，是你们陪伴并见证了我的成长！

路漫漫，我仍然在路上，把每一步都当作是起点，戒骄戒躁，珍惜感恩！

一路成长，一路幸福

邯郸市秦喆数学工作室成员

广平县第一中学学科组长　刘建光

刘建光，数学教育专业，本科学历，中小学一级教师。自 2001 年至今在广平县第一中学从事高中数学教学工作，多年担任班主任、备课组长，教育教学成绩突出，所带教班级考试成绩一直处于年级前列。曾先后荣获广平县优秀教师、广平县模范班主任、广平县家长和学生最满意老师、邯郸市优质课二等奖、全国高中数学联赛优秀指导教师等荣誉。在扎实做好教学工作的同时，还潜心教研，积极参加课题研究和教学交流活动，作为主要成员参与研究

河北省教师教育学会科研课题并结题。学习并践行新课标理念，积极探索有效的教与学的方式。把培养学生的思维品质和学习能力作为教学目标和任务，勇毅笃行，躬耕不辍。始终坚守教育格言："教育的意义是一棵树撼动另一棵树，一朵云推动另一朵云，一个灵魂唤醒另一个灵魂。"

一、我的教师情怀

汪国真说："我不去想是否能够成功，既然选择了远方，便只顾风雨兼程。"教师是我无怨无悔的选择，它让我成长并幸福着。

我的爷爷、外公都是老师。小时候，我喜欢和他们待在一起，听着他们

讲故事时的抑扬顿挫，看着他们手中的毛笔龙飞凤舞，回想他们朗诵唐诗宋词的神采飞扬，那时的我觉得老师是那么神奇、那么无所不能，我的内心便播下了从事教师这个职业的种子。

小学的时候，班主任是一位刚毕业的热情洋溢的年轻教师。他幽默风趣，听他的课如沐春风；他多才多艺，篮球场上的身影潇洒飘逸。学习生活中的他更是像大哥哥一样，为我们遮风挡雨，让我们遨游在知识的海洋，为我们铲开光明的路程。那时的我特别崇拜他，很想长大后成为他那样的人，我觉得他那样的人才是最幸福快乐的！内心深处从事教师的种子开始生根发芽。

高中毕业填高考志愿时，第一志愿我毫不犹豫地填了师范院校。二十三岁那年大学毕业，我终于如愿以偿成了一名教师。我的生命也在二十三岁这一年发生了华丽的改变。现在当我的思绪穿过时空的隧道，回想那初为人师的年代，一切都是那么难忘：忘不了青涩的我第一次站在讲台上的局促，忘不了第一次听见孩子们异口同声地喊"老师，你好"时的激动，忘不了第一次收到学生祝福时的快乐。从那时起，做"一名幸福、开心的好老师"便成了我心中追求的目标。

2018年9月，有幸成为河北省名师秦喆工作室的一员。在这里，我领略了秦老师以及其他名师的风采，感受了先进的教育教学理念，吸取了名师的成功经验，开阔了我的视野，更新了观念。秦老师为我的教育教学之路指明了方向，也告诉了我如何走好这条路，让我相信自己也可以成为专家型教师，甚至是教育家型的教师，让我从小内心深处播下的从事教师的种子结出丰硕的果实。

二、初为人师，痛并幸福着

初登讲台，自觉满腹才华，精力充沛，雄心勃勃，定能实现当一名合格教师的夙愿。实际上相当长一段时间里，并不是自己想象的那样。有两个问题始终困扰着我：

1.课不得法，课堂上不是"满堂灌"，唱"独角戏"，就是师生不能密切配合，教与学"两张皮"；不是上课给学生交代不清楚，就是不了解学生，讲得深了，学生听不懂。自我感觉教学力没少出、劲没少使、心没少操，定能教学成绩斐然，可是学生考试成绩一揭晓，总是平平常常，徘徊不前。

2.师生关系不融洽，面对着一群朝气蓬勃的孩子，我总是板着脸，做出一副严肃的样子，想以"师道尊严"威慑他们。然而不久，他们很快地发现了我的"友善"，和我玩起了把戏：上课时小声说话、做小动作。对此，我怒不可遏，将他们狠狠地训一顿。此后，我发现，我的训斥大有作用，上课时他们正襟危坐，作业也一张不差。可是我同时也发现，学生见了我绕着走，上课时总是低着头，一言不发。我的心不禁颤动起来，是不是我做错了？

进入秦喆工作室后，我就自己教学中的困惑与秦老师和其他老师进行了交流。通过秦老师的亲身指导以及其他名师的帮助，我逐步认识到：爱心才是打开学生心灵的钥匙。慢慢地，我开始用"爱心"去和学生交朋友。我在每个学生身上寻找闪光点，帮助每个学生树立起自信心。将心比心，以心换心。很快地，我和学生之间建立起了一种牢固的，既是师生又是朋友的双重关系，让他们"亲其师"，从而"信其道"。秦喆工作室让我十几年的困惑迎刃而解，秦老师及各位名师的谆谆教导让我对未来的教学充满自信。

小记：行走在路上，让生命像烈火一样燃烧，执着地向自己的终点前行，不怕挫折，傲对风雨，虽然痛，但幸福着！

三、学困生转化，等待并幸福着

我们学校招收的生源一般，大多数学生文化底子薄，学习习惯、行为习惯不太好。作为班主任的我，面对这么一群学生，深感工作千头万绪，总是想凭着自己的满腔热情、事无巨细、亲力亲为，从而使教学效果立竿见影。实际上却事与愿违，让学生和家长"牵着鼻子走"。工作干了很多，收效甚微。我始终没找到合适的办法。

加入秦喆工作室之后，秦老师及各位名师在班主任工作方面给了我非常多的帮助和鼓励，我受益匪浅。他们教会我在等待中发现很多预料不到的教育效果。一个好班主任应该促进学生的成长，应该是学生成长路上的引路人，对学生要有足够的耐性。在他们身上我学会了"等待"：在"等待"中创造机会，在"等待"中学会宽容，就能够在"等待"中收获成功。

在工作室的各位老师的帮助和鼓励下，我和班委一起针对"学困生"制订了专门的管理和帮扶措施：

1.隔离与帮扶相结合。

（1）"学困生"之间隔离；

（2）学习上实行一对一或多对一帮扶；

（3）处理"学困生"的厌学情绪：疏通—激励—提高。

2.让"学困生"体验成功。

（1）让他们参与班级管理。我们班的劳动委员、体育委员学习成绩都一般，但班级卫生从没让我操过心，我们班跑操时的整齐性、步调一致性我也认为是最好的。

（2）建立"学困生"成长档案。在"每人主持一堂班会课"活动中，平常的"学困生"主持的班会的效果往往是很好的。

（3）课堂上，简单的问题留给"学困生"来回答，增强其学习的自信心。

3.当众表扬和私下鼓励相结合。

（1）在全班同学面前做到只表扬不批评。"学困生"的自尊需要老师去维护，"学困生"的自信更需要老师去培养。

（2）实行红黑点记录。双方记、不公开、一周一小结。例如，月考每前进一个名次，记一个红点；迟到一次记一个黑点。尽量使其获得红点的机会多。

4.选择合适的惩罚措施。

"学困生"犯错在所难免，惩罚要选择合适的方式，以激励为主。

5.拉近师生距离。

课堂上主动询问"学困生"的学习情况，课下主动地多跟他们打招呼，聊聊他们感兴趣的事，利用一切机会拉近与他们的距离。

2019年的教师节，如果不是早晨开机收到两条祝福的短信，我几乎忘了那天是我国第三十五个教师节。短信很温馨、很温暖，其中有一条是这样的：

虽然不常联系，却时刻把您惦记；虽然不常看望，却悄悄把您祝福。时光流逝，您的恩情我永远不会忘记。教师节到了，祝您节日快乐！学生。睡意蒙眬地看着短信的我，眼里噙满了泪水，泪珠在眼眶里一次又一次翻滚着，甚至都能感觉到泪水的滚烫。

河北省名师秦喆工作室，是我在做教师、班主任甚至漫漫人生成长路上的引路人。加入工作室两年来，让我在班主任工作中游刃有余，越来越自信，越来越出色。

小记：鲜花历经风雨终究会迎来绽放，等待着，幸福着。

四、教改探索，磨砺并幸福着

数学课堂被普遍认为是乏味、沉闷的课堂。尤其是在我们学校平行班上数学课，学生听不懂、上课打瞌睡、老师提个问题半天没人回答的现象每天都在发生。如何活跃课堂气氛，如何让每一位学生都在课堂上有所收获显得至关重要。在教学实践中，我尝试了很多方法，但效果总是不尽如人意。进入秦喆工作室之后，聆听了秦老师"关于高中数学教学的几点思考"的专题讲座，观摩了黄妍妍、徐韬、徐竞超等名师的示范课，在与各位名师交流及在他们指导下，结合我们班实际，我发现分组学习可以有效地提高每一位学生的课堂参与能力。

思考一：分组学习在数学教学中如何进行？

感悟一：科学有效地分组，是分组学习成功与否的前提。分组时一般是"男女搭配"，即根据学生的性别、个性特征、能力强弱的差异进行分组。分组的最大好处就在于让学生懂得每个人都有优势和不足，人的智能、个性、才干是多样的，只有既善待自我又欣赏别人，既知己又知人，才能获得最大的团队学习成效。

感悟二：有效实践，引导学生积极参与教学过程。目前教学中较流行的"生态课"，就是在课堂上给学生足够的时间思考、讨论，从而得出重要结论。数学作为一门极具探索性的课程，加强课程讨论，必定能够达到提高课堂效率，打破枯燥无味的气氛。分组讨论是分组学习中最基本的组织形式，因此在课堂教学中要紧紧把握时机，适时组织多种小组讨论。

（1）引入新知。在教学重点难点以及新旧知识的联系点上，教师有目的地分层次提出学习任务，让学生独立思考后再进行小组讨论，大胆鼓励学生尝试探索，边讨论边学习，相互启发，从而加速有效学习的进程，培养学生的探索能力。例如，在教学两角和与差的余弦公式时，设问：不用计算器求 $\cos 15°$，很多学生会想到要把它转化为特殊角的三角函数来求，大家通过讨论发现 $\cos 15°=\cos(45°-30°)$，但 $\cos(450°-300°)=?$，公式还没学，怎么求呢？有的说 $\cos(45°-30°)=\cos 45°-\cos 30°$，有的同学说不对，那样的话就说明 $\cos(\alpha-\beta)=\cos\alpha-\cos\beta$，但若 $\alpha=60°$，$\beta=30°$ 代入就不对，同学们接着讨论，激烈的讨论大大引起了同学们学习的兴趣，这有利于老师引入新课。

（2）形成认知，巩固知识。俗话说，三个臭皮匠，顶个诸葛亮。在小组学习中，每个同学都积极思考共同探究，这有利于发挥集体智慧去探索发现数学规律，并通过小组操作来验证，这样有利于使学生的思维与教材的逻辑顺序以及数学家思考问题的方式同步发展。

感悟三：在复习巩固阶段实施方略。进行分组学习后，可以由组长负责，及时对每位组员的学习成果进行检验，相互监督，激励学生改进学习方法，提高学习效果。

（1）学习效果的测查。例如，在课后请小组长负责检查每位组员的作业情况，对存在的问题进行小组讨论，这在无形中也建立了互帮机制，还能促进同学之间友谊的建立。

（2）学习态度的测查。态度决定一切，良好的学习态度是学习成功的前提。分组学习后，组员之间相互监督、相互帮助，及时修正自己的学习态度，共同解决学习障碍，这大大提高了学生学习的积极性。

思考二：为什么分组学习是教学观念上的转变？

感悟四：在传统的教育模式下，教师扮演的角色是知识的化身，数学课都是以"满堂灌"的方式授课。这种被动学习的方式，让许多学生失去了学习的兴趣和学习的动力。分组学习让老师不再处于中心地位，不再高高在上，而是学生学习的促进者，共同学习的参与者、合作者，是教育教学的研究者，课程的建设者和开发者。

感悟五：分组学习可以更好地促进师生关系的发展。师生关系应是正常的人与人之间的交往关系，这是建立在互相尊重和民主平等的基础上的，交往重在过程而不在结果上。分组学习，让师生之间既可以交流知识和技能，也可以交流情感、态度、价值观，使老师与学生一起共同成长、共同发展。

感悟六：分组学习尊重每个学生。由于个性特征、生活学习环境以及成长经历的不同，在学习方法上会呈现出明显的差异性。分组学习，应使每个学生所独具的学习方式和表达手段得到充分的体现，使每个学生在原有的基础上得到更快的提升和更大的发展。

思考三：教学时需注意哪些问题？

感悟七：教师的指导作用很重要。在分组学习时，教师要担当学生学习知识的引路者和排忧解难的"知心人"，在学习中发挥学生的主体作用和教师的主导作用。

感悟八："分组学习"课堂强调的是一个感悟、体会的学习过程，而不在知识获得的结果上，不可将答案或结论直接告诉给学生。

感悟九：分组学习要给学生足够的思考、解决问题的时间，让学生享受思考的乐趣和获得知识的成就感。

感悟十：分组学习时小组成员应有明确的分工。责任到人后，每个学生更能积极参与其中。比如：有的动手操作，有的做记录员，有的做小组的中心发言人。小组成员讨论时，每个人都要发表自己的看法，这样"生带生""生帮生"往往会产生意想不到的效果。

感悟十一："分组学习"课堂的教学形式不能仅仅停留在讨论和交流上，还有很多的形式可以运用，比如辩论、演示、动手练习等。

加入河北省名师秦喆工作室，让我在分组教学的道路上越走越顺。通过与秦老师及各位名师的交流，我现在的教学手段越来越多，教学方法越来越有效，也很欣慰取得了较好的成绩，教学效果事半功倍。

小记：行走在路上，总有些路要独自行走，耐住寂寞，从容走过，让单调的生命充满无限璀璨的光华。虽历经磨砺，却幸福着。

五、教学反思，超越并幸福着

教案本上最后一栏是教学反思，起初写教案时常常把它忽略，认为没必要，导致课堂上出现的问题，后面上课时还是重复出现，自己常常为此很苦恼。加入秦喆工作室之后，工作室开展的每一次活动，秦老师都会要求工作室成员写总结、写反思。请教秦老师及工作室里的其他名师，知道了教学与反思相辅相成，反思是教师成长和自我发展的基础，一个合格的教师都是从经验中学习、在反思中成长的。从此以后，反思，成为我教育教学工作中的常态。

思考一：教师如何进行反思？

思考二：教学过程中哪些方面需要反思？

感悟一：课前应对教学设计进行反思。教学设计是课堂教学的蓝本，是对课堂教学的整体规划和预设，勾勒出了课堂教学活动的效益取向。设计教学方案时，教师对当前的教学内容及其地位、学生已有的知识经验、教学目标、教学重点和难点，学生在理解概念和思想方法时可能会出现哪些情况，以及如何处理这些情况，设计哪些练习以巩固新知识，如何评价学生的学习效果等方面，都要有一定的思考和预设。这里特别是一些老教师，因为对教学内容比较熟悉，认为凭以往的经验就能教好，照搬以前的教学设计。但面对新的学生，面对可能出现的新问题，往往在课堂进行中会出现短路的情况。其次是其他教师对该教学内容的一些教法、教学反思，应该请教、交流、整理，针对其中多次提及的重点内容进行再次把握，预测教学中可能出现的问题和教学效果，使每节课都做到有备无患。

感悟二：课堂上对教学过程进行反思。课堂上反思就要求教师在课堂教学中一边授课，一边观察学生参与度如何，是否做到师生互动、是否体现学生的个体差异，学生活动是否高质高效；有没有"奇思妙想"、创新火花；教师语言、行为是否符合教育教学规律，学生有什么反应；教学媒体使用是否得当；各种练习是否适当；教学内容的价值观因素是否得到充分挖掘，并用学生能理解的方式进行展示；等等。分组学习要求教师能够在组织学生小组讨论、思考问题或巩固练习期间，对课堂前半段时间呈现的内容进行简单的回顾，及时调整课堂教学的节奏，查漏补缺。在当前新课改"自主"模式的前提下，教师应尽可能地转变方式，把课堂放手给学生。由于课堂是生动开放的，学生的思想是灵活多变的，势必会出现很多教学设计中没能预料到的情况。如果不管不顾学生的反应，只顾完成自己的任务，这是失败的。所以教学过程中的同步反思，不仅是对学生的关注，也能使教师驾驭整个课堂的能力得到提高，因此通过反思的要求将发展教师与发展学生相统一，反思不仅要"照亮别人"，更应"完善自己"。反思是学生自我成长的一条经济有效的途径，也是教师自身发展的一条经济有效的途径。

感悟三：课后对教学效果进行反思。教学效果的反思是指在教学活动结束后，教师对整个活动所取得的成效的价值判断，包括学生所获得的发展和教师自己的价值感受。前者主要考查学生对知识的掌握，学习方法的运用，科学、人文价值的认知，以及理性精神的养成等诸方面；后者主要考察教师在教学活动中对教学内容和学生情况的了解程度的变化，个人教学经验的变化，实施有效教学能力的提升，教学思想观念的变化等。其中，教学是否达到了预期的目标，学生行为是否产生了预期的变化，是教学效果反思的重点。比如说：1.授课过程中出现了哪些令你惊喜的亮点环节，这些亮点环节产生的原因是什么？2.哪些教学环节没有按计划完成？为什么？3.假如你再教这个内容，教学设计方案还可以做怎样的更改？等等。

感悟四：阶段性地对个人经验进行反思。这是教师对自己教学活动的持续不断的反思过程，是教师专业化成长的必经之路，对个人经验的反思有两个层面：一是反思自己日常教学经历，使之沉淀成为真正的经验；二是对经验进行解释、归纳和概括，提炼出其中的规律，使之成为有一定普适性的理论。没有经过教学反思的经验，其意义是有限的。如果教师只对个人经验做描述性的记录而不进行解释，那么这些经验就无法得到深层次解读。阶段反思就是要求教师过了 1 ~ 2 个月，将前面所有的教后记进行阅读、整理、总结，将每堂课上的优点逐步亮化，对不足之处加以研究更正，从自己的实际出发，扬长避短，从而有意识地建构自己的教学风格。

加入河北省名师秦喆工作室的两年时间里，在与秦老师及其他名师的交流互动中，我逐步明白不同教师具有不同的教学风格和方法，教师通过不断进行阶段反思，如果收到了良好的效果，就应该保持和发扬。经过这样一次次地积累，教师慢慢会形成属于自己的风格，从而大大提高自己的业务水平。

小记：行走在路上，别只顾风雨兼程，偶尔停留，偶尔回头，做一次思考和回望，才能不忘初心，走得更好、更远。不断超越自我，才能幸福着。

六、名师熏陶，蜕变并幸福着

刚听说学校推荐我加入河北省名师秦喆工作室之初，我是有点激动和紧张的，不知道将面临什么。作为一名县级中学的老师，由于种种原因，平时的教学很多时候都是靠自己摸索，或者凭经验教学。但当我真正加入河北省名师秦喆工作室后才发现工作室活动丰富多彩。在各种形式的学习、培训活动中，我经历着、学习着、收获着，两年来，从最开始的忐忑到如今的沉着自信，秦喆工作室帮助我们完成了化茧成蝶的蜕变。

（一）与工作室各位成员的对话，碰撞了我的智慧

工作室是一个团结合作、乐于学习、积极奋进的团队。各位成员虽然工作繁忙，但是工作室的每一次活动大家都积极按时参加。我们喜欢在一起活动，工作室就是我们的第二个家，家长就是秦老师。这里温馨、团结，充满学术氛围。在这样一个团队中，能时时感受到热切的学习氛围、学习思辨的快乐，因为值得学习的对象就在身边。工作室成员各有特色，都很优秀，每一次活动、每一次探讨，总能感受到兄弟姐妹们闪耀着智慧的思维火花。分享学习成果，享受团队乐趣，让我的视野开阔、思想升华，对未来充满无限憧憬。一个人的努力是加法，而一个团队的努力是乘法。

每一次的团队活动，都是我们互相问候、交流谈心、畅所欲言、相互学习的机会。在这里，我们不避讳自己工作中遇到的问题和烦恼，因为同伴们一起讨论、互相帮助可以消除困惑，给予支持和鼓励；在这里，我们也经常争论，各抒己见，却又仔细聆听他人的想法，博采众长。

（二）与工作室一起成长，沉淀我的幸福人生

一次次精彩的讲座，一节节灵动的课堂，让我开阔视野、充实自己。秦老师经常提醒我们要多反思、多学习，以沉淀我们的人生阅历。在秦老师的亲身指导以及其他名师的帮助下，通过不断学习、反思自己，我对数学教学有了更加清晰的认识，感觉自己的理论功底也随着一次次的学习、一次次的思想碰撞在逐步提高，有时对于教学中产生的一些想法、疑惑等会自觉地进行反思、学习、总结。

行走在路上，谁的青春不曾迷茫，感谢河北省名师秦喆工作室，用自己的生命之光照亮了我人生的旅途，让我的人生实现蜕变。

苔花如米小，也学牡丹开

邯郸市秦喆数学工作室成员
邯郸市第一中学优秀班主任　王变变

王变变，中共党员，研究生学历，2013年
毕业于河北师范大学。现任教于邯郸市第一中
学，中学数学一级教师，邯郸市秦喆数学工作
室成员。曾获得邯郸市优质课比赛一等奖，六
省名校同课异构活动一等奖，学校"最受学生喜
爱的教师""最美教师""教坛新秀""三八红旗
手"等荣誉称号，教学叙事专题报告一等奖，讲
课比赛特等奖等，被评为"优秀班主任"。参与
编写《高中数学经典习题集必修5》《初中学科教

师专业发展指导》。在《数学教育学报》上发表文章《农村初中数学教师教育科
研现状调查》，在《考试与招生》中发表文章《2016年河北省高考数学试卷分
析及教学启示》。

　　天，湛蓝高远；地，雪后初融；我，心情舒适而平缓。闭上眼睛，曾经
教学的过往历历在目。曾有的苦辣，曾有的酸涩亦如昨日的风雪，而如今收
获亦如今日的初霁。

　　总以为凭着自己年轻就可以更好地接受新的教育理念，以为凭着自己严
谨的备课就可以让学生们知识更扎实，可是现实并非如此，比如《必修2》立
体几何部分的教学就没有达到自己预期的效果。2016年，我有幸加入秦喆老
师的工作室，参加了很多同课异构听评课活动，聆听了前沿专家关于新的教

育理念的讲座，观摩了名师大家的示范课，每次听完都收获满满。我觉得学生们之所以学立体几何很困难，是因为空间感不强、基础不扎实，没有解题思路，解题缺乏规范的步骤。

于是，我从以下四个方面下了一番功夫。

第一，是学生空间感的培养。有一次课的内容涉及正方体截面图形是几边形的问题，对于截面图形是三角形、四边形学生还能够想象理解，但是截面图形是五边形、六边形，对于刚刚接触立体几何的他们就很难想象出来。怎么办呢？我做了一个正方体切了一下，让学生观察其截面的图形，但感觉还不是特别理想。怎么改进呢？后来我想到可以把大学时学的几何画板软件重新拿出来研究，画出各种截面的图形，把截得的两部分分开，然后对各个面进行涂色……我对几何画板软件的运用又上升了一个层次，学生课上又惊又喜，"老师，您是怎么做到这些的？"学生被我的"作品"折服了。

又有一次是圆锥截面图形的形状问题，学生认为截面的边是直线，不能理解其截面的边界包括曲边。这个东西确实很抽象，就连我理解起来都很困难。怎么能让这个问题更直观呢？一次晚自习辅导课，下课后有位学生问道："与圆柱的轴斜交的截面的形状是什么？""是个椭圆。"我脱口而出。学生一脸的不解，这时正好有个装满水的杯子从我面前递过去。我灵机一动，把水杯一倾斜，水面的形状不就是截面的形状吗？于是圆锥截面问题也就迎刃而解了。我心里有种说不出的高兴。可是怎样让学生看得更清楚呢？把水也"涂"上颜色？找药品、糖水？最后我找到了身边随处可见的物品——墨水。"要墨水做什么？数学课也要做实验吗？"学生彻底被我自制的教具吸引了，也被我的创意折服了。慢慢地，学生喜欢上了数学课。我的课上，学生发散思维、踊跃发言，后排的学生搬着凳子往前坐，犯困的学生自觉地站到讲台前边来听课，学生上课时生怕漏掉任何一个细节，班里形成了一种争先恐后、你追我赶的学习气氛。

第二，是督促学生对定理的识记。在每次课前我都会花几分钟时间让学生回忆上节课的内容。在每组中抽查一名同学，回答正确的小组加1分，回答错误的小组每个成员罚抄当日提问的所有知识点三遍，并找我背诵所有当日提问的知识点。刚开始答错的同学比较多，提问不过来了，我就让学生画图并默写定理，这样对定理就不再是机械的背诵，而是加上了个人的理解。为了让更多学生识记定理，我故意找每组中成绩暂时落后的同学回答，这样整个小组学习积极性都有了提高。每次数学课前的课间都能看到小组同学的互相提问，基础知识掌握得比原来更扎实了。

第三，指导学生对定理灵活运用。学生知道了定理后，新的问题出现了：很多学生反映题目不会做但看答案能看懂，可是自己就是找不到正确的解题思路。针对这个问题，我进行了认真的剖析，数学的解题方法和思维有很多，其中有两类最常用，一类是综合法，一类是分析法。综合法是利用条件，根据所学的定理知识，一步一步推导出答案，也就是按图索骥，执因索果。而分析法则是从要解决的问题入手，看解决的问题需要什么，如何从现有的条件挖掘满足的条件，也就是有点逆向思维的意思，这样我们就可以利用分析法为我们找思路，最后利用综合法的模式写出解决问题的过程。

第四，指导学生熟练运用分析法。学生所提出的问题其实是分析法运用不熟练。比如，在证明线面平行时，学生在平面内寻找和已知直线平行的直线时束手无策。通过分析，我告诉学生找平面内与之平行的直线也就是构造一个过已知直线的平面，并使之与已知平面相交，证明交线与已知直线平行。这样学生对构造平行四边形，或者两条相交直线确定一个平面这样的解题思路便恍然大悟。在一次证明线面垂直的习题课上，同学们要集思广益找证明线线垂直的方法。学生一看涉及初中的知识，眼睛立刻放光，积极思考展示，平时上课爱捣乱的几个同学，也被其他同学感染，参与其中。记得那次在平行5班得到的证明方法比清华11班都多，很多方法都超出了我的预期。从此我开始注意把课堂还给学生，留给孩子们更多展示的机会。通过我的培养，很多孩子都能按我的要求清楚表述自己的思路，并展示给其他同学。

第五，就是规范学生的书写，提高得分意识。通过以往高考阅卷的经历，我知道学生答立体几何题时写的步骤往往不全，或者不规范，使得阅卷进度比较慢。基于这个认识，在每个定理讲解后，我都会板书一个例题的规范解题步骤，用彩色粉笔标注清楚必要的步骤，并要求学生自己解答后也标记出来。最初的立体几何午练和限时题目都比较简单，考完就全批全改，检查作业时对书写不认真、步骤不全的学生进行批评，对写得好的同学进行表扬等，为的就是规范学生的解题步骤。之后我们逐渐增加难度，培养学生解题思路。

经过我的教学改进，学生渐渐地培养起了空间感，解题步骤也越来越规范，在解决立体几何这部分题目时有了思路，阶段性检测时在同层次班级中成绩名列前茅，学生学习数学的信心也培养了起来。

经过反复思考，查找教学资料，观摩其他教师的课，我明白了教师不是学者，而是艺术家，光自己学富五车还不够，还得能让学生也学富五车！怎么把自己懂的知识传授给学生，其中的方法才是症结所在，一堂精彩的课，不可能是枯燥的……于是我开始学习怎么把课堂还给学生，怎么把课上得生动有趣，怎么集中学生的注意力，等等。

教学相长，使我觉得我又一次成为学生，春风化雨，谁又是春风，谁又是雨呢？改作业，批试卷，成绩较差的孩子，拉他一把，给他一只手臂，就能成为中等；中等的孩子，激励他、鼓励他，可能更进一步，成为优等。在每份作业里，看到的些许进步，都让我听到青禾在生长的声音，他们正在快速地、拼命地长向天空。于是，不知道何时，在学生每次上交的课堂笔记上，开始有了和我的悄悄话，学习上的，生活上的，多种话题等待着既是师长又是朋友的我和他们探讨。于是，我知道了，每次课后的筋疲力尽，却是繁华落尽之后的欣慰、喜悦和踏实！

教学，是一件有耕耘、有收获又快乐的事。一个农夫在自己的田地里，手里拿着不同的种子，如果是用心血来浇灌，种子又怎么会舍不得发芽、生根再茁壮呢！

日出江花红胜火，春来江水绿如蓝

邯郸市秦喆数学工作室成员

邯郸市第一中学实验班班主任　徐　韬

徐韬，邯郸市第一中学数学一级教师。2007年毕业于东北师范大学数学与统计学院，在大学期间，专业课成绩优异，获得过一次国家奖学金和多次专业奖学金。从教十二年，所带班级曾获得省、市级先进班集体，个人因此荣获省、市级"先进德育工作者"。多次荣获邯郸市教育局嘉奖，曾获得"邯郸市优秀教师""优秀指导教师"。2019年参加邯郸市优质课大赛获一等奖，多次在学校组织的"全员优质课"中获奖，多次荣获邯郸市一中"优秀青年教师""二十佳班主任""优秀班主任""高考功勋教师""最受学生喜爱教师"等荣誉称号。

　　我与秦喆数学工作室的缘分是从2016年3月23日开始的。在那一天，我有幸跟秦喆老师一起参加了在丛台区展览路小学召开的邯郸市名师工作室启动暨现场观摩大会，参会的两百多人观摩了丛台区六个名师工作室的相关资料和成果展示。

　　教育局曹建召副局长在会上的讲话令我记忆犹新。他说，名师工作室要从四个方面加强研究和学习：一是要精心选择本学科或与其相关领域学者的著名书籍进行阅读，提升理论素养；二是要开展名课研习活动，了解本学科最知名的教师的教学设计，唤醒教师的建构型知识体系；三是要开展课题研究，如教材比较研究、课程研究、命题和评价研究等，提高驾驭教学的能力；

四是开展以课堂形态变革为引领的探究课研究。那是我第一次具体感知名师工作室这个概念，也是从那时起我才开始明白名师工作室的作用，有种醍醐灌顶的感觉——这不正是我向往已久的教师成长平台吗？当时我就想：若是能加入这个团队就好了！但是事与愿违，由于名师工作室要尽可能地辐射到全市更大的范围，对主持人所在学校的成员数量是有限制的，我因此没能加入，沮丧了一段时间。但是秦老师告诉我，只要努力以后还是有机会的。然后我又充满着希望并暗自下定决心，一定努力提升自我理论水平，投身课改实践，争取早日加入工作室这一发展平台！

工作室在我们学校举办的活动我有幸都参加了，而且收获颇多。让我印象比较深刻的是有一次工作室邀请清华附中的特级教师王慧兴老师来举办讲座。王老师不仅将几何画板运用得炉火纯青，还给出了很多关于数学新课知识点如何引入的例证。例如他在几何画板中画出了风车旋转的动态图，用来引入三角函数的定义，使我终生难忘。这一实例既让我明白数学其实来源于生活，很多数学知识点可以用生活中的鲜活实例通俗易懂地引入，也让我意识到自己的课堂为什么有时显得有些突兀。另外，王慧兴老师还介绍了一些可以免费下载资源的网站给我们。他还说，作为数学教师要注重点滴积累，善于提炼总结，秉持终身学习的理念，就像宋代理学家朱熹说的那样"问渠那得清如许？为有源头活水来"，让源头活水滋润丰富自己的教学。而这种观点跟秦老师的个人理念也是不谋而合的。当时我就想，这或许是数学名师共有的特性吧！通过那次活动，我想加入名师工作室的愿望变得更加迫切。

2018 年，我终于加入秦喆工作室，但同时也面临着不小的压力，因为进入团队后我发现其他成员都是各学校的精兵强将，加上他们已经在秦老师的带领和影响下取得了很大的进步，让我难以望其项背。不过转念一想又有些释然，我是来跟秦老师取经，向其他工作室成员学习的。站在越高的平台，就会承受越大的压力，但只要咬牙坚持下来，我相信自己定能取得更大的进步。

进入工作室后，在秦老师的影响下，我首先是在教育教学的理念上发生了转变。秦老师主张，老师不要把持课堂，应该将课堂还给学生，突出他们的主体地位，让学生自主、合作、讨论，在此基础上让学生针对所学内容提出问题，以此来拓展、深化和延伸课堂，立足于培养学生的学科思维能力和数学核心素养。当然这种转变是在工作室组织的一次次活动中逐渐完成的。加入工作室后，秦老师不断带领工作室团队送教下乡，由一名工作室成员和基层学校的两位教师进行同课异构。秦老师亲自指导把关工作室成员的课，手把手地教我们如何进行情景引入和课堂设计，如何在教学中体现新课程理念。从上课课件到学案，从课堂构思到课堂预演中的每一个细节，秦老师都耐心细致地指导，往往每位工作室成员送的课至少要修改三次以上才能过关。在这当中，我听到秦老师对我们说得最多的一句话就是："如果你去上一节平淡无奇的课，体现不了新课程理念，那课送出去又有什么意义。"正是因为秦老师的精心指导、严格要求，我们得以快速成长，我们做的课也受到了基层学校的一致好评。此外，每次活动秦老师都会率先垂范，在送课的学校进行有关新课程理念及高考备考、数学教育教法学法等方面的讲座，而且在讲座后都有一个现场回答对方学校老师提问环节，将新课程的理念传播出去。而作为工作室成员，我们也是在一次次听秦老师的讲座中不断加深对新课程理念的理解的。

除了送教下乡和开展讲座外，工作室还秉承"请进来，走出去"的思路多方向发展，即请全国各地的名师名家来给我们工作室开展讲座，像清华附中的王慧兴老师、河北师范大学的张生春教授等受秦老师之邀，曾莅临工作室指导帮助我们成长。此外我们还在寒暑假一起去外地参加教育教学研讨活动。2019年7月24日至26日，在秦老师的带领下，我们工作室多名成员参加了在银川举办的第二届全国名师工作室成果博览会。其中7月25日在银川九中由南京师大附中刘明老师做课"圆锥曲线的切"和开展"开展探究活动迎接新一轮课程改革"讲座给我留下了深刻的印象。刘明老师在课上主张让学生发现并提出问题，且分析并解决问题。

课堂案例实录：《圆锥曲线的切线》（刘明老师）

引入：已知 $M(1,\sqrt{3})$ 是圆 $C:x^2+y^2=4$ 上一点。请你根据上述条件，提

出相关的问题，并尝试着给出解答。（请把问题及解题过程写下来）

然后给学生一小段时间思考作答后开始巡视并让学生展示几种不同的答案。有的提问：判断点 M 与圆的位置关系；还有的提问：求过点 M 与圆心的直线方程……

最后，展示其中一个学生的提问：已知 $M(1,\sqrt{3})$ 是圆 $C:x^2+y^2=4$ 上一点，求过点 M 且与圆 C 相切的直线方程。该学生还给出了答案：$x+\sqrt{3}y=4$。这时刘老师继续追问：你是怎样得到这个结论的？……

整节课刘明老师始终以学生为主体，引导他们去思考，进而发现问题、提出问题、解决问题，这和秦老师主张的课堂理念完全吻合。通过这次活动再次印证了工作室主张的新课程理念是符合教育发展方向的，同时也让我对这种理念加深了理解，从而为以后在教学中不断地实践提供了坚实的理论依据。

在加入工作室后，我从其他成员身上也学到了不少东西。师文亮老师经常从高等数学的角度来看待高中数学，这种高站位的方式让我们能更透彻地理解高中数学；郭怀玉老师将多媒体与课堂完美结合，使课堂生动而又高效；段纪飞老师利用道家思想"一生二，二生三，三生万物"来理解数学，透过现象把握其本质；马进才和王政敏两位老师好钻研总结，并将所思所得形成论文发表在期刊或自己的微信公众号上……

总之，加入秦喆工作室是我从教生涯的一个转折点。在这个平台上我成长了许多，如教学理念的转变等。在秦老师和其他工作室成员的影响下，我对教学的驾驭能力大有提高，对自己的教学有了更深层次的反思和感悟。当然，学无止境，关于成长，我一直在路上。

静待花开，破茧成蝶

邯郸市秦喆数学工作室成员

邯郸市第二中学班主任、学科组长　来艳宁

来艳宁，2005 年参加工作，2008 年 12 月荣获河北省多媒体优质课件评比三等奖，2008 年 12 月荣获邯郸市学校德育论文评比三等奖，2012 年 6 月荣获邯郸市青年教师优质课说课评比一等奖，2013年 10 月参与课题"教学模式对学生数学思维的影响"，2014 年 6 月参与课题"三分教育"荣获河北省教学成果三等奖，2015 年荣获河北省高中数学竞赛优秀指导教师称号，2016 年荣获河北省高中数学竞赛优秀指导教师称号，2016 年荣获邯郸市优秀教师称号，2017 年荣获邯郸市五一劳动奖，2017 年荣获邯郸市高考突出贡献奖，2018 年 9 月被授予邯郸市师德楷模荣誉称号，2018 年 9 月荣获嘉奖，2018 年 6 月荣获第十届全国中小学公开课电视展示活动课堂实录二等奖。2019 年 6 月荣获全国中小学说课展示活动中说课稿二等奖。常年担任班主任、备课组长工作。

在加入秦喆老师的工作室之后，我学到了很多，并深刻感受到自己在学习过程中的进步与转变。新课标、新高考、新课堂的时代已经来临，我在追赶这种新的时代步伐过程中，也感受到我所带班级的管理方式正在发生的变化。

秦老师倡导的合作探究教学模式，我很推崇，因为它遵循知识生成的过程。学生认知的过程，以学生发现、探究、深入、生成为主。这样的教学模式能够唤醒学生的主动意识，发挥学生的主体地位，培养学生的主动精神，真正地让学生成为学习的主人。我认为这种模式同样适用于班级管理，使学生成为班级的主人，自己来行使自身的权利和义务。

合作管理下的班级生活如下：

一、指导思想

一种观念。整体全局观念，培养学生大局意识，做任何事情前要考虑到班级利益。

两个意识。一是培养学生的主人翁意识。让每位同学轮流担任班级里的管理角色，从中体会班级管理的不易和重要性。班级管理得好，最终受益的还是学生自己，每位学生都来做班级的管理者，为班级的美好发展做出自己的贡献。二是培养学生的小组团队合作意识。一个班级的管理需要优秀的管理团队，齐心协作才会有好的效果。班级里的每个小组都可看作为一个小的管理团队，在班级的轮流值周实践过程中，要学会合作，学会包容，学会换位思考。

三颗心。培养学生们的爱心、责任心、进取心。要求对待他人要有爱心，维持学生间良好关系才能让学生们身心受益，从而投入更多身心在学习上；要求每位学生都要有责任心，对所在班级有责任心，对同班同学有责任心，对班级老师有责任心，对学生家长有责任心，对自己有责任心；要求学生有进取心，在学习中以及学校班级组织的活动中全力以赴，付出 100% 甚至超出 100% 的努力去完成。

二、操作方法与实施过程

从高一新生一入学开始就在班级管理中使用合作管理制。首先在全班同学投票下确定了班规（迟到、上课睡觉、上课说话、宿舍扣分等有针对性的措施），然后按照入学学号划分六人一小组，各小组轮流负责一周的班级管理执勤工作。这期间所执勤小组成员的管理岗位（班长、学习委员、纪律委员、劳动委员，宿舍管理员）由小组内商议选出对应人员担任，负责本执勤周内班级管理工作和数据统计工作（迟到次数、上课说话、上课睡觉、宿舍扣分及加分等）。班会定期在每个星期一举行，上一周执勤的小组首先对执勤周管理工作进行总结并将执勤周统计数据对全班成员进行汇报，然后由本周将执勤小组公布管理分工岗位名单，并向全班同学提出本执勤周内班级管理计划。每半个学期，全班同学将对已执勤各小组进行评比活动，评选出最有管理能力的执勤小组。

等升到高二学年后，在高一学年这些班级管理规定基础上，做了一点点变化。通过高一一学年的学习，学生们的学习成绩出现了层级，因此在高二学年为了使学生们成绩更加均衡，对执勤小组成员组成标准做了调整，不再按照高一学年的学号划分，而是按照成绩划分，保证每个执勤周小组成员中有学习成绩上游的、中游的以及比较差的。此外，在每一次的执勤周小组评比中，除了评比管理能力外，也评比小组成员平均成绩水平，做到不仅锻炼学生们的日常班级管理水平，同时督促他们提高小组平均成绩，小组成员内学习互助，先进带后进，共同进步。在本学年还选出了班级的常任班委担任班长、纪律委员、体育委员、劳动委员、团支书，担任这些岗位的同学都是在执勤小组评比中表现优秀、为大家信服的同学。

在高三学年，又对小组的人数做了调整，从六人调整为四人，并将执勤小组评比中学习成绩所占的权重加大。四人小组比六人小组更精简，更有助于小组内成员在学习上、纪律上互相鼓励、互相监督，做到荣辱与共、同进共退。

三、实施效果

我所带的班级每学期都是优秀班集体。学校在优秀班集体的考评中，在纪律方面、学习成绩方面，还有学生对自己班级的评价方面，以及对班级班主任的考核方面都有严格的评定标准。能够在学校考核评选中获得优秀班集体，说明我所带的班级在学校各项考评中表现都是非常优秀的，尤其在学生对班主任的评价考核方面，我是学校中唯一获得百分之百好评率的教师。

四、思考总结

上述一系列班级管理和教学方式的改变，最终目的是让班级里所有的同学都有参与班级活动并表现自己的机会，感受主人翁及责任心精神，不仅提升班级的凝聚力，而且锻炼了学生们的自我管理能力与自我约束、自我提高能力，对学习成绩的提高以及未来毕业走向社会都有积极的作用。

作为班主任这个角色，我原来都是将它定义为班级的主任，班级的领导角色，但经过上述措施方法的实行，我现在认为班主任更应当作为学生各个方面能力提高的引导者，指导学生在学习过程中和在参与学校活动中学会正确适当地行使他们自己的权利，履行自己的义务，给孩子们一个宽松的施展空间和舞台，让他们绽放！

我相信，全心全意地付出一定会收到百分百的回报！

第二部分

实践篇

2019 年 6 月 23 日《中共中央国务院关于深化教育教学改革全面提高义务教育质量的意见》明确提出："任何学科的教学都要讲科学认知，讲创新激发，重思维流量，以学习者为中心，同时，提高课堂教学质量才是减负的关键。

"优化教学方式，坚持教学相长，注重启发式、互动式、探究式教学，教师要指导预习，课上要讲清重难点、知识体系，引导学生主动思考、积极提问、自主探究。

"从学科角度讲，要促进深度学习！（坚决杜绝虚假学习）要为素养而教（用学科教人），学科及其教学是为学生素养服务的，而非为学科而教。把教学局限于狭隘的学科本位中，过分地注重本学科的知识与内容，任务和要求，这样将十分不利于培养视野开阔、才思敏捷并具有丰富文化素养和哲学气质的人才。"

教师的作用就要设计好"如何让学生深度学习"，做好"新课堂"。

有的歌听的是音律，有的歌听的是歌词，有的歌听的是含义，有的歌听的是情怀。

叶圣陶说，"教学有法，但无定法，贵在得法。"教学从来不存在固定的死板的套路，但总有一个旋律、一个环节、一个片段、一种做法经常地不断地出现，由此形成教学者一定的习惯或者风格。

在本篇中，展现了十几位奋战在教育教学一线的数学教师的实践经验，或许找不到华丽的辞藻，但在这一个个生动的教学案例中，刻画的却是一个个刻骨铭心、呕心沥血的现代理性成才的实践写照，是一个个数学教育践行者的真实实践故事。

凝练思想、勇于探索，求教育教学之道

邯郸市第一中学　秦　喆

第一讲　高中班级管理的实践思考

班级管理是教育管理中最基础、最重要的一个核心环节，绝不是个小问题，上到国家大计和民族的未来，下连寻常百姓之家。哪个家庭不渴望出个人才，哪个人才不经历求学时代？即使社会成才，也要经历基础教育环境的熏陶与潜移默化。同时，班级管理是个系统工程，级部主任要充分重视并精心研究其运作的科学规律，良好的班级对每个孩子来讲都是福音。以下是我30多年的实践与思考，仅供参考。

一、懂得"换位思考"，静待"花开烂漫"

新的教育理念催生新的管理艺术，班主任将"换位思考"科学地应用在班级工作中，可以有效加强师生间的交流，成为学生学习和生活的良师益友。

数据表明在某些特定人群中，懂得换位思考的人，往往有较好的人际关系。研究发现，教育管理应用"换位思考"也是有尺度的，并非一味地倡导推进，尤其对惰性较强的学生或群体，实施严格管理，尺度收紧反而效果更好。

当前中学生成长的困惑在哪里？"人"是世界上最重要的，人不变化，社会是不可能进步的。教育不进步，人是不可能进步的。中学生成长的困惑在于当下能否真正"认识自己"，是否能跟上时代步伐。当一个人不再以为出生时世界都是他的时候，就开始成长了。

美国学者埃里克森三十年跟踪研究得出：那些在孩提时代能够充分玩耍

的孩子，三十年后过着更为充实的生活；那些没有充分游戏过的孩子，三十年后沉溺于各种不良嗜好。统计表明要远远高于对照组，玩耍可以提高脑思维的兴奋度，反复长期进行刺激训练，其大脑的敏感度要远远高于长期没有或少许有意训练的人群。

反思当今教育现实，学生参加课外体育活动几乎成了奢侈品，课外补课几乎成了每一位学生的"必修课"。相当多的学生睡眠不足，幸福感无从谈起。"困"在当下，贻害未来！懂得"换位思考"，静待花开烂漫。替学生想想，换位思考，就不难做出你正确的教育取向，学生的命运究竟应该谁做主？

一切教育最后都是自我教育，一切不到位都是认知不到位！方向错比懒惰更可怕！

二、善于观察、记录和思考，敬畏生命，理性关爱学生

我认为，班主任的一个重要职责就是帮助学生在心灵深处找到一个适合的精神伴侣，让文明之光不灭。以一颗心灵培育另一颗心灵，以爱育爱。

不同年龄段要有不同的育人目标，从幼儿园开始，就要给孩子播下文化的种子——学习唱歌能够通向灵魂，学习舞蹈能够懂得节奏，学习绘画培养想象力……小学要培养的是良好的习惯、做人的道理。初中生最活跃，是价值观形成期，要培养自律性。高中要培养感恩和未来职业兴趣，树立远大理想。现实中，我们最担心的事情每天都在发生。很多高中生，与他们交流时总感觉他们似乎缺失科学的世界观和发展观，他们很多人只有一个想象力，就是"我要考好大学"。对于艺术关乎生命审美的教育，在我国，更多是谋求生存的教育。学艺术也是为了考好大学、找好工作。

要做一位优秀的班主任老师，就要认真了解当下学生的所思所想，从初中到高中，他们有着美好的愿景，但现实繁重的课业负担和家长愿望的"附加值"无情剥夺了处于成长关键期孩子们的独立性和思辨力，世界观、人生观发生动摇和偏移，上述现象虽不是主流，但其客观存在的普遍性以及家长认知的局限性正在影响着教育的健康发展。改变这一现状是教育新形势赋予教师

的神圣任务，必须保持高度的责任感和使命感才能无愧于人民教师这一光荣称号。

要做一位优秀的班主任，就要潜心阅读，夯实理论基础。"物有本末，事有终始，知所先后，则近道矣。""立身以立学为先，立学以读书为本。"

阅读不仅仅是专业范畴，凡是与育人有关的书都要有计划地涉猎。读书和写案例可以丰富人生阅历，增加内涵，培养处事能力。班主任应努力成为文化人，与书为友、与戏为友、与笔为友、与鸿儒为友。文化是知识、修养、人格、情感、气质等的总和。决定教育成功的最重要的因素是文化。远离喧嚣，警惕热闹，沉下心来做事情。班级的魅力就是班主任的魅力。

敬畏生命和理性地爱学生，其内涵很深。

班主任必须是一个具有理性思维的人，不能充当保姆或者监工的角色，也不是百科全书，应是一个有血有肉有情感、爱憎分明又不能选择站边的人。文科类班主任应不断增强逻辑思维训练，多一些理性思维；理科类班主任应增加文学类知识的涉猎，如读一些诗词歌赋，学会几首励志歌曲，能写得一手好字，等等。这对于做好班主任工作非常有利，工作虽苦但乐在其中，只求学生好，不求回报，待学生明白道理，班主任转身已经忙别的去了。这就是班主任工作的真实写照。永远给学生铺洒阳光，个人甘愿平淡一生，总让学生感觉班主任给他们方向并让他们独立思考，不断激励学生往前奔跑。这或许就是一个成功班主任的成长轨迹。

三、与学生保持平等、信任与尊重的原则

班级内的学生心态、性格各异，班主任要一视同仁，但又不能一把尺子衡量到底。班主任就好像勤劳的园丁，因为花期不同，急不得，要默默耕耘，润物无声，静待花开。

班主任不可能时时守着学生，要懂得对学生的信任是一项重要原则。信任是让学生走向独立、走向成熟的第一步。"要放手"体现在思想上，解放他们的思维，创新才有空间；卸下他们的课业负担，让他们沉下心来做

事，解开他们的束缚，让他们走出去，亲近大自然，这是培育人才的必经之路！

尊重每一个孩子，班主任不能老是一个"固定"的管理者形象，一个"以自我为中心"、认为自己无所不能的自负者。研究发现，班级管理应严中有爱，严中有"不为"，这并不违背从严管理原则。根据唯物辩证法，矛盾是对立统一的，是在变化中达到和谐统一的。有些"坚持"或许会损伤师生情感关系，一旦认识发生变化矛盾转换，就应该给学生，尤其给家长"面子"，尊重和信任有时能换来学生一生对社会的正能量回报。现实中，我碰到很多这样的个案，学生意识到错误并决心改正，可班主任想不通，非得惩罚到底，年级需要花很多精力去做班主任的工作。

案例一："爱，要从尊重学生做起"

真正的尊重，就是把学生看作一个鲜活的人！只有更多地尊重学生才能更多地要求学生。毕业季，一名学生在班主任身边畅谈着未来，询问着大学录取书上的专业。

背景：这是我亲身经历的一个真实的事件。那是1996年的冬天，当时我带的是高三复读班，故事的主人公叫刘彻（化名），学习上他说不上踏实，但却表现得默默无闻、言语不多，学习考核在班级并不靠后，对课任教师十分礼貌。然而一天中午，由于辅导学生问题走得晚了一些，我偶然发现在楼梯口，他有个特别举动——在用脚狠踢另外一个同学。

事情经过：此景立刻引起了我的关注，经过调查询问发现，在入学的半年多时间里，他已经数次在特别的时间使用特别的手段欺负一名性格懦弱的同学。当我了解到还有些幕后交易时着实吃了一惊，有涉及代为打饭（非情愿）、收取保护费（初始萌芽那种）或贡品（家里送的食品具有优先权）等。小小年纪哪学的这些"本领"？那时的我入职仅仅九个年头，面对如此突出难题，一时难寻解决的法宝，便鼓起勇气去请教我校孟进老师，他可是全国优秀教师。孟进老师对我说："小秦，不要急，育人需要的是冷静分析，找到问题症结所在，善于从学生角度去观察思考，相对就容易找到解决问题的办法。"我顿开茅塞，一个教师的成长其实是伴随着学生成长而成长的，对于尚处在成长期的高中生，在心理各方面都还处于似成熟还不成熟的阶段，作为教师要学会尊重学生人格，与之平等对话。

接下来我与刘彻进行了深度的交流并家访，发现问题源于早年家庭教育的缺失，父母忙于生计，疏于教育陪护，管教过于粗暴，导致他的人生观、价值观产生偏移。因此，解决问题的根源需要家庭教育做出配合与改进。之后，我通过不同渠道和方式与家长进行了多次沟通谈心，经过一段时间磨合，使家长逐渐认识到问题的严重性，改变了与子女的交流方式，在行动上做到了深刻反思和纠正，并与孩子进行了促膝谈心。一天，刘彻主动找我请求在班会上向当事人道歉，请求得到当事人的原谅并请全班同学监督，思想的转变决定其行动，后续的故事便出现了开头的那一幕……

感悟：孩子如同玫瑰花，花期不同。作为园丁应在守护中静待花开。孩子的尊严就像玫瑰花上的露珠，失去平衡瞬间即逝，作为教师我们需要得到尊重和对自身价值的认可。同样，学生也渴望得到应有的尊重和老师的激励！

案例二：今天的数学课他在状态吗

课堂教学理念究竟是为提高学生的考试成绩而教，还是为提升学科核心素养、全面发展去谋划？似乎没有争议，但是，在教学实践中能否合理解决好每一个思维上的碰撞，确实不是件简单的事情。

背景：铃声响过了，课堂已经进入到提出问题自主思考阶段。然而巡视观察，李伟楠同学显然没有进入思考状态。课堂进入到展示环节，同组的王亮非常出色地完成了关键环节推理的突破，课堂上顿时响起雷鸣般美慕的掌声。就在这时，李伟楠同学站了起来，自信地上台画图阐释了另一种更为简捷的几何解法。课堂鸦雀无声，大家齐刷刷地把目光转向我，看着我如何评价？我即刻感觉到，我对李伟楠同学学习状态的判断是错的，需要与上作出公正的评价。随后我对两位同学分别从代数推理和几何直观采取了不同角度解决了同一问题给予了充分肯定，答案正确，过程简捷，表达流畅。最后强调了李伟楠同学的几何思路更为直观、运算更为简便！听到我的评价，同学们会心地微笑了，掌声再一次响起。

反思：要提高课堂教学质量，最终应回归到有学生参与的探究性学习。教师的作用是为学生搭建知识与思维创新的平台，让学生活动起来，切实做到新课程理念的更新，尊重和有效促使学生的学科思维发展，提升学科素养。和谐的师生关系与课堂效果成正相关。

感悟：聚焦课堂，此情此景老师们一点都不陌生，假如课堂上没有了可以显现智慧的"表情"，那么智慧也就无法得到体现。所以说，校园、教室、课堂等也都是有"表情"的。教师没有了幸福感，把教学仅仅看作是一项工作，也便失去了智慧的光芒。建立良好的师生关系意义重大，当老师感到"上课是一种享受"时，便进入教师应有的境界了！

教师在了解学生的思想问题时一定要找出根源抓实质，晓之以理，动之以情。但情，也绝不意味着迁就，原则是不能放弃的。解决代沟的有效途径还是沟通，要充分了解学生的所思所想，把问题搞清楚才可以下结论。同时，要让学生在关注自己的同时主动去体会他人的感情，包括父母的、老师的、同学的，设身处地地换位思考是共建和谐师生关系的有效途径。新型的师生关系是民主的，在要求老师理解学生、关心学生的同时，也要教导学生学会理解老师的初衷，这样才能形成更为和谐的师生关系，促进双方发展。下面选自 2006 年主持研究并结题的省"十五"教学科研规划重点课题"中学师生关系的研究"的一则研究案例。

案例三：他还彷徨吗……

班主任：陈亚姝

年级组长：秦喆

问题及背景：

2006 年仲春，太阳毫不吝惜地将温暖的阳光洒在冀南赵都丛台角下的邯郸市一中西教学楼天井院内，在有些阴凉的一层年级办公室里，低头不语的他使室内的空气又增加了许多凉意……

故事的主人公是 2005 级高一（5）班的学生宋思聪（别名），他来自郊区乡村一户贫困家庭，自本学期初开始以来已连续三次未经班主任允许离校外出（宋是住校生，按规定只能在每周末离校）。是向往外面的世界？还是回家看父母、看同学？感觉他内心十分迷惘，并且已明确提出要退学了⋯⋯

由于宋同学的执着与表达苍白，班主任陈老师一时感到十分困惑，时而无语，使师生关系一度陷入僵局⋯⋯

过程及情节：

当陈老师将此事的来龙去脉告知年级时，此事此情此景着实让人"心烦"。我的第一反应是宋同学是我的"老学生"（文理科分班前曾任他所在班级的课），对于问题的解决心里有了些底数⋯⋯

他中等个头，由于家庭的拮据，心理负担过重，再加上个人性格的因素，他和其他同龄的孩子比起来显得与众不同，消瘦缺乏营养，给人突出的印象是沉默少语不大合群。这一切背后有着掩盖不住的青春期少年特有的困惑、茫然和不成熟。

事情的发展源于本学期初，由于入学以来学习成绩急剧下降，加之生活压力过重而终于在一个周末回家之后便不再来校了。好在初次还打电话给班主任，但归期已超出其承诺；第二次是上课期间不辞而别；第三次是不经请假就回宿舍"学习"，后知道是去其舅妈家（经济资助者）。所有这些事连在一起可急坏了班主任。陈老师找我商量，我的意见是要加强谈话做通思想工作，但效果不是很好，因而，我决定亲自来交流一下。

我先备了"课"，查阅了上学期他的成绩变化，以及与他来往多的学生，深入调查了一下经济表现，有无早恋、网恋等。接下来进行了对话，记录如下：

第一次谈话：陈老师办公室。

师：思聪同学，你为什么不到课堂学习，有什么困难吗？（关心入题）

生：我不想上了，现在学的东西没有用，我想学一技之长。

师：你想过没有，如果高中知识都掌握不好，学技术会很吃力。比如电学，电路图要用到数学、物理知识，电池要懂得电解质等，你会很吃力，也挣不了多少钱。

生：我想问一下老师，如果离开学校，怎样取得高中毕业证？

师：会考成绩不达标是不能取得毕业资格的。

生：通过什么渠道可以得到？

师：无语（学生的思想复杂程度远远超出老师的想象）……你认为用金钱就可以解决任何事情吗？我想帮你，但不是帮你作假，那样一生都将是一个污点！师生关系是最真诚、最无私的，你信任我说的话吗？

阶段诊断：学生思想受其家庭及社会负面影响，转化将是一个漫长的过程，需要亲身经历外部改变、内心触动、感动提升才能逐步走出困境。本案的焦点似乎是经济的原因，但问题的实质是在思想上逃避现实、惧怕学习的竞争压力，退学只是借口，实际上是因想得到释压而逃避现实，引起老师重视或许也是一个方面。由于其思想深处的复杂性，不是一次谈话所能解决的，敞开渠道，以生为本，避免给其带来过多的压力。另一方面，需要让他将内心的想法"实践"一下，以便从根底打消日后在学习中的顾虑。

第二次谈话：时间是2006年初夏，地点是年级办公室。

参加人员：班主任陈亚妹、宋思聪和其舅妈、年级主任秦喆

师：我刚上完课外数学小组的课，确实有些累。你想好了没有，什么时候办退学手续我马上签字，现在办吗？（以攻为守）

宋的舅妈：他这个孩子不会说话，他是看父母在地里干活那么辛苦，心里不好受，好几次和我说起还掉眼泪，一旦认定某事就很执着。

师：可以看出你是个孝顺孩子，你不上学或许能解决家里暂时的困难，将来呢？以你现在的学识、能力，出去能找到什么工作？你想过没有？家长那么辛苦也要供你上学是为了什么？

生：……

师：是为你有一个更好的发展，进入一中很不容易，你就是父母最大的骄傲。如果真的退了学，他们一辈子的希望也就破灭了。所以，你要真的是为家里考虑，就应该坚持下来！（动之以情）

师：只要努力不放弃，一切皆有可能！方法总比困难多！国家政府有许多资助政策，一中有园丁资助金，可以帮到你！

生：老师我收回申请（哭状，眼泪流出）。

师：看，这就是问题的关键。遇到困难不是积极想办法解决而是消极地回避（点出实质）。我了解到了你的一些情况，人不能不思进取，但也不能过高地估计自己，要给自己正确定位。看别人的成绩高过自己，有时产生嫉妒的心理，这是正常的。关键是要把它转化为良性的学习动力，而不是让它成为自怨自艾、退缩逃避的理由。

宋的舅妈：是啊！和他同时入校的谢某，中考的成绩比他差很多，进了高中后成绩上升很快，现在进了年级前一百名，他心里有些失衡。

师：高中的学习不同于初中，在深度和广度上都加大了，要在心理和学法上尽快扭转。这个转变过程有时候会很痛苦，更需要直面自己，需要勇气和毅力。

生：秦老师，我知道了，我现在是真的想上学了，是自己真实的愿望。

师：你要我怎么相信你呢？

生：我一定好好学习，刻苦努力，有事主动向老师请假。

师：你是没有认识到尊重老师。对任何人都应该有最起码的尊重，师生之间更应该相互体谅。想想看，一个班那么多学生的学习生活都要班主任操心，你们每天学习辛苦，老师们又何尝不是如此呢？每天早7点前就出了家门，晚10点钟可能还回不了家。想想你自己，老师为你花费了多少心血啊（陈老师在操场同他谈话一站就是一个多小时）。

生：老师，我一定好好学，融入班集体，请您相信我！

师：我相信，但要看你今后的行动。一定要找到自己的位置，一步一个脚印地向上努力，有困难找老师，我们都会全力帮助你克服各种困难。以后决不能出现过去不请假情况，校有校规，谁违反了纪律，都要严格按规定处理（及时提出警示）。

这次诚勉谈话后，经过一段时间的观察，宋在整体上好转了很多，无论听课还是自习都表现得认真投入，成绩已有了提高，逐渐步入正轨。

解决这个案例问题的实质有两点：一是学生学习上产生波动，目标迷失；二是学生经济出现困难，自尊心受到压抑。如果班主任关心不到位，师生关系就会陷入低谷，处于青春期的学生很容易走极端。

班主任在处理学生思想问题时首先要找到问题根源，抓住实质，然后再晓之以理，动之以情。但情，绝不意味着迁就，原则是不能放弃的。要让学生在解决了自己的困境，同时去体会他人的感情，包括父母的、老师的、同学的，设身处地地换位思考。新型的师生关系是民主的，在要求老师理解学生、关心学生的同时，教导学生学会理解和体谅老师，尊重和遵守学校制度。这样才能形成更为和谐的师生关系，促进双方发展。

高考结束，他如愿以偿榜上有名。分别时，他用手工给我们做了一张贺卡，表达了他的感激之情。

雅思贝尔斯说：教育是一棵树摇动一棵树，一朵云推动一朵云，一个灵魂唤醒另一个灵魂。

反思：本案所涉及的问题解决过程看似简单，蕴含的意义深远，如果处理不好，不仅会延误学生一生的发展，也会影响一个家庭的幸福未来。对社会进步的影响也是非常深刻的。反思案例成功的经验表述如下：

首先，把对学生思想的了解放到第一位，面对面沟通交流，善于从学生角度了解学生的需求、遇到的困难和问题阻碍，优先换位思考拿出帮助学生的姿态，更容易获得学生的认可，这是发现问题、解决问题的有效途径。看到学生的每一个闪光点，及时鼓励，树立样板。其次，尊重学生主体位置，学生是鲜活有创新精神的，通过社团活动、班级主题班会、书信（设立班级信箱）往来、集体活动、家长消息群、教学交流等把主动权还给学生，这样既可以树立起集体荣誉感，又可以增强主体意识、自律意识、责任意识。凡事不能求全责备，一味求完美，这对处于成长阶段的中学生来讲，往往会带来阻碍，束缚其健康发展。因此，换位思考，不断总结，发现新问题，推出新方法，提出新目标，才更有利于建立良好的师生关系。

第二讲　年级团队成长的实践与思考

就学校担负的育人功能来讲，年级应该是最为核心的基层一线，管理要求的智慧含量相对也较高的一级组织。学校管理从过去的顶层设计，到目前普遍施行的年级扁平化管理模式，不得不说是一个进步。教研也是这样，从学校学科组大教研，到目前深入到各年级学科组教研。实践证明，但凡遵循教育教学规律，重视且尊重年级责任权利一体管理模式的，办学效果相对成功的案例就多，学校的教育教学后劲就会锻造得更加扎实、更加有效，可持续发展前景就更加广阔。

一、重视学科思维教学研究，全面提升教学质量

任正非在其论著《管理的灰度》一书中谈道：掌握好节奏，有时候慢一点反而会更快，迂回前进反而离目的地更近。对人性要有一定的理解，必要时松一松、放一放，而不是一味地收紧，这样容易崩断。方向，也是在混沌中产生的。内外因在变化，方向也要随之调整。坚持是好的，但也要看情况，即所谓要有个尺度，这个度叫作灰度。

"我们各级领导干部要真正领悟了妥协的艺术，学会了宽容，保持开放的心态，就会真正达到了灰度的境界，就能够在正确的道路上走得更远、走得更扎实。"

教学质量的全面提升关键在于学科思维教学是否高质量达成。现在的教学由于缺少正确的理性思维导向，一味地强化训练。缺乏对数学真问题深度的学习与思考，即使训练熟能生巧得个高分，但终究培养不出有学科素养的、有底气、有担当的一代新人。

数学学习讲究长时间持续性思考，同样要对孩子有一定的宽容度（想想自己是孩子的时候），在课堂上即要给学生一定的思维时空，尊重差异；在阶段性考试或高考复习阶段要适度给学生消化与反思时间；讲评课应基于学生掌握情况来选择时间长度和阐述对象等。

基于以上认识，年级团队成员在不同学科的教学交流会议上，就学情的单元式教学、探究式课堂、反思式讲评、针对性命题、整体性评价、及时调整教学计划等内容，进行深度探讨和交流，努力抓好教学管理。

二、教育管理的本质是遵循教育规律，尊重学生成长的可塑性

我们时常会碰到师生冲突、家校冲突等情况，问题的双方处于对立状态时各不相让，作为教师的教育的功能顿失，年级一度要做双方的思想工作。其实教育管理也要给学生反思反省的余地，不能一味处罚，这不是说老师不能使用惩戒教育，关于惩戒教育，我个人认为关键在于教育者在实施惩戒权时，必须让对方明白为何要受到惩罚。义正词严地告诫对方换位思考你会如何看待，如果放任下去结果会如何，家长应该如何履行家长的职责和教育的责任，怎样做才能正确降低惩罚的尺度，处于成长期的孩子出点问题实属正常不应袒护，正确的出路在哪里。当这些问题澄清之后，目标便达成一致，都是为了孩子的未来发展考虑，惩戒只是手段不是目的，一旦完成纠错思想真正归位惩戒便可以取消，不会影响学生的未来与发展。

我们需要思考这样一个问题，频繁出现违纪现象的班级其班风是否存在问题。不言而喻，班级教育一定是出现脱节。另外，尊重教育规律，家长的主动配合显得尤为重要。如果教师过高地估计自己的管理水平，受思想潜意识制约往往思考问题会一边倒，这种倾向性带来学生及家长心理超负荷，是不利于问题的解决的。实践发现，用心关爱学生是解决师生"冲突"的良药。具体解决的途径与实施过程中的教育智慧分享如下。

（一）当学生发生违纪等典型错误时，冷静思考，如果不是简单问题先让当事人写出事情经过及原委，包括时间、地点、人物，涉及多人就分开同时书写。

（二）年级相关副主任集体研究并记录，然后分别谈话汇总，找出问题所在。

（三）研究解决方案。但凡学生情绪躁动已经发生局部冲突，多数与家庭、班级管理方式或教育语言有潜在的联系，与学生思考与处理问题的偏执有关系。因此，对于此类冲突不建议运用制度惩罚，否则，可能会对学生的一生带来消极影响。我一般先将家长的责任义务理顺，对学生动之以情、晓之以理，帮助他们加深对错误利害关系的认识，引起他们高度重视和警戒。

（四）如果家长或学生认识上仍有问题，建议再一次写出反省，家长书面

写出监护职责。可重复上个步骤，一般经历两次基本可以使他们认识到问题的严重性。反省时间长度以此为参考标准，结合班主任集体商议拿出解决意见，最后，级部主任会同意见决断。

（五）落实。一般根据事件严重程度确定处理回馈范围，从年级到分部、班级，公开还是保护都要依据学生认识和承受力，结合裁定并备案。

（六）诚勉谈话。为保证处理效果，定期或不定期进行谈话并记录。反思原委，属于班级管理制度或班主任教育问题应落实个人谈话或集体讲座辅导。

学校的规范性办学与家长信息的不对称容易产生隔阂，家校、师生冲突的实质是社会、家长对教师权威的合法性提出质疑，这是冲突的关键。教育方式的不合理是引发冲突的内在原因。不当的体罚或变相体罚，对社会大环境带来的负面影响要远远高于惩戒本身的作用。

反思：班级有了成绩只能说明过去，如果滋生傲气，对学生、对自己发展都是不利的。班干部的选择，对班级的影响不可低估，发现问题越及时调整负面影响越小。

管理必须具有指向性和相对稳定性，交叉管理或多层管理给基层的执行力带来削弱，责、权、利不分，很容易使存在的实质问题和隐患绕过去。缺乏危机感也是造成落实不力的因素之一，级部管理必须要有高度的责任感和危机感。这来自何处？当然阶段性的各级量化考核排序确实能起到一定的促进作用，问题在于这种形式上的考核与公布，很快会被掌握且形成应对形式化，对于找到阻碍教育教学进步的问题实质及形成有效的落实途径却相差甚远。因此，我认为，有压力才有动力。选拔好德才兼备的各学段的学科带头人并充分信任，发挥级部主任及学科带头人的智慧和个人学术影响力是一条成功途径。省、市命名的工作室和校级工作室也是一枝花开校园香飘墙外，对学校发展有着积极推动和辐射的作用。现实中常发现老教师、年级主任、副主任或学科带头人身兼数职，教学任务繁重，苦于自身繁杂工作，同样还要面对各项教育教学考核，真正需要发挥其学术指导作用时他们却心有余力不足，结果是淡化了有经验老教师对教育教学传帮带的义务与责任，其根本原因是位置没找准。教子需因材施教，教师同样也需因年龄而定其位，发挥其作用。新老教师考核一把尺子，对学校的长久发展弊要大于利。

三、遵循团队协作成功的木桶原理

一只木桶盛水的多少，并不取决于桶壁上最高的那块，而恰恰取决于桶壁上最短的那块木板。只有桶壁上的所有木板都足够高，那木桶才能盛满水。反之，只要有一块不够高度，木桶里的水就不可能是满的。

个人事业的发展和团队精神的完善都基于这个原理。

如果你在集体中只顾自己的目标，而漠视别人的需求，结果无非是要么你被抛弃，要么对方被遗弃。两种结果，都不是一个好的团队、好的群体应有的命运。因此，一个杰出的教育者在中学阶段育人方面的个人贡献要么带竞赛团队施展个人才智，要么在年级团队充分重视团队智慧并有效地融合好个人的引领作用，否则，产生阻碍的问题各有不同，都不适合育人工程的良性发展。

一个学生的学习成绩，一个学科的教学成绩，一个班级的整体成绩，一个年级的教学质量，一个学校的教育教学质量，都取决于那块"短木板"。

如何解决好那块"短木板"学生的动力呢？如何在态度、习惯、毅力、精力、情绪等方面调整到最佳状态？

我认为，态度不正是动力不够，习惯不良缘于心理不佳，毅力不强考虑思想负担过重，精力不济多数为方法不当，情绪不稳往往心境不好，太看重眼下考试结果是目标不够开阔。"宁要一流球队，不要一流球星"，重视团队的作用，科学系统展开上述工作，切忌抓局部而忽视全局。应抓内在促习惯，抓规律促改变，树榜样立规矩，重激励、轻结果，重过程、看发展。

第三讲　谈青年教师破茧成蝶与成功事业

首先应做好心理调节问题，实践经验告诉我，以饱满的情绪和自信的信念去开拓每一天，这是成功者的形象写照。人生不可能不遇到困难，选择回避或逃脱现实、自感怀才不遇等都不是一代新人的风貌，只有敢于面对，积极地投身教育改革大潮才能学有所用，实现美好人生的教师梦。

一、处理好三个因素影响，将事业的风帆划到成功航道

一个人在事业的起步阶段，基本上受三个因素的影响，第一是你个人专业知识与技能的基础。第二是看你努力动机的持久性，奋斗目标有短期与长远之分。动机是激发和维持有机体的行动，并使行动导向某一目标的心理倾向或内部驱力。驱使有机体产生一定行为的外部因素称为诱因。凡是个体趋向诱因而得到满足时，这种诱因称为正诱因；凡是个体因逃离或躲避诱因而得到满足时，这种诱因称为负诱因。因此，面对各种困难一定要坚持下去并科学地调整目标，善于获取正诱因，比如学科教研要细心听取有经验的教师意见，并善于寻求帮助。两个人处在同等发展阶段，当遇到瓶颈期时，如果你选择同等起步的教师作为研究学习对象，进步相比就会稍慢。第三就是要有胸怀与视野，一般而言，一个人最不缺少的是动机，但动机是一柄双刃剑，如果动机过强，太过于想成功，反而事与愿违。青年教师更需要脚踏实地，理想与现实结合得越紧密，成功概率越高。有胸怀可使我们积极地投入，令工作更加有效，有视野使我们战胜身心疲劳，更加坚定信念，充满热情和活力地投入工作。一般成功有一条主线：培养自信→开拓进取→不怕挫折→迎接挑战→创新成功！减轻心理负担，才能减轻工作和精神上的压力，才能健康愉快地成长。选择适合自己的目标动机水平，过强或过弱的动机水平都容易使自己产生失败体验而导致心理有压力。要善于调整或改变自己的意识形态，树立创新意识，敢于承担责任，找准自己的阶段位置，科学地努力与拼搏，如此必将到达理想的彼岸。

二、寄语青年教师，主动加入名师工作室结伴前行

青年时期称为人生的黄金时期，非常宝贵，青年教师应格外珍惜。

志存高远，尚德笃学。就是要胸怀远大理想，通过修身，提高思想觉悟，努力学习夯实业务基础，古人云："德不高不怀远，才不大不博见。"说的也是这个意思。一个人要德才兼备才是人才，一个教师要思想品德与工作业绩双丰收才能成名师。只顾业务，忽视思考和品德的修养难成大器。但是要成就事业，仅有满腔热情是不够的，要在学习中形成良好的学习方式、思维方式和行为方式。就是养成一个优秀的工作习惯，并有明确的奋斗目标。

我曾读到一则资料，说的是买卖警犬的事，有的警犬标价十万元，有的警犬标价一百万元，它们的外表没有什么区别，拿一包海洛因让它们闻过后藏起来，它们几乎能同时找到海洛因。区别在哪儿？商家又做了一次实验，同样是找海洛因，而这次在警犬途经的路径上放一条异性犬。两犬放出后，都奔向目的地，但不久区别出现了：一只警犬开始注意异性犬，越跑越慢；而另一只就不同了，它视而不见、充耳不闻，直奔目的地。可见，标价十万元与一百万元的本质区别就在于：在目标明确以后，能否排除困难，抵抗各种诱惑，始终如一地朝着目标进发。其实做人也是如此，有所为有所不为，在目标确定之后，就要抵抗住各种诱惑，排除重重干扰，有舍才有得，坚定不移地朝着既定目标前进！这个例子还说明，要坚持生命价值，树立正确的价值观，才能有所作为。

承受力、成功动机等这些心理素质的提高对于一个教师的成长很重要。取得成绩时要心态平衡，工作不顺时要能承受压力，化压力为动力；还要有一种佛家讲究的"专一精进"的品质，把自己的注意力放到工作上。

创造条件加入名师工作室，结伴前行，共同发展是一个不错的选择。

三、看清追寻的目标，全面设计，优化发展

每个青年教师都有自己心中的目标。心，可以超越困难、突破阻挠；心，也会被困难阻挠、被障碍迷惑。应首先调整好心态，看清追寻的目标，全面设计，优化发展。比如，工作室要求每一个成员列出详细规划并考核，包括读书、写文章、送教下乡、做公开课、研修交流等。目标要实现，必须保持

心态平稳和努力的持续性，不会因挫折而停步，也不会盲目努力而失去目标。

第四讲　青年教师稳步成长必须遵循的三项法宝

一是必须诚恳、谦恭地向师父和班主任请教，懂得感恩。师父在学科教学上的经验很重要，因为这是积累了很多年成功的经验，吸取了不知多少失败的教训后总结出来的。这时他们几句话的"点化"，可使你少走几年的弯路。二是善于读书，认真思考研究新课标，从众多的案例中寻找自己的弱点和长处，并分门别类地归纳记录下来。知难不畏难，勇做潮头儿。三是把工作当事业来做，守住自己的人生频道，认定了选择，就要执着，坚持下去必定是人生的精彩。记得一位教师在班会上说道："教育是我一生的事业，班级是我日常的岗位，课堂是我的教育实验室，学生是我自己的孩子。"我想，做好任何事都不难，关键在于我们是否把工作当作事业来做。有了事业心，就会有不断钻研的动力源泉，就有无穷无尽的聪明才智，就会发奋图强、知难而上，就会曲径通幽、柳暗花明，几无不可成之事！

"既然选择了远方，就只顾风雨兼程。"我们选择了做教师，就选择了奉献，同时也选择了拼搏！青年教师应该胸怀大志，将自信写在脸上，用挑战与成功来诠释生命的内涵。人生最大的敌人不是别人，而是自己，是自己的懦弱和懒惰，战胜自己就意味着战胜一切。天行健，君子以自强不息。拿破仑说："最困难之日，就是离成功不远之时。"否极泰来，苦尽甘来，越是接近成功，道路就越艰难。《孙子兵法》说："故为兵之事，在于顺详敌之意，并敌一向，千里杀将。"这告诉我们，在关键时刻需要我们集中力量去攻克难关。要坚持"堡垒一个个攻克，险滩一条条蹚过"的踏实教风，浮躁只能触及皮毛。每临大事能静气，要有大无畏精神，要保持乐观的情怀，多一点微笑，就会多一些成功！

教育的路上砥砺前行

河北省名师秦喆工作室成员
邯郸市第二中学副校长　孔伟利

　　在教育实践路上我是一个行者，行色匆匆，我的面容带着微笑，我的心中充满阳光，我的行囊中为教育准备了一切，理想、智慧、激情、诗意和力量；披星戴月，我计划着行程，思考着方向；跋山涉水，我的使命是探索……

　　作为一名有着二十多年教龄的教育者，我又一次昂首走在教育改革的最前沿。在课程改革不断深入的过程中，人们渐渐开始重视学生素质的全面发展，唯成绩论似乎已经成为过去。在教育部印发的《全面深化课程改革　落实立德树人根本任务的意见》文件中首次提出了数学核心素养的概念。数学核心素养关注的是学生的数学综合能力，考查的是学生运用数学知识解决实际问题的能力，它将数学抽象、逻辑思维、数学运算、数学建模和数据分析等内容纳入其中，形成数学能力的整体框架，对学生数学思维的培养具有积极的意义。

一、数学核心素养的内涵分析

　　数学素养是指个人在数学学习过程中形成的对数学在现实世界价值认识的能力，描述的是个人在现实生活情境中能够做出有理有据的数学判断的素养。一个具有数学素养的人是善于思考、具有独创精神的人，是能够利用数学丰富个人生活、满足个人生活需要的人。笔者认为，高中阶段的数学素养是指学生进行数学知识的学习、数学方法的积累、数学思维的运用，并以此为基础进行在现实情境中通过数学角度去思考问题、分析问题和解决问题，进而形成良好的数学能力、品质和习惯。

数学核心素养是指数学学习者在学习过程中形成的数学关键能力和数学品格，这种能力和品格对其终身发展和适应社会需要具有积极的促进意义。数学核心素养是一种特定意义的综合能力描述，教师在教学过程中应当重点关注这种能力的形成。数学核心素养是在数学学习过程中形成的，建立在数学知识和技能的基础上，借助运用数学知识和技能的途径来体现数学思想和数学本质。

二、高中数学核心素养特征

（一）综合性

综合性是指数学核心素养涵盖了数学核心知识、数学思考、数学态度、核心能力等多方面的内容。数学核心知识和数学核心能力是表象，数学思考是达到数学核心能力的手段，数学态度是数学核心素养欲达到的最终目标。所以学生学习数学不能单纯地局限在想象、推理、计算等基本的数学技能和基础知识方面，要去学习运用什么样的方法去解决问题、运用什么样的思路去解答特定的数学问题，而这需要的是学生的综合能力。数学核心素养以数学核心能力和数学核心知识为依托，在培养学生运用基础知识和能力去解决实际问题的过程中形成学生对数学客观科学的态度和看法。

（二）阶段性

数学核心素养可以从多个阶段和水平去考查。对于同一个数学问题，不同年级的学生会从不同的角度、不同的方法去思考和解决。在理解水平逐渐上升、数学思维复杂程度不断提高的情况下，不同年级和不同知识水平的学生在数学核心素养的形成上表现出较强的阶段性特征。

（三）持续性

学生的数学学习过程与其数学核心素养的形成自始至终都是相伴相生的，而且这些将会持续地、潜移默化地影响着学生今后的工作和学习，这就是持续性。数学核心素养形成以后，每一位学生都会有意识或无意识地利用这些数学思维去解决生活中所遇到的各种问题。这表明数学的学习并非一项即时性的学习活动，而是一项具有明显持续性特征的学习活动，所以帮助学生培养数学思维，形成数学核心素养，是数学教学的最终目标，这也是一项能够让学生受益终身的教学活动。

三、落实高中数学核心素养就是教育价值的体现

（一）引入生活本源，激发学生学习热情

落实核心素养在课堂上，良好的导入能引发学生的思维碰撞、认知冲突。根据新课程标准的要求，教师可以组织一些和教学内容有关联且学生感兴趣的小游戏，讲述一些贴切和生动的小故事，或设置能够激发学生想象和思考的问题以导入新课，从而迅速集中学生的注意力，激发学生的学习兴趣，让学生的思维活跃起来。例如，在讲解"有理数混合运算"时，教师可以以计算一个家庭的使用面积和实用面积为例引入，也可以以计算一块种植田地的面积引入。这些日常生活中的问题，能够很快引发学生的学习热情，而且也可能成为他们放学回家后与家长探讨的话题。对这些问题的解决，能使学生产生充实感和成就感。总之，从学生熟悉的和经历过的生活情境引入，学生就会感到数学在现实生活中无处不在，从而激发学生学习数学的热情，诱发其学习动机。

一方面，知识是对一般规律的总结、归纳和提炼，教学的目的就是要让学生在学习过程中学会发现规律、掌握规律，并在实践中运用规律。教师要善于在生活中寻找数学素材，引导学生善于捕捉、获取、积累生活中的数学知识，使学生感到数学伴随着现实生活。例如，在讲解"函数变量"时，教师可以让学生观察自己头发长度的变化情况，或者计算小商店某一商品的销售和收入情况。一般来说，它们存在着自变量和因变量的关系，存在着函数关系。而且，这些实际问题与学生的日常生活密切相关，学生每天都在有意或无意地接触，如果把这些问题和数学联系起来，学生就会切实感到数学在

现实生活中的真实存在，学生观念中的数学也就不再是枯燥无味的数字和符号，而是贴近生活、贴近现实、富有生命、富有活力的一门学科。另一方面，教师要引导学生把所学的知识联系起来并运用于实际生活中，促进学生探索意识和创新意识的形成，培养学生的实践能力。比如，教师在课堂上列举商品销售的例子，课后要让学生深入到商店，真实了解零售和批发两种不同的情况，归纳出商品零售和批发两种不同的函数关系。同时，教师应组织学生一起讨论，激发学生的思考，使学生体会到数学在生活中的应用价值，增强学生学习数学知识的欲望，使其学习更深入，为今后的数学学习奠定坚实的基础。

（二）探究式启思教学的是落实核心素养的重要途径

数学的发展史表明，数学上的每一次重大进展，常常是以数学家的直觉思维为先导，以艰难曲折的探索发现为过程。在这个过程中充满了挫折与失败，喜悦与苦恼，是数学家创新意识与创造能力的完美结合与体现。但作为教材却无法把这些都编写进去，于是展现在我们面前的是一套以定义、定理、公理编织的近乎完美的逻辑体系。培养学生的创新意识要尽可能地再现数学家的思维过程，让学生参与到概念的形成，数学原理和方法的获取以及数学方法的选择过程。同时教师更应努力展示自己的真实思维过程，特别是思考方法的选择过程、尝试过程。注重知识的获取过程而不仅仅是结果；注重归纳、类比、直觉和演绎等方法的综合运用；注重启发学生怀疑的精神，珍视学生的疑问。一定要从实际出发，理论联系实际，找好适合学生的课题。突出数学知识对解决实际问题的思想方法指导，加强示范和引导，使学生真正做到学以致用，并从中体会到解决实际问题的乐趣。

探究式启思教学模式的设计，能够有效激发学生思维，同时还能让学生在思考中，加深对知识的印象，进而在总结中，真正掌握课堂知识，从而为培养学生核心素养奠定稳固基础。课堂教学中教师首先要培养学生创新能力的意识，并在课堂教学过程中创造性地设计情景，为学生提供创造学习环境，教师应该留给学生一定的时间和空间，训练学生的创新能力。教育教学过程中教师是参与者，放下身段与学生一起参与教和学，让学生做主人，形成一种民主、平等的教育环境，使学生能发挥自己的聪明才智和创造想象的能力。

核心素养是全世界范围中教育体制、教育落实、教育科研领域的关键性议题，能够引导并带动教学课程改革、教学模式转变、教师职业发展以及教学实效评价等重要教育活动。

树立新型的师生观。要克服在传统的教学中的以教师为主的教学作风，自觉地把自己放在和学生平等的地位上，树立以学生为主体的教育理念。在平时数学教学中，我们要时刻本着"尊重学生的个性，师生共同探究，帮助学生发现问题，深入思考，掌握学习数学知识的入门的钥匙"的原则。

教师应当充分调动学生课堂学习的积极性，鼓励学生回答问题，哪怕学生回答错误也不要立刻批评学生，使之有信心参与到课堂活动中去创设情景。引导学生自己探索，进而发现问题、提出问题、讨论问题、解决问题，这是培养学生创新精神的一种好方法。

通过"简单的线性规划问题"教学案例，对探究活动中的问题进行讨论。

（三）问题的提出

1. 必修 5 课本第 91 页的"阅读与思考"——错在哪里

若实数 x，y 满足 $\begin{cases} 1 \leqslant x+y \leqslant 3 \\ -1 \leqslant x-y \leqslant 1 \end{cases}$ (i)　　求 $4x+2y$ 的取值范围。

错解：由①、②同向相加可求得：$0 \leqslant 2x \leqslant 4$ 即 $0 \leqslant 4x \leqslant 8$　③

由②得 $-1 \leqslant y-x \leqslant 1$ 将上式与①同向相加得 $0 \leqslant 2y \leqslant 4$　④

③ + ④得　$0 \leqslant 4x+2y \leqslant 12$

以上解法正确吗？为什么？

(1) [质疑] 引导学生阅读、讨论、分析。

(2) [辨析] 通过讨论，上述解法中，确定的 $0 \leqslant 4x \leqslant 8$ 及 $0 \leqslant 2y \leqslant 4$ 是对的，但用 x 的最大（小）值及 y 的最大（小）值来确定 $4x+2y$ 的最大（小）值却是不合理的。x 取得最大（小）值时，y 并不能同时取得最大（小）值。由

于忽略了 x 和 y 的相互制约关系，故这种解法不正确。（其中有小部分学生仍处于迷惑之中）

(3) [激励] 此例有没有更好的解法？怎样求解？

(4) [提问 1] (2) 中的描述能否从形（即从几何）方面直观得到解释？请同学们想一想：不等式组 (i) 的几何意义是什么？

（许多同学心头一亮，跃跃欲试）教师趁机把动手的机会让给学生，要求他们打开几何画板进行探究。（教师巡视、指点，并注意收集信息的反馈）最后利用展示台交流，达成共识：不等式组 (i) 表示的平面区域是一个以 $A(1, 0)$，$B(2, 1)$，$C(1, 2)$，$D(0, 1)$ 为顶点的正方形区域，而由不等式组 (i) 得到 $0 \leqslant x \leqslant 2$，$0 \leqslant y \leqslant 2$ 表示的区域是一个以 $O(0, 0)$，$E(2, 0)$，$F(2, 2)$，$G(0, 2)$ 为顶点的正方形区域，显然由原不等式组 (i) 导出 x，y 范围，使得区域变大了。确定的 $0 \leqslant 4x \leqslant 8$ 及 $0 \leqslant 2y \leqslant 4$ 独立表示时是对的，但合起来求其交集时所表示的可行域的范围明显变大了，在错误的可行区域求 $4x + 2y$ 的取值范围，难怪做错了。（学生沉浸在做数学的快乐中）

此时趁热打铁，继续探究：

(5) [提问 2] 既然我们已经完成了把不等式组 (i) 从数向形的转化，那么这个问题能不能从数形结合上得到完美解决呢？也就是说，问题转化为：求 $4x + 2y$ 在约束条件不等式组 (i) 下的值域。（学生开始寻找 $4x + 2y$ 的几何意义）

有些同学做了这样的尝试：$f(x, y) = 4x + 2y$ 关于 x 和 y 的二元一次函数。函数在直角坐标系里又表示什么呢？学过的有关二元一次的只有二元一次方程表示直线了。终于，经过学生的一番思考探究之后，找到了条件与结论之间的内在联系，把问题提问 2 转化为：

求 $Z = 4x + 2y$ 在约束条件不等式组 (i) 下的最大值和最小值。

而 $y = -2x + \dfrac{Z}{2}$，此时 Z 的几何意义是直线 $Z = 4x + 2y$ 的纵截距的一半。故截距越大，Z 的值越大。（有些思维比较活跃的，省去 $f(x, y) = 4x + 2y$ 这一步的思考，有些基础比较差的虽想到了 $f(x, y) = 4x + 2y$ 这一步，却无法更进一步了。此时教师巡堂，及时发现问题，加强个别指导。）

探究到此，后面的解答过程学生通过平移直线不难得到。

现在让学生们相互交流、补充，总结出此类问题的一般解法即图解法：画—移—求—答。

2. 教学过程

2.1 合作探究归纳出线性规划的有关概念：

经过上面的探究过程，再来合作探究归纳出本节课的概念，是相当自然的：

①线性约束条件；②线性目标函数；③线性规划问题；④可行解、可行域和最优解。

2.2 知识的应用

课堂练习：课本练习 1

先引导设问：

①指出线性约束条件和线性目标函数；

②用几何画板画出图形，要求学生指出可行域；

③说出三个可行解；

④求出最优解。

例一：某工厂有 A、B 两种配件生产甲、乙两种产品，每生产一件甲产品使用 4 个 A 配件耗时 1h，每生产一件乙产品使用 4 个 B 配件耗时 2h，该厂每天最多可从配件厂获得 16 个 A 配件和 12 个 B 配件，按每天 8h 计算，该厂所有可能的日生产安排是什么？

（1）用不等式组表示问题中的限制条件：

（2）画出不等式组所表示的平面区域：

（3）若生产一件甲产品获利 2 万元，生产一件乙产品获利 3 万元，采用哪种生产安排利润最大？

教师巡视，引导，把实际问题转化为数学问题：确定未知变量（决策变量）。

文字语言转化为符号语言（建立线性规划模型）。

运用图解法求解。

（利用实物投影显示列不等式组中的各种错误，由学生找出，并指正）如：

学生易忽视 $x \geqslant 0$ 和 $y \geqslant 0$ 的关系。

解答：（实物投影显示参考答案）

变式探究：课本第 89 页的探究活动。

（1）在上述问题中，如果生产一件甲产品获利 3 万元，每生产一件乙产品获利 2 万元，应当如何安排生产才能获得最大利润？再换几组数据试试。

（2）由上述过程，你能得出最优解与可行域之间的关系吗？

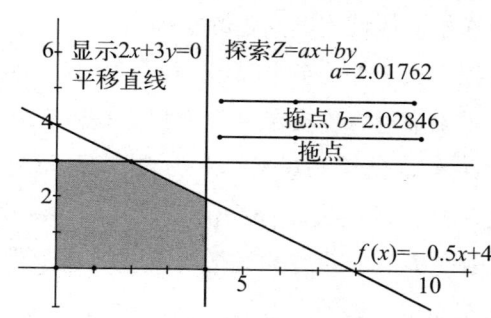

教师引导学生利用几何画板来进行自我探究，如右图。学生在换了好几组 a、b 的值之后，都得到了在多边形（可行域）的顶点 A 或 B 处取到。于是有些学生得出了这样的结论：当 $a > 0$，$b > 0$ 时，最优解在表示可行域的多边形顶点处取到，且唯一。

但不用多久，马上有同学指出：不全面，因为当目标函数的斜率和直线 AB 平行时，最优解有无穷多个。教师抓住机会，表扬了这两位学生的优点，鼓励学生继续探索。最终，经过交流讨论，得出下列结论：

①可行域就是二元一次不等式组所表示的平面区域，可行域可以是封闭的多边形，也可以是一侧开放的无限大的平面区域。

② 如果可行域是一个多边形，那么一般在其顶点处使目标函数取得最大值或最小值，最优解一般就是多边形的某个顶点。

③ 到底哪个顶点为最优解，可有两种确定方法：一是将目标函数的直线平行移动，最先通过或最后通过的顶点便是。二是当表示线性目标函数的直线与可行域的某条边平行时，其最优解可能有无数个。

最后，教师观察到有个学生欲言又止，就问他，他说他在探索的过程中，发现似乎与可行域的边界直线的斜率有关，只是还没有搞清楚。

教师对提出问题的同学表扬了一番。并顺其意布置了课外思考题：能否通过比较围成可行域的直线的斜率与目标函数的斜率大小关系来判断最优解？

让全班同学回去继续探索，可以多找些资料。

2.3 自我总结，提炼升华

让学生回忆并小结、提炼本节课学习内容：

①线性规划问题的图解法步骤。

②解决实际问题时注意隐含条件的挖掘。

③解决线性规划问题的相关结论。

探究式教学是建构主义学习理论的一种教学实践模式。探究式课堂的特点是学生通过合作交流、自主探究获得新知识。本课在"问题的提出"部分通过对课本《"阅读与思考"——错在哪里》一文的探究，让学生在获得探究体验的基础上，通过合作交流形成共识。在例一及变式探究中，利用"几何画板"创设了一个动态的数学实验室，让学生自己通过鼠标操作，来改变 a，b 值，探究出一般性的结论。探究式教学与传统的接受式教学和训练式教学相比，更具问题性、实践性和开放性，将学生置身于动态、开放、生动的学习环境中，有利于学生的自主学习和自主探索，对培养他们的数学素养和创新精神无疑具有深远的意义。本课利用了信息技术，比如 PowerPoint 2003，几何画板等来设计探索情境，创造开放性学习环境，满足了不同学生的需要，体现了个性化的学习，目的是努力使每一位学生都能得到成功的体验，有效地促进不同层次学生的发展。培养学生做数学的能力、总结归纳的能力。同时让学生体会到主动探究的重要性与趣味性。为了体现以学生发展为本的理念，本课的最后抛出一个课后探究性问题，既是对本节课有关内容的延伸、拓展，回应了本节课内容，又是为下继内容做铺垫、蓄势，让学生有"意犹未尽"之感。

3. 指导学生总结反思

课后的知识复习巩固对于学生来说也同样至关重要，不仅能够加深学生的印象，同时也是教学内容延展。在对知识进行总结、整理当中，学生能够及时察觉自身在课堂学习中存在的不足问题，以及容易忽略的知识内容，使他们可以全面梳理所学内容，调整知识结构，并且有效提高总结反思的能力，进一步加强核心素养。在知识的探究与讨论中，教师通常过于重视问题的结果，因而会在正确答案出现后，终止学生的课堂交流，严重忽视了学生得出答案的过程体验，这样的教学形式，会让学生逐渐出现固定的思维模式，仅停留在自我为数不多的经验中。因此，教师应为学生提供良好的学习平台与环境，给予学生充足的时间进行讨论，发表自己的看法，让学生阐述解题的过程，以及所运用的思路及方法，进而通过教师加以辅导，促进学生发散性思维、加强学生自我反思的能力。

课堂上留几分钟时间给学生总结反思，不是简单地由学生自己看看书，而必须提出一定的带有指导性的任务：可以与回归课本看书相结合，把本堂课的知识要点或不容易理解的知识标出来；可以引领学生质疑提问相结合，就本课学的内容有什么疑问当堂提出来；可以与拓展迁移相结合，本堂课学了哪些知识和方法，有什么感想和启发，思考新旧知识的联系，如何在习题中将本课的知识体现出来，等等。也可以作为一项作业来设计和布置，要求学生作为一项作业必须认真完成。如：请你就本学科今天所学的内容列出知识要点，理出知识线索，你认为其中哪些是学习的重点和难点；请你就今天课上评析的作业练习中选择你做错的 2～3 道题目，简要分析错在哪里，出错的主要原因；请你就本周自己所做作业练习的情况进行简要分析，列出存在的主要困难和问题等。对此不在于学生分析得怎么样，关键是要激励和指导学生去及时总结、认真反思。只要学生有一次这样的反思和分析，就有了很好的开始，为以后反思能力的提高做很好的铺垫。

每次考试后，学生都会对自己的成绩和答题情况做一份考试反思，学生会发现许多做过的题目在考试时不能完整准确地予以回答。这个问题不但困扰着学生，同时也困扰着教师。在试卷发下来后，学生对每次考试题目设计的知识点及其所占的分值进行分析，明确考查的重点知识和难点知识，为下一次的考试扫平障碍。

当然，这些反思必须在教师的指导下进行，明确目的、任务、意义，避免盲目性和被动性。这样的数学活动可以使学生在实践活动中增长知识、培养能力、获得乐趣、增强信心，进而提高数学技术素养的能力。

核心素养对于现代高中生来说至关重要，能够帮助他们运用理性的思维以全面的角度去看待问题、理解问题，并且能够让他们善于发现问题、解决问题，这对于较为抽象的数学课程的学习极其关键。而对于高中数学教学来说，应首先意识到核心素养对于学生数学成绩、逻辑思维以及未来发展等方面的积极作用与意义，进而将核心素养贯彻落实到教学当中，同时，要积极转变传统教学理念、教学模式、教学方法，结合学生特点及实际情况，充分运用现代化技术辅助自身教学，通过培养学生利用网络平台学习、提高学生创新能力以及指导学生总结反思三个有效途径，来全面优化课堂教学，提高学生综合素养，实现数学教学工作及学生的可持续发展。

4. 切实重视基础知识、基本技能和基本方法

众所周知，近年来数学试题的新颖性、灵活性越来越高，不少师生把主要精力放在难度较大的综合题上，认为只有通过解决难题才能培养能力，因而相对地忽视了基础知识、基本技能、基本方法的教学。

教学中急急忙忙把公式、定理推证拿出来，或草草讲一道例题就通过大量的题目来训练学生。

其实定理、公式推证的过程就蕴含着重要的解题方法和规律，教师没有充分暴露思维过程，没有发掘其内在的规律，就让学生去做题，试图通过让学生大量地做题去悟出某些道理。结果是多数学生悟不出方法、规律，理解浮浅，记忆不牢，只会机械地模仿，思维水平较低，有时甚至生搬硬套，照葫芦画瓢，将简单问题复杂化。

如果教师在教学中过于粗疏或学生在学习中对基本知识不求甚解，都会导致在考试中判断错误。

不少学生说现在的试题量过大，他们往往无法完成全部试卷的解答，而解题速度的快慢主要取决于基本技能、基本方法的熟练程度及能力的强弱。

可见，在切实重视基础知识的落实中同时应重视基本技能和基本方法的培养。

反思：课堂是学生的课堂，老师只是帮助学生选取了一些具有代表性的题目帮助学生消化理解数学概念和规律，提升学生数学素养、培养学生自主解决问题的能力、创新意识和创新思维。评判一节课堂不是看老师教了多少而是要看学生学会了多少。要培养学生课堂主人翁意识，教师也要把课堂真正地还给学生。

秦喆工作室的学习，内容丰富，形式多样，既有秦老师的专题讲座、示范课，又有学员围绕专题进行的各种实践课、观摩课研讨。回首学习过程，既有观念上的洗礼，也有理论上的提高；既有知识上的积淀，也有教学技艺的增长。收获颇丰、受益匪浅。成长是一个过程，是一份快乐。

学科育人，润物无声

河北省名师秦喆工作室成员

河北师范大学附属实验中学教务主任　秦　琳

在我们的教育教学实践中一定会遇到许多问题，如何解决这些问题呢？我的经验是关注细节，遇事三思而行，以下是我在教育教学中遇到的一些小问题以及我的一些处理方式，希望能对青年教师有所帮助。

一、北风与阳光

作为教师一定会遇到在学习方面有困难的学生，那么如何对待这些学困生呢？是不问缘由地严厉斥责，还是放在一旁不管不顾？学习好的同学，他们的经验都差不多，而学习有困难的学生情况却不尽相同。我们应该走进孩子们的内心，分析"学困"的原因，给予精准的辅导和帮助。以下我给大家分享一个我在教育教学中的小案例，希望能对青年教师有所帮助。

（一）案例讲述

我们班有个学生张某某，他上课时从不专心听讲，爱做小动作，不能按时完成作业。因此我多次和他耐心地沟通，但是效果并不明显。直到有一次他在课堂上公然顶撞老师，把任课老师气哭了。我听说后异常愤怒，我把他叫到办公室，很严厉地告诉他，老师们的做法是想提醒他、督促他，是想促使他好好学习。其间，我不断提高自己的声音，甚至还拍着桌子。他当时可能被吓着了，木讷地点头表示悔改，保证以后上课认真听讲。我想他这回该吸取教训了吧。可是在接下来的课堂上，他看起来像是在强打精神，果然几天之后，又一切如故了。当我在讲台上看到他精神散漫、无精打采的样子时，我感觉自己似乎也陷入了一片灰暗之中。我着急、生气，心里开始埋怨这个孩子怎么这样不听我的话！我该怎么办？

（二）思考策略

偶然间，我在孩子的语文书上看到了一则北风与阳光的故事，故事说的是北风和阳光打赌，看谁能使路上的行人脱掉外衣，北风使出了浑身解数想要吹掉行人的衣服，但是行人却将衣服裹得更紧了。太阳出来了，温暖的阳光使行人不由自主地脱掉了外衣。这个故事给了我启发。我回忆着我在课堂上面对张某某时的严厉表情，回忆我那些措辞严肃，含着压迫和强制性的话语。那是一股何等凛冽的北风啊！

我意识到当学生犯错误时，教师严厉地批评，希望学生知错能改，这种做法的出发点是好的，但一味地指责，让学生在心理上与教师产生距离，他表面上在听，心理上未必能接受，就像北风中的行者。所以我要做的，不是要求他，而是帮助他，帮助他树立起自信，重新鼓起对学习的信心。

（三）解决过程

人是情感丰富的动物，学习兴趣的丧失是逐渐的，自然也不会因为我的一句话而改变。所以，当我第二次把他约到办公室的时候，我选择的时间是星期天，一个不会被同学知道的时间。他惴惴不安地来到我的面前，似乎等待着我的批评。我平静地告诉他，把课本拿出来，看看上周学的知识他掌握了没有。他摇了摇头，随后，我就细致地帮他补习了上周的功课。直到在我的帮助下他成功地做对了一道题，我笑着拍他的肩膀说："不错，能做对一道就是进步，我发现你还是很有潜力的，头脑也很灵活啊。"他此时的表情如释重负，但又随之不好意思起来，他认真地对我说道，"老师我回家以后再好好想想，争取把别的题也解答出来！"

就这样，在周一上课的时候，我从讲台上望去，看到的不再是一副无聊的表情，而是一双渴望求知的眼睛。我的心也一下子得到了解脱。一缕阳光穿透了积压在我心中许久的阴霾。我把阳光传递给了他，又从他那里收回了。

（四）案例反思

这个案例教育了学生的同时也教育了我。育人工作是一项十分复杂细致的工作，面对千差万别的学生和千变万化的情况，教师一定要坚持从学生的实际出发，做到"一把钥匙开一把锁"，在进行批评教育时，不仅要做到目的明确，还要掌握好分寸，把握好时机，选择学生可以接受的方式。只有这样才能切中学生的心理矛盾，改变学生的情绪状态，达到药到病除的目的。教师要成为孩子坚强的后盾，我们不需要用语言来表现我们有多么值得信任，我们要做的是通过事无巨细的关心和爱让学生自己把信任放在我们的肩上。请相信你付出的爱和你得到的信任一定是成正比的。

二、立德树人，学科育人

党的十八大报告提出，把立德树人作为教育教学的根本任务。那么如何发挥数学学科的育人功能呢？可能有的人会认为文科教师做这项工作更容易，其实不然。只要用心就可以在数学教学的各个环节找到育人的突破口，以下我举几个教学片段供大家参考。

第一，我在讲三角函数时，引用了当时热议的事件：在 2016 年巴西奥运会上，颁奖时的中华人民共和国的国旗出现了错误。主办方用于颁奖的中国国旗上的四颗小五角星是平行排列的，而真正的中华人民共和国国旗，四颗小五角星应该各有一尖正对着大五角星的中心点，它们的位置关系象征着中国共产党领导下的革命人民大团结。在如此重要的世界级体育盛会上犯下如此重大的错误是十分罕见的，那该如何修正这个错误呢？请同学们想一想。这个情景的引入既体现了数学的应用性，又使同学们了解了国旗的有关知识，是一次很好的爱国主义教育。

第二，我在讲平均变化率的时候，引用了我国人均 GDP 的增速和日本、美国、欧盟的数据做对照，让学生们直观地认识到，虽然现阶段我们的人均

GDP还落后于它们，但是按照变化率的发展趋势，赶超它们指日可待。这样不仅使学生更容易理解变化率这个概念，也使学生对实现两个一百年的伟大目标充满信心。

第三，在讲概率统计的时候，我从统计学的角度分析为什么美国大选的结果经常出现争议，当选者的得票数有可能低于落选者的得票数，这就是由于它不合理的选举制度导致的。反观我们的人民代表大会制度公开、公平、公正，反映了广大人民群众的意愿。通过这样的对比学生既理解了相关知识又增强了民族自信心和自豪感。

把数学知识和热点事件联系起来，不仅可以激发学生学习数学的热情，也可以潜移默化地培养学生的优秀品德，所以在教学中有教育意义的情景引入是数学学科育人的一种重要方式。当然数学学科的育人功能其实还有很多：在讲函数图象时可以引入一些特殊函数的图象，用几何画板展示，使同学们了解数学的图象之美；在讲数列时可以引入一些特殊的数列，使同学们感受数学的数字之美；再讲几何时可以引入一些特殊的组合图形，使同学们感受数学的图形之美；等等。所以只要用心，任何学科的教师都可以在课堂教学中找到育人的切入点。

付出真心，收获初心

——"霸气二九"高三一年的纪实乐章

河北省名师秦喆工作室成员

邯郸市第一中学高三班优秀主任　王　银

作为一名教师，教书育人是天职，每个孩子都是可塑之才，让每一个孩子健康成长成才，成为家庭的骄傲、社会的栋梁、国家利益的维护者，是教师们孜孜以求的。下面的案例记录了一个班级高三一年的纪实活动，见证了每个孩子都可能创造自己的奇迹。

29班的孩子大都是独生子女，还有不少来自农村家庭的独生子女。他们有理想，好奇心、自尊心很强，但信念不韧普遍存在，可贵的是，品质没有问题。结合励志教育，丰富视野，关注时事，国家发展需要的是成熟稳重的文科生，文化底蕴丰厚的文科生，大格局大气魄的文科生，所以思想导向很重要。

让学习有价值，让学生有梦想。

没有信仰的人，不会有大作为！不懂事者不成人，不懂人者不成事！

高三是一曲歌，是一幅画，是一首诗：

追寻梦想，播种希望，一路走来，弥漫芳香，踏着荆棘，不觉痛苦，有泪可挥，不觉悲凉。

【总论】按原则办事，按规律办事，按时机办事。

学生成绩正常四阶段

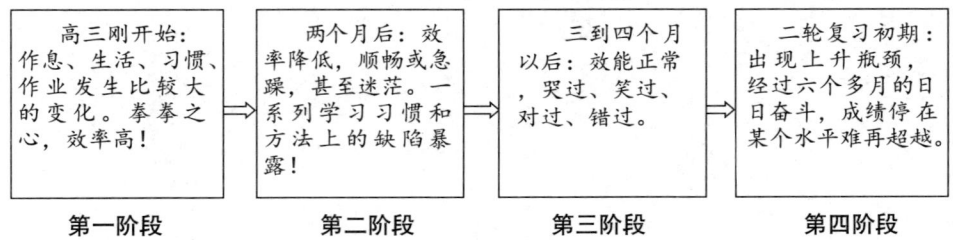

第一阶段	第二阶段	第三阶段	第四阶段
高三刚开始：作息、生活、习惯、作业发生比较大的变化。拳拳之心，效率高！	两个月后：效率降低，顺畅或急躁，甚至迷茫。一系列学习习惯和方法上的缺陷暴露！	三到四个月以后：效能正常，哭过、笑过、对过、错过。	二轮复习初期：出现上升瓶颈，经过六个多月的日日奋斗，成绩停在某个水平难再超越。

学生已经完成第一、二阶段，现在是第二阶段向第三阶段迈进的过程。

学生问题正常规律

示弱，不自信。	⇒	努力无战果，迷茫于未来无把握，迷茫信仰缺失。	⇒	养成思维习惯和品质习惯。	⇒	莫名兴奋，考试前，小激动，小紧张。
效率高		效率不稳定		效率稳定		稳中有升

注：主要是 10 月、11 月的工作，顺利完成第二、三阶段过渡。

1. 与学生谈学习

1.1 理科生有句话：清华之路是用题铺出来的！你们的对手（不是敌人，把对手看成敌人，少了豪气，少了学人之长处的智慧），正中、衡中的文科生也坚信这一点，北大之路也可以是用题铺出来。试想：你做过的题我都做过，我做过的你就没做过，你凭什么跟我争？！还有，做题是要先对知识点反复研究的，你的知识清晰度有多少？让连第一关都没过的人去参加高考吗？

1.2 效率，怎么提高效率？听课苛求化，笔记落实化，试题考试化。好多人不是时间少，而是效率低。上课要句句过心，似懂非懂怎么做题？讲了一个月课了，书上白着，笔记本新着，你问问自己知识学得怎么样？当然也不乏笔记清清楚楚、工工整整，往旁边一放，那和买本参考书不看有多大区别？每天留的试题，自习课上要限时间、限题量，不轻易改计划，完全像考试一样，分配时间，取舍时间！

1.3 感谢每一次考试，它让你看到的不仅是自己的知识漏洞，更是学习方法和力度的缺失。

1.4 《5 年高考 3 年模拟》或《数学经典题集》。

1.4.1 限时：数学学科是文科生的弱项，其实也是必争的科目，必须加强数学的训练，主战场肯定是课堂，但学生自己的思维导图也十分必要，吸收—消化—应用—举一反三；文综高考要求 35 道选择题 35～45 分钟完成，现在放宽至 2 分钟／道，但要逐渐熟练，在保证质量的前提下提高速度。

1.4.2 答案：正确利用答案，答案都有解析。一边做题一边翻答案，甚至将答案放在桌前，这都是坏习惯。详解答案可以"迅速"地捕获解题的关键步骤，却使得你丧失了解题的关键"经历"。

1.4.3 大题：合理对待问答题。有的同学高考时答问答题的能力还和刚上高三时一个思路、一样见地。因为平时做题时就是这样：不会了，看答案，抄上，"会了"，下一个。

提示大家：至少给这个新知识归纳答题模板。

1.5 认真完成年级统筹的导师制，培优计划。

2. 与学生谈考试

2.1 考试当天晚上做什么？

2.1.1 做完该做的（题、知识点、教材章节、思维导图）。

2.1.2 完善笔记、错题本。

2.1.3 计较得失：以前的问题哪个得到了改善，有什么收益？制定自己的"强壮"计划和监督措施；

2.1.4 完成 ×× 考试学情反馈表，存档。

2.2 考试成绩跟两个因素关系最大：平时的学习，考试时的解题。

2.2.1 平时主要是体力活，要干好。要认真要刻苦，关键要落实，一定要掌握到会为止，运用自如为止。切不可一知半解，甚至连知九盲一都不行，知识链一旦受到阻碍，全题皆空。所以体力活，就是要出把子力，肯出力，要有充足的思想准备，干不完不吃饭是再正常不过的事，加班加点也必须完成。这就像农民种地、工人炼钢，来不得半点马虎和偷懒。这项工作肯定是又苦又累的，还必须要效率，必须落到实处，转化成本领，并且乐此不疲。

2.2.2 考试时主要是精细活，要干好，要冷静要细心，关键是找突破口。考试中图表分析、资料解读、知识辨析、问答要点是再正常不过的考查手段，但若不能静下心来，潜心分析，而是一见新考法、新问法、新资料就直接抵触、恐惧、束手无策，平时练得再多也不管用。近年高考最流行的就是"源自教材，追求本源"。可见创意考法，生活问答，用所学知识解决实际问题是考查学生最常用的方式。但这一类技能又恰恰是老师教不了学生的。每次考完试老师都照着自己的想法、思路、解法一讲，学生配合着："噢！"这就没意思了。这就像老师摘下桃子放在学生的筐里，学生一直看着，得到了桃子，却不一定知晓摘桃子的法门。平时老师讲了那么多，你真正会的有几个？突破口只有自己打开才算进去了，光等着别人开门进去，以后遇到迷宫，不是还得自己找门口。虽然老师帮不了你找门口，但老师可以告诉你哪些比较像门（某类题会有一些技巧）。

【补充】如果精细活做不细，可能有两个原因：

①对此类型考查方式不适应，总觉得文绉绉的表述，大信息量的题干。

②对学过知识点（基本概念）掌握得不清晰，拿不准，好像大部分都理解。分析时，一步一步地，突然就没把握了，满盘皆输。这说明，以上几种情况都是知识"不会"的几种具体表现形式。

我举个例子：每次考完试，老师都给学生讲题，讲题之前全组要集体备课，讨论这个题怎么回事，那个题怎么想的。按说已经够清晰了，但备完课以后，每个老师都坐在书桌前，翻书、翻教案、翻资料、上网查，为什么呢？因为要给学生讲，要讲明白、讲透彻。之后老师肯定对这个题了如指掌。可是每次老师精心讲完题以后，同学们干什么？听明白了，下课，收起来，接着上别的课。那对比以后，我们缺失了一个不起眼的环节：自主学习，自主细究，深入分析，沉淀知识。最终导致在"战场"上形式一变，天下大乱！

3．与学生谈高三

3.1 学生问题。

3.1.1 理想缺失，缺少对事物本身的敬畏感。

3.1.2 不自信，只看到不足，不分析不足的原因，看不到前方。

3.1.3 对艰难补给不足，抗挫折能力差。（哭得少、累得少，磨炼得少、沉淀得少。）

3.2 问题解决设想。

3.2.1 开阔视野，增长见识，要有大气、豪气、英雄气概。

3.2.2 励志教育，考试先后，《谢天谢地，你来啦！》，浮躁时，《变形记》，信仰缺失，《面对巨人》，又犯错误的，《最长的一码》；故事、童话、寓言，格言，既是典故，又是素材。

3.2.3 同欣赏"破茧成蝶"一样，看学生痛并快乐成长，减少呵护和开导，让孩子受该受的苦、流该流的泪，沉淀人生规定的财富。（个别因人而异）

3.2.4 部分需家长配合：和孩子一起面对负面情绪。（见【附论】）

3.2.5 需父母协助的事项。注意不同时期，家长与孩子打电话的技巧：

①孩子打电话时情绪是最低落时，相信孩子在班级很要强；

②不在电话里向孩子发脾气，也不陪他哭，否则副作用会加大；

③不要说成绩不重要，告诉孩子，你相信他，老师相信他，通过努力能获得应有的成绩；

④鼓励完孩子，不说你还有什么问题，而要说："儿子（闺女），行不行！"

3.3 励志教育（学生毕业以后记住的都是这些励志班会、老师的励志语言、哪怕是你无心之言，都有可能成为某个学生开窍的钥匙）

班级口号："路有荆棘，途有坎坷，我们勇往直前；太行雪拥，蜀道峰连，我们直挂云帆；单调乏味，我们无悔，我们勇敢面对；辛酸苦累，我们无畏，我们信心百倍！"

每月小纸条：每月让每个学生都能收到老师的小纸条，几句鼓励，几句叮咛，体现"你一直在我心里"。

心灵的沟通：可以一对二、一对一沟通，解决个别学生心理问题，尤其是在4—6月份。

4. 与学生一起快乐

4.1 高三最需要心情舒畅，乐观进取。主要动力来自生活中老师辅导时的一个嘉许或妈妈带来的西红柿炒鸡蛋，总之，舒畅的原因越简单，进取得越单纯！10月月考的那个周末没开班会，带他们去操场玩了整整一节课，我当天也没回家，第二周发现状态还不错。如果大礼拜，我不方便一个人吃饭，就去班里找不去吃饭的和不好好吃饭的去吃饭，吃饭回来，14：00—17：00和学生一起在教室上自习。

4.2 关注天气变化，给学生讲，给家长发短信。

4.3《心有大未来》专栏（教室外墙），新闻评论或名家小事。

5. 与学生共管理

5.1 班里大事负责人是四部分。班干部：七部委协商制；学习：促学会；宿舍：生活部；扫除：大组会。

5.2 班里小事负责人：班主任。

5.3 学习小组：每人都是课代表，每人都是榜样，大家一起荣辱与共。

【附言】

作为班主任，深知自己有很多做得都不够；一、语文、外语自己忘得差不多，新课标也变了，考试内容也变了，帮不来；历史、政治更不敢谈，自己是理科生。二，高中时，除了心地善良，是大起大落的悲情人物，怎么敢妄言学习方法。

【附论】任何情绪都是一种能量

过于情绪化不仅影响我们的学习，还会影响我们的生活。那些情绪稳定的同学，在生活中不仅能冷静处理事情，也能在学习上有不俗表现。

人的意识就是一种无形的能量，也可以称为意念力。而人的意念力来自人们自身，来自人体的能量场。但人的这一能量场会随着后天不断产生的欲望而减弱。减少欲望，保持心态的平和，多做善事能增加这一能量场。可以说德行是人体能量场的源泉，人修炼是修炼什么，就是修炼人的心性和德行。人的意念（信念）越专一，这个力量就越大。这也就是人们为什么常说"心诚则灵"的道理。为什么胆大的人做事容易成功？是因为胆大的人做事果断、意念专一。所以，只要念头正，越单纯越好，越单纯越容易成功。而生性多疑、优柔寡断的人做事很难成功。

每个人身上都是带有能量的，健康、积极、乐观的人带有正能量，和这样的人交往能接收到正能量，令你感染到那种快乐向上的感觉，让你觉得"活着是一件很值得、很舒服、很有趣的事情"。悲观、体弱、绝望的人刚好相反。和带有正能量的人交往，你会觉得自己那点不开心的事情不过是生命环节中的一个小插曲，没什么大不了的，未来还是光明的、有希望的，生活很有滋味。这样的人也很容易成功，很简单，大家都很喜欢他嘛，愿意和他交往，有人脉就有成功的胜算，并且没有什么困难会把他打倒。

情绪本身没有好坏之分，好坏只在于如何处理，从而引发出什么效果。即使是负面情绪，也有正面的作用。我们可以重新审视某些常见的负面情绪，然后转换角度，考虑一下如何将它们转化为积极的能量。

1. 生气：生气是一种高能量的情绪，可以用来帮助我们做出反应并采取行动，使我们能够克服那些本不可逾越的障碍和困难。生气经常与不喜欢的情况相连在一起，它为个人提供能量，使我们能采取行动，对障碍和困难做出反应。生气可以令人产生一鼓作气的力量，冲破平日受制的框框，所以生气也可以化成一股追求成就的正能量。

2. 悲伤：悲伤是一种能促进深层思考的情绪，能让人更好地从失去中取得教训，从而更珍惜目前所拥有的一切。悲伤情绪让人学会冷静，得到一段独自相处的最佳时间。学生应明白到取得成就需要付出代价，明白化悲伤为力量的智慧。

3. 后悔：学生从后悔中找到自己错失的原因，找到学习未能达至最好状态的理由，提醒自己要找出一个更有效果的做法。因为有了后悔的感觉，才会清楚个人学习中的突破口和轻重缓急的排序，所以后悔有助提升重整旗鼓的动力。

4. 恐惧：恐惧也是一种高能量的情绪，可提高神经系统的灵敏度，并且可以令个人的危机意识增强，提高对学习中潜在问题的警觉性。恐惧可以激发学生学习及努力的上进心，以获取相关的知识和技能，它还使人具有迅速做出反应的能力。一些学生经常会有"负面"情绪，只要能够善于开导，以转换角度的思维方式处理，那么生活中遇到的情绪波动，也会变成正面的能量。

情绪管理是每个学生都需要学习的课题，因为情绪更是直接影响学习状态的要素，所以不要成为一位情绪化的学生，以免影响学习团队的气氛和效率。要将负面的情绪转化为正能量，这完全取决于当事人如何理解情绪的深层意义。

其实，每种负面情绪都可变成一股原动力，推动当事人做出行动。这种推动力或者是指出了一个方向，也可能是给予一份力量，有些甚至是两者兼备。每个人人所拥有的各种情绪当中，每一种皆有正面意义。因此所谓负面情绪也许不是那么令人讨厌。事实上，它们都可起到重要的作用，别忘了情绪本身就是一种动力。

　　总结：每一个学生都独一无二、潜力无限。教师（班主任）的任务就是使他们的"小宇宙"充分爆发，燃起斗志，实现其理想，过程可能曲折，有泪水相伴，但比起收获这些苦和累都是成长中的插曲，是美妙的协奏曲，一路相伴的体验是教师自我成长的人生魅力，妙不可言！美！！

力行而后知之真

河北省名师秦喆工作室成员
河北定州中学实验班班主任　范倩楠

一、我们的课堂教给了学生什么

只要是学过数学的人都听说过高斯说的话："数学是科学的皇后。"那么，谁是国王呢？当然还是数学，因为它是科学的基础。

和其他数学老师一样，我也经常拿这句话跟学生说明数学的重要性。有时候还会加上一句，数学的皇冠是数论，而哥德巴赫猜想是皇冠上的那颗明珠。而实际上我对这句话的深层内涵是不明白的，对它的认知只停留在文字上的理解。数学的高深莫测让我们难以看透，大学里学的那一部分也只是皮毛而已，与科学意义上真正的数学研究还差得很多。

每个学期第一次站在讲台上，向下望去，一双双明亮的眼睛中，闪烁着对知识的渴望。每当此时，我心里总有一种恐慌，不敢多说一句话，唯恐一句不慎就将他们带入歧途，走向无底的深渊。这种恐慌就像在黑夜里的一道闪电刺破天空，电光闪闪，将乌云划得支离破碎，而后我怔怔地等待那轰鸣的雷响，等待时间越长，那种恐慌的感觉就越强烈。

每一届学生毕业之后，内心是不愿去回忆的，总感觉有很多的遗憾，也只有毕业结束了，才会真正了解每一名学生。教育面向的不是知识，而是学生，学生的存在决定了教育的主体，没有学生的教育都是空谈。现在有些空闲时间，正好可以静下心来考虑一下这个问题，我们的课堂应该教给学生什么？数学课堂又应该讲一些什么？课堂上所讲的有多少是对学生有用的？而学生又能掌握多少？学生的个体差异在课堂上呈现的形式是什么？有没有一种课堂组织形式可以照顾到这种差异？问题很多，暂且讨论一个吧，就拿课堂上讲什么来说吧！

高中知识，对于一般的学生可能是难度很大的，而对于优秀的高中生来说，高中知识并不困难，他们完全可以轻松地完成高中学业。

有一名同学刚进入高中后，一份数学试卷其他同学需要 30 分钟完成，他只需要 10 分钟，但是当我给他判卷时，发现 90% 都是错的。当时，我就想，这是他知识没有学会吗？还是其他方面的问题？通过和他面对面交流，我发现所有的知识他都是理解的，所以完成时间很短，至于说错误率高，那是因为数学素养未达到，思想不成熟、不缜密。

高中实验班的同学学习能力没有问题，问题是他们完成学业之后的问题。按照正常课堂的节奏，一天的课程下来，课后的作业是有限的，对他们来说，只需要很少的时间来完成作业。但是，作为老师，我们要的不仅仅是这些，我们更希望能教出几名像西南联大那样的学生来，他们不仅仅是一个名牌大学的毕业生，还是国家建设中不可缺少的人才。我们希望看到的是像季羡林一样的大师，教书一辈子，有一个这样的学生足矣。在战争岁月里，教学条件简陋，师生大都食不果腹，但就是在这种艰苦的环境中，他们为新中国培养了很多国家级的栋梁之材。西南联大于 1938 年 5 月 4 日正式开学，因是战乱中仓促创建，学校校舍十分简陋，多是土坯墙、铁皮顶的平房。作家董纯蕾在一篇文章中这样回忆西南联大的一个情节：马口铁做的屋顶，下雨时雨点打在屋顶上叮当作响，有时声音大得让人听不清讲课，当年曾有一位教授无奈而风趣地宣布，现在停课赏雨，那可能是一份珍贵的人文邀约。

知识是固定的，而人是发展的。知识只是载体，我们通过这个载体，把期望传递下去才是我们课堂上的主要任务。学习的最终目的是提升人的道德水准和能力素养，最终让自己的思想维度拓宽，精神得到独立，人格得以提升。

二、学生需要怎样的养成教育

班主任是教师中一个非常重要的角色，在学生成长发展的过程中，班主任起到督促和指导的重要作用，一个好的班主任是学生成功的重要因素。在最初的班级教学和管理工作中，我满怀自信与热情，但却热情有余而方法不足，成绩至上的评价标准加上急于求成的心态，使我忽略了青春期学生心理发展的特点，"学生主体地位"认识不够到位。

一开始，我最揪心的就是学生们的成绩。如何表扬先进、鞭策落后是一个大问题。所以在最开始的半个学期里，无论是课上还是课下的时间里，我和学生的沟通永远离不开"学习"这两个字。一旦我发现班上的平均分降低，或者同学的成绩变化幅度太大，我就会心急如焚，在班上对他们提出批评，并加大作业量，对他们的作业要求也会更高，这种高压政策让一些同学产生了不满。作为一个班的班主任，我逐渐感受到我就是这个班的大家长，一个班就像是一个温暖的大家庭，面对几十个孩子，我承担着教化他们、培养他们的责任，这让我对他们有一种想好好保护的感觉，爱之深，责之切。有时候我的性子格外急躁，面对调皮的孩子，我会当着全班学生的面对他提出批评。后来我意识到对于成长期的学生来说，这会很伤他们的自尊心。后来老教师开导我，说性子都是磨出来的，一位好老师必须要有好脾气，要把孩子们摆在和自己平等的主体位置上，只有耐心才能培养出栋梁之材。后来我试着去放慢自己的性子，去放大同学们的闪光点，培养他们在课堂中的信心，从而转移了他们的注意力。而在随后的摸索中我们越来越合拍。我的第一届毕业生也取得令人满意的成绩。在高考表彰会上我作为优秀青年教师做了"一个美丽的意外"的发言，我在发言稿中写下了自己的一段心里路程：

"从我参加工作以来，就一直伴随着一些美丽的意外。刚刚踏上工作岗位，我爱说、爱笑、爱玩、爱闹。十三班，我们一起拼搏，一起努力！第一个班会我说了这样一句话：从今以后我们相依为命，荣辱与共！正是因为这份深厚的感情我们才会在接下来的岁月里取得骄人的成绩：本一考取三十三人（含1美术），本二考取六十一人。在2015年6月7日晚上，我写下了这样一段话：时间总是在不知不觉中飞驰，我们已经共同度过了三年难忘的高中岁月。三年的时光，一千多个日日夜夜，有些记忆也许会随着岁月渐渐地淡去，但是在范儿姐心中，却永远忘不了我出去开会没有赶上跑操比赛，他们特意借老师电话，开着免提大声地喊着，范儿姐，我们第一！喊着我们跑操的口号，忘不了你们青春的风采、执着的追求，忘不了你们拼搏的精神、收获的喜悦，还有真挚的友情。"

回顾过往这份成绩的取得绝不是因为最初的高压政策。高压在最初确实奏效，但经过一段时间，我发现我们在走下坡路，我继续施压，迫于班主任的威严，学生被动合作，数学课堂上也变成了我的一言堂，大家不再争鸣，更不会主动质疑，我们形成了恶性循环。于是我及时反思，当着全班的面做了深刻的检讨并承诺。首先数学课堂上我就进行了转变，最初一支粉笔，一个人喋喋不休，生怕什么没有讲清楚、讲透彻，课前提前，课后延迟。到后来严格按照比赛来设计每节课，不超时，不多说一句话，充分给予学生展示的机会，在学生展示过程中不打断、不硬塞，适时引导，学生讲解完成给予评价，做到了真正意义上把课堂还给学生。学生意识到了自己主人公位置，参与度越来越高，课堂不再沉闷死板，充满了活力与知识碰撞的火花。我觉得最终的胜利取决于反思之后教育教学理念的转变，不再是单一的成绩至上，学会了真正沟通。所以在后面班规的制定上与学生共同讨论完成。

第一条班规：不找借口。

孟子曰："不以规矩，不能成方圆。"校正方圆，是谓规矩。军队只有严格的军纪，才能够在战场上打胜仗；企业只有严格的规定，才能够生存下去。大到国家、小到家庭都离不开规矩。

学生虽然没有成人的自我约束力，但是对待客观世界也有他们自己的认识和看法，而且他们不会过度地附和。有时候表面上他们选择了"屈服"，但是在他们内心却筑起了更坚固的壁垒。

前几天看了一篇文章很有感触，班规不是用来约束人的，而是用来教化人的，班规的制定实际上是一个教育的过程。

罗恩·克拉克，曾三次受美国总统及夫人邀请带学生做客白宫，曾获诸多荣誉，出版著作《55条基本班规》（中译本书名为《优秀是教出来的》）和《教育者的11项卓越品质》等。

罗恩·克拉克出生在北卡罗来纳州，二十三岁开始在家乡的一所乡村学校任教，五年后来到纽约市哈莱姆区，取得教育事业上的巨大成功。

他被著名电视节目主持人奥普拉·温弗瑞称为"美国教师"，他的传奇故事被好莱坞拍成了电影《热血教师》，成为一名为世界瞩目的美国著名教师。

下面是节选部分班规：

35. 别人掉东西，请弯腰去帮他捡

36. 进门时，如果后面有人，请他扶住门

37. 别人碰到你，不管有没有错，都要说声对不起

38. 进行校外教学时，无论到哪一个公共场所，都要安安静静

39. 去参观别人的地方，要不吝于赞美

40. 全校师生集会的时候，不要讲话

……

他的学生是小学生，他制定的班规与其说是班规，不如说是养成教育细则。设想一下，如果每一名学生都在老师的指导教育之下，完成每一项要求，那班规完成之时，也就是学生成人之日。

教育需要极大的耐心，只有我们有耐心，学生才会有耐心，我们要允许学生犯错，学生犯的错误也正是他们的个性展示。教育人是用心去敲打他们的灵魂，假以时日，总有那么一刻，会叩开他们那扇灵魂之门。

在与学生交流的过程中，我们总能听到这样的托词和借口，"我忘了"，"我想着来着，但是……""我知道，但是没时间！""作业太多了！""等有时间了……"正是这些看似合理的理由和借口影响着每一名学生的进步和习惯的养成。我们知道这是不对的，学生也知道，但是他们固执的内心是不想改正的，经过分析我们可以发现，这些理由和借口的背后就是一个字：懒！

为此，特制定第一条班规：不找借口。

对于学生犯错，我的原则通常是认错从轻处罚或者不处罚，底线是认错的态度是否端正。

学生正处于性格的可塑期，性情不稳定，难免会犯个小错误，有的时候一个小错误在他们的心里可能是天大的事情，所以只要勇于承认错误，我一般是不追究的，毕竟学生也有自己的尊严。

　　我班曾有过这样一件事情：有一名学生在课上去上厕所，我看到她跑出去，以为有什么事，就追出去，看到她进了厕所才稍微放了心。一会儿的工夫她慢悠悠地走了回来，经过办公室门口，我以为她会进来解释一下刚才发生的事然后道个歉，这是作为学生的礼貌，然而她没有进来而是去了教室。我在她回到座位之前把她拦了下来，带着她进了办公室，问她知道要向老师做解释和道歉吗，她找了一个借口：不敢。

　　我听到后，直接回复道："你是不敢还是不懂？你说不敢就说明你懂、但是你懂你又没有做又恰恰说明你不懂。那现在我告诉你，你出教室，一定是有情况，那你回来时，应该向我说明一下事情的原委并道歉，这是一个礼貌问题，也是对他人的尊重，当然也是对自己的尊重。"

　　我停了停，接着说："你小的时候如果生了病，而只有你的妈妈在家，在晚上十二点，你的妈妈会怎么做？难道说因为不敢出门就会让你在家难受吗？那是一个母亲最大的失职。你也是一样，就算是不敢，也要做，因为有些事情是必须要做的，而这些事恰恰需要勇敢。"没几句话，小女孩就掉泪了，也认识到了自己的错误。

　　有时候一个习惯开始的时候会有些不自在，但是时间长了就会水到渠成。很多事情不是不能做到，而是不能想到，想到就能做到。没有什么事情是一个"二十一天"不能解决的，如果有，那就来两个"二十一天"！

　　消极的人适应环境，积极的人改造环境，在成长的路途上不能让任何理由成为阻滞进步的借口。

潜心研究、积蓄力量的论文写作之路

河北省名师秦喆工作室成员

邯郸市第一中学教师　冯竞超

工作室这个平台给大家发表论文提供了便利的条件和帮助，秦老师鼓励大家积极撰写论文在刊物上发表。并指出平时的课堂教学、对试题的分析总结、学生在课堂上对问题的想法等都是我们论文写作的丰富源泉，所以在教学过程中对某些问题有心得体会时一定要记下来，闲暇时或需要时从中选取经过再思考、总结、再研究即可写成论文，对此我深有体会。

2018 年年初我接到了"邯郸市一小时"培训的授课任务，当时选的课题是"突破高考压轴题的解题策略"。拿到课题后当时自己是一脸茫然，不知如何下手，高考压轴题是高考试题的精华部分，能够凸显数学思想方法的应用以及要求学生具有一定的创新意识和创新能力等特点。近几年压轴题的类型不是单一考查某一知识模块，数列、三角、向量、解析几何、导数、概率统计等每一部分都可能出现压轴题，如果是泛泛而谈可能学生收获不大。经过慎重的思考我决定从小入手，抓住某一点去挖掘。因为自己积累了一些导数压轴题的解法和想法，所以初步选定了导数中的极值点偏移和放缩法证明不等式两个方向进行研究。在接下来的时间里，我通过阅读大量的文章来研究这方面的内容。在阅读的过程中发现，对于极值点偏移问题，很多老师已经发表了文章，提出了比较成熟的研究方法，再去研究和探讨的话意义不大。鉴于此，我确定了这次课题的方向为导数中放缩法证明不等式。带着这样的想法，我又请教了秦喆老师，秦老师对课题内容给予了充分的肯定，并给我提出一些非常好的建议，经过一段时间的认真备课和打磨，我的课题论文《突破高考压轴题的解题策略——浅谈放缩法证明函数不等式的技巧》挂到了教育局的网站上，收到了不错的反响。之后我又对课题进行了反复的修改，在 2018 年河北省数学会年会中学数学教师论文评比环节中获得了大会的一等奖，并在《河北理科教学研究》杂志上发表。

在平时教学中有很多问题需要我们思考总结，一定要留心多积累，只要静下心来认真地思考问题，总会有收获的。接下来，我又把自己平时积累的一些好的试题，经过分析整理，又陆陆续续写了一些文章。

圆锥曲线是高中数学的重要内容，其中关于圆锥曲线有很多有意思的结论，当然定值问题就是其中一种。邯郸市 2017 届高三质量检测就考查了一个椭圆中的定值问题——蒙日圆定理。考完试后我就想，这个结论是否具有一般化，能否推广。带着这样的疑问，经过认真地思考和查阅相关文献，我把研究的过程和得出的结论写成了一篇论文《对圆锥曲线中的一个定值问题的探究》，发表在了 2018 年第 5 期《数学大世界》杂志上。

高三一次模拟考试中选择题 12 题小压轴题是一道解三角形的综合题，学生的正答率比较低，考试完后的晚自习我特意又留了这道题，让大家再认真思考，第二天上课让学生分组上台讲解。课堂上，经过同学们热烈的讨论和分析给出了四种不同的解法，学生的想法之独特、解法之新颖，让作为老师的我都感到汗颜。下课后，我及时地把学生的解法加以整理和归纳再加上自己对这道题目的理解，写了一篇《对一道解三角形求最值问题的研究》论文，发表在了 2019 年第 2 期《河北理科教学研究》杂志上。

教学过程中，解题不是唯一的目的，而是一个学习和积蓄能量的过程。在探索问题的过程中更是对自身教研能力的一种提高，更是一种良好习惯的养成，这是教师在教学中的出发点和归宿。

享受做教师的快乐

邯郸市秦喆数学工作室成员

邯郸市第一中学金牌教练　师文亮

广义地说，教师就是两项工作：一是教育，二是教学。正如我们的校训所说，学会做人，学会做学问。这句话平凡、朴实，但蕴含着深刻的哲理。教育就是对人的塑造，是把一个自然人过渡到社会人。教育最难的是改变一个人，这是我十五年班主任生涯的最大体会。下面分享一个案例，也是我的"得意之作"。

案例分析：信任铸就希望，拼搏创造奇迹

作为教师，特别是班主任，我有幸见证了一个个花季少年由稚嫩到成熟的蜕变，并与他们一起分享成长的快乐，承受失败的痛苦。感谢我的学生们，正是这些孩子让我感受到了生命的绚烂、多彩与伟大，使我对生命充满敬畏。下面分享我班一位学生的案例（为保护该生的隐私，他的名字用"L"代替）。

一、概况

该生是我校少年部学生，在升高中时未能升入直升班，分流到了中考班。他性格外向，乐观开朗，自尊心强，有较强的意志力与承受力。在学习上，数学物理成绩优异，但语文相对薄弱。高三时获物理竞赛河北省一等奖，被中国科技大学降本一线录取，现就读于中国科技大学物理学院。

二、成长片段

（一）不破不立，破鼓就得重锤敲。

L同学刚到我班时，经常以一中少年班学生的身份自居，夸夸其谈，看

不起通过中考进入实验班的同学。他以不守规矩为荣，经常不交作业，宿舍内务也搞得非常差，同学们对他意见很大。在这期间，我也想了很多办法，多次与他谈话、约见家长，但效果不好，他还是我行我素。我暗下决心：一味地和风细雨已经不能解决问题了，得来点狂风暴雨了。

有一天，我检查练习册，只有他一个人完成得不好。于是我把他叫到办公室，问他："L同学，你为什么没有完成好作业？"他满不在乎，耸耸肩，一副无所谓的样子，说："没时间呗！"我强压怒火，又问："那别人为什么有时间？"他生硬地说："你别拿我跟他们比，他们不配。"这时，我压抑已久的怒火倾泻而出，我狠狠拍了一下桌子，大声说："你和他们是不一样，区别就在于人家是初中的胜利者，而你则是个彻头彻尾的失败者，你有什么资格看不起别人？"话一出口，我有点后悔，但事已至此，只能静观其变。他似乎被吓住了，愣了几秒钟，小声说："老师，我错了。"事后，他给了我一张字条，上面写着："老师，我错了，我没有骄傲的资本，我会努力的。"看了字条，我很欣慰，这孩子还是有救的。

（二）融入集体，用集体的力量带动成长。

经过一个学期的磨合，L同学在各方面都有了一些进步，但我还是感觉他与班里的其他同学格格不入。在第一次新年联欢会上，我发现他整个活动期间都没在班里，后来了解到他一直待在中7班，与原来的同学在一起。我把他叫到办公室了解情况。他对我说："老师，不是中9班的同学不好，但我还是觉得和原来的同学更亲。而且，我在各方面表现得都不好，总觉得大家很讨厌我。"我明白了症结所在，本质上，他是自卑，怕大家不接受他。我赶紧因势利导，给他讲了《谁动了我的奶酪》的故事，告诉他应该如何面对变化，如何融入集体。同时，我找来班长和L同学的宿舍长，希望他们主动帮助L同学，使他更快地融入集体。在各方共同的努力下，没多久，L同学的宿舍扣分就少了，自习课不再左顾右盼，有了新的朋友，脸上的笑容多了起来，成绩也由末尾升到了中游。在高一下学期的篮球比赛中，他主动要求担任啦啦队队长，为班级呐喊助威，我高兴地答应了。看着他卖力的样子，我想：这可能就是转折点，他应该是融入了。

（三）因势利导，充分挖掘潜能。

L 同学的理科成绩很好，在小学时得过许多重要奖项。所以，经过认真地分析，我鼓励他选择物理竞赛，由于对物理的兴趣非常浓厚，他学得很带劲。不仅在校内认真进行基础培训，还参加了所有的外出学习。不管是在北京、长沙还是济南、石家庄，他总是早起晚睡，刻苦学习，得到了老师和同学的一致称赞。我经常和物理竞赛的主教练员交流 L 同学的学习状况，及时给他有效的建议或方法，鼓励或鞭策。终于，功夫不负有心人，他获得了2013 年物理竞赛的省一等奖，为学校争得荣誉，并被中国科学技术大学降一本线录取；同时他也以全校第二名的身份通过了北京大学自主招生的笔试，获得了 20 分的降分优惠。物理竞赛不仅帮他获得了荣誉，取得了降分。更重要的是，他从中收获了信心，赢得了认可。

三、案例分析

（一）教育需要契机，成长需要经历。

作为教育者，我们必须善于发现和捕捉学生成长中的关键点，给予必要的指导、鼓励或鞭策，做学生成长路上的领路人和助推剂。尊重每一位学生，以学生的需求作为教育的出发点，是对每一位教师的基本要求。教育是心灵的艺术。如果我们承认教育的对象是活生生的人，那么教育的过程便不仅仅是一种技巧的施展，而是充满了人情味的心灵交融。这样老师才会产生热爱之情。苏霍姆里斯基说："爱是教育好学生的前提。"对于 L 同学这样的"特殊"学生，我放下架子亲近他，敞开心扉，以关爱之心来触动他的心弦，走进他的心里，动之以情，晓之以理，用师爱去温暖他，用情去感化他，用理去说服他，从而促使他主动地改正错误。

（二）教育是个性化的事情，每个孩子都是与众不同的。

通过 L 同学的成长经历，我认识到，没有差的学生，只有不当的教育方式。教师要学会热爱学生，对每一个孩子在充分了解的基础上采用不同的激励方式，做到因材施教。所以对于 L 同学，我经常关心他，经常鼓励、挖掘他的优点，用他的优点去消除他自身的弱点，使其感觉到我也是他的朋友，真正做到从心里敬服我，这样再教育他要遵守纪律，他基本上不用说就会自觉地做好。我认为，我们的教育必须着眼于学生的未来和发展。根据学生的个性特点，选择合适的方法，把每个孩子的优点发挥到最大，做到"物尽其用，人尽其才"。唯有如此，这些鲜活的生命才能焕发出独特的光彩。

教学方面，课堂是开展教育教学工作的"主阵地"。一个优秀的教师必然是驾驭课堂的高手。研课、磨课、赛课无疑是提高课堂教学能力的"利器"。下面的课例就是我在参加河北省优质课大赛时使用的课例，虽然在这次比赛中没有取得最好的成绩，但是在这个过程中，很多优秀教师帮助我一起听课、研课、磨课，大家直言不讳，各抒己见，收获颇丰。

"杨辉三角与二项式系数的性质"教学设计

一、教材背景分析

（一）教材的地位和作用

"'杨辉三角'与二项式系数的性质"是全日制普通高级中学教科书人教 A 版选修 2–3 第 1 章第 3 节第 2 课时。教科书将二项式系数性质的讨论与"杨辉三角"结合起来，是因为"杨辉三角"蕴含了丰富的内容，由它可以直观看出二项式系数的性质。"杨辉三角"是我国古代数学重要成就之一，显示了我国古代人民的卓越智慧和才能，应抓住这一题材，对学生进行爱国主义教育，激发学生的民族自豪感。

本节内容以前面学习的二项式定理为基础，由于二项式系数组成的数列就是一个离散函数，引导学生从函数的角度研究二项式系数的性质，便于建立知识的前后联系，使学生体会用函数知识研究问题的方法，可以画出它的图像，利用几何直观、数形结合、特殊到一般的数学思想方法进行思考，这对发现规律，形成证明思路等都有好处。这一过程不仅有利于培养学生的思维能力、理性精神和实践能力，也有利于学生理解本节课的核心数学知识，发展其数学应用意识。

研究二项式系数这组特定的组合数的性质，对巩固二项式定理，建立相关知识之间的联系，进一步认识组合数、进行组合数的计算和变形都有重要的作用，对后续学习微分方程等也具有重要意义。

（二）学情分析

1. 知识结构

学生已学习两个计数原理和二项式定理，再让学生课前探究"杨辉三角"包含的规律，结合"杨辉三角"，并从函数的角度研究二项式系数的性质。

2. 心理特征

高二的学生已经具备了一定的分析、探究问题的能力，恰时恰点的问题引导就能建立知识之间的相互联系，解决相关问题。

（三）教学重点与难点

重点：体会用函数知识研究问题的方法，理解二项式系数的性质。

难点：结合函数图象，理解增减性与最大值时，根据 n 的奇偶性确定相应的分界点；利用赋值法证明二项式系数的性质。

关键：函数思想的渗透。

二、教学目标

（一）通过课前组织学生开展"了解'杨辉三角'、探究与发现'杨辉三角'包含的规律"的学习活动，让学生感受我国古代数学成就及其数学美，激发学生的民族自豪感。

（二）通过学生从函数的角度研究二项式系数的性质，建立知识的前后联系，体会用函数知识研究问题的方法，培养学生的观察能力和归纳推理能力。

（三）通过体验"发现规律、寻找联系、探究证明、性质运用"的学习过程，使学生掌握二项式系数的一些性质，体会应用数形结合、特殊到一般进行归纳、赋值法等重要数学思想方法解决问题的"再创造"过程。

（四）通过恰时恰点的问题引入、引申，采用学生课前自主探究、课上合作探究、课下延伸探究的学习方式，培养学生问题意识，提高学生思维能力，孕育学生创新精神，激发学生探索、研究我国古代数学的热情。

三、教法选择和学法指导

教法：问题引导、合作探究。

学法：从课前探究和课上展示中感知规律，结合"杨辉三角"和函数图象性质领悟性质，在探究证明性质中理解知识，螺旋上升地学习核心数学知识和渗透重要数学思想。

四、教学过程

（一）展示成果话杨辉

课前开展学习活动：了解"杨辉三角"的历史背景、地位和作用，探究与发现"杨辉三角"包含的规律。

1.学生从不同的角度畅谈"杨辉三角"，对它有何了解及认识。

2.各小组展示探究与发现的成果——"杨辉三角"包含的一些规律。

【设计意图】引导学生开展课外学习，了解"杨辉三角"，探究与发现"杨辉三角"包含的规律，弘扬我国古代数学文化；展示探究与发现的"杨辉三角"的规律，为学习二项式系数的性质埋下伏笔。

（二）感知规律悟性质

通过课外学习，同学们发现了"杨辉三角"的一些规律，并且知道"杨辉三角"的第 n 行就是 $(a+b)^n$ 展开式的二项式系数，$(a+b)^n$ 展开式的二项式系数具有"杨辉三角"同行中的规律——对称性和增减性与最大值。

【设计意图】寻找二项式系数与"杨辉三角"的关系，从而让学生理解二项式系数具有"杨辉三角"同行中的规律。

（三）联系旧知探新知

1. 问题提出

怎样证明 $(a+b)^n$ 展开式的二项式系数具有对称性和增减性与最大值呢？

2. 问题探究

（1） $(a+b)^n$ 展开式的二项式系数 $C_n^0, C_n^1, C_n^2, \cdots, C_n^n$， C_n^r 可以看成是以 r 为自变量的函数 $f(r) = C_n^r$ 吗？它的定义域是什么？

（2）画出 $n=6$ 和 7 时函数 $f(r) = C_n^r$ 的图象，并观察分析它们是否具有对称性和增减性与最大值。

（3）结合"杨辉三角"和所画函数图象说明或证明二项式系数的性质。

对称性：与首末两端"等距离"的两个二项式系数相等， $C_n^m = C_n^{n-m}$。

增减性与最大值： $C_n^k = \dfrac{n(n-1)(n-2)\cdots(n-k+1)}{(k-1)!k} = C_n^{k-1}\dfrac{(n-k+1)}{k}$，所以 C_n^k 相对于 C_n^{k-1} 的增减情况由 $\dfrac{(n-k+1)}{k}$ 决定。由 $\dfrac{(n-k+1)}{k} > 1 \Leftrightarrow k < \dfrac{n+1}{2}$ 可知，当 $k < \dfrac{n+1}{2}$ 时，二项式系数是逐渐增大的。由对称性知它的后半部分是逐渐减小的，且在中间取得最大值。当 n 的偶数时，中间的一项取得最大值；当 n 是奇数时，中间的两项 $C_n^{\frac{n-1}{2}}$， $C_n^{\frac{n+2}{2}}$ 相等，且同时取得最大值。

3. 设计意图

教师引导学生用函数思想探究二项式系数的性质，学生画图并观察分析图象性质；运用特殊到一般、数形结合的数学思想归纳二项式系数的性质，升华认识；通过分组讨论、自主探究、合作交流，说明或证明二项式系数的对称性和增减性与最大值，提高学生合作意识。

（四）合作交流议方法

1. 继续探究

$(a+b)^n$ 展开式的各二项式系数的和是多少？

（1）计算 $(a+b)^n$ 展开式的二项式系数的和（$n=1$，2，3，4，5，6）。

（2）猜想 $(a+b)^n$ 展开式的二项式系数的和。

（3）怎样证明你猜想的结论成立？

赋值法：已知 $(1+x)^n = C_n^0 + C_n^1 x + C_n^2 x^2 + \cdots + C_n^r x^r + \cdots + C_n^n x^n$ ，

令 $x=1$ ，则 $2^n = C_n^0 + C_n^1 + C_n^2 + \cdots + C_n^n$ 。

这就是说，$(a+b)^n$ 的展开式的各个二项式系数的和等于 2^n 。

n 元集合子集的个数（两个计数原理）。

分类计数原理：$C_n^0 + C_n^1 + C_n^2 + \cdots + C_n^n$

分步计数原理：n 个 2 相乘，即 2^n 。

所以 $C_n^0 + C_n^1 + C_n^2 + \cdots + C_n^n = 2^n$ 。

2. 问题拓展

你能求 $C_n^0 - C_n^1 + C_n^2 - C_n^3 + C_n^4 - C_n^5 + \cdots$ 吗？

在展开式 $(a+b)^n = C_n^0 a^n + C_n^1 a^{n-1} b + C_n^2 a^{n-2} b^2 + \cdots + C_n^n b^n$ 中，令 $a=1, b=-1$ ，

则得 $(1-1)^n = C_n^0 - C_n^1 + C_n^2 - C_n^3 + \cdots + (-1)^n C_n^n$ ，

即 $0 = (C_n^0 + C_n^2 + \cdots) - (C_n^1 + C_n^3 + \cdots)$ ，所以 $C_n^0 + C_n^2 + \cdots = C_n^1 + C_n^3 + \cdots$ ，

在 $(a+b)^n$ 的展开式中，奇数项的二项式系数的和等于偶数项的二项式系数的和。

3. 设计意图

通过学生归纳猜想各二项式系数的和，引导学生验证猜想结论是否正确。同时为了突破利用赋值法证明二项式系数性质的难点，引导学生从模型化的角度出发，多角度地分析问题、探究问题、解决问题，将学生思维活动推向高潮，既加深学生对前后知识的内在联系的理解，又从深度和广度上让学生感受数学知识的串联和呼应。

（五）反馈升华拨思路

练 1. $(a+b)^n$ 的展开式中的第四项和第八项的二项式系数相等，则 n 等于（　）。

练 2. $(2x-3y)^{11}$ 的展开式中前项的二项式系数逐渐增大，后半部分逐渐减小，二项式系数取得最大值的是第（　　）项。

练 3. 已知 $(1-2x)^7 = a_0 + a_1 x + a_2 x^2 + \cdots + a_7 x^7$，求：

（1）$a_1 + a_2 + \cdots + a_7$；（2）$a_1 + a_3 + a_5 + a_7$。

设计意图：

促进学生进一步掌握二项式系数的性质，学会用赋值法解决问题，促进其有意识地运用。

（六）悬念小结再求索

1. 课堂小结

通过本节课的学习，你有什么收获和体会（从数学和生活的角度）？还有什么疑问吗？

2. 课堂延伸

今天同学们展示了一些"杨辉三角"的规律，但是作为我国古代数学重要成就之一的"杨辉三角"还有更多有趣的规律，相信大家一定有极高的热情和严谨的态度去探究与发现"杨辉三角"的奥妙之处。

3. 课后作业

（1）继续探究"杨辉三角"的相关性质，尝试撰写学术小论文。

（2）尝试证明二项式系数的增减性。

（3）课本第 37 页第 7、8 题。

守得云开见月明

——例谈一个课本概念引发的思考

邯郸市秦喆数学工作室成员

邯郸市第一中学奥赛教练　段纪飞

青年数学教师的成长始终离不开教育教学研究，开展数学教育教学研究的过程就是专业成长的过程。在开展数学教育教学研究，达成专业成长的过程中，阅读、反思与写作三者的作用毋庸置疑、无可替代。其中，写作被称之为教师专业成长的隐形的翅膀。教师写作的论文不是重大的科学发现，也非惊人的理论创新，它是基于教学行为和实践意义上的总结与提炼。以下是笔者自从事教育工作以来对同一问题不同时期的思维片段，整理如下，以飨读者。

案例一：一个数学概念引发得思考

人教版《高中数学选修2-1》第一章第二节讲了这样一个概念：一般地，"若 p，则 q"为真命题，是指由 p 通过推理可以得出 q。这时，我们就说，由 p 可推出 q，记作 $p \Rightarrow q$ 并且说 p 是 q 的充分条件。

这是课本上一个普通的概念，对这个概念我做了思考并尝试写作，具体如下：

思考一

试想一下，如果存在等价于条件 p 的不同条件 $m_1, m_2, \cdots m_n$，我们就可以找到命题"若 p，则 q"的 n 种证明方法，其实这正是数学化归思想的理论支撑。以此概念为依托，以人教版《高中数学必修4》中 1.4.1 正弦函数、余弦函数的图象为例，我将化归思想融入一节课堂实录课中，荣获 2017 年教育部"一师一优课""部级优课"，现摘录教学过程如下。

教学过程：

一、设置情境

引进弧度制以后，$y = \sin x$ 就可以看作是定义域为 R 的实变量函数。作为函数，我们首先要关注其图象特征．本节课我们一起来学习作正、余弦函数图象的方法。

二、探索研究

（一）复习诱导公式

前面我们已经学习过三角函数的诱导公式，即将 $\frac{\pi}{2} \pm \alpha$，$\pi \pm \alpha$ 的三角函数化为角 α 的某种三角函数值的方法，请同学们回顾：

1. 奇变偶不变、符号看象限。

2. 负化正、大化小、化到锐角就"算了"。

3. 关注和、关注差、化到已知就"到家"。

师：通过前三节的学习，我们掌握了诱导公式，熟悉如何将一个未知、陌生的问题转化为已知、熟悉的问题的方法，其中蕴含着数学中重要的思想方法：转化与化归的思想。

（二）导入新课，确定研究目标

今天我们要有请今天的主角隆重登场：$y = \sin x, x \in R$ 和 $y = \cos x, x \in R$。

我们先进行第一次转化：$\because \cos x = \sin\left(\frac{\pi}{2} + x\right) \therefore$ 函数 $y = \cos x$，

即 $y = \sin\left(\frac{\pi}{2} + x\right)$。

因此由函数的图象变换法，我们只需研究如何画 $y = \sin x, x \in R$ 即可。

除此之外，我们还可以研究正弦函数的哪些性质，以帮助我们减少画图的工作量？

引导学生回答：

要画 $y = \cos x, x \in R$ 的图象 $\xleftarrow{\underset{\text{将右边图象向左平移}\frac{\pi}{2}}{\cos x = \sin(x + \frac{\pi}{2})}}$ 只需画 $y = \sin x, x \in R$。

2. 要画 $y = \sin x, x \in R$ 图象 $\xleftarrow{\underset{\text{将右边图象关于 (0,0) 对称}}{\sin(-x) = -\sin x}}$ 只需 $y = \sin x, x \in [0, +\infty)$。

3. 要画 $y = \sin x, x \in [0, +\infty)$ 图象 $\xleftarrow{\underset{\text{将右边图象平移}2\pi}{\sin(2k\pi + x) = \sin x}}$ 只需 $y = \sin x, x \in [0, 2\pi]$。

4. 要画 $y = \sin x, x \in [0, 2\pi]$ 图象 $\xleftarrow[\text{将右边图象关于}(\pi, 0)\text{对称}]{\sin(2\pi - x) = -\sin x}$ 只需 $y = \sin x, x \in [0, \pi]$。

5. 要画 $y = \sin x, x \in [0, \pi]$ 图象 $\xleftarrow[\text{将右边图象关于} x = \frac{\pi}{2}\text{对称}]{\sin(\pi - x) = \sin x}$ 只需 $y = \sin x, x \in \left[0, \dfrac{\pi}{2}\right]$。

6. 画 $y = \sin x, x \in \left[0, \dfrac{\pi}{2}\right]$ 的图象。

（三）借助信息技术工具，画 $y = \sin x, x \in \left[0, \dfrac{\pi}{2}\right]$ 的图象。

提问：函数 $y = \sin x, x \in \left[0, \dfrac{\pi}{2}\right]$ 的哪些性质有助于我们画图？

生：单调递增。（借助单位圆进行研究）

我们知道，作函数的图象的步骤是：列表、描点、连接。如果我们用列表法得出各点的坐标，就会因各点的纵坐标都是查三角函数表得到的数值不够精确，使得描点后画出的图象误差也大。为克服这一不足，我们引进几何画板做工具，画出函数函数 $y = \sin x, x \in \left[0, \dfrac{\pi}{2}\right]$ 的图象。

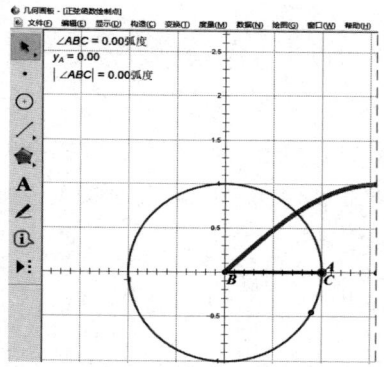

（四）利用轴对称画 $y = \sin x, x \in [0, \pi]$ 图象。

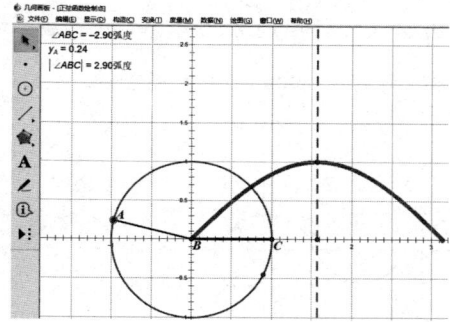

（五）利用中心对称画 $y = \sin x, x \in [0, 2\pi]$ 图象。

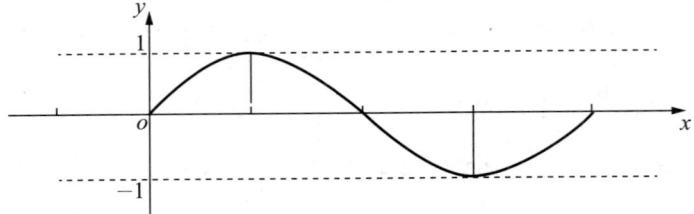

（六）利用周期性和中心对称画 $y = \sin x, x \in R$ 图象。

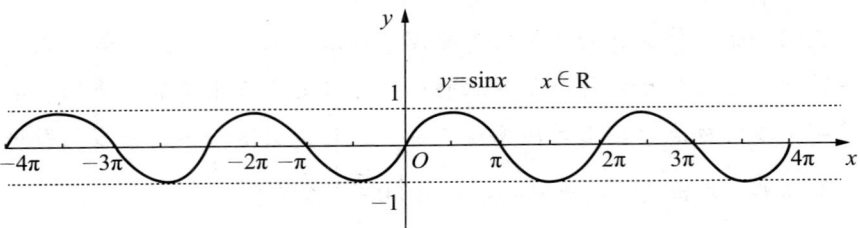

正弦函数 $y = \sin x, x \in R$ 的图象叫作正弦曲线。

（七）五点法作 $y = \sin x, x \in [0, 2\pi]$ 的简图。

师：在作正弦函数 $y = \sin x, x \in [0, 2\pi]$ 的图象时，我们描了很多点，但其中起关键作用的是函数 $y = \sin x, x \in [0, 2\pi]$ 与 x 轴的交点及最高点和最低点这五个点，你能依次它们的坐标吗？

生：$(0,0)$，$\left(\dfrac{\pi}{2}, 1\right)$，$(\pi, 0)$，$\left(\dfrac{3\pi}{2}, -1\right)$，$(2\pi, 0)$。

师：事实上，只要指出这五个点，$y = \sin x, x \in [0, 2\pi]$ 的图象的形状就基本确定了，以后我们常先找出这五个关键点，然后用光滑的曲线将它们连接起来，就得到函数的简图，这种作图的方法称为"五点法"作图。

（八）用变换法作余弦函数 $y = \cos x, x \in R$ 的图象。

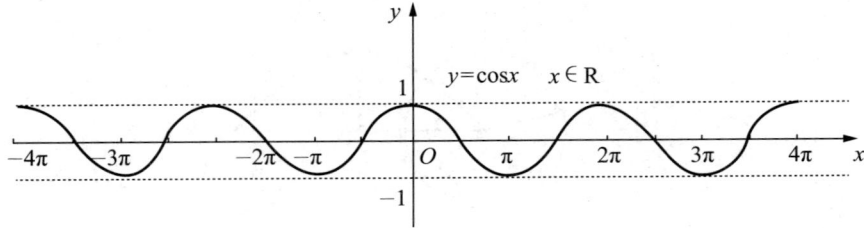

思考二

数学中，如果可以由前一个命题推出后一个命题，而后一个命题不能推出前一个命题，我们则称前一个命题比后一个命题强。将一个要证明的命题转化为一个比之更强的命题，我们称为加强命题。

显然，在证明某个命题成立时，如果能证明一个比原命题更强的命题成立，则原命题必定成立。

由于更强的结论可能在表达形式上比原结论更整齐或更有规律性，因此，证明更强结论的推理有时反而更容易进行。因而加强命题也就成为我们常用的一种处理问题的思维方式。然后我以加强命题的方式作为切入点，整理了一篇文章《以攻为守——例谈加强命题在解题中的应用》，发表在《高中数理化》杂志 2019 年第 10 期上，摘录如下：

1. 具体变抽象

解题时，我们经常将一般问题追溯到它的特殊情形来考虑，但有时又需要反其道而行，将命题适当地加强使问题一般化、抽象化，问题反而会由难转易，迎刃而解。

例 1. 比较 $(20192020!)^2$ 与 $(20192020)^{20192020}$ 的大小。

分析与解：将问题抽象为比较 $(n!)^2$ 与 $(n)^n (n \in N)$ 的大小，尝试 $n = 1, 2, 3, 4$ 验算，易猜：$(n!)^2 > (n)^n (n \in N, n > 2)$

证明：$\because (n!)^2 = n! \times n! = (1 \cdot n) \cdot [2 \cdot (n-2)] \cdots (n \cdot 1)$

且 $k(n-k+1) = (n-k)(k-1) + n > n$（对 $\forall k \geqslant 2, k \in N$）

$\therefore (n!)^2 = (1 \cdot n) \cdot [2 \cdot (n-2)] \cdots (n \cdot 1) > n^n$

令 $n = 20192020$ 即得答案。

点评：加强命题使得具体问题一般化，看似"小题大做"，实则"大巧若拙"。

2. 放宽条件

所谓放宽条件就是减少对题中对象条件的约束，证明在一个更宽松的条件下，命题的结论同样成立。

例 2，设 a, b 为给定的正数，对正整数 n，求 $f(n) = an + \dfrac{b}{n}$ 的最小值。

分析与解 题给条件限定 n 为正整数，我们先放宽这一条件的约束，考察任意正数 x，令

$$f(x) = ax + \frac{b}{x}$$

先研究函数 $f(x)$ 的性质，然后再求出 $f(n)$ 的最小值，因为

$$f'(x) = a - \frac{b}{x^2}$$

所以当 $0 < x < \sqrt{\frac{b}{a}}$ 时，$f'(x) < 0$，$f(x)$ 在 $\left(0, \sqrt{\frac{b}{a}}\right]$ 在递减；

当 $x > \sqrt{\frac{b}{a}}$ 时，$f'(x) > 0$，$f(x)$ 在 $\left(\sqrt{\frac{b}{a}}, +\infty\right)$ 在递增。所以 $f(x)$ 在 $x = \sqrt{\frac{b}{a}}$ 时取得最小值。

当 n 为正整数时，如果 $\sqrt{\frac{b}{a}} \in N$，则 $f(n) = an + \frac{b}{n}$ 的最小值为

$$f\left(\sqrt{\frac{b}{a}}\right) = a\sqrt{\frac{b}{a}} + b\sqrt{\frac{a}{b}} = 2\sqrt{ab}$$

如果 $\sqrt{\frac{b}{a}} \notin N$，则当 $n \leqslant \left[\sqrt{\frac{b}{a}}\right]$ 时，由于 $f(x)$ 在 $\left(0, \sqrt{\frac{b}{a}}\right]$ 在递减，有

$$f(n) \geqslant f\left[\sqrt{\frac{b}{a}}\right] = a\left[\sqrt{\frac{b}{a}}\right] + \frac{b}{\sqrt{\frac{b}{a}}}$$

则当 $n \geqslant \left[\sqrt{\frac{b}{a}}\right] + 1$ 时，由于 $f(x)$ 在 $\left(\sqrt{\frac{b}{a}}, +\infty\right)$ 在递增，有

$$f(n) \geqslant f\left(\left[\sqrt{\frac{b}{a}}\right] + 1\right) = a\left(\left[\sqrt{\frac{b}{a}}\right] + 1\right) + \frac{b}{\left[\sqrt{\frac{b}{a}}\right] + 1}$$

综上所述：当 $\sqrt{\frac{b}{a}} \in N$ 时，$f(n)$ 的最小值为 $2\sqrt{ab}$；当 $\sqrt{\frac{b}{a}} \notin N$ 时，$f(n)$ 的最小值为

$$\min\left\{a\left[\sqrt{\frac{b}{a}}\right] + \frac{b}{\sqrt{\frac{b}{a}}}, a\left(\left[\sqrt{\frac{b}{a}}\right] + 1\right) + \frac{b}{\left[\sqrt{\frac{b}{a}}\right] + 1}\right\}$$

点评：数列是特殊的函数，数列问题函数化其实就是具体问题的一般化，解题方法"敦厚憨实"，正所谓"大象无形"。

3. 寻找最近的充分条件

考察解题目标在什么情况下最容易实现，也是以简驭繁的一中常用手段，比如：欲证明某 n 个数的和等于另 n 个数的和：

则最容易使上述等式成立的一中情形是"对应相等"，即对每一个 $i(1 \leqslant 1 \leqslant n)$ ，有 $a_i = b_i$ 。

例 3. 已知正实数 a,b,c 满足 $\dfrac{1}{a} + \dfrac{1}{b} + \dfrac{1}{c} = 1$ ，试证：

$$\sqrt{a+bc} + \sqrt{b+ca} + \sqrt{c+ab} \geqslant \sqrt{abc} + \sqrt{a} + \sqrt{b} + \sqrt{c}$$

分析与证明 原不等式左右两边同除以 $\sqrt{abc}$ ，代入 $\dfrac{1}{a} + \dfrac{1}{b} + \dfrac{1}{c} = 1$ 得

$$\sqrt{\frac{1}{ab}+\frac{1}{c}} + \sqrt{\frac{1}{bc}+\frac{1}{a}} + \sqrt{\frac{1}{ca}+\frac{1}{b}} \geqslant \sqrt{\frac{1}{ac}}+\frac{1}{b} + \sqrt{\frac{1}{bc}}+\frac{1}{a} + \sqrt{\frac{1}{ab}}+\frac{1}{c}$$

找一个充分条件，比较对应项，希望有局部不等式

$$\sqrt{\frac{1}{ab}+\frac{1}{c}} \geqslant \sqrt{\frac{1}{ab}}+\frac{1}{c}$$

实际上，$\left(\sqrt{\dfrac{1}{ab}+\dfrac{1}{c}}\right)^2 - \left(\sqrt{\dfrac{1}{ab}}+\dfrac{1}{c}\right)^2 = \dfrac{1}{c}\left(1-\dfrac{1}{c}-2\sqrt{\dfrac{1}{ab}}\right)$

$$= \frac{1}{c}\left(\frac{1}{a}+\frac{1}{b}-2\sqrt{\frac{1}{ab}}\right) = \frac{1}{c}\left(\sqrt{\frac{1}{a}}-\sqrt{\frac{1}{b}}\right)^2 \geqslant 0 ,$$

所以 $\sqrt{\dfrac{1}{ab}+\dfrac{1}{c}} \geqslant \sqrt{\dfrac{1}{ab}}+\dfrac{1}{c}$ 成立，同理可得

$$\sqrt{\frac{1}{bc}+\frac{1}{a}} \geqslant \sqrt{\frac{1}{bc}}+\frac{1}{a} , \quad \sqrt{\frac{1}{ca}+\frac{1}{b}} \geqslant \sqrt{\frac{1}{ac}}+\frac{1}{b}$$

三个不等式相加，得

$$\sqrt{\frac{1}{ab}+\frac{1}{c}} + \sqrt{\frac{1}{bc}+\frac{1}{a}} + \sqrt{\frac{1}{ca}+\frac{1}{b}} \geqslant \sqrt{\frac{1}{ac}}+\frac{1}{b} + \sqrt{\frac{1}{bc}}+\frac{1}{a} + \sqrt{\frac{1}{ab}}+\frac{1}{c}$$

原不等式获证。

点评：转化与化归是数学中常用的思想方法，但等价命题再怎么转化也是"万变不离其宗""换汤不换药"。而"最近"的充分条件却有很多，千变万化，不一而足，此所谓数学的魅力所在。

"最好的防守就是进攻"，解题如竞技，在解题的过程中如果能抓住题的条件，结论等或放宽或加强，以退为进，以攻为守，反而会收到意想不到的效果。

我们一直在谈以本为本，立足课本。作为教师更应在督促学生的同时以身示范带领学生细细品味课本、研究课本，特别是课本中各章节的概念、公式、定理、重点例题、习题等，在品味的基础上，升华知识，提升素养。

当然，教师不同于学生之处还在于对教育的深刻理解以及教学活动后对自己教学行为、教学现象、教学理念进行审视和自我反思。如果能将这些所思所想整理成文，将思维片段"集结成册"，将那些有感情、有温度的教育叙事随手记录，不久的将来，"此你非彼你"。因为这是教师专业成长的必经之路，也是勇于实践，不断突破自我的不二法门。

各位同仁，终身学习，勤于实践，不断反思，以提升自我。教师成长路上，我们且行且珍惜！

纸上得来终觉浅，绝知此事要躬行

邯郸市秦喆数学工作室成员

邯郸市第一中学实验班班主任　徐　韬

我认为，对于新课程理念，只学理论或是仅靠几次活动是远远不够的，必须在我们日常的教学中不断去尝试、探索，而我也是这样贯彻的。下面就是我诸多教学尝试中的一个简要片段，为了便于说明，我将问题展示的小组编号为 A、B、C……

案例分析：圆锥曲线中的定点定值问题

问题引入：已知椭圆 $C: \dfrac{x^2}{a^2} + \dfrac{y^2}{b^2} = 1 \, (a > b > 0)$ 的焦距为 2，左右焦点分别为 F_1，F_2，以原点 O 为圆心，以椭圆 C 的短半轴长为半径的圆与直线 $3x - 4y + 5 = 0$ 相切。

(1) 求椭圆 C 的方程；

(2) 设不过原点的直线 $l: y = kx + m$ 与椭圆 C 交于 A，B 两点，若直线 AF_2 与 BF_2 的斜率分别为 k_1、k_2，且 $k_1 + k_2 = 0$，求证：直线 l 过定点，并求出该定点的坐标。

A 小组展示解题过程（略）。

师：仔细阅读上面题目的第（2）问，你能改变条件得到其他的变式吗？

A 小组：上题中若将右焦点 F_2 换成左焦点 F_1 也成立，即：若 $k_{AF_1} + k_{BF_1} = 0$，求证：l 过定点。

然后该同学展示了他的证明过程（略）。

师：将此变式与原题对比，你能发现什么？

A 小组有同学补充道：变式中的定点可以直接看出来为 $(-2, 0)$，我是利用椭圆的对称性看出来的。

师点评：很好，利用图形的对称性来探究定点位置，而这也是定点定值问题的处理方法之一：先特殊探究再作一般的证明。对比上述变式问题，定点随焦点位置的变化而变化，它和椭圆是否有内在联系，你能发现什么？

B 小组：我们发现，上面两个问题中定点 $(\pm2,0)$ 就是椭圆的准线与长轴的交点。因此我们猜测，对任意的椭圆：$\dfrac{x^2}{a^2}+\dfrac{y^2}{b^2}=1(a>b>0)$ 的右焦点 F_2，直线：$y=kx+m$ 与椭圆交于 A，B 两点，且满足 $k_{AF_2}+k_{BF_2}=0$，则 AB 过定点 $\left(\dfrac{a^2}{c},0\right)$。

全班学生共同验证 B 组的猜测然后展示证明过程。

小组 C 有补充：$k_{AF_2}+k_{BF_2}=0$ 的几何含义是把 BF_2 对称后与 AF_2 构成焦点弦，因此本问题又有了一个相近的描述方式，若椭圆：$\dfrac{x^2}{a^2}+\dfrac{y^2}{b^2}=1(a>b>0)$ 的焦点弦为 AB（斜率存在），A 关于 x 轴对称的点为 C，则 BC 直线过定点 $\left(\dfrac{a^2}{c},0\right)$。

师：很好，椭圆是我们学过的三种圆锥曲线之一，而圆锥线之间有很多性质结论是可以类比得到的，从这个角度你能提出什么问题？

D 组：我们把椭圆：$\dfrac{x^2}{a^2}+\dfrac{y^2}{b^2}=1(a>b>0)$ 换成抛物线：$y^2=2px$，可以得到这样一个问题：若抛物线：$y^2=2px$ 的焦点弦为 AB（斜率存在），A 关于 x 轴对称的点为 C，证明：BC 直线过定点。

D 小组的同学展示了他们的证明过程，定点仍然为准线和对称轴的交点 $(-\dfrac{p}{2},0)$。

师：焦点是抛物线的对称轴上一个特殊的点，抛物线有些焦点弦性质可以推广到过对称轴上其他定点的弦上，从这个角度，你能想到什么？

E 小组：在 D 组的基础上我们可以做更一般的发散：抛物线 $y^2=2px$ 的焦点弦为 AB：$y=k(x-t)$（t 为常数），A 关于 x 轴对称的点为 C，证明：BC 直线过定点。

师：非常好，抛物线的焦点弦性质是一个非常重要的知识点，希望大家深刻理解，熟练推导和运用。上面变式中都是曲线上两点对焦点的斜率之和，圆锥曲线除了焦点之外，还有哪些比较特殊的点呢？你能从这个角度来变式吗？

F 组：如果将原问题中的焦点换成上顶点，$k_1 + k_2 = 0$ 中 0 换成 -1，就会得到与 2017 年全国 1 卷第 20 题（2）问非常相似的问题：

若椭圆：$\dfrac{x^2}{2} + y^2 = 1$ 的上顶点为 P，若直线 $y = kx + m$ 与椭圆交于 A，B 且满足：$k_{AP} + k_{BP} = -1$，证明：直线 AB 过定点。

该同学还展示了 2017 年全国 1 卷第 20 题：

已知椭圆 C：$\dfrac{x^2}{a^2} + \dfrac{y^2}{b^2} = 1(a > b > 0)$，四点 $P_1(1,1)$，$P_2(0,1)$，$P_3(-1, \dfrac{\sqrt{3}}{2})$，$P_4(1, \dfrac{\sqrt{3}}{2})$ 中恰有三点在椭圆 C 上。

（1）求 C 的方程；

（2）设直线 l 不经过 P_2 点且与 C 相交于 A，B 两点．若直线 P_2A 与直线 P_2B 的斜率的和为 -1，证明：l 过定点。

师：大家一起来解决 F 组提出的变式，并与 2017 年全国 1 卷的第 20 题对照一下，你能发现什么？

当学生展示完解题过程后，老师继续启发：这 2 个题中椭圆的方程不一样，直线满足的条件相同，定点也相同均为 $(2, -1)$，由此你能发现什么？

F 组：若椭圆 $\dfrac{x^2}{a^2} + \dfrac{y^2}{b^2} = 1(a > b > 0)$ 的上顶点为 P，若直线 $y = kx + m$ 与椭圆交于 A，B 且满足：$k_{AP} + k_{BP} = -1$，AB 过定点 $(2b, -b)$

G 组：我们可以将 F 组提出的问题中的曲线背景换成抛物线可以得到如下问题：抛物线：$y^2 = 2px$ 的顶点为 O，若直线 $y = kx + m$ 与抛物线于 A, B 且满足：$k_{AO} + k_{BO} = -1$，AB 是否过定点？

G 组展示了他们提出的问题的证明过程（略）。

老师总结：同学们通过小组合作讨论，提出了很多新的变式问题，使我们对该问题有了更深入的理解，我这儿再提一些这个问题的其他变式角度，供大家课下探究：

探究 1：若椭圆：$\dfrac{x^2}{2}+y^2=1$ 的上顶点为 P，若直线 $y=kx+m$ 与椭圆交于 A，B 且满足 $k_{AP}+k_{BP}=t$（t 为常数），直线 AB 是否过定点？

另外，我们可以改变题中斜率的运算得到：

探究 2：若椭圆：$\dfrac{x^2}{2}+y^2=1$ 的上顶点为 P，若直线 $y=kx+m$ 与椭圆交于 A，B 且满足：$k_{AP}\cdot k_{BP}=-1$，直线 AB 是否过定点？

或者将探究 2 变为其逆命题来思考：

若椭圆：$\dfrac{x^2}{2}+y^2=1$，若直线 $y=kx-\dfrac{1}{3}$ 与椭圆交于 A，B，问以 AB 为直径的圆是否过定点？如果过定点，定点在哪里？

按此方式继续下去，可以提出很多类似的问题。

由以上提出的问题可以看出，对本问题进行变式方向有如下几点：

1. 题目的背景曲线：可以由某个具体的椭圆到一般的椭圆结论是否成立，也可以横向类比，由椭圆类比到抛物线或双曲线后结论是否成立。

2. 题目中的已知特征点可以由焦点换成顶点或对称轴上的其他点后是否有相似的结论。

3. 还可以改变斜率的运算形式或运算结果，或者用倾斜角来代替斜率描述条件。

4. 可以将题目的条件和结论互换变成其逆命题来进行研究。

爱因斯坦说过："提出一个问题比解决一个问题更为重要。"新课标也要求学生："对所学的内容要有自己的心得，能提出自己的看法和疑问，并能运用合作的方式，共同探讨疑难问题。"因此，通过这次尝试让我更深刻地领悟到：在日常教学中，老师要引导学生发现问题，让学生能主动提出问题。要做到这一点，我认为可以从以下几个方面来入手。

一、创设情境让学生敢于发问

创设恰当的问题情境可以促使学生发现问题、提出问题，这对于学生问题意识的培养具有重要作用。创设问题情境应是一个由教师具体引导学生独立发现和提出问题的渐进过程。我们要根据学生已有的知识和教学的目的设置与学生原有认知发生冲突并处于学生的最近发展区的问题，使学生的思维处于一种心求通而不得、口欲言而不能的状态，激起学生的积极思维和探究欲望。例如在高中学习函数的定义时，我们发现初中函数的定义解释不了高中的函数关系，从而引发学生认知冲突，激发学生思考函数该如何来重新定义。另外情境的创设，也可采用知识生活化，密切联系生活实际，让学生感到喜闻乐见。例如，在学习三角函数的定义时我们可以由学生熟悉的摩天轮来引入。

二、营造氛围让学生参与提问

新课标提出了教育是为了让学生更好地发展，教师是服务学生学习的，要让学生成为学习主体的要求。在课堂上，师生关系是平等的，我们要尊重学生，相信、鼓励他们。对于学生提出的问题，我们要认真倾听，即使个别学生的问题有明显的错误也不要去否定，而要积极帮助引导，不能嘲讽，保护学生的自尊心和求知欲。我们还要及时发现学生所提问中的闪光点并加以肯定，让学生体会到成功的喜悦和被尊重的快乐，从而养成爱提问的习惯。对于学生各种天马行空的想法，我们要客观耐心引导，同时营造出平等、和谐的学习环境，学生敢于提出自己的真实想法，就会提出自己的问题。另外，在创设问题情境后，我们要等待学生一段时间，让学生明确"问题"是什么，其目的是什么，由问题到结果应扫除哪些障碍，需要联系到哪些已学知识。只有学生明白这些以后，才可能提出问题。在这段等待的时间里，让学生分组讨论，使其明确提出问题的努力方向。若学生能提出高质量的问题，则说明他们已把握了提问题的真谛；否则，我们要分析原因，再进行适当引导。

三、激发思维使学生善于提问

"学成于思，思源于疑。"人的思维是从发现问题开始的。培养学生发现问题，提出有针对性的、高质量的问题，对于学生个性品格的形成和智力的开发具有很高的价值。学生提出的问题，正是学生迫切需要解决的。如果我们的教学以学生提出的问题为主，定会事半功倍。

四、让学生带着问题走出课堂

传统的教学是把问题在课堂上弄懂，走出课堂就没有问题了。其实，这是片面的教学观。现代的教学理论认为，问题的解决并不是教学的根本目的，不能满足于学生已经掌握了多少个问题的答案，而是在获得结论的同时，鼓励学生自主地提出新的问题，带着新问题走出课堂，并想办法解决。因此在一堂课结束时，我们应有意识地给学生留下"言尽而意无穷"的意境，让学生在课下去思考、去研究。

通过实践，我发现：只要启发得当，学生是能够抓住所学内容的重点和难点提出问题的，让学生自己发现问题，比教师主观设计的问题，更能激发学生学习的主动性和积极性。更重要的是，它从根本上改变学生等待老师传授知识，消除学生学习上的依赖心理，使学生主动求知，从而充分发掘出他们的学习潜力。

加入工作室后，在秦老师的影响下，我不单在教学上取得了进步，在教育和班主任的工作方式上都有了很多大的转变。工作室的新课程理念也不仅仅体现在学生的学业上，更体现在教育工作的点点滴滴中。秦老师经常跟我们说："老师不要总是高高在上，要和学生做朋友，尊重他们，想办法走进他们的内心世界，这样才能取得好的教育效果。"这些话听起来平淡无奇，但是作为班主任的我深切地感受到：这一点正是我们成功学生教育的前提，而我也曾经这样实践过。下面就是我感触颇深的一段育人经历。

案例分析：不穿校服的女生

一、背景描述

高一下学期因文理分科班级调整后，我们班级来了一位比较特别的女生董某，该生典型的"假小子"做派：留着男生的发型，从来不穿校服，经常和同学发生冲突。但该同学在初中时还是一位品学兼优的学生，这种改变是从上高中后才开始的。

二、教育过程

当我上文理分班后的第一节班会课时，这位女同学从座位中突然站起来，用不屑一顾的语气很不友好地说："你讲的观点我不同意！"我心里一愣，这么大胆无礼，提问题连基本的礼貌都没有！尽管我当时心有怒意，但想起秦老师跟我说的："在大众场合不要伤害学生的自尊，这样以后的工作就会好开展一些。"于是我调整好情绪，当着全班同学肯定了她敢于发表自己观点的勇气。第二天我早早到教室，检查班级工作，当团支部书记、班长向我汇报班级情况的时候，又一次提到了她。我从她原来的班主任处了解到：从上高一到现在她拒绝穿校服。当我走近她友好地问她为什么不穿校服时，她很不礼貌地瞪了我一眼，并冒出一句话："我不会穿校服的，我从来没穿过！"语气很生硬，我的心又一次揪紧，看来这个学生的确有点"另类"。再往后我发现她的对立情绪非常严重，稍有不顺就大发脾气，甚至不遵守学校的规章制度：学校规定不准戴耳环，她偏戴；学校规定不准戴首饰，她偏戴；学校规定不准吃零食，她偏吃，有时还大摇大摆地在教室里吃。谁提醒她，她就与谁对抗。由于她的行为，班级的荣誉受到影响，她的"另类"成了大家的话题。

董某那冷漠的神情，经常浮现在我眼前。这到底是怎样的一个女孩？为什么如此桀骜不驯，我惊讶又好奇，这里面一定有我不知道的故事。思前想后，我慎重地请她到办公室，她侧仰着头，板着脸，表情很倔，一副拒人千里之外之势，还不时用余光瞟我。"什么事让你显得这样烦躁？"我试图用这个问句让她宣泄心中的不快。

"没什么，很烦。"

"我懂一些心理学，你能接受我的帮助吗？"

她低着头说道："不需要，你和其他老师没什么不同。"

碰了一鼻子灰，但为了缓和一下紧张的气氛，我还是自嘲地说道："真是受打击，看来班主任的心理承受力不容忽视。"但她除了冷漠就是沉默。我正希望这个时候她能有第一次班会课上的表现，哪怕和我争论起来，但最终还是没有，第一次交谈就这样结束了，这个结果也在我的预料之中。我坚信，不是无法和她沟通，只是像秦老师说的那样，我们只是暂时没有找到走进她内心的话题而已。于是我仍然关注着她，宽容地对待她的表现。

一个星期后我又约她到办公室，她没有拒绝，但仍然是不屑一顾的神情，谈话还是不顺畅。但我感受到她的内心是需要关心的。就在我思考对话如何继续下去的时候，无意间看到她脖子上戴的挂件中有李宇春的照片，我估计她是李宇春的"粉丝"，于是我马上话题一转说：

"你是李宇春的'粉丝'吧？"

"你怎么知道？"她马上抬起头，眼神有点柔软。

"我有第六感应，我也喜欢李宇春。"

"你？"她疑惑地看了我一眼。

"她下个月好像有场演唱会。"

"我知道，就下周五。"

有关这样的话题维持了几分钟，她说话的语气稍有点温度，我内心一阵开心。我便关切地说："这一段时间来，老师发现你情绪波动比较大，你心里是不是有解不开的结？如果我们哪里做得不对也可以改呀，能和老师聊一聊吗？"

"说了也没用。"

"我想知道你不愿意穿校服的原因。"我直接切入正题。

说到穿校服，她突然涨着通红的脸，情绪变得很糟糕，边哭边说，"穿不穿校服我不在乎，我又不想在这里上学。"语气中还带有几分不耐烦。"为什么呢？我想你这样想一定有你的理由，老师能理解你。"在我耐心、真诚地引导下，她终于边哭边说："我中考失利，我的同学进了一中直升班，而我却没有，我心里很失落和不平衡。""我能理解，这样让你难受，你能坚持到现在是不容易的，但老师要告诉你的是，现在你的不平衡，很大程度上是情绪引起的心态失衡。只要你努力，在哪里学习都能取得好的成绩，你可以证明自己不比你的同学差！"我积极地关注、真诚地安慰着她。她还断断续续地告诉我初中是如何如何优秀，现在是多么失落和不开心。在谈话过程中我不断点头回应，认真聆听，引导她宣泄积累已久的负面情绪。宣泄之后，她平静了许多，我的第一次安慰和引导她能积极回应。谈话结束时我布置了作业，请她回去收集自己认为在逆境中成功者的成长经历并写下心理感受，再以表格的形式罗列出平时能让自己快乐的事，如"听音乐能使我快乐"等，并建议下周一起交流。她疑惑地看了看我说："还有作业？我没有心情。"我解释道："我知道当大多数人遇到问题时，会觉得一点心情都没有，这是人们的一个误区：认为人快乐的时候才做快乐的事，其实人在不快乐的时候更应该做平时认为自己快乐的事，这才能迅速恢复自信和力量。"她点了点头，看来她对我开始有点信任了，一切似乎在朝好的方向发展。

几个星期过去了，校服仍然不穿，但她碰到问题能主动找我，每次交流都比较顺畅，和同学的关系也在逐渐改善。有一次，我看到她笑得很开心，晚饭期间我将一个纸条给她："今天看到你笑得很开心，我很高兴。"第二天我在办公室的门缝下收到了回信。一打开，我全身好像被浇了冷水，从头凉到脚，回信这样写道："拒绝在0.5英里之外，是预言中的谁，读贝叶经的嘴，一种热爱叫敌对。"这是李宇春的一首歌曲中的歌词，她拒绝的方式也引用她偶像的歌词。我知道她所有的表现是心理防御机制在起作用，她用否定一切的方法来掩饰内心的脆弱，事实上她的内心是渴望成功，渴望关怀的。她的这种表现也是想引起我的关注。我告诫自己：面对这样一个受挫折的学生，我一定要用心去感化，无论我遇到多大的委屈，我都不能意气用事。

当我再一次约她到办公室时，她欣然答应。话题直接从她的偶像开始，就李宇春的歌、台风表演、成为"超级女声"所遇到的各种挑战，包括网上对她的各种负面评价等方面进行了交流。同时也进行自我表露，讲述自己在求学和工作中的失意和成功，又举了许多同学、同事所遇到的挫折，引导她正确面对挫折，像李宇春一样以积极的心态迎接未来，再针对上次的家庭作业进行评估和探讨，对她耿耿于怀的没能进直升班我采用认知质疑，帮她分析"别人可以失败，我必须成功"等自身不合理信念。这次谈话非常顺利，她临走时很有礼貌地说了声"老师谢谢"，这是以前从未有过的，我能感受到近一个多小时的交流后，她的内心是有所触动的。

　　人是有个性差异的，特别是处于青春期的学生，走近他们、尊重理解他们是班主任工作的关键。我引导班级同学珍惜同学之间的缘分，宽容对待身边的同学。在量化测评时如果按照班级规定，董某的考核结果是不理想的，但班级同学一致同意破格给她"良好"的成绩。在上高二时我破例为她调了她喜欢的寝室和班级座位，在调动宿舍的那天我动员同宿舍的其他女同学积极主动帮她整理东西，生日时不忘给她送上暖暖的祝福。我感谢我的学生，他们用宽容的心对待这么一位曾经受伤的同学。在学校的运动会中，大家积极鼓励她参加体育项目，最终为班级取得第二名的成绩。我还经常及时反馈任课老师对她的肯定，强化她积极向上的行为。创造机会请她和全班同学一起为班级出谋划策。她的小姨是她最信赖的朋友，我经常和她小姨交流她的情况，并请她的小姨每个周末过来和她谈一次心，交流思想，让她处处感受到她一路走来其实并不孤单。

三、案例结果

　　随着时间的推移，她身上发生了可喜的变化。她终于把自己当作班级中的一员，融入大家庭，上高三后她学习成绩突飞猛进，经常能进到班级前十五名，并主动承担了小组的组长工作。做组长工作也十分出色，经常主动为周围的同学答疑，她的小组无论是学习还是纪律都得到大家的赞扬，她也被同学们推选为"最佳组长"。她的表现得到同学的充分认可，往日的"刺猬"变得和顺了，蓝色的校服整洁地穿在她的身上，灿烂的笑容荡漾在她的脸上。

四、案例分析

　　董某不愿穿校服，对老师和同学的逆反情绪表面是由于不能接受中考没考进直升实验班而产生的一种投射心理，实质问题是典型的升学挫折引起的自卑心理。在教育的过程中，我没有急于判断当事人的心理问题，而是通过和当事人的深入交谈，去了解其内心需要。我的教育除了让她宣泄不良情绪，支持她重建合理的认知，改善她对自身和新环境的看法之外，还帮她构建更强大的心理支持系统。我用自己的真诚去换取她的信任，在沟通的时候坚持尊重、理解、真诚的原则，走进她的内心世界，开启她的心扉，使她走出迷失的自我，投入正常的学习生活之中。

　　这个案例使我深刻领悟到：

（一）良好的情绪是有效沟通的基础

在教育过程中，我们要时刻关注学生的情绪，只有在学生情绪平稳或积极的前提下，我们的教育才能发挥作用。

（二）获得学生的接受和认同是教育成功的前提

在与学生谈话时，如果我们老师急于对学生心理状态进行主观判断和引导，就可能使沟通陷入僵局。因此老师必须要有耐心，和学生建立和谐的关系，取得对方的信任，获得对方的接受。

（三）教育在于唤醒

每个人的内心深处都有一股积极向上的力量，教育的目的在于唤醒学生内在积极的力量，使其恢复自信、积极上进。

做一名合格的教师，需要与时俱进，需要终身学习、不断提升自我。

而工作室给我们提供了最好的平台。在这个平台上，我学到了新的课堂教学理念，明白了更多教育的道理，能够利用这些理论来指导和审视自己的日常教育教学工作，并且初步取得了一些成果。例如我将课堂还给学生，突出他们的主体地位，让学生自主合作讨论后，课堂的效率明显提高，教学的效果也得到了体现：从高二下学期开始，我们班的数学成绩一直处于同系列前茅；在学校的组织"全员优质课"评比上我经常获奖，被评为"邯郸市优秀教师"，在 2019 年参加邯郸市优质课大赛获一等奖等。在教育方面，我所带的班级在 2018 年分别获得河北省和邯郸市"先进班集体"，我因此荣获河北省和邯郸市"德育先进工作者"。这些都得益于在工作室这个平台上秦喆老师的悉心栽培和其他成员的无私帮助。当然，我不会止步于此，在学习和成长的路上，虽然可能会步履蹒跚，但我会不惧风雨，并奋然前行！

教学，反思，写作

——由一道清华测试题引发的教学思考

邯郸市秦喆数学工作室成员

邯郸市第一中学优秀学科组长　贾立平

　　贾立平，中共党员，邯郸市优秀授课教师。自 2006 年 9 月参加工作以来一直在教学一线担任数学教学工作。先后送走了 2009 届、2010 届、2014 届、2015 届、2016 届、2017 届 6 届毕业生，所带学生高考成绩优异，2014 年、2015 年、2016 年获教育局颁发的"高考突出贡献奖""嘉奖"，多次被评为邯郸市一中的"高考功勋教师""高考学科成绩优秀教师""优秀教师""高三优秀教师""高三优秀班主任""优秀教案、教学资料、作业批改人"等奖励，多次被评为"教坛新秀""优秀青年教师""优秀学科组组长"等称号。现担任高三文尖班数学教师、文科数学学科组组长。主编或参与编著了《金太阳考案·数学》（江西高校出版社出版）、《高中数学经典习题集必修2、选修 1–2》（河北大学出版社出版）、《高考好方略高考文科数学》（外语教学与研究出版社出版）、《师大今卷》（首都师范大学出版社出版）等数学教辅资料；在《中学数学》等杂志发表教育教学相关论文多篇。

　　青年数学教师的专业成长，离不开教育教学研究，开展教育教学研究的过程就是专业成长的过程。教学研究、课后反思以及课后写作，在提高专业成长的过程中有着不可替代的作用。深入地教学研究，有助于积累教育教学的智慧；深刻地课后反思，有助于增强教育教学的"内力"；踏实的写作，有助于升华教育教学的感悟。今天，我主要谈一谈关于写作的问题。

写作对我们大多数数学教师来说，可能是一个提起来就头疼的话题。是我们的表达能力不够？还是自身文笔不够好？事实并非如此，大多时候是因为我们怯于写作，同时，作为数学教师因忙碌的工作很难抽出大块时间来创作。其实我们完全可以从课堂上、备课过程中获取论文选题的素材及材料，这一点对大多数老师来说都不难，只要课上、课下能留心观察和感悟，往往能选出一些其他人很少关注到的东西。有时候，哪怕某个问题的切入点、学生的一个奇思妙想等，都可以作为文章的选题或切入口，以此展开阐释、举例和论述。那么，作为教师的我们就应该在灵感爆发的一瞬，及时记录下自己的思维火花。写着写着，一篇不错的文章就完成了。下面我将谈谈从一道清华测试题的教学研究中获得的收获，如有不当之处，恳请批评指正。

(2020 年 1 月中学生标准学术能力诊断性测试) 已知函数 $f(x) = \ln x, g(x) = \sqrt{x}$，

(1) 若 $f(x) + \dfrac{a}{g(x)} \geqslant g(x)$ 在 $(0,1]$ 上恒成立，求 a 的取值范围；

(2) 若 $m, n > 0, m + n = 1$，求证：$f(m)f(n) - [g(m)]^2[g(n)]^2 < \dfrac{1}{4}$。

这是一道不等式恒成立和双元不等式证明问题，是比较常见的考题，第 (1) 问较常规，第 (2) 问较困难，为了让学生对导数与不等式证明问题的认识更加清晰透彻，课堂上我们要先让同学们了解与函数有关的不等式证明的常见方法，便于学生形成完整的知识框架。

方法一：利用题目中的函数直接证明。

方法二：最值法。

要证明 $f(x_1) > g(x_2)$，只需证明 $f(x_1)_{\min} > g(x_2)_{\max}$

若 $f(x)_{\min} > g(x)_{\max}$，则可以证明 $f(x) > g(x)$ 成立。

方法三：构造辅助函数或主元法。

(1) 对于可以化为左右结构一致的不等式，构造 $f(x)$，进一步利用单调性证明 $f(x_1) > f(x_2)$ 成立。

（2）构造差函数或者商函数，有时候需要进行适当的变形，如取对数等。

（3）对于 $f(x_1,x_2)>A$，可以选 x_1 或 x_2 当主元变成一元不等式加以证明。

方法四：放缩法，借助常见的经典不等式进行放缩后再证明，如：

$e^x \geqslant ex$，$e^x \geqslant x+1, e^x \geqslant 1+x+\dfrac{x^2}{2}(x>0), e^x<-\dfrac{1}{x}(x<0), e^x \leqslant \dfrac{1}{1-x}(x \leqslant 0)$；

$\ln x \leqslant x-1$，$\ln x \leqslant \sqrt{x}$，$\ln x \geqslant 1-\dfrac{1}{x}$，

$\ln x \leqslant \sqrt{x}-\dfrac{1}{\sqrt{x}}(x \geqslant 1), \ln x \geqslant \dfrac{2(x-1)}{x+1}(x \geqslant 1)$ 等。

在具体的教学环节，笔者将引用几个案例来说明关于导数与不等式证明问题应该怎么打开思路，进而顺利完成作答。

例1（邯郸市第一中学高三二轮复习研一考题） 已知函数 $f(x)=x-a\ln x(a \in R)$，

（1）若函数 $f(x)$ 有 2 个零点 $x_1,x_2(x_1 \neq x_2)$，求 a 的取值范围；

（2）证明：$\dfrac{1}{x_1}+\dfrac{1}{x_2}<1$。

思路探究：(1) 由函数零点个数求参数范围基本上是两种途径：

途径一，参变分离（完全分离和不完全分离就具体情况确定），研究两个函数的交点问题；

途径二，研究函数单调性，借助零点存在性定理得到不等式（或不等式组）。

(2) 处理双元不等式证明问题一般可以采取"分析法"探究解题思路。

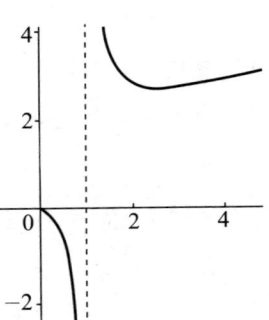

解：(1) 方法一：参变分离（此种方法一定要引导学生注意分类讨论）

①当 $x=1$ 时，不符合题意，舍掉。

②当 $x \neq 1$ 时，$a=\dfrac{x}{\ln x}(x \neq 1)$，令 $g(x)=\dfrac{x}{\ln x}$

借助导数研究出 $g(x)$ 的单调性，并画出草图

（注意书写时应该指明图象的走势，包括函数值正负、渐近线等问题），最终得出 $a>g(e)=e$。

做到这里求 a 的范围的分数就已经到手了，但是能力较强的学生会有整体把握题目的意识，后边的证明不等式极有可能用到函数 $f(x)$ 零点范围解决问题，所以为了大局着想，我们有直接研究函数 $f(x)$ 零点的必要。

方法二：$f'(x) = 1 - \dfrac{a}{x}$

①$a \leqslant 0$ 时，$f'(x) > 0$，$f(x)$ 在定义域上单增，不符合题意，舍掉。

②$a > 0$ 时，$x \in (0, a)$，$f'(x) < 0$，$f(x)$ 在 $(0, a)$ 上单调递减；

$x \in (a, +\infty)$，$f'(x) > 0$，$f(x)$ 在 $(a, +\infty)$ 上单调递增。

$\because x \to 0^+ \because x \to 0^+$ 时，$f(x) > 0$；$x \to +\infty$ 时，$f(x) > 0$，

$\therefore f(a) < 0$ 时，有两个零点，$\therefore f(a) = a - a\ln a = a(1 - \ln a) < 0, \therefore a > \mathrm{e}.$

在教学中此处还可以再加以优化，用标准的零点存在性定理来加以说明，函数有两个零点，

$\therefore f(a) < 0 \therefore f(a) = a - a\ln a = a(1 - \ln a) < 0, \therefore a > \mathrm{e}$，结合图，

$f(1) > 0, f(\mathrm{e}^{2a}) = \mathrm{e}^{2a} - 2a\ln(\mathrm{e}^{2a}) = \mathrm{e}^{2a} - 2a^2 > 1 + 2a + \dfrac{(2a)^2}{2} - 2a^2 = 1 + 2a > 0$

（此处借助 $\mathrm{e}^x \geqslant 1 + x + \dfrac{x^2}{2}(x \geqslant 0)$ 进行放缩），当然

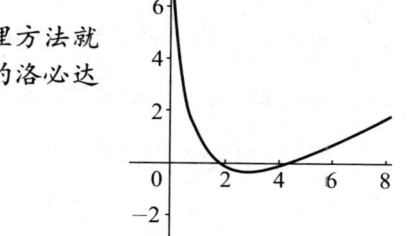

在寻找过程中还可能尝试 $\mathrm{e}^a, \mathrm{e}^{a^{-1}}$ 等，这种处理方法就需要学生们拓展一下高等数学知识，如常用的洛必达法则、泰勒展开式等。

(2) 要证 $\dfrac{1}{x_1} + \dfrac{1}{x_2} < 1$，即证 $x_1 + x_2 < x_1 x_2$，

即证 $a\ln x_1 + a\ln x_2 = a\ln x_1 x_2 < x_1 x_2$

令 $t = x_1 x_2$，则即证 $t - a\ln t > 0$

做到这个位置，不要慌于另辟蹊径（因为你会发现别的方法证不出来），一定要多看两眼，你就会惊喜地发现要证明的不等式恰恰就是 $f(t) > 0$，而本题刚刚得出 $f(x_1) = f(x_2) = 0$，故只要我们能发现 t 与 x_1, x_2 的关系并结合函数单调性，问题就得以解决了。

由 (1) 可知 $1 < x_1 < a < x_2, \mathrm{e} < a$，则 $t = x_1 x_2 < \mathrm{e}x_1$（舍）、$x_2 < t = x_1 x_2$

所以 $f(t) > f(x_2) = 0$，原不等式得证。

方法点睛：函数零点和导数与不等式证明是高频考点，同学们应注重方

法的积累和熟练应用。尤其是证明不等式遇到瓶颈打不开思路时一定要回头看看题干中的函数，你会有"蓦然回首，那人却在灯火阑珊处"之感。

而这样的处理方法并不是偶然现象，我们来看清华测试题：

（2020年1月中学生标准学术能力诊断性测试）已知函数 $f(x) = \ln x$，$g(x) = \sqrt{x}$，

(1) 若 $f(x) + \dfrac{a}{g(x)} \geqslant g(x)$ 在 $(0,1]$ 上恒成立，求 a 的取值范围；

(2) 若 $m, n > 0, m + n = 1$，求证：$f(m)f(n) - [g(m)]^2[g(n)]^2 < \dfrac{1}{4}$。

思路探究：(1) 参变分离，答案是 $[1, +\infty)$。

(2) 方法一：要证的问题等价于 $\ln m \ln n - mn < \dfrac{1}{4}$，我们要首先借助一下 (1) 的结果探求解题思路：当 $a = 1$ 时，$\ln x \geqslant \sqrt{x} - \dfrac{1}{\sqrt{x}}(x \in (0,1])$，而我们要证明的不等式是"<"，故 $-\ln x \leqslant \dfrac{1}{\sqrt{x}} - \sqrt{x}(x \in (0,1])$，则有 $-\ln m \leqslant \dfrac{1}{\sqrt{m}} - \sqrt{m} = \dfrac{1-m}{\sqrt{m}} = \dfrac{n}{\sqrt{m}}$，

$-\ln n \leqslant \dfrac{m}{\sqrt{n}}$，两式相乘得 $\ln m \ln n \leqslant \dfrac{mn}{\sqrt{mn}} = \sqrt{mn}$，故若能证明 $\sqrt{mn} - mn < \dfrac{1}{4}$，则原不等式成立。

方法二：基于常见的关于 $\ln x$ 的放缩，也可以探求到新的解题方法。

要证 $\ln m \ln n - mn < \dfrac{1}{4}$，若能证明 $\sqrt{mn} - mn < \dfrac{1}{4}$，则原不等式成立。

解：(1) $[1, +\infty)$。（过程略）

(2) 方法一：要证的问题等价于 $\ln m \ln n - mn < \dfrac{1}{4}$，

由 (1) 知 $-\ln x \leqslant \dfrac{1}{\sqrt{x}} - \sqrt{x}(x \in (0,1])$，

$\because m, n > 0, m + n = 1, \therefore 0 < m, n < 1 \therefore -\ln m \leqslant \dfrac{n}{\sqrt{m}}, -\ln n \leqslant \dfrac{m}{\sqrt{n}}$，

$\therefore \ln m \ln n \leqslant \dfrac{mn}{\sqrt{mn}} = \sqrt{mn}$，先证明 $\sqrt{mn} - mn < \dfrac{1}{4}$，

令 $t = \sqrt{mn}, t \in (0, \dfrac{1}{4}] \therefore \sqrt{mn} - mn = -t^2 + t = -\left(t - \dfrac{1}{2}\right)^2 + \dfrac{1}{4} < \dfrac{1}{4}$，

$\therefore \ln m \ln n - mn < \dfrac{1}{4}$ 成立，即 $f(m)f(n) - [g(m)]^2[g(n)]^2 < \dfrac{1}{4}$。

方法二：令 $k(x) = \sqrt{x} - \ln x$ ，$k'(x) = \dfrac{\sqrt{x}-2}{2x}$ ，

$\therefore k(x)$ 在 $(0,4)$ 上递减，在 $(4,+\infty)$ 上递增，$k(x) \geqslant k(4) = 2 - \ln 2 > 0$ ，

$\therefore \sqrt{x} > \ln x (x > 0)$ ，$\because m,n > 0, \therefore \ln m < \sqrt{m}(x > 0), \ln n < \sqrt{n}$ ，

$\therefore$ 要证 $\ln m \ln n - mn < \dfrac{1}{4}$ ，即证 $\sqrt{mn} - mn < \dfrac{1}{4}$ ，以下同法一。

方法点睛：这个例题中，我们发现在做不等式证明问题时，借助常见的经典不等式放缩很容易帮学生打开解题思路，故我们在教学中应该把关于 $e^x, \ln x$ 的常见放缩方法介绍给同学们，结论如下：

$e^x \geqslant ex,\ e^x \geqslant x+1, e^x \geqslant 1+x+\dfrac{x^2}{2}(x \geqslant 0),\ e^x < -\dfrac{1}{x}(x < 0),\ e^x \leqslant \dfrac{1}{1-x}(x \leqslant 0)$ ；

$\ln x \leqslant x-1,\ \ln x \leqslant \sqrt{x},\ \ln x \geqslant 1-\dfrac{1}{x},\ \ln x \leqslant \sqrt{x}-\dfrac{1}{\sqrt{x}}(x \geqslant 1)$ ，

$\ln x \geqslant \dfrac{2(x-1)}{x+1}(x \geqslant 1)$ 。

例2 求证：$e^x \ln x + \dfrac{2e^{x-1}}{x} > 1$ （2014 理科高考题节选）

思路探究：e^x 与 $\ln x$ 虽然是一对关系亲密的好朋友，但是，如果它们共存的话就会一直纠缠不清，所以必然要果断拆开，进行合理配凑。当然做好此题还需要熟悉 $y = x\ln x, y = \dfrac{x}{e^x}$ 等常见函数的图象来帮助自己打开解题思路。

方法一：若 $f(x)_{\min} > g(x)_{\max}$ ，则可以证明 $f(x) > g(x)$ 成立。

证明：问题等价于证明 $\ln x + \dfrac{2e^{x-1}}{xe^x} > \dfrac{1}{e^x}$ ，即证明 $\ln x + \dfrac{2}{xe} > \dfrac{1}{e^x}$ ，

（观察 $\ln x + \dfrac{2}{xe} > \dfrac{1}{e^x}$ ，结合 $y = x\ln x$ 是先减后增，$y = \dfrac{x}{e^x}$ 是先增后减的函数，所以分成左右两个函数，利用 $f(x)_{\min} > g(x)_{\max}$ 来证明不等式。）

即证明 $x\ln x > \dfrac{x}{e^x} - \dfrac{2}{e}[x \in (0,+\infty)]$ 。

$f(x) = x\ln x\ [x \in (0,+\infty)]$ 的最小值是 $-\dfrac{1}{e}$ ，当且仅当 $x = \dfrac{1}{e}$ 时取到；

设 $m(x) = \dfrac{x}{ex} - \dfrac{2}{e}[x \in (0,+\infty)]$ ，

则 $m'(x) = \dfrac{1-x}{ex}$ ，易知 $m(x)_{\max} = m(1) = -\dfrac{1}{e}$ ，当且仅当 $x = 1$ 时取到，

从而对一切 $x \in (0, +\infty)$，都有 $\ln x + \dfrac{2}{xe} > \dfrac{1}{e^x}$ 成立。

方法二：借助 $e^x \geqslant ex$ 进行放缩

证明：$\because e^x \geqslant ex(x=1$ 时取 $=$ 号$)$，$\therefore \dfrac{1}{e^x} \leqslant \dfrac{1}{ex}$，$\therefore \dfrac{1}{e^x} - \dfrac{2}{ex} \leqslant \dfrac{1}{ex} - \dfrac{2}{ex} = -\dfrac{1}{ex}$，

要证 $\ln x > \dfrac{1}{e^x} - \dfrac{2}{ex}$ 成立，只需证明 $\ln x > -\dfrac{1}{ex}$。

令 $h(x) = \ln x + \dfrac{1}{ex}$，$h'(x) = \dfrac{1}{x} - \dfrac{1}{ex^2} = \dfrac{ex-1}{ex^2}$，

$\therefore h(x)$ 在 $(0, \dfrac{1}{e})$ 上递减，在 $(\dfrac{1}{e}, +\infty)$ 上递增，$\therefore h(x) > h(\dfrac{1}{e}) = 0$ 故原不等式得证。

方法三：要证 $e^x \ln x + \dfrac{2e^{x-1}}{x} > 1$，

即证 $e^{x-1}(e \ln x + \dfrac{2}{x}) > 1$，又 $e^{x-1} \geqslant x(x=1$ 取等号$)$，

先证明 $x(e \ln x + \dfrac{2}{x}) > 1$，即证明 $ex \ln x + 1 > 0$，

令 $f(x) = ex \ln x + 1(x > 0)$，$f'(x) = e(\ln x + 1)(x > 0)$，

$f(x)$ 在 $(0, \dfrac{1}{e})$ 上递减，在 $(\dfrac{1}{e}, +\infty)$ 上递增，

$\therefore f(x) \geqslant f(\dfrac{1}{e}) = 0$，等号不能同时取得，故 $e^x \ln x + \dfrac{2e^{x-1}}{x} > 1$。

方法点睛：关于方法一，提醒同学们加强对 $y = xe^x$，$y = \dfrac{e^x}{x}$，$y = \dfrac{x}{e^x}$，$y = x \ln x$，$y = \dfrac{x}{\ln x}$，$y = \dfrac{\ln x}{x}$ 图象的认识；方法二、三借助经典不等式放缩证明问题，非常巧妙。

例 3 求证：$x > 0$ 时，$(e^x - 1) \ln(x+1) > x^2$。

思路探究：果断拆分 "$e^x - 1$" 与 "$\ln(x+1)$"，转化为证明 $\ln(x+1) > \dfrac{x^2}{e^x - 1}$，此处通过尝试 $\ln x > \dfrac{2(x-1)}{x+1}$，$\ln x \geqslant 1 - \dfrac{1}{x}$（舍）寻找思路，经研究只需证明 $\ln(x+1) > \dfrac{2x}{x+2}$，

只需证明 $\dfrac{2x}{x+2} > \dfrac{x^2}{e^x-1}$，进一步化简此式发现其本质就是泰勒展开式。

证明：要证 $(e^x-1)\ln(x+1) > x^2$，即证 $\ln(x+1) > \dfrac{x^2}{e^x-1}$，

又易证 $\ln(x+1) > \dfrac{2x}{x+2}$，（此不等式证明略）

先证 $\dfrac{2x}{x+2} > \dfrac{x^2}{e^x-1}$，即证 $e^x \geqslant 1+x+\dfrac{x^2}{2}$，

令 $f(x) = e^x-1-x-\dfrac{x^2}{2}$，$f'(x) = e^x-1-x \geqslant 0$，

$f(x)$ 在 $(0,+\infty)$ 上单调递增，$\therefore f(x) \geqslant f(0) = 0$，

故 $x > 0$ 时，$(e^x-1)\ln(x+1) > x^2$ 成立。

方法点睛：对于对数函数尽量地"孤立它"，对于指数函数给它找伙伴，实现指对分离进而化难为易。

依据我们的教学理念：以学论教、讲练结合，教学中要让学生及时训练，让他们亲自感受一下以上经典不等式的"威力"——秒杀高考题。

反馈训练（仅简单分析解题思路，请同学们自行书写完整解题过程）。

1. （2018 全国卷 I）已知函数 $f(x) = ae^x - \ln x - 1$，证明：当 $a \geqslant \dfrac{1}{e}$ 时，$f(x) \geqslant 0$（节选）

思路探究：当 $a \geqslant \dfrac{1}{e}$ 时，

$f(x) \geqslant e^{x-1} - \ln x - 1 \geqslant x - \ln x - 1 = (x-1) - \ln x \geqslant 0$。

2. （2018 全国卷 III）已知函数 $f(x) = \dfrac{ax^2+x-1}{e^x}$。证明：当 $a \geqslant 1$ 时，$f(x)+e \geqslant 0$。（节选）

思路探究：当 $a \geqslant 1$ 时，

$f(x)+e \geqslant \dfrac{x^2+x-1+e^{x+1}}{e^x} \geqslant \dfrac{x^2+x-1+x+2}{e^x} = \dfrac{x^2+2x+1}{e^x} = \dfrac{(x+1)^2}{e^x} \geqslant 0$。

3. （2013 新课标 II 理）已知函数 $f(x) = e^x - \ln(x+m)$，当 m ≤ 2 时，证明 $f(x) > 0$。（节选）

思路探究：当 $m \leqslant 2$，$x \in (-\infty, +\infty)$ 时，$\ln(x+m) \leqslant \ln(x+2)$，

$$f(x) \geqslant e^x - \ln(x+m) \geqslant e^x - \ln(x+2) \geqslant x+1 - \ln(x+2) \geqslant x+1 - (x+2-1) = 0。$$

以上是我在经过"教学—反馈—反思"而得到的教学感悟，再加以精雕细琢就可以成为一篇文章，我始终坚信，教学研究、课后反思及踏实地写作一定会促进青年教师迅速成长。

我的育人小故事

邯郸市秦喆数学工作室成员
邯郸市第二中学班主任、学科组长　来艳宁

　　班主任作为一个班级的主要负责人，其中一个最重要职责是育人。下面谈一下我在做班主任后一些具体育人的事例。

　　班主任的日常工作比较烦琐，不仅要兼顾教育教学工作，而且还要关注学生的方方面面。做好班主任工作，关键在于培养学生良好行为习惯的养成，而非单纯文化知识的学习教育。因为从来没有差的学生，只有不适当的教育方式导致学生成长方向有偏颇。作为班主任要学会热爱学生，对每一个孩子充分了解并进行不同的激励方式，做到因材施教。所以对于一些需要特别关注的学生我会经常关心他们、鼓励他们，努力挖掘孩子的优点和潜力，让他们充分认识到他们的优点可以去抵消或克服他们自身的弱点，使他们获得认可感和被尊重感。苏联教育家赞可夫曾说过：漂亮的孩子人人都喜欢，而爱难看的孩子才是真正的爱。这就是爱和宽容带来的美妙与和谐啊！教师对学生的爱、理解、宽容、尊重、鼓励，犹如春风化雨，润物无声，能诱发学生的内省，净化学生的心灵，使学生鼓起前进的勇气，扬起理想的风帆，驶向胜利的彼岸。好多孩子称我为"老班妈"，我认为这种称呼是对我的班主任工作的一种肯定，一个班集体就是一个大家庭，班主任所做的工作就是保证家庭成员的团结和睦，共同进步。

案例一　获取学生的信任是帮助学生的"良药"

　　背景：新生刚入高中，我作为新的班主任，面对彼此陌生的面孔，无论学生还是我自己心中都很忐忑。学生们与我要在一起朝夕相处三年，要建立起相互的信任与尊重，想一想真是又向往又担忧。为了报道日当天的晚自习我思考了很多天，做了很多准备工作，期望在第一天的晚自习就能够使他们认识并投入高中紧张的学习生活，除此之外还期望在学生们之间、学生与我之间彼此快速建立起信任了解的基础。

过程：报到当晚上晚自习的时候，我准备了开学的第一次班会，其中有一个环节是让学生们做自我介绍，简单介绍下自身的优缺点还有爱好。目的一是让同班同学之间快速互相了解，二是我需要进行个初步摸底，了解下这些孩子们。班会的气氛不错，孩子们都很兴奋，逐一介绍了自己。其中有一个叫霍某的男学生给我留下了深刻印象，他在自我介绍中说他不太擅长与人相处，而且自己的脾气有点古怪，爱发脾气，所以告诫班里其他同学们以后别惹他。我听到他这样的自我介绍非常惊讶，心想这会是个什么样的孩子啊，因此在班会后的几天我都特别关注他的日常行为。我跟他的母亲打了电话，了解了一下这个孩子的既往情况，他妈妈反馈说这孩子性格很孤僻，造成的原因可能是由于孩子四岁的时候孩子的父母就离异了，孩子一直跟爸爸一起生活。而他爸爸工作忙，有时候上夜班，孩子小的时候都是自己在家，害怕的时候也会给妈妈打电话，但妈妈由于也组成了新的家庭而无法过去陪他。从此以后孩子便很少跟他妈妈联系，性格也变得越来越孤僻。听完这个孩子的母亲的反馈信息，作为初为人母的我，感同身受，能体会孩子的感受，也能体会妈妈的感受。当时我就决定，我要在学校的学习和生活中给这个孩子足够的爱，也要帮助他转变孤僻的性格，协助他学会与其他同学们的交往沟通。接下来的日子里我会经常找时间关心他，问问饭吃得怎么样，宿舍生活适应吗，学习上有什么问题吗？他也因为在高中的新的学习生活中认识了很多新的朋友同学，孤僻的性格有了转变，曾经冰冷的脸上开始有了笑容，对我也开始信任、尊重，这令我非常高兴。

经过我一段时日的观察，这个孩子日常行为习惯有些懒散，但是责任心很强，交给他的事情都能保证完成。于是我就找他约谈，首先对他的责任心强表示欣赏，并表示当前班里有一个工作希望他能协助完成，这个工作有些辛苦，但是相信他能克服困难完成好。这个工作就是劳动委员。这个孩子很自信地接受了这份工作，并向我保证一定完美完成交给他的任务。我之所以打算让他当劳动委员，主要考虑有两点：一是我希望他当上劳动委员后，以身作则，改变懒散的习惯；二是希望当上班级干部后让他增加与同学们的沟通交流机会，改变他的孤僻性格。在交谈中我着重跟他讲了一些工作与为人处世方面的注意事项，既然当了劳动委员，成了班级干部，就要有好的工作计划性和榜样带头性，要认真做好工作计划，提前给同学们布置好任务，同时工作中要脏活累活抢在前，树立榜样精神，这样同学们也会任劳任怨跟他一同努力工作。还有布置任务需要考虑到的细节问题，比如哪些工作适合女生、哪些工作适合男生等，要他明白作为干部当带头人是不容易的。

结果：在当了劳动委员后的一段时间，这个学生组织了几次班级大扫除卫生活动，全程安排得井井有条，证明他的组织管理能力还是很强的。但不久学生们的月考成绩出来了，他的成绩不是很好。我又找到约谈，他坦白对我说没有学习的动力。在我的追问下，他说是因为曾经初中时成绩很不错，但由于中考成绩没考好，本来能上他心目中更好的高中学校，结果考到了我们学校。还有他的一些初中同学，曾经成绩不如他，但中考后却上了更好的高中，他很难接受这样的结果，认为成绩不好也不代表不能上好学校，因此产生了厌学的思想。我很严肃地批评了他这种厌学的态度和思想，同时也对他这种厌学心理跟他进行了一番交流，告知他，高中、大学都是人生迈向社会的一个经停站、起跑线。有的人上了好的高中、好的大学，只能说起点比那些上普通高中、普通大学的同学们领先了一些，但这并不代表上普通学校的这些学生就已经注定了其未来命运。相反，如果这些上了好学校的学生们仍然按照平常的节奏方法学习，而上普通学校的学生比原来增加了100%的努力和专注，那也许达到的成就不会差于这些好学校的学生，再进一步，若这些普通学校的学生投入200%的精力去提高自我，那么谁能说他们未来的成就不会超越那些优秀学校的毕业生呢？首先自我不能气馁，要有不服输、不怕输的精气神，既然知道自我的不足就去努力补强，甚至付出超出同龄人的牺牲去完成超越，未来一切的答案都是自己努力争取的。这次谈话后，只要有时间我每天就会专门关注一下他的学习情况，帮助他解决学习遇到的困难问题，如果平时上课时看他走神不注意听讲了，就提问他，让他将思绪重新转移到学习上，这样经过一段时间后，在第二次月考中他比上一次月考进步了一百多名。

总结反思：每一个看似有问题的孩子，其实背后都有一个让人心疼的故事，他们在原生家庭受到了与正常家庭不一样的对待，所以才表现得与众不同，这样的孩子我们应该尽可能多地给予关怀，尽可能多地让他感受到老师的爱、同学之间的爱，这样才会让他的身心得以健康成长，收获他本该拥有的一切。

案例二 "问题生"的转变

背景：新学年刚入学，面对新环境、新同学、新老师，所有的学生们都蠢蠢欲动，有表现积极的，也有调皮捣蛋考验老师的心理承受能力的。面对这些新入学的孩子们，我没有暴跳如雷，没有束手无策。

过程：新学年开学之初，王某某所在的宿舍被频繁地扣分，内务违纪行为不断。我当时就向宿舍长了解造成这些情况的具体原因。经反映王某某的表现尤为严重，不仅轮值值日时不愿意做值日，导致宿舍内务被经常扣分，而且经常在未得到宿舍舍友同意的情况下拿别人的东西使用，还借钱不还、爆粗话、熄灯就寝后仍带头挑起话题不睡觉从而影响舍友休息，等等。在了解了这些情况后，我很惊讶，认为怎么会有这样"十恶不赦"的学生，当时冲动得就想将王某某叫过来狠狠地批评教育一番，但此番念头一闪后就此打住，毕竟带着情绪去处理问题只能使问题变得更糟，此时更需情绪稳定后去换一种方式处理问题。

经进一步调查了解，王某某所在宿舍的同学普遍对王某某有很大的成见，此时若只针对王某某一人处理，那未来王某某将更被其同宿舍舍友们排斥，更加难以融入该宿舍集体，进而对王某某心理上会造成更大的不良效果，只会让未来的情况更糟。因此我决定换一种方式从集体的角度出发去解决他的问题：以内务频繁被扣分作为问题切入点，通知他们所有宿舍人员到办公室，对他们强调集体的重要性。他们未来将在一起度过三年的高中时光，在同一个宿舍抬头不见低头见，要学会互相包容、团结、友爱，要有集体荣誉感，不能搞小团体、个人主义。并且要求他们每个人做一个自我剖析，当着舍友的面勇敢说出自己的优缺点以及在他们眼中其他舍友的优缺点，让大家畅所欲言，如何将大家的优点集中保持，互相督促帮助去改正缺点。每个同学都基本上无保留地阐述分析了自我及他人。在此过程中，出现了令人诧异的一幕，无论王某某他自己如何分析自我的优缺点，但当其他舍友分析他时，竟是近乎清一色地指出他的很多缺点：不利于搞团结、不乐于助人、值日懒惰、欺负舍友、对舍友恶语相向、不讲究个人卫生等，没有人能说出他的优点。听到舍友们如此评价他，王某某表情非常尴尬，于是我又允许他做一次自我辩护。他在自辩中，阐述了一些导致内务扣分以及骂人行为是因为由于一些舍友的疏忽（轮到舍友值日之时却忘记或未注意内务细节，王某某多次提醒但舍友仍未注意执行而导致被扣分，王某某有了情绪从而对舍友爆了粗口），在现场其他舍友经询问并确认王某某所述属实后，我对情况有了一个新的判断：王某某其实内心也是维护这个集体的，只是维护集体对外表现出的方式不妥，从而易被同学和不明真相的老师所误解。会议快结束时，我将我的判断给大家进行了说明，王某某也为原来不妥的表现对所有舍友道歉，而所有舍友也在现场表态原谅并重新接纳了王某某同学，看到他们互相拥抱握手，王某某还主动提出愿意承担值日一周。我相信在未来的日子里，王某某可以慢慢地融入这个集体。

结果：经过这次宿舍全体同学沟通后，王某某不仅仅在宿舍这个"小集体"有了积极的变化，在我所带的这个班级"大集体"中也体现出积极向好的发展方向。不仅在班级所在小组值周时主动要求担任学习委员，统计组织作业完成上交情况，而且也负责督促同学们的早自习学习情况，并承担负责撰写数学标准答案文本提供给班级所有同学等事宜，逐渐在班级被其他同学认可接受，人也变得越来越自信，更加阳光起来。

总结反思：通过王某某入学后这一学年的变化，我们能够发现，每一个"问题学生"，其实都是可以解决"问题"从而变成"正常"学生甚至好学生的。我们只有发现"问题"的源头，通过一些方法沟通到他们的心扉，让他们感觉到可以自我救赎，感受到更多的正能量，就可以让他们从自身所存在的"问题沟壑"中翻越攀爬出来，并重新认识自我、激发潜力、发展自我。一旦我们在未弄清事物的来由去脉，并且带着一股负能量去对"问题学生"加以呵斥、训导，有可能反而让他们潜意识中更深的负能量"小宇宙"爆发，结果造成更加强大、波及范围更广的破坏力。

案例三　以理善导，以情感化

背景：直到现在仍然让我印象时刻，在我刚刚接手现在这个班级时，班中一位长着一双大眼睛的叫徐某某的男孩子尤为引人注目。当时我就决定让他担任班级班长。他也不辜负我对他的"印象分"信任，经过一个学期的实践锻炼，他对工作认真负责，处理协调班级中的大事小事井井有条，班里的其他同学也对其非常信服，因此在第二个学期班干部选举时，他仍然得到了同学们的信任，获得高票继任班长一职。

过程：但在第二个学期，我观察到徐某某相比第一学期有了一些变化，他会经常去学校别的班级"串门"，无论有事没事经常和别的班级的一些学生趴在学校教学楼的栏杆上乱聊一些跟学习无关的事情。他和我带的这个班级一个叫李某某的学生也走得非常近。而这个李某某在我带的这个班级属于一个典型"问题学生"，非常喜欢和校内其他班级以及校外的那些"问题学生"或品行不端的社会人士厮混。这个李某某还曾因在学校抽烟被发现而被记过处分。通过李某某的介绍，徐某某还和旁边班级一个叫李某辉的学生关系火热，而这个李某辉更是在学校劣迹斑斑、打架斗殴、抽烟捣乱，无恶不作。非常凑巧，这个学期开始后徐某某就和他们两个混迹在了一起。

结果不出所料，不久他们三人就闹出一个大问题。

某个休息日一大早，我就接到学校的紧急电话通知，反馈我的班级学生合伙打了学校高一年级某班的学生。恰逢这时候学校刚刚要求对学生纪律"严管控，犯必究"，放下电话我赶紧奔赴学校去调查处理此事。后经调查，事情的缘由是他们三人在晚自习结束后，返回宿舍的路上玩球，不小心球碰到了一位高一学生，然后相互起了口角，他们三个仗着人多，李某辉撺掇徐某某他们一起教训该高一学生，结果就发生了这起打架斗殴事件。更严重的是在事情发生并被学校政教处进行处理时，他们还互相包庇，订立"攻守同盟"，以他们当时冲动没有控制住自己这样的理由想逃避学校对他们的追罚。由于对错误认识不诚恳，而且互相包庇错误，政教处决定立刻让他们停课回家反省，等待学校的通知后再归校。

在学校的处理结果发布后，我又约徐某某的家长来学校进行了一次单独面谈，向他们讲述了事情的发生原因及经过，并郑重地向他们警示这不是一次简单的打架事件，因为这是在校园里发生的高年级学生对低年级学生的斗殴事件，而且是多人打一人，属于以多欺少、以大欺小的校园霸凌事件，性质非常恶劣，学校是三令五申严格禁止的。要家长们做好他在被停课后，学校仍会有一系列追罚处分的心理准备。同时，我也对他的家长反映了这次事件中李某某、李某辉帮徐某某出头的情况，也希望他们回去好好跟徐某某沟通，为何这两人的关系那么好，什么事情都愿意帮他出头，这样是帮了他还是害了他！

在被学校要求停课反省后，我要求徐某某在家里每天写一份思想汇报提交给我，先端正思想，深刻认识这次事件的起因后果，而且还要求每隔三天给我打电话汇报感受情况，每周面谈一次。这样在停课一个半月后，学校通知了返校。

结果：在这期间，通过思想汇报、电话汇报以及面谈，他也认识到了事情的严重以及交友不慎的危害。但由于经历了这次事件，造成优秀班集体荣誉评比资格被取消，班长职务被撤销，导致他在返校后很长一段时间内学习上心不在焉，精神不集中。有一次竟然被我发现他在课堂上看与学习无关的课外书籍，对此我非常生气，直接当面把这本书撕了，徐某某看到我很生气，很害怕我将这个事情告诉他的母亲，因为上次事件已经将他的母亲气病了一次。而我看到这点，也正想利用这次机会让他从上次事件所造成的萎靡状态中清醒振作起来。于是，我告诉他，他是一个孝顺的孩子，而他母亲对他的期望值很高，经历了上次的事件，他的母亲对他这个学期的转变非常痛心，而且在与我面谈的时候也多次流下了怒其不争的泪水。我将这些讲给徐某某听，并告诉他在返校后他的所作所为，是否对得起母亲为他流下的泪水和伤痛的心灵？徐某某在听我讲述完毕后，他自己也流下了泪水，我这时再次告诉他，希望他流的泪水是能痛改前非的泪水，是对得起其母亲的那份心血的泪水。高中阶段，是人生中的一段关键时段，如果任由自己颓废消沉、迷失懈怠，那么就是在辜负父母、老师们的一片苦心和付出。而只要能振作起来，像第一学期那样，脚踏实地，真心待人待物对待学习，那么老师、同学们会重新接纳他、原谅他。

总结反思：当一个学生还没有很强的能力去分辨"黑与白""错与对""是与非"的时候，我们只能想办法利用他身边的事情，以情以理来谆谆善导，感化他。"强扭的瓜不甜"，如果硬别着他的劲儿，反而会适得其反，欲速而不达。

"金无足赤，人无完人"，"近朱者赤，近墨者黑"，只要我们教师多在教学过程中注意观察关注学生们学习时的"圈子"，生活中的"圈子"，协助引导他们选择正确的圈子，对与学生们未来的学习及生活都是大有裨益的。

每一个孩子都有他们值得赞扬、值得关注的一面，即使现在是后进生，但当你给他多一份关怀、多一分理解，他们也会有涅槃重生的时刻。

一、如何见招拆招

我对班主任有一个形象的比喻，就是将班主任比作"如来佛祖"，而这些形形色色的学生就好比"孙猴子"，无论怎么折腾，都逃不出"如来"的手掌心。之所以把调皮的学生比作"孙猴子"而没有比作"妖魔鬼怪"，他们还是有本质区别的。对待"妖怪"我们要"斩草除根"，对待"孙猴子"就不一样了，脾气不好，调皮好动，但心灵是美好的，需要正确引导，给予关怀和尊重，还有互相信任，这样才能让他们的"通天本领"用在有意义、有价值的事情上。下面分享一下几个具体的"降服招数"。

案例一 "青春期"的烦恼

高中的孩子们正处在青春期，求知欲很强，但也恰恰导致他们对任何事情都好奇并想尝试，又由于自控力差、认知力不足等，往往在一些不好的事情上把控不住而且会深陷其中无法自拔。这时候就需要教师在平常的教学活动中也要关注他们的心理和表现，发现不对的苗头，第一时间干涉指导，端正学生们的三观，不避开任何话题，敞开心扉与他们正面交流。

比如化妆问题，可以跟学生讲一下化妆的有关知识，再结合他们目前正处于青春期，与他们说说内分泌、脸上油脂等问题，如果化妆后处理不当，容易引起很大危害，一定要说得严重，最好再配一些惊心动魄的图片。还是很有效的。再告诉他们，年轻就是本钱，天然的最好，开玩笑地说，"化妆证明你已经老了，不自信了。"

比如与学习无关的课外书籍，也要分类，我会在班里设置读书角，我会给学生提供一些报刊，引导他们看一些正能量、有养分、有质量的书籍和文章。但若还是拦不住他们的好奇心，被我发现他们看一些言情、血腥、神怪魔幻等书籍，我会严惩，停他们的课，让他们在规定的时间内在办公室读完，然后针对这类书籍写不少于5000字的读后感。然后针对他的读后感进行约谈，让他自身明白花费时间和精力在这类本书上，对他自身的品德修养、文学水平以及学习能力带不来实质性的帮助，让其从内心开始对这类书籍产生排斥心理。

针对早恋问题，我会开主题班会，题目是"我心中喜欢什么样的异性"，让学生们畅所欲言，最后谈一下"我现在拥有什么可以与他（她）般配"，这时学生们才恍然大悟，原来现在除了刻苦学习，什么都没有。从美好的想象中跌落到现实，还是很残酷的。

案例二　冲动是魔鬼

班里有一些学生，易冲动，情绪波动大，自控力差，往往会惹出一些不计后果的事端来。针对这样的学生，我采取的"招数"是先笼络安抚，再言传身教。

刚开始，多关心，多找他们谈心，让他们对你不存戒备，信任你，让他们感觉你做什么都是为他好，想让他们变优秀。

然后给这样的学生安排在他们能力范围内的工作，让他们能够体现发挥自我的价值，能够认知自我的潜力，同时因为有了事情做，他们的精力就得到了一定程度的释放消耗，这样他们的这些缺点就会得到相应的控制缓解。

一旦笼络安抚住，接下来就可以言传身教了，我说的道理他们就能听进去，并能够执行下去。但是在没安抚好他们的情绪之前，千万不可和他们正面冲突，否则这些学生的情绪性格使然，必然会拼个"鱼死网破"，达不到缓解冲突的效果，甚至无形中还会加剧这种冲突对抗情绪的形成。

案例三　迷茫的孩子

还有这样一群学生，他们由于种种的原因，养成了"阳奉阴违"，当面一套背后一套，谎话连篇的习惯。面对这样的学生，我制定的策略是对他们第一次说的谎话选择假装相信，来获取他们的信任。但谎话就是谎话，撒一个慌，需要再编十个谎话去圆谎，"纸终究包不住火"，谎话最终还是要露馅的。在不断撒谎、不断圆谎这个过程中，学生自己就会越来越尴尬，越来越觉得辜负了老师对他们的这种信任，从而逐渐从自身做出改变，变得更加诚实。

我的班级有位李姓同学，在文理分班之前曾有过抽烟的嫌疑，但是一直没有证据。文理分班后到我的班级后，在班里表现很活跃，主动担任宿舍管理员的工作，并且工作也做得不错。之后我主动找他约谈了一次，对他表示不在乎他分班之前的表现，但分班后的表现给我的印象很好，希望他能够坚持下去，并且不要把曾经的坏习惯带过来。可是好景不长，不久便被宿舍管理人员发现在他的枕头下有火机，柜子里有烟。于是让他写了情况说明，交到政教处，结果因为没有说实话，导致停课回家反省。后来又陆续写了几个检查，持续了两个礼拜，才终于承认错误说了实话。但返校后没多久，再次被查到私底下拿手机。我很生气，批评了他一上午，让他感受到由于他虚假的承诺辜负了我的深切信任所带来的深深失望之情。在我这个班上，可以学习成绩差一些，但是绝不允许说假话、说大话。这位同学也感觉到这一次伤了我的心，哭着请求我能够原谅他，并认可接受所有学校可能给予的处罚，只希望能够继续留在我的班级，继续上学，并保证下次考试要考进年级前八百名。我再次相信了他，并在他所写的保证书上郑重地签上了我们两人的名字。

案例四 "万人烦"的转变

有这样一群学生，自身毛病很多，不能很好地处理与同学间的关系，招人讨厌，但他又不自知，久而久之就被群体孤立。对待这样的学生，我的方法是努力寻找他们身上的闪光点，给他们表现的机会，通过他们主动地"发光发热"来获取其他同学的谅解与接受。

我的班级有位王姓学生，平时生活作风散漫，同学关系处理得也不好，甚至很多人都不愿和他坐在同一张学习桌。我从侧面了解到这个学生很喜欢踢足球，但在上高中后由于踢球占用了过多学习时间而导致成绩落后很多，于是他的父母对他这项爱好很有意见，也让他与父母发生了多次不愉快的争吵。后来迫于学习成绩压力，暂时停止了踢球，但日常精气神也没有了，把精力耗费在了与同学争吵、与老师顶嘴、上课开小差等方面，招致身边的同学、老师更加不喜欢他。但一次偶然机会，学校跟外校组织足球比赛，学校教练希望他能够参加，我在请示了相关校领导后批准了他参加比赛，也有机会看到了他在足球场上的风貌。穿上足球服，接触到了足球，奔跑在球场上的他精神面貌马上跟换了一个人一样，不懒散了也不争执了，全场按照教练的布置战术贯彻执行，积极协助队友进攻防守，最后还进了个球，整个人非常喜悦。

就在这一天的晚自习上，我当着全班同学的面肯定了王同学在足球场上的表现，表扬了他为学校球队做出的贡献。同时我也对全班同学说，如果人人都能像王同学在球场上这样保持一股自信专注力，认真贯彻团队协作精神，把这股劲儿用到学习和学校其他生活中，那么没有任何困难和压力可以阻挡他们。下了晚自习后，王同学又专门主动找我谈话，他表示他是真的喜欢足球，他向我保证只要能够让他继续踢足球，他有信心将球场的那股劲用到学习中和与同学们的日常交往中，对此我表示同意。他没有食言，在后来的考试中，他的成绩有了很大的进步，与同学的关系维护得也非常融洽，他父母也不再像原来那样极力反对他踢足球了。一场球赛，让他找回了自信，让他明白了什么叫集体、什么叫沟通协作、什么叫专注。这样的球赛能够多办几次就好了。

案例五　"胸无大志"者的涅槃重生

有这样一群学生，他们没有志向、没有目标，对什么事情都漠不关心，抱着"当一天和尚撞一天钟"的心理，破罐子破摔，就打算以这种浑浑噩噩的心态去度过他们三年的"漫长"高中时光。针对这样的学生，我的方法是有的放矢，把他们自我未察觉的兴趣激发出来。

首先，我召开了一个主题班会，是关于理科专业介绍，让他们感受学理科的人有多厉害，有多少厉害的专业，各行各业离开了理科知识，离开了数学，将会是什么样子。"学好数理化，走遍世界都不怕"，通过对数理知识所涵盖面的延伸讲解，让他们懂得目前他们已学和正在学的只是皮毛而已，这些仅仅是基础，未来有太多的秘密和空间值得他们用所学的知识去探索发现。将他们的学习兴趣给逐渐激发出来。

其次，在课堂上我们各学科任课老师针对他们的程度进行分层教学，做到课堂内容精简、活动丰富，努力调动他们的积极性，让他们真切感受到只要能认真上课听讲，学习知识、提升成绩都是很容易的。

最后，帮助他们每一个人制定一个小目标。在我们班有一棵"目标树"，每次月考之前让同学们写上自己月考的目标贴到树上（小苹果形状的便利贴），月考出分后的班会都会有换苹果的环节（便利贴颜色），达到目标的同学很激动。我还会在家长群里表扬，使他们得到家长、老师、同学们的认可。截至上学期为止我们班有将近80%的同学都换了苹果。

二、班级管理经验的十二字要诀

信任　信任很重要，人与人之间的交往需要信任，老师和学生之间，学生和学生之间都需要信任。只有在信任的基础上，老师说的话学生才会听进去。我们要相信每一个学生，他们本质都是好的，无论这件事完成得是好是坏我都相信他们的初衷是好的，可能仅是处理问题的方法欠妥。只有他信任你，才会觉得你做的一切都是为他好，这样的师生关系才是和谐的。

爱心 师生之间、同学之间是需要的爱的。产生爱的过程是悄无声息的，不能谋划的。老师需要把学生放心上，遇到事情的时候你才会用情，学生才会感受到你的爱心。让他们慢慢体会你是如何爱他们的，他们才会慢慢朝着你想的方向奔去。

责任 每一个人都要有责任心，作为老师，责任更重，因为这关系到每一个学生的前途。我们要对每一个学生负责，教学的责任，教育的责任，让他们成人、成才。老师就是一面镜子，学生也是在模仿我们做事情，所以我们做任何事情都要有表率意识、有责任心。

团结 一个班集体要团结，集体荣誉感太重要了。但不是说你想让他们团结就团结，这需要制造机会，比如集体活动时尤其是比赛，特别是集体项目更能体现团结就是胜利。团结起来的班集体势不可当，无论学习上还是学校各种评比上，都会收获可喜的成绩。

积极 主要是目前的学生过于被动，这样无论学习上还是班集体管理上就会很吃力。所以我试着所有的事都让他们亲力亲为，体会过程的不容易，体会获得结果的喜悦！让他们发现无论面对什么事都要有积极的心态，要积极地应对，这样事情才会朝着好的方向发展。

公正 作为老师要有一颗公正的心，这样学生才会信服你。不要给学生贴标签，区别对待学生，这是万万不可的。公平公正地对待每一个学生，让他们每人心里都有一杆秤。

在更新教育观念的今天，作为一个热爱学生的教师，有责任让学生树立信心进而达到育人的目的。愿：我们携起手来乘赏识之风，捧起关爱之情，燃起信心之火，播下希望之种，使每一位学生都能沐浴在师生的关爱之中，成为国家的栋梁之材。

以心换心，真情付出。

任重道远，持之以恒。

静待花开，破茧成蝶。

我是这样落实"核心素养"的

邯郸市秦喆数学工作室成员

邯郸市第一中学优秀班主任　王变变

前些天在工作室秦老师的带领下，我们去邯郸市复兴中学聆听了段老师的题为"基于学科核心素养的新课标及其教学实施的若干思考"的讲座。段老师深入浅出地介绍了他对数学学科素养的认识，使我受益匪浅，之后我又查阅了一些相关的文献资料，下面从三方面谈谈我对其的理解。

一、数学核心素养内涵阐释

2014 年在《教育部关于全面深化课程改革　落实立德树人根本任务的意见》一文中指出，要"研究制定学生发展核心素养体系"。2016 年在《中国学生发展核心素养》一文中指出：核心素养即学生应具备的适应终身发展和社会发展需要的必备品格和关键能力。突出强调个人修养、社会关爱、家国情怀，更加注重自主发展、合作参与、创新实践。

核心素养是在三维目标的基础上提出来的，是对三维目标的发展和深化。核心素养更直指教育的真实目的，那就是育人。"核心素养"比"三维目标"包含更广泛的范围。我们知道，"知识"与"技能"等主要指具体学科领域的知识，而素养不仅仅指向某一学科知识，而且强调个体能够积极主动并且具备一定的方法获得知识和技能，它的目的不仅限于满足基本生活需要，而且更有助于个人追求生活目标、促进个人发展和有效参与社会活动。

何为数学核心素养呢？ 2017 版的《普通高中数学课程标准》指出：数学核心素养就是指数学抽象，直观想象（用数学眼光观察现实世界）；逻辑推理，数学运算（用数学思维思考现实世界）；数学模型，数据分析（用数学语言表达现实世界）。数学教学中要提高学生学习数学的兴趣，增强学好数学的自信心，养成良好的数学学习习惯，发展自主学习的能力；树立敢于质疑、善于思考、严谨求实的科学精神；不断提高实践能力，提升创新意识；认识数学的科学价值、应用价值、文化价值和审美价值。数学核心素养是数学课程目标的集中体现，是具有数学基本特征思维品质、关键能力以及情感、态度与价值观的综合体现，是在数学学习和应用的过程中逐步形成和发展的。

用南开大学顾沛教授所说，数学核心素养就是把所学的数学知识都排除或忘掉后，剩下的东西，也就是从数学角度看问题的出发点；有条理地理性思维，严密地思考、求证，简洁、清晰、准确地表达；在解决问题、总结工作时，逻辑推理的意识和能力；对所从事的工作，合理地量化和简化，周到地运筹帷幄……

结合以上资料，笔者认为数学作为一种文化，具有丰富而深刻的内涵，对人的精神领域有潜移默化的影响，包括思想意识、思考问题的方式和处理问题的习惯等。在国内，一个人从小学入学到大学一年级一般要接受13年的数学文化熏陶，若将来步入社会，不在数学相关领域从事工作，数学理论性知识也许很快忘记，然而从数学角度看问题的眼光，用数学思想方法思考问题的意识、质疑、说理、求实等理性思维习惯和追求真理的精神，用数学知识创新解决问题的能力等数学素养将会伴其一身，使其终身受益。

二、高中数学核心素养的落实

对于高中生来说，数学素养的落实还得依托于一般的数学理论知识。通过一般性的数学理论知识可以更完整地学习数学概念、命题、定理、公式等知识及其背后蕴含的数学思想方法，数学精神，体会数学的美，形成数学素养。

（一）数学态度的培养

唯物辩证法认为世界是普遍联系的，是变化发展的，又是矛盾统一的，要用联系、发展、全面的观点看世界。数学中存在丰富辩证思想，如定积分的求法（先分成局部，再积成整体）、微分与积分都体现了对立统一的辩证思想。

初高中的函数概念中既有联系和发展，也有动与静，宏观与微观，整体与局部的对立统一。高中的函数概念是初中函数概念的发展，是人类对函数认识精致化的过程。初中函数概念的建立基于变量说，在一个变化过程中，一个变量随着另一个变量的变化而变化，揭示了宏观世界的运动变化和相互关联；高中函数的概念建立基于集合之间的对应，体现了微观世界中的静态对应，这是对初中函数概念的进一步抽象和精确，揭示了微观世界的静态联系。初高中函数的概念是"宏观与微观""整体与局部""动态与静态"的对立和统一，两者的结合是深入认识事物的重要方法：既要有宏观上单调性、奇偶性、周期性等整体性质的研究，又要有切线斜率、瞬时变化率等局部性质的探讨。

数学知识内部是一个相互联系的统一整体，数学学习的过程是理解数学知识并了解其内部关系的过程。归纳、证明、类比、推广等都是使知识之间产生联系的方法，这些学习方法能够把零散的知识穿成串、结成网，形成系统，有助于学生加深对知识的理解。

三角函数一章中公式较多，多数学生不能很好地推导和记

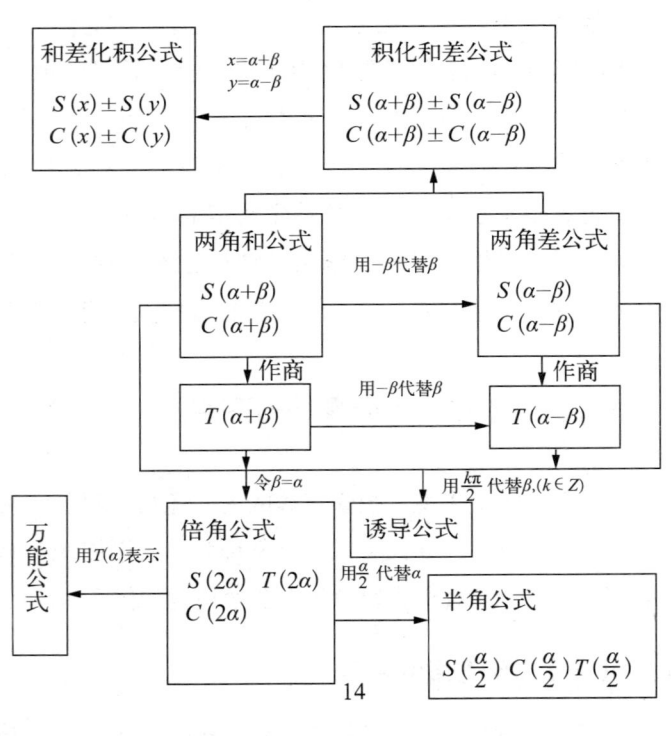

三角函数公式

忆这些公式，但是若在学习过程中揭示其内在联系，学习后进行小结，将有助于学生对知识形成整体的把握。

（二）数学思想方法的学习

数学思想方法反映了人们对数学概念、命题、定理的本质性认识，蕴含在具体的知识中，处于隐性状态，这就需要在具体解题过程中将其挖掘出来，使其明朗化，变成显性形态。如在讨论指数函数和对数函数的性质时，要注意分类讨论的思想方法；在学习微积分知识时要懂得极限的思想；在解决一个比较复杂的问题时要注意运用化归和转化的思想方法。

数形结合是重要的数学思想方法，代数与几何的相互结合，可以有助于理解数学的本质，得到一般性的结论。

例如在证明不等式 $\dfrac{\log(x_1) + \log(x_2)}{2} \leqslant \log\left(\dfrac{x_1 + x_2}{2}\right)$ 时，不仅要用代数的方法证明出来，更要结合几何直观加深对数学理解，既要从图象上找到根据，而且要推而广之得到凹凸函数的一般的不等式结论从而上升到高层次的数学抽象。

（3）数学精神领会

在数学学习活动中要注意数学精神品质的培养，好的数学精神品质往往是深刻的、灵活的、独创的和善于批判的，教学中恰当的设问、精巧的设计都能培养学生的数学精神。

在《椭圆的简单几何性质》一节中虽然没有较难较深的知识，但若让学生自主探究，体验数学的发现和创造则能培养学生观察、分析、类比、逻辑推理和理性思维能力，以下是其中的一个教学片段。

问题 1：方程 $16x^2 + 25y^2 = 400$ 表示什么曲线，你能利用所学知识画出其图形吗？

设计意图：明确本节研究方法：利用方程研究曲线。这也正是解析几何的基本思想。学生探究如何从方程的特征得出曲线的特征，引导学生进行创造性思维。在画曲线的过程中则必然要考虑到椭圆的简单几何性质，此处设计可给学生椭圆几何性质的整体感性体验。

问题2：类比直线方程，探究椭圆的标准方程 $\dfrac{x^2}{a^2}+\dfrac{y^2}{b^2}=1\,(a>b>0)$ 有什么结构特征？

设计意图：明确研究方向和方法：与直线方程相比较而研究椭圆方程。通过此知识的学习，学会辨别一个给定方程是否是椭圆的方程，为以后研究打下基础。

问题3：如何利用椭圆的标准方程结构特征研究椭圆的范围？

设计意图：求解椭圆的范围可以有多种方法，这里没有简单地给出结论，或从图象中直接观察得出，而是充分发挥学生的能力进行探究，这对学生理性精神的培养大有裨益。

问题4：根据所学知识，怎样来得到椭圆的对称性？

设计意图：进一步体现从方程来研究曲线的方法。此问题不局限于直观感知，要进行理论推导，培养学生求真精神、理性精神。

在高中数学教学中有许多素材可以培养学生的反思质疑精神，如必修1教材2.1.1指数和指数幂一节中的无理数指数幂。教学中教师对此部分的处理往往是讲完有理数指数幂后补充一句：指数的取值范围从整数可以推广到有理数，其实指数也可以是无理数，而且其运算法则依然成立。这部分内容点到为止，便不再深究。在指数是有理数时教师介绍了其意义，那么指数是无理数时它的大小是怎样确定，又该如何理解呢？教学中不妨抛给学生这个问题，让学生试着思考。

问题1：如何理解 $\sqrt{2}$ 呢，怎样确定 $\sqrt{2}$ 的大小？

设计意图：引起学生思考，培养学生质疑反思的精神，诱导其从更广阔的视角理解无理数。在学生思考无果时，教师给学生讲解通过 $\sqrt{2}$ 的不足近似和过剩近似两个有理数基本列逼近的方法理解无理数。感受"两边夹"的数学思想方法。

问题2：结合无理数 $\sqrt{2}$ 的含义，怎样来理解无理数指数幂 $5^{\sqrt{2}}$ 的含义？

设计意图：通过回忆 $\sqrt{2}$ 的认识过程，类比迁移寻找 $5^{\sqrt{2}}$ 的不足近似和过剩近似有理数基本列，了解 $5^{\sqrt{2}}$ 的实际意义，使其不再只是结论接受式的记忆，从而对无理数指数幂有更深刻的认识。

通过学生对"两边夹"的数学思想的感受，在了解有关"抽象函数"的知识后，教师也可以布置以下题目，供学生思考解决，巩固提高"两边夹"思想的认识：

若 $f(x)$ 是定义在 R 上的函数，对任意实数 x，都有 $f(x+3) \leqslant f(x) + 3$ 和 $f(x+2) \geqslant f(x) + 2$，求 $f(2011)$。

（四）数学美的感受

数学知识中也处处呈现着数学美：理论美，规律美，结构美，方法美，思维美。教学中教师要适时地将这些美学元素显性化，让学生加深体会。

数学方法中充满着智慧之美，如反证法、数学归纳法等。在人们说明某一个命题成立时，有时从已知条件不能直接找到其证明方法，数学中则提供了一种方法：反证法，即假设结论不成立，通过推导得到与已知条件或定理互相矛盾的结果，从而否定假设，承认原命题成立。

历史上对 $\sqrt{2}$ 是无理数的证明就是利用反证法得到的。一个结论在有限条件下时成立，若想将结论推广到无限，在无限条件下也成立，则需要进一步地说明，通过一项一项地验证显然不现实，而数学中的数学归纳法则能很好地解决此问题。

教材对此也有体现：在人教 A 版高中教材必修 2 的"2.3.3 直线与平面垂直的性质"一节中对定理"垂直于同一平面的两条直线平行"的证明由于无法将两条直线放入同一个平面中，不能用平面中平行线的判定定理解决，也不能用空间中两条直线平行的判定公理"平行于同一直线的两条直线平行"，故在本定理的证明中利用了反证法。教师在讲解此内容时就可以让学生体会数学方法之美。

当然知识作为思维的"载体"，不能为讲方法而讲方法，只有用思维方法的分析带动具体知识内容的教学，才能帮助学生真正学好相关的数学知识，即是将数学课"教活""教懂""教深"。

三、运用多种教学方式落实核心素养

（一）预设"问题串"，发展数学学科素养

在老师备课时可以精心预设"问题串"，帮助学生了解数学知识发展的脉络和背后的数学方法。通过师生课堂交流、反问、追问等形式，引导学生积极思考，碰撞思维的火花，促进课堂生成，帮助学生摆脱固有思维，使课堂教学耳目一新，发展学生的数学核心素养。

在学习"方程的根与函数的零点"一节，学习零点存在定理时可以设置下列问题串：

1. 观察前三个函数图象：当函数存在零点时，包含零点的区间端点函数值的正负有什么特点？什么情况下，在 $[m, n]$ 内一定存在零点？

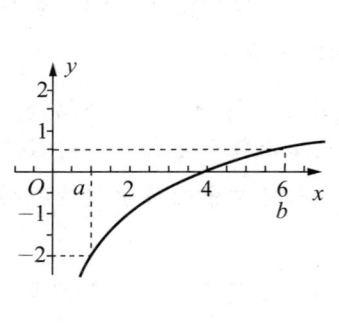
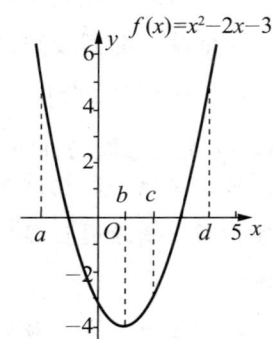

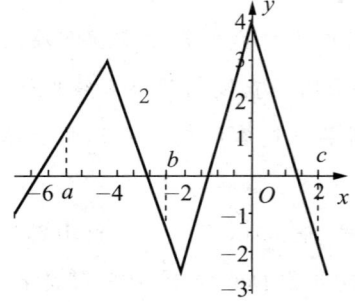
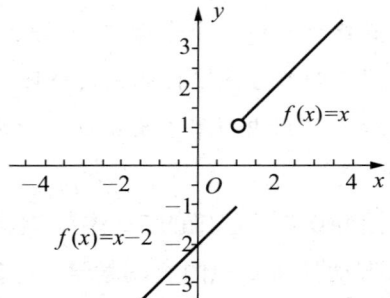

2. 结合第四个图象上述判定零点存在的结论是否适用于所有函数？若否，需要加什么条件？

3. 在问题 2 附加条件后，能确定函数零点存在的个数吗？如果不能，怎样可以确定函数有且只有一个零点？

（二）预设师生活动，提升数学学科素养

明确教师的主导地位，学生的主体地位，精心预设课堂师生活动，让学生眼、口、手、脑同时动起来，促使课堂教学变"被动接受知识"为"主动构建思维导图"；变"教师讲解"为"小组合作交流展示"；变"典例讲解"为"问题引导"；变"课堂小结"为"自主学习反思"。

（三）通过自主探究、自我反省，内化数学学科素养

数学素养的形成需要学生平时反复做题，反思，总结逐步积累。有时我们也可以留一些锻炼思维的题目，在学生解决问题的过程中，慢慢找到解决问题的方法，找到知识之间的内在逻辑关系。逐步形成自我反思，领悟的习惯，日积月累提高认知能力，提升数学核心素养。

在学习了三角函数一章后一名学生遇到这道题目，百思不得其解。我看后把这道题抛给全班同学，留作作业，课下思考，并让他们下节课课前课堂展示。

若 $\alpha, \beta \in (0, \pi)$ ，$\dfrac{\sin \alpha + \cos \beta}{\cos \alpha + \sin \beta} = 2$，则 $\cos(\alpha - \beta) = $ _____ 。

展示时一位学生用去分母后两边平方，然后降次升角的思路；另一位学生用去分母后辅助角公式的方法。

（四）通过合作探究，课堂展示，为学生表达数学，提升素养提供平台

教师要转变教育观念，要相信学生，要真正做到以学生为主体，教师是主导。要重视从学生感受、体验中进行开放式教学，给学生出错的机会；倾听学生发言，捕捉学生的错误想法；设计问题情境让学生的错误显现出来；

积累学生经探究，进行自我否定的经验上升到学科知识、学科思想提升数学核心素养。

在中学阶段，要重视引导学生从数学学习中学会学习、学会数学思考，学习反思和数学表达，提升注意、记忆和思考能力；在问题解决、知识再发现的探究活动中，掌握相关的数学基础知识，形象思维与逻辑思维并重发展，学习数学的抽象、概括、归纳、类比、演绎、比较、分析、综合、判断、猜想、验证等思想方法，从而发展学生的数学核心素养。

数学素养归根到底是一种文化素养，数学教育也就是一种文化素质的教育，它的养成不是一朝一夕之事，贵在重视和坚持。我们要使学生感受到，数学不仅仅是一系列抽象的知识，更多的则是一种方法、一种文化、一种思想，甚至于一种精神和态度，让学生满怀乐趣和憧憬地去学习它。

第三部分

硕果篇

在硕果篇的卷首，我想引用 2018 年在南京市晓庄学院参加省级名师主持人培训时一位授课专家说过的话："但凡影响较大、在教育领域起到标志性导引作用的学者或模范人物，他们都有一些共同的特征，比如学术造诣深厚、事业心强、对教育有系统的思考。长年奋斗在教育第一线，对待学生就像对待自己的孩子一样，做不了大家，就从脚下做起，踏实勤奋、孜孜以求，不枉今生的梦想所求！"

人工智能时代，如果没有爱商，技术越强大越可怕。这是教育者的责任，也是教育者的担当。今天面临的问题，对教育来者说是一个巨大的挑战和机遇，更是一个巨大的责任，需要我们一起努力。孩子们的改变就是对未来的改变！

教之道在于"度"，学之道在于"悟"。

教与学之道呢？教育的本质是用心育心，用爱育爱。在发展学生智慧的同时，塑造出一个完整的大写的人。成功的关键不在于聪明和勤奋，有这些不保证你成功，真正重要的是顺势而为，静下心来做事。学校是你成长的平台，依靠每一个教师的辛勤付出才能根深叶茂，才能把你托起。所以，趁年轻努力发挥自身才智，不留遗憾在当年，你同样可以做得很出色。

谈起教师的硕果，常常听人道："您是桃李满天下。"其实，教师的职业就是培育人、塑造人的，本无可值得骄傲，这就是你应该做的本职工作。确实也存在个别不适合做教师，却进入了教师行列，职业操守使然，即使完成应尽的工作量，然而却培养不出有底气、有担当的一代新人。教师的价值是体现在他所培育出的人的素养来体现的，是长期辛勤培育的结晶。因此，在这一硕果篇章里，我们选编的内容有意识增加了这些元素。

教师的角色定位于引领学生成长的先行者和引路人，不是百科知识全书，不是全能冠军，不是车间监工，更不是道义圣徒，也不是事务性保姆。教师的成功不在于拥有多少机会、拥有多少天赋、有多少人帮或帮助了多少人。关键在于找准定位，在默默无闻的奉献岁月里感动或影响了一批又一批的莘莘学子，他们在日后的岗位上做出了巨大贡献，推动着社会和人类进步，这或许就是教师最大的硕果、最伟大的贡献。

衷心祝愿各位同人能够在未来成为名师、名家的道路上从容探索、孜孜追求，为我国教育的发展做出应有的贡献！

甘将心血化时雨，润出桃花一片红

邯郸市第一中学　秦　喆

一、"学思研导"教学模式的整体设计思路

教学模式是在教学思想或教学理论指导下建立起来的较为稳定的教学活动结构框架和程序。作为结构框架，是从宏观上把握教学活动整体及各要素之间内部的关系和功能；作为活动程序则突出了教学模式的有序性和可操作性。

教学模式从教与学之间主导取向来分的话，有三种模式，教师主导取向的接受式、学生自主取向的活动式、交互进行的混动式。第一种模式，教师对概念范畴或课堂产生争议的有意义敏感问题需要进行启发式的讲解或导引；第二种情形是学生自主取向的一种活动，在问题展开时学生要经历理解、探究等主体式活动。教师切忌不放手，让学生的讨论陷入机械的死记硬背结论，无法获得真问题的本质规律，处于被动状态。当然，每一种形式都是外在的，是为内容服务的，不是固定不变的，是可以交叉进行的。

"学"是教师指导下的学生阅读，表现的是个体的能力，是需要查阅、比较、归纳和总结，获得自主的不可缺少的一个环节。教师的作用要设计好"如何让学生深度学习"。"学"是"思"的准备和积累，在应用数学知识解决问题的过程中，重视应用数学概念原理分析问题，体现解决问题的过程，学

会分析数据，从数据中挖掘信息等。学会用数学的语言表达世界，提升数学建模、数据分析的素养。从概念（性质、联系）到应用，怎么经历过程，学会"思"是关键，以问题引领、驱动、引导学生经历数学的上述过程，引导学生自己概括出数学的本质，并使学生在数学学习过程中保持高水平的数学思维活动。"研"体现在合作，教师引导学生要善于从整体把握教学内容和学科思想，学生经历思维的碰撞，便于驾驭适用于整个知识结构和能力结构的通性通法以及等价化归。"导"不是教师的专利，虽然占有率高，也可以是学生导引学生，因为他们思维形式最接近，给学生展示的机会往往使课堂更精彩，教师更有发挥的空间。采用多样化的教学模式，不要机械照搬某种模式。各种教学模式中，只要"适合"的，就是最好的。"适合"标准是什么？那就是要因地、因时、因师、因生来选择了。

1987年4月初我到定州中学进行教育教学实习，导师是戒敬仁（日后被推选为教学副校长）。从他那沧桑俊瘦的脸庞可以看出棱角分明的性格，他言语不多却很睿智，安排工作思维缜密，言简意赅。短短两个月的跟班听课、辅导、教研到试讲、代课，其中的艰辛付出都留下了美好回忆。每晚去教室辅导，烛光下走近每一颗求知若渴的心灵，是一种神圣的感动和洗礼。而从戒老师字正腔圆的语言及特别规范的教学过程中我感到自己触到了数学课堂的灵魂，那就是紧紧抓住学生的数学思维活动进行科学的引导。在教师生涯的起始阶段，我有幸接触到了今天来看也是最先进的探究式教学思想，即戒敬仁老师当年的"针对问题讲解法"的亲传。

所谓"针对问题讲解法"，其基本思想与当今"问题递进式"是相通的，学生要经历"学思研导"的课堂环节。

问题来源：课堂的思维亮点并未完整解决的、辅导发现的疑惑带有普遍性的、备课自悟的以及教参提到的、教师的基本经验等。

教学过程：首先是学习目标及问题展示，预设真问题（必要时自制教具），通过多媒体或小黑板将预设问题形成表格（核心问题布局，有空格）或填空问题，形成问题串，或形式不限（依照内容特点机动安排），提前一天将问题前置给学习小组。其次，学习小组依次对问题进行阐释和发挥，形式多种多样，生动的课堂，绝非单口相声亦非合唱，是师生共同谋划，集学生智慧于一体的充满数学魅力的大餐。教师导演，启发穿插、激励升华；学生暗流涌动，思维充分展开，问题一个个释然，完全沉浸在对数学的理解及对问题解决思维过程的享受之中。

限时达成训练：基本预设 2 ~ 3 题，限时完成，给出答案，问题点拨。

总结与布置作业：一般由教师对本节课画龙点睛，不忘赞誉学生；作业分为本节延续问题思考、课外题及预习问题、课本作业（时间一般在 1.5 课时）。

感悟：课堂精彩源于学生的智慧展示及基本解题经验的创新点，得益于教学形式的变革，以及教师课堂组织的灵活善变和快速归纳能力，得益于教研中的真抓实干，敢于揭示真问题以及教师间不断的反思感悟、集体交流。另外，要研究学情，深入了解和感知学生的认知心理活动，方得其知识结构和能力结构的最近发展区，由此深入挖掘显示出课堂数理之微妙，这是成功课堂的必经之路。要知课堂功夫在课外，课堂只有直播，没有彩排。

二、课堂教学模式定位后的四点思考

教学着眼点不同，课堂形式各异，但究其实质是相通的，数学的本质在哪里？数学教育究竟应该给学生带来些什么？课堂上，教师不仅要教会学生解题，更将数学思想渗透在教学中，以达到培养学生创造性思维能力的目标。因此，数学课堂不应只是训练，看重形式和数量，而是聚焦于思维；深挖知识内核，追根溯源，拓展和优化思维过程，让学生体验数学思维的完整经历，让数学思想在课堂上闪光。美国现代教育家杜威主张，学生头脑里不是一张白纸，应在学生最近发展区展开教学的教育思想，无疑印证了这一观点。

2012 年 4 月，我随邯郸市骨干教师团参加了为期十天的河南省沁阳市高级中学的教学改革实验现场观摩，亲历了课堂模式试验的过程，问题启示：

问题一：换位思考，课堂教学的灵魂究竟在哪里？

学是教的起点，教为学服务。聪明的教师应在学生"学"的目标上下功夫，而不是仅仅关注"教"。课堂学习目标是教学目标的核心，是学生学习目标的具体化，是课堂方向，是一堂课的灵魂，为此，在定位一节课的学习目标时，是否将问题蕴含的数学思维活动过程所应达到的能力等级恰如实际地作为学习目标，并且围绕目标，不断地进行潜移默化的渗透，是判断教学是否有效的直接依据。让学生明确了学习目标的教学才是有灵魂、有灵性、有灵感和有实效的教学。所以，不研究、不懂得学生学的目标，教师的教就会是一厢情愿，就会是"自作多情"，就会远离学生的实际，教学自然也是低效或无效的。课堂教什么？应以学论教，这是教学的基本原则，是符合认知规律及突出教学主体即学生地位的不可争议的原则。教所惑，练所疑，展所欲，皆为有效。长久坚持，便可使学生具有扎实的数学基本能力。

问题二：如何突出学生主体活动，应把握怎样的"度"？

教师的作用是促进学生进行"深度学习"，因此，课堂教学的魂在学，教为学服务。突出"学"的主体，不代表"教"不重要。教师的教是导引，是方向，是舵手，是核按钮，所以，突出主体活动必须是在保证学习目标最大化达成前提下的突出，绝非随心、随情下的随遇而安。其限度是围绕学习目标而定的，问题的展开和转向，其时间长度要以目标达成来定。

深度学习是学生直觉、思维、情感、意志、价值观全面参与、全身心投入的活动，是作为学习活动主体的实践活动，而非抽象个体的心理活动。深度学习的目的指向具体的、社会的人的全面发展，是形成学生核心素养的基本途径。因此，突出学生主体活动的本质在于深度学习的长度和深度。

广义的突出学生主体，应体现在广泛的学习活动范畴，包括学法教育、课外阅读、作业指导与评价、自习课深度学习、考查考试命题标准、多维成绩评价等。尊重学生主体，在一定范围内体现其独立性；否则，被动应对（被作业限定等）只能带来其思维发展的倾向性、机械性等问题。

问题三：在课堂活动中，应突出的数学核心思维能力有哪些？

独立思考是自主的过程，自主要有个人主张或者是不确定的结论；合作是小组成员间或观点不同组之间，亦或师生之间发生的相互讨论探究；评价是教师或者另外组对发表主张的展示组进行评价，肯定其优点，指出其问题所在，帮助找到解决方案。

思维是人用头脑进行逻辑推导的属性、能力和过程。

思维以感知为基础又超越感知的界限。通常意义上的思维，涉及所有的认知或智力活动。它探索与发现事物的内部本质联系和规律性，是认识过程的高级阶段。课堂中自主、合作及展示、评价的过程，是运用多样思维共同提升课堂效果的有效途径。

思维的概括性表现在它对一类事物非本质属性的摒弃和对其共同本贡特征的反映。除了逻辑思维之外，还有形象思维、顿悟思维等思维形式的存在。逻辑思维也叫抽象思维，形象思维也叫具象思维，顿悟思维也叫灵感思维。抽象逻辑思维是以抽象概念为形式的思维。它主要依靠概念、判断和推理进行思维，是人类最基本也是运用最广泛的思维方式。理性具象思维是在感性具体基础上经过思维的分析和综合，达到对事物多方面属性或本质的把握。

在数学活动中，常用到批判思维、侧向思维、求异思维、平行思维、逆向思维、分解思维、转化思维、跳跃思维、辩证思维等。其中批判思维是指品评和批判自己的想法或假说而进行的思维过程。在解决问题的时候，批判思维比较常见。它包括独立自主、自信、思考、不迷信权威、头脑开放、尊重他人等六大要素。求异思维：也叫发散性思维。对同一个问题探求多种答案，最常见的就是数学中的一题多解。平行思维：是为了解决一个较为大型的问题，需要从不同的方向寻求互不干扰、互不冲突即平行的方法来解决问题的一种思路。它也是发散思维的一种形式。逆向思维：从反面想，看看结果是什么。跳跃思维：跳过事物中的某些中间环节，省略某些次要的过程，直接到达终点。辩证思维：是科学思维的一种重要方式，以变化发展的视角认识事物，通常被认为与逻辑思维相对立。运用辩证法的规律进行思维，主要运用质与量互相转化、对立统一、否定之否定三个规律，抓住关键、找准重点、洞察事物发展规律。教育教学中我们应尊重和鼓励学生采取不同思维方式，从而创新课堂教学模式。

感悟：改进教学方式，提升学生的思维品质。

老师巧妙提问题。"苏格拉底法"，苏格拉底把教师喻为"知识的产婆"，因此，"苏格拉底法"也被人们称为"产婆术"。这一教育理论，是西方最早的启发式教育经验，目的是引导学生深入思考和探究。

学生自由提问题。自由提问法，自由提问活动所涉及的问题常常是由书本或讲课激发出来并且没有给出答案的问题，这些问题被称为"无知性问题"（ignorance question）。研究表明：一些学生常常能够也非常喜欢提出好的无知性问题，大多数学生一个学期下来至少能够提出一个好的无知性问题。

让学生互相辩论。辩论法，辩论可以使学生从多种角度看问题，鼓励学生对回答问题的各个视角的优缺点进行开放性讨论和批判。

以上从三个角度阐释了提升学生思维品质的开放式教学方式。

一位考入大学的学生来信谈到备考，概念无疑是最容易被忽视的角落，但高考薄薄的一张卷子想要涵盖高中丰厚的知识点是不可能的。命题人必然是选取某个切入点进行深入探讨。概念不准，根基不牢，一方面很难对知识点的深入进行很好的把握，另一方面某些"知识误解"会成为思维定式。

可见课堂环节对基础知识的思维辨析有多么重要。它需要我们充分重视上述介绍的各种不同思维形式的训练，不断地积累经验。这也绝不是单纯地依靠模拟训练所能达到的。在此过程中我们要努力抓住时间、概念、经验、思维、全科、心态这样几个关键词。

思维的自由、高考题目的灵活性要求你必须具有足够的思维能力。对于优秀的学生而言，思维要更广阔和自由。锻炼方法：第一阅读，第二思维训练，第三拓宽阅读。

有人说思维是天赋，我不否认天赋对每个人的学习效率、学习深度所带来的影响。所谓天赋不过是你比别人多行一步，多一点努力而已。对于中学生而言，思维是可以后天培养的，在基础知识、基本能力根基打好的前提下，对思维进行新的拓展延伸一定能获得更高的格局。

问题四：教师如何拓展延伸课堂真问题？

调查发现，86.7%的学生表示喜欢有较多的动手操作或亲身实践、引发较多讨论交流或自学等课堂教学方式，只有12%的学生喜欢以老师讲授为主的方式。针对学生实际情况，教师该如何延伸或拓展课堂真问题呢？

遇到真问题、难题，同学之间讨论、分享，由此营造的班级好氛围对每位同学都大有裨益。而这往往是课堂上师生对问题加深解析的关键。我在课堂实践中时常碰到这样的情况，稍一点拨，学生顿开茅塞。因此，在高三堆积大量试卷的情况下，可以小组合作，几个人做不同的卷子，分享试题中的重点或新奇的题目，效果很好。

拓展课堂真问题，形式上是否非常容易操作呢？有人说，无非下节课只要提出尚未解决的问题而已，其实不然。问题在于发生过的尚未真正解决到位的问题实质是什么？其内涵、外延，涉及哪些跨章节或跨学科的问题？与已有知识和能力有哪些需要衔接？这些恰恰是教师必须面对的问题，这是体现教师功底的大问题。不经历风雨，没有十年八年的历练，一般达不到这样的深度或鲜有触及者，集体教研可以弥补这些短板。

不可否认的是，每个人都有自己所擅长的领域和不擅长的领域。根据木桶效应，优势再强也没办法弥补短板，以优补劣是最大的豪赌。

在教学上应注重备课环节，当占有大量材料时如何进行加工？必须依据新的教学课程标准做出优化，课堂上便会有巧夺天工之妙笔，努力做到将真问题抛给学生，让学生去思考、去升华，以期牵一发而动全身之功效，面面俱到等于不到。教学应讲究实效，即学生的认知程度决定教学内容和方式，加强教后落实环节，只靠自习辅导还远远不够，要勤到班，面批与作业全改相结合，对作业中突出的个别问题写上"面谈"落实目标加鼓励，细化每次的考试分析。

大数据时代，教师将面临许多挑战。

马云说："人类担心机器超过自己，担心人工智能，但是我觉得人类还是应该更有自信。最大的挑战不是机器越来越聪明，而是人的智慧没有长进。确实人工智能、大数据、机器人会对我们过去的教育模式、教育内容、教育方式会有巨大的挑战。聪明是能看见很多，而智慧是看见了当没看见；聪明是知道自己要什么，而智慧是知道自己不要什么。"

三、中学教师教育科研工作的内涵与实践操作

实现中，很多一线教师确实因工作繁忙而无暇顾及教科研这块领地，即

使参与也是因为晋级不得已而为之。问题固然有其客观性，然而，没有品尝到教科研过程的幸福，那就无缘教科研果实所带来的甘甜。教师要有科研意识，这是名师成长的必经之路。

苏霍姆林斯基说："如果你想让教师的劳动能够给教师带来乐趣，使天天上课不至于变成一种单调乏味的义务，那你就应当引导每一位教师走上从事研究这条幸福的道路上来。"南京市语文特级教师徐树忠在《教师要有研究精神》一文中谈道："基于学校，为了学校，在学校中问题即课题，教学即研究，成长即成果。"教师要有研究的精神，瓦匠怕木匠，木匠怕漆匠，漆匠怕瞅匠，没事就怕三琢磨。

教师的教育科研工作如何展开？

第一，日常点滴记录，从阅读整理开始。

如果你是班主任，你就要习惯做日志，然后号召全班同学写日志，这是积累素材、开好班会、写好案例的渠道。阅读要有选择性，建议从读名师成功案例、人物传记开始，同时涉猎对学科有指导作用的哲学、心理学、社会学等书籍。

适应高考要求，加强阅读的宽度与厚度。落实阅读实效，就要规范阅读顺序，一般从纲领性的、教科书式的书籍开始，精读、粗读、泛读多种方式相结合。时间要保证，建议利用好碎片化时间。

第二，教研与磨题、磨课，从辅导、学情分析入手。

教研是每一个老师在初备课、了解和掌握学科内容及阶段衔接特点的基础上进行的集体研究。比如，初高中数学内容与能力衔接问题，就要提前查阅初高中数学新教材在实践中教学顺序的调整、中招考试大纲、学情分析等，单纯看看课本照本宣科是解决不了实质问题的。再如高一阶段学情分析，高中函数知识结构初步形成、学科能力有短板、求知欲强、勇气可嘉。高二阶段学生心理特点，面对高三心有恐慌、加强课后学法指导保证课堂效果、用好提高成绩的"纠错本"、加强审题训练与限时做题等。

教研本质上是集体研修，主研人先说课，通过真问题依次深入展开，具体内容各异、形式不拘一格，比如新授课概念教学教研，单元复习课深度研修，期中、期末总结课，试卷讲评教研等。

教研的灵魂是敢于触及数学教学边沿或知识交叉处问题，在于对抛出的真问题进行辨析。教研通过争论、查阅、请教专家等环节，将问题搞清楚。而这一阶段有关思维的第一手素材是最宝贵的，也是提笔写作的亮点。

第三，研究鲜活的学生，从写教育案例反思做起。

教育案例一般来说，是带有某种教育目的性的，以叙事手法，通过真实故事的发生、发展等曲折情节来隐喻某种教育意义。案例步骤分故事背景、过程、结果与总结反思等。写下来便于大家回顾，以期提高对教育实践的认识。有关案例在后续有举例，这里不再赘述。

第四，案例分析总结提升，从参与课题研究到成为主研人做起。

申报课题，目前有校、市、省、国家各级或某学术团体、学会等各类课题及子课题、个人课题、重点课题，从资金赞助又分公助和自助。建议开始申报时，可以借助名师个人或团队参与活动，也可以申请个人专项课题（审批较容易）。名师从来都需要经历实践磨砺，从一点一滴做起，从小课题做起，不断反思积累，逐步成为可以独自承担课题的主研人。

总之，做好老师的前提是把课上得有意思，表现在：

(1) 教出恍然大悟来有意思；

(2) 朗读好了有意思；

(3) 贴近学生的教学方式有意思；

(4) 快乐深思的课堂有意思；

(5) 有了收获有意思。

把课上得有意思才能让学生瞧得起，是赢得学生喜欢的重要筹码。一个优秀的老师，应当把课上好，也能把课上好。一个学期总要给学生留下几节难忘的课，这源于一课一研。

真正的教育，绝不追求所谓多快好省。教育不是工业，而是农业，像中世纪古老的庄园，缓慢从容，教育就像怀春，就像缓慢成熟的爱情，种子和灵魂都喜欢安静，在和煦和温暖中，春风化雨，潜滋暗长。（引自 2016-04-15 光明网《教师要有"工匠之心"》）

奥地利作家茨威格曾经拜访过罗丹，那时候，茨威格还是一个三流作家，无论怎么努力和挣扎，就是突破不了自己的瓶颈。罗丹热情邀请茨威格去自己乡下的雕刻室看作品。但他却突然像疯子一样，沉浸在一尊已经完工的女性半身像前，喃喃自语，手里拿着黏土，不断修改，一小时，两小时，罗丹沉浸在自己的作品中，忘记了茨威格和整个世界，直到三个多小时后，罗丹才恍然醒来……

这是茨威格人生中最重要的一课，大师罗丹的工作状态使得茨威格深刻认识到自己在文学道路上之所以不顺，就是因为功利心过重，以致作品浮浅急躁，深度不够。从此，茨威格成了另一个匠人，聚精会神，慢慢打磨，沉静得如同一块苔藓斑斑的石头，《一个陌生女人的来信》等经典作品，源源不断地出现。（引自 2016–04–15 光明网《教师要有"工匠之心"》）

真正的教育应该是纯手工的，那是一种依靠积累、源于传承的工匠精神，这种精神无法瞬间获得、想要就有。杏坛之上，弦歌不辍。教师们耳提面命，一张嘴，一块黑板，三尺讲台，一支粉笔写春秋，一个好的教师应该要有"匠心"的执着——专注而简单。

作为数学教师，如何做到最优？原动力在哪里？仅仅热爱数学教育和你的学生还是不够的。要深入研究教学，做一个研究性的数学教师。做数学，要做中学、做中研，即使做不到大师级的深刻思维，也要潜心努力让学生体验数学之美之魅力，让教学成为一种享受。

四、教学若干真问题的思考与成因分析

以下来源于实践的五个真问题，一家之言，提出来供大家思考：

1. 课外作业布置的教师观：量变未必产生质变，研究如何促使质变是关键，学生有差异，应依据学科思维能力的达成而分层布置，体现分层教学的本源思想，同时要兼顾多学科全面发展。

2. 命题组卷的思考：命题至关重要，平时是检验性考试，这是个系统工程。要克服难度至上的倾向性，体现教学大纲基本要求的准确定位，同时做

好能力覆盖。好题集到一起未必是好的试卷；选拔性考试重在效度、区分度，命题的核心是基于评价体系，侧重体现学科思想、理性思维和学科能力覆盖的要求。

3. 教研活动的思考：学情分析是重要的一个环节，体现前后衔接，重视概念教学，做好案例分析，突出问题驱动，兼顾点面结合，统一学科思想，完善师徒传帮带的传承。

4. 课堂教学理念更新：教师时时要有更新教学理念的意识，启发式、探究式教学是课堂教学形式的主流，问题驱动是内线，学科思想与素养导引问题深化，放手学生思考，体现学生主体位置。学法教育必须与实践相结合。

5. 教学管理是教师的职责：要调动起学生课堂参与的积极性，结成学习小组，自主、合作、交流成为刚需。教师不是课堂主宰，而应该成为一名具有思想家的敏感、战略家的组织与实施天才、科学家的思维品质、教育家的博大胸怀！这样才能培养出有大格局的人才！

第斯多惠曾说道："教学艺术的本质不在于传授的本领，而在于激励、唤醒和鼓舞"。激励要动情，激励要及时，激励要当众，激励要重复。

用放大镜找激励学困生的理由，我们发现没有差生，只有差异。兴趣是在激励中产生的，是在不断取得进步中稳固的。在这样的观念之下，教育教学实践必须发生改变。

第一，教育的使命发生变化，从"教人"到"育人"。

教和育是两个不同的概念。教是教知识、教技能，育是育人，育文化。学和习也相应是两个概念，学的是知识，习的是体验。未来的教育讲究是个性化、特色化。为此，统一模式的课堂教学已不适应未来教育的发展，要让孩子成为最好的自己，要把每个孩子培养成活生生的人，而不是学习的机器。课堂教学必须树立以学生为本，体现因材施教的个性化教学模式。"未来孩子在学校不只是学知识，还从艺术中体验到创意和想象力，从运动当中学会包容、学会团结、学会责任、学会面对失败、面对挫折，学会在冲突中解决问题，因为未来的社会将冲突不断。""如果学校处境很难，世界将是一种什么困境？惩戒教育要不要？教育放手社会将如何？这就像开车不踩刹车一样危险。"（马云在第十四届国际校长联盟大会上的发言）。

第二，学校教育重视多才多艺和情商教育，未来需要有担当和团队思想的人才。

教育学生学会尊重，相互帮助，班主任应懂得如何去尊重学生，如何让学生发挥他们的潜力，让他们做得比自己想象的还好，就要学生深刻领会辩证唯物主义原理，在人生关键阶段形成科学的世界观、价值观和人生观。教师就必须是知识全面、多才多艺，具有健全人格和向上精神的学习榜样。"学习、尊重、包容才能让一个民族强盛。素质教育不是低质教育，素质教育不等于可以放松教育的标准，素质教育更不等于教育不需要严格。"

现阶段，教育重在智育、美育，忽视德育与劳育，更不注重未来教育所必需的责任教育。研究发现，在初中教育阶段过重的课业负担已经严重影响孩子们的身心健康。2019年新入学的高一新生，据不同学科实验班任课教师的目测观察，有近三分之一的新生身材呈现"豆芽型"瘦小无力状，男生几乎无胸大肌，女生头发稀疏缺少营养，"埋头族"（视力下降，埋头看书、写作业）不在少数。更为鲜奇的是对老师的问话不会交流的学生，尚不在少数。这些现象绝非笔者一家所言，究其深层的原因，分析如下：一是教育资源的不均衡，导致私立学校的异军突起，教育成了产业，高收费、高附加值越发加剧升学与招生大战，最终结局是学生来买单，付出的可不仅仅是家庭经济的透支，是国家一代人的价值观、人生观的扭曲。问题在哪里？很大一批省属示范性高中教学质量上不去，问题又在哪里？二是教育偏离了宗旨，应试教育越发严重，考什么讲什么，辅导班取代了学生的业余生活。进入高中，数学学科需要近三周的时间进行初高中衔接内容教学。三是区域性职业教育存在短板，人们对人才的认识有其短视问题，科学的职业教育分流严重失衡，导致重点学校拥堵和学生失学现象并存。

第三，对培养数学能力理解上的偏差。

在实践中，数学教学存在单纯追求解题能力，即所谓"高效率"，而忽视数学基本能力的培养和数学应用；曲解数学创新，如极限定义解题，从吉米多维奇数学分析解题集来看，均为正面出题，求导法从未出现倒着出题，但在新课程实施中出现教师人为设置难度，倒着出题；灌输式学习，教给了学生什么呢？知识是学生能够自学到的，这种灌输式只能引发学生的不自信，忽视对知识的组织和运用，而这恰恰比知识更重要。

实践经验分享如下：（1）关于"超标"的理解。基础教育改革发展迅猛，要紧跟课程改革的要求，比如新课程 2020 修订版增加了"极限思想"。又比如"指数函数与对数函数"，新课程标准第 20 项第 3 条第②款，"能用描点法或借助计算工具画出具体对数函数图象"，第③款写到"知道对数函数的 $y = \log_a x$ 是指数函数 $y = a^x$ 的反函数（$a > 0$ 且 $a \neq 1$）"。深度理解这两条的内涵颇为费解，既提出两者互为"反函数"又刻意回避。这对指、对函数有关综合问题的处理非常不方便；（2）关于命题与训练。不要超出阶段性活动要求，放大或追求技巧性过程的题目，比如"集合中集合作为元素"是作不要求的；（3）关于内容超前，一次到位。倡导单元式授课，主张自主、合作与探究，忌替代包办，求准确、完整，做好知识与能力两个结构；（4）关于课堂探究过程与"刷题"。目标定位，以学论教，探究应由"解题"到"解决问题"展开，情境引入，学生参与，教师引导，以"做题"到"做人做事"，这便是"素养落地"的生动写照。

教师要在驾驭教材、处理题目的能力方面提高自己，新一轮课改的要求将会更高，能用三个题解决问题，最佳的做法不要用五个题留给学生，另两个可作为分层布置。对教师的信息技术培训要加大。例如新课程要求每节应有情境引入，如能恰如其分地应用多媒体资源，效果将非同一般。

几点理解如下：（1）教材是抓手、课标是航线、高考是港湾（之一），教师的行为是课改成功的关键；（2）学生是主体、课堂是主阵地、高效是新理念、学案是课堂延伸；（3）树立学生主体地位不是一句口号；（4）教学是用教材教，而非教教材。

新课改最为显著的特点就是学生学习方式的变革，教师在课堂上不是主宰，一半或一半以上的时间应该是学生在活动。教师也不能随意占用学生课外时间，管理者要更新评价理念，这样教师与学生的精神面貌才能发生根本变化，核心素养教育才能入心、落地。

最后，再谈一下如何通过考试发现学生学习上的弱区，找到学习薄弱环节的根源。

不容讳言，应试教育也是素养教育的一个不可或缺的重要方面。问题是如何正确理解？

首先，我认为如何认识考试很重要，出发点（即动机）不同，那么，采取的手段和过程就会有所区别，我们说考试是检查学习效果的一种手段而非目的，因此，作为家长不要把成绩看得过重。优秀成绩来源于平时脚踏实地，来源于科学的学法，即注重正确理解、自主、合作、探究和提高。切忌闭门造车、故步自封，这与新课程理念以及新的高考评价体系是格格不入的。应以善于思考，培养学科思维能力为目标，并以此来调整对学科学习的认识与学习方式。对于考试分数，一定要从其内涵来分析，是否充分包含以上内容笔者认为更重要，这是根源；其次，横纵观察，考试形式不外乎课堂检测、周测、月考或者期中期末考、学业水平测试以及高考模拟考试等。纵向观察，由考试总分及分项数据作出初步评价，一般而言，得到60%的分数，只能是初步理解，学习的薄弱环节应在基本知识、基本过程步骤以及基本方法上存在问题，当然必须看失分的环节在哪里？家长一般喜欢听总分，但只要仔细分析客观题及主观题得分就不难发现问题所在；得到70%～80%分数，一般问题是在于学科能力上有欠缺，应加强正确理解，提高学科思维能力，多思善问勤交流是不可缺少的提高成绩的路径；横向思考，通过几次考试数据横向看一下各专项（章节或专题）的数据名次变化以及所处位置，这样就不难发现薄弱内容。切记不要全盘肯定或否定，也许考生近一个阶段在抓其他弱科。最后，一个有效的诊断方面，是观察考试前、考试中以及考试后的心理状态，是否为实际水平。要关注学生的身体状况，考试中心理因素所占的比重比其知识的掌握或许更重要。这就要从心态上抓起，在培养孩子的自信心上下功夫！

五、新形势下教师角色的再思考

在新课程标准实施，高考"一核三层三翼"新的评价体系的落地及创新教育的大好形势下，教育部近期又发布了有关课堂教学方式定位于自主、合作、探究的基本模式，倡导教师要注重启发式、合作探究式等方式的教学，教师角色已经发生质的变化，其特征是随着社会的进步而变化的。在历史上，教师这一社会角色的特征经历了从长者为师到有文化知识者为师，再到教师即文化科学知识传递者的演变历程。在新课程全面实施的形势下，教师的教学行为发生了诸方面的转变：由传统的知识传授者向学习活动的参与者、引导者和合作者转变；由传统的教学支配者、控制者向学生学习的组织者、促进者和指导者转变；由传统的表态知识占有者向动态的研究者转变。

2009 年 9 月我参加了河北省首批特级教师研修班学习，承办方河北师大数信学院张生春教授带队，组织参观了山东省青岛二中、曲阜师范学校、泰安一中、济钢中学等几所有代表性的学校，所到之处耳闻目睹，真切地感受到山东省初等教育的领先发展水平，他们坚持以人为本的教育宗旨，以素质教育为先导，国家与地方课程有机结合，全力打造全国一流的教育品牌已初见成效。

2002 年至 2006 年的四年间，我主持研究了省属重点课题"中学师生关系的研究"，其中有许多观点值得深思，当时提出了建立新型师生关系，明确了以生为本、尊重学生的主体地位是实现素质教育的有效途径。现在通过回顾和分析，探索新型师生关系模式下实现学生主体地位的"学思研导"课堂教学模式，是一脉相承的。研究在中学生眼中教师角色应具备的一些新特征，是当下教育改革以及教师教育教学理念应不断更新的重要参考，需要对新课标体系下教师角色进行再思考。

在新课程体系下，探索和实践新型高中师生关系模式的调查实践如下：

（一）探索和实践新型高中师生关系模式的调查和分析

问卷调查，采取无记名填表的形式对某市重点中学高二年级 1 ~ 20 个班选取了 1141 名（包括两个理科实验班做对照）学生进行了《认识自我、提升自我》（中学师生关系研究）系列调查问卷。收回 1132 份，有效问卷1128 份。

附表 1   探索和实践新型高中师生关系模式的调查数据统计

| 提出问题 | 选项（多选题） | | | | | | | | 参加人数 1128 |
| | 选项 a | | 选项 b | | 选项 c | | 选项 d | | |
	人数	%	人数	%	人数	%	人数	%	均 %
1. 喜欢的教师形象	678	60.0	785	69.6	612	54.3	958	84.9	67.2
2. 与老师接触	532	47.2	508	45.0	657	58.2	329	29.2	44.9
3. 心里话倾诉对象	144	12.8	497	44.1	913	80.9	247	21.9	39.9
4. 学生感觉	697	61.8	548	48.6	102	9.0	318	28.2	36.9
5. 做错事后老师态度	783	69.4	372	28.9	435	38.6	274	24.3	40.3
6. 理想师生关系	762	67.6	804	71.3	757	67.1	469	41.6	61.9

附表 2   探索和实践新型高中师生关系模式的调查选项百分数分布图

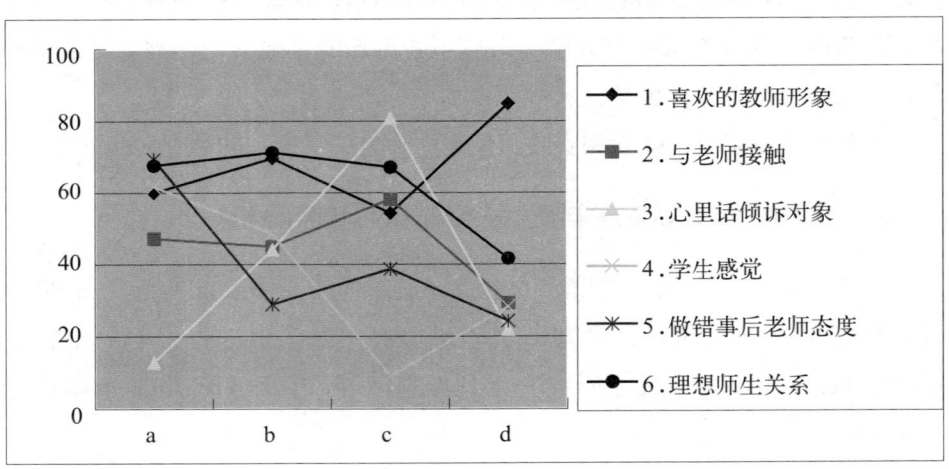

附表3　探索和实践新型高中师生关系模式的调查相关问题分类统计

项目	类别	距离（长度单位为模拟cm）
1. 喜欢的教师形象	1	44.770
2. 与老师接触	2	20.933
3. 心里话倾诉对象	2	20.933
4. 学生感觉	1	37.734
5. 做错事后老师态度	1	33.378
6. 理想师生关系	1	30.245

从附表3分析可知，问题2、3是相同类别，且选项b模拟完全吻合，问题2和3的选项b说明学生对教师的了解、认识还比较模糊，对教师的关心意识较差，但是却有较强愿望得到老师重视，这种不成熟心理的影响在下面的问题中得到验证。"有心里话想跟谁说"呢？对选项b的选择同样使"家长和亲戚"处在尴尬的位置。这与问题2选项b的考察是一致的，说明教师与家长俯下身去同学生（子女）沟通得太少。

附表4　探索和实践新型高中师生关系模式的问题选项平均值及标准差统计

选项	平均值	标准差	样本容量
a	53.1333	21.2515	6
b	51.2500	16.3429	6
c	51.3500	25.0319	6
d	38.3500	23.8001	6

从附表2、4分析可知：问题1、4、5、6选项a标准差较小。从差异量指标分析，表明这组数据的离散程度小，比较整齐、集中和稳定，分布范围小。学生需要尊重与理解，需要平等对待。教师的宽容与严格是深得学生信

任的关键。学生与老师在一起比较开心。问题 5 的选项 a 的选择发现，学生是希望教师严格管理（选 a 在 69.4%），宽松并不意味着放松严格，严格有别于严厉，学生对教师的要求不单是业务的精湛和教法的灵活先进，同时对教师的人格及管理水平提出较高要求。

（二）新课程下中学生眼中教师角色的新特点

中学生对教师的要求和评价呈现以下几个特点：

a. 中学生渴望成人的意识增强，希望教师能平等对待自己。

学生喜欢能尊重和理解自己、从不以长者自居的教师，这是新型师生关系重要内涵之一，中学生渴望长大，希望引起老师的注意，教师对学生应一视同仁，不以学习成绩的优劣而将学生划出等级，允许他们出错，理解他们在成长过程中的过失。有更多的学生（占 69.6%）喜欢"活泼开朗、仪表大方、有学问、有幽默感、从不批评我们，感觉不到她（他）是老师"的教师。多数学生将好老师的要求定位在"平等"两个字上。教师的形象应是充满阳光、睿智、幽默、包容且富有进取心和渊博知识。

b. 中学生求知欲强烈，对知识面宽且教法灵活的教师有特殊的偏爱。

在调查中发现，学生比以往更加注重实际，对知识的追求更加强烈，在学生对教师的学期评价中，优秀教师几乎都有这样一个共性，善待学生，不简单去处理学生的过错，亲和力强。有 54.3% 的中学生喜欢"严格严肃、学者风范、管理严、有耐心、有脾气、教学成绩好、升学率高"的教师。一方面，说明由于升学的压力，使得过半的学生将自己的个性暂且放到次要位置；另一方面，求知欲强烈，对知识面宽且教法灵活的教师的偏爱更加突出。

c. 教师的态度制约师生关系的健康发展，中学生"主动为要"的意识较差。

84.9% 的学生喜欢品德高尚、有创造性并且思想跟得上时代、关心他们的教师。有 783 位学生（占 69.4%）感到自己的班主任老师能宽容地对待学生的不足，要求是严格的。教师的态度制约师生关系的健康发展，学生的"主动为要"意识明显不足，这与他们长期受不良网络文化、进口动画片、卡通片等新的文化形式的影响是分不开的。

d. 知识传承渠道在拓宽，但师生情感沟通的渠道在缩小。

学生在回答"你有心里话时最想找谁说"时，回答最想找班主任老师或最想找某个老师的仅占 12.8%，与现代师生关系尚有不小距离。在回答"当你或你的同学做错了事，班主任或任课教师的态度一般会怎样"时，虽然有 69.4% 的教师对学生做错事表示出很宽容并要求也很严格，但仍有 28.9% 的老师比较宽容、要求不太严格以及 38.6% 的教师表现出要求很严格且不宽容，压制学生的做法。甚至还有 24.3% 的教师很随便，对学生做错的事并不关心，一笑了之，作为部分任课教师更多关心的是成绩，在管理、沟通上缺乏艺术，以批评代教育的做法挫伤了学生的自尊心，使得教师的行为得不到理解，拉大了师生间的距离，造成学生的封闭心理或逆反心理。

（三）新课程体系下教师角色的再思考

教师的角色转换是为了让教师在新课程的实施中发挥应有的功能，这种转变，是让教师改变原先拥有知识的权威者的形象，而侧重于对学习过程的组织、引导，并对自己的教学实践进行反思、研究，以取得更好的教育教学效果。那么，新课程理念下的教师角色有哪些？

1. 教师是学习的组织和引导者。新课程要求教师转变自身形象，成为学习的组织者、参与者，为学生的自主学习创造条件。由以讲授为主导的教学转变为提倡自主探究和引导发现的教学。在这个转变过程中，教师的角色也必然要由单纯的知识传递者转变为学生学习的引导者。

2. 教师是学习的建构者。从山东省昌乐二中的教学活动亲切感受到这一点。学生学习方式的转变必然要求教师教学方式的转变，教师必须根据学生已有的知识和能力来组织教学，比如初高中的衔接问题。教师要成为学生知识的建构者。

3. 教师是反思性实践者。教师需要在教学实践中不断反思和总结，这种反躬自省对于教师发现自身不足、提高教学水平有积极的作用，即所谓教学相长。在新课程的实施中，教师更要积极反思，通过反思去进一步理解新课程，提高实施新课程的效果和水平。

4. 教师是课程开发者。教师不再是课程的接受者，而是要作为积极的课程开发者，这是本次课程改革所倡导的新理念，也是对教师提出的新要求。教师要不断提高课程的开发能力，把课程开发作为职业生活的一个重要组成部分。

5. 教师是探究者。教师应以研究者的身份出现，而不是经验和技术型专家。为了提高教学质量和深入认识自身的专业行为，教师有必要进行研究。同时，教师作为研究者也可以促使教师对教学过程和课堂行为进行必要的反思与研究，把一些成功的教学经验上升为教学理论，为教育理论的发展做出贡献。

教师在新课程实施中的地位和角色发生了如此大的变化，如何面对新课程的挑战？感到作为一名数学教师还要从以下五个方面做出调整。

一是讲背景、讲思想、讲应用。使学生获得必要的数学基础知识和基本技能，理解基本的数学概念、数学结论的本质，了解概念、结论等产生的背景，体会其中所蕴含的数学思想和方法，以及它们在后续学习中发挥的作用。

二是多一点情境和归纳，多一点探索和发现，多一点思考和回顾。通过不同形式的自主学习、探究活动，丰富和改善教与学的方式，体验数学发现和创造的历程，发展创新意识和实践能力。

三是提升学科思想和素养——如函数概念的提升。

四是把握好对新增内容的定位，把握好对原有内容在要求和处理变化上的要求。

五是以学生的发展为本，在实践和探索中丰富和改善教与学的方式，帮助学生更好地体验数学发现和创造的历程，发展创新意识和实践能力。

教育理论家琼·托马斯说过这样一句话："革新的成败最终取决于全体教师的态度。"当代教育的几乎所有矛盾都可以从中小学教师身上找到。所谓教育问题，其实，在某种程度上主要是教师问题；所谓教师发展，只有通过教师的再教育、再思考，才能最终落实为学生的身心发展；所谓素质教育，从操作上讲就是教师价值观的变革及教师素质能力的提高过程。这是新课程理念下的教师观。

综上所述，新型师生关系的建立，关键因素还在于教师的认识和修为。

第一，教师要童心不泯，拥有一颗爱心，学生才喜欢你。

苏霍姆林斯基说"没有爱就没有教育"。

教师要喜欢每个孩子，每个学生都渴望老师喜欢他。

美国托德·威特克尔："不强求你喜欢每个学生，但要做出喜欢他的样子。如果你的行为并不说明你喜欢他们，那你无论多么喜欢他们都没有用。但是，如果你的行为表现出你喜欢他们，那么，无论你是否真的喜欢也无关紧要了。""做出喜欢他的样子"，可以是一个动作，一个微笑，一句话，一件小事，一件小礼品……总之，一定是"行为"。"行为"的背后，是师爱；师爱的核心是理解。没有理解，就谈不上真正的爱。理解是爱的别名。泰戈尔是这样说的，"爱是理解的别名"。

教了三十五年的书，最终把自己教成了高中生。

张光鉴："要蹲下来看学生。老师要和学生相似，而不能要求学生和老师相似。谁和学生相似了，谁就能成功。"

苏霍姆林斯基："只有那些始终不忘记自己曾是孩子的人，才能成为真正的老师。"为此，教师要善于和学生交往。教育不是人和物的关系，是人和人的关系，是心灵和心灵的关系。卢梭说过："做教师的只要有一次向学生撒谎漏了底，就可能使他的全部教育成果从此为之毁灭。"

第二，注重教育方式的改变。

马云在世界校长论坛演讲时说道："人工智能可以代替老师批改作业，互联网可以帮助回答问题，未来如果在人脑中植入芯片，知识根本不用教，但是老师对学生的关爱、对学生思想、价值观的洞察和引导是机器无法取代的。当然即使你脑袋里有十块芯片，你还是要学习，因为脑袋不动，你会老得很快，你根本没用。过去，老师是靠灌输知识获得价值；未来，老师要靠引导价值赢得尊重。未来的孩子，不但要会做法、会算法，更需要有想法。"

当今大力提倡注重"核心素养"的培养，其内涵是最关键、最重要、不可缺的素养。就一门学科而言，内涵包括核心知识、核心能力和核心品质。核心素养并非三者的简单累加，而是在内心潜移默化地根植与渗透。学科目标的定位及教学活动都要从素养的高度来进行，都离不开良好的师生关系作保障。

从学科角度讲，要促进深度学习。要为素养而教（用学科教人），学科及其教学是为学生素养服务的，而非为学科而教。把教学局限于狭隘的学科本位中，过分地注重本学科的知识与内容、任务和要求，将十分不利于培养视野开阔、才思敏捷并具有丰富文化素养和哲学气质的人才。

第三，教师自身素养的提升是良好师生关系构建的保障。

"师者，所以传道授业解惑也。"（唐·韩愈《师说》）"学高为师，德高为范"（北师大校训），人法地、地法天、天法道、道法自然（老子《道德经》）。

感悟：我一生追求的目标是做一个受人尊敬的老师。

弹指间，在教坛上我已度过了三十五个春秋。从走上教师岗位的那一天起，我就告诫自己：做一个问心无愧、让人尊敬的老师。

怎样才能成为受学生喜欢和尊敬的老师呢？

教师是富有大智慧，以个人魅力赢得学生敬慕的人。

大家都知道，几乎每服中药里都有甘草。甘草既有药用价值，又能调和百药。它祛痰平喘、补气益脾、和中缓急、调和诸药，解百药毒。从中受到启发，我们做教师，首先要有温和之情。"温"在孔子的"温良恭俭让"五大美德中居一；其次，要有包容之心，以欣赏的眼光看周围、看别人，看到的多是优点，会觉得到处春光明媚；严格而不严厉，宽容而不纵容。包容是一种温柔的力量，它可以穿透人的心灵，让人获得意外的收获。一服中药中有了甘草，会使各味药的药性得到充分发挥，同时也会减少各味药的毒性，降低副作用，使药力不至于过猛。甘草是伟大的中庸之道的守望者。人的包容也是这样。甘草还告诉我们：任何事物都有个"度"，"不及"不行，"过"也不行，过犹不及。"不过"，也"无不及"，需要哲学头脑。读书和思考，善于总结反思是关键。完整的教育是"温而厉""威而不猛"。理想的教学是理性论道，承认差异，因材施教。

数学学科素养教育由双基到"三维目标"，时至今日到"四基、四能、三会目标、六大核心素养"的不断转型与跨越。教师角色定位确实发生了显著变化，不唯成绩论已经不是一句空话，扎扎实实落实"立德树人"是利在当下、功在千秋的国家大计。

由此反思，中学阶段教师与学生间应建立怎样的师生关系？教师可否实施惩戒教育？如何构建家校关系？当今这些问题时常被推到前沿，不容回避。

师生关系是学校中最基本也是最重要的人际关系，它包含十分丰富的社会、伦理、教育和心理方面的内容。师生关系也是影响学生心理状态的关键因素之一。良好的情感交流对受教育者的成长可以起到正向的促进作用。

高中阶段是学生人生观形成的关键阶段，师生间的情感是否通畅对学生的成长尤为重要。同时，师生关系又是班级社会体系的主要构成因素，影响着教学活动的组织及其效果，影响着学生的学业成绩。当今中学师生关系具备以下特征：

一是打破了传统意义上的我"教"你"学"的关系模式。教师的职责更多的是指导，教师要扬弃知识授受的师生关系，走向交往与对话，进而确立平等的师生关系。

二是教师角色已发生转变，提高学生素质，必然也要求教师的教学行为产生相应的变化，使之适应形势的需求。中学师生要互相尊重与激励。

三是"互联网+"时代的"学伴型"师生关系。在"互联网＋教育"的推动下，教与学场域界限不断弥合，获知环境的改变使得教师知识权威被显著消解，学生的创新文化反哺能力显著提升，师生关系由课堂到课下都发生了变化，由"导师型"向"学伴型"关系转移。

实践证明，学生喜欢参与的课堂教学模式，教师应力求使学生深刻体验教学内容，从参与解决问题的过程中使其体验到获得乐趣。教师应扮演组织者、引导者、建构者、实践者、课程开发者、研究者等角色，从课堂主角到幕后导演，这样的转变让人耳目一新。

新课标下高中数学课活力激发模式的研究

河北省名师秦喆工作室成员

河北师范大学附属实验中学教务主任　秦　琳

最近几年我在教育教学中通过研究和思考积累了一些成果，在这里和大家分享，希望能对青年教师有所帮助。

一、课题研究

课题研究是提高教师教育教学理论水平和实践能力的一个重要手段，可能有的老师会对选择一个什么样的课题研究合适产生困扰。课题选择的方向最好是教师在平常教育教学中遇到的问题以及由此引发的一些思考，选题不要太大太空，应是为了解决实际问题而进行的研究，要兼顾可操作性和实践性。

2018 年我申报了河北师范大学教学改革研究课题"新课程下高中数学课活力激发模式的研究"，通过一年多的研究和探索，我们课题组初步形成了"五学流程"课堂教学模式，现把我们的研究成果介绍一下，希望能对青年教师如何申报课题提供一些帮助。

（一）高中数学教学模式的变化是新课程改革的需要

1.2017 年完成的课程改革方案和标准修订，标志着课程改革进入实施阶段。自新中国成立以来，我国先后经过了 8 次课程改革，每一次改革都会带来课堂教学与学习方式的巨大变化。此次改革的一个亮点就是学科核心素养的提出。"学生数学学科核心素养的形成和发展，是在教师的启发和引导下，学生通过自己独立思考或与他人交流，最终自己'悟'出来的，是一种逐渐养成的思维习惯和思想方法。"因此，在教学活动中，把握教学内容的本质，精心设计合适的教学方案就非常重要。所以为了适应课程改革的要求，需要教育工作者在课堂教学中进行相应的改变和探索。

2. 新的招生考试制度中一项重大的变化就是高中数学将不再分文理，这对于原本数学就薄弱的学生来说无疑更增加了学习的困难。我国的教学改革，大体上经历了以下转变："从重视知识到重视能力，从重视能力到重视兴趣、情感、态度等非智力因素，再转向重视学生素质的全面发展，进而强调有个性、有差异的全面发展。"所以无论是从教育的发展趋势还是从学生对数学的需求来看都需要改变课堂教学模式。

3. 高中数学的新课程标准指出：数学教育承载着落实立德树人的根本任务、发展素质教育的基本功能。但是现在的高中数学课堂常常是教师在台上滔滔不绝，学生在台下昏昏欲睡，教师所传授的知识和所采用的教学方法与学生的数学基础和理解能力完全是两张皮。学生在反复练习，大量刷题中逐步丧失了对数学的学习兴趣。很多学生尤其是基础薄弱的学生认为数学是枯燥的、无趣的、艰涩难懂的，更不要奢望他们能从数学学习中体会数学之美，培养数学素养。因此通过课堂模式的改变使高中的数学课堂充满活力，使数学焕发魅力是培养数学核心素养的根本需要。

（二）国内外对于教学模式研究现状

1. 国内研究现状。

从 2003 年的课程改革到今天，以学生为主体的教学思想基本得到了广大教师的共识，那么如何体现这种思想呢？为了改变原有的以教师为主体的满堂灌的教学方法，各种名目的课堂教学模式如雨后春笋般涌现出来，名目繁多但其实大同小异，总的来看可分为三种：先教后学，先学后教，边教边学。在各种模式推广过程中，各学校一般会要求各学科老师无论什么课都采用一种教学模式，并给它起一个听上去很"厉害"的名字，使其成为本校的教学特色加以推广。但其实因为不同学科的教学特点不同，同一种教学模式未必适合所有学科；就数学学科而言，不同的教学内容也未必适用于同一种教学模式，比如新授课、习题课、复习课，试卷讲评课等都采用同一种课堂教学模式显然不合适。对于课堂教学模式的改革，笔者也曾经进行过一些尝试，比如杜郎口教学模式、导学案教学模式等，短期内确实取得了一些效果，但是时间长了就会出现一些问题，究其原因还是同一种教学模式不能满足不同层次的学生对不同学习内容的需要。课堂是有生命的、是有活力的，正如华东师大叶澜教授所说：课堂教学蕴含着巨大的生命力，只有师生的生命活力在课堂教学中得到有效发挥，才能真正有助于新人的培养和教师的成长，课堂上才有真正的生活。所以笔者希望在这些研究的基础上探索针对高中数学的新知探索课、习题训练课、检测点评课、综合复习课，四种课型的活力课堂教学实施方案，真正做到将课堂还给学生，让数学课堂焕发出生命的活力。

2.国外研究现状。

目前国际上对究竟什么样的课堂模式更适合孩子们的认知、更有利于能力的培养存在很大争议。美国的国家科学课程标准，其核心是科学探究；日本新的教育改革方案提出了尊重个性、重视个性发展的教育原则；英国在数学教学中更多地强调了数学与现实的联系，培养学生的创造能力，引导学生用数学思维去思考问题，体验和感受学习数学的乐趣等。

（三）"五学"流程教学模式的探索

结合新课程改革的要求和教学实践以及相关的理论学习，课题组对一种新的教学模式进行了尝试，此模式分导学、自学、互学、助学、拓学五个环节，故称为"五学"流程教学模式。

1."五学"教学流程的教育思想及理论支撑。

"五学"流程教学思想主要受构建主义学习理论的启发。

（1）建构主义的学习观。

学习过程不是知识的简单传递，教师也不能仅仅是知识的搬运工。学习过程是由学生自己建构知识的过程。这种建构是不能由他人来替代的。

（2）建构主义的学生观。

建构主义强调，学习者对任何事情都有自己的看法，即使是有些问题他们从来没有接触过，没有现成的经验可以借鉴。教师应该重视学生自己对各种现象的理解，引导学生丰富或调整自己的解释。

（3）建构主义的学习环境。

建构主义认为，学习者的知识是在一定情境下，借助于他人的帮助，如人与人之间的协作、交流、利用必要的信息等，通过意义的建构而获得的。理想的学习环境应当包括情境、协作、交流和意义建构（最终目标）四个部分。

（4）建构主义学习环境下的教学模式。

与建构主义学习理论以及建构主义学习环境相适应的教学模式为："以学生为中心，在整个教学过程中由教师起组织者、指导者、帮助者和促进者的作用，利用情境、协作、会话等学习环境要素充分发挥学生的主动性、积极性和首创精神，最终达到使学生有效地实现对当前所学知识的意义建构的目的。"

建构主义学习理论所倡导的教学模式主要有：

（1）支架式教学 (Scaffolding Instruction)。

Scaffold 本意是建筑行业中使用的脚手架，这里用来形象地比喻一种教学模式，指的是教师引导着教学的进行，使学生掌握、建构和内化所学的知识技能，从而使他们进行更高水平的认知活动。简而言之，就是通过支架（教师的帮助）把管理学习的任务逐渐由教师转移给学生自己，最后撤去支架。支架式教学应当为学习者建构对知识的理解提供一种概念框架。该框架应按照学生智力的"邻近发展区"来建立。

（2）发现教学。

Bruner 在 Piaget 理论的基础上提出"学科结构论"，并主张"发现教学"。他认为教学过程实际上就是在教师引导下学生自我发现的过程，学生利月教师或教材提供的资料，主动地进行学习，而不是被动地接受知识。教师要鼓励学生在建构意义的过程中采用发现法去建构知识的意义。

（3）合作学习/互动式教学。

建构主义强调学习的社会性，认为学习者在学习中不仅要学会学习，还要学会交往与合作。在 Vygotsky 理论基础上发展起来的社会建构主义 (Lantolf, 2000) 认为，意义是通过两个或多个人的协同努力而获得的，师生、生生之间的互动或对话过程被看作是教育的核心。

基于建构主义理论，结合传统教学的优点，经反复论证，课题组开始尝试推行"五学"教学流程，即导学、自学、互学、助学、拓学。五学流程是围绕打造活力课堂，为提升教学效率、提高教学质量而推行的教学程序。

2. 课堂教学五学流程图。

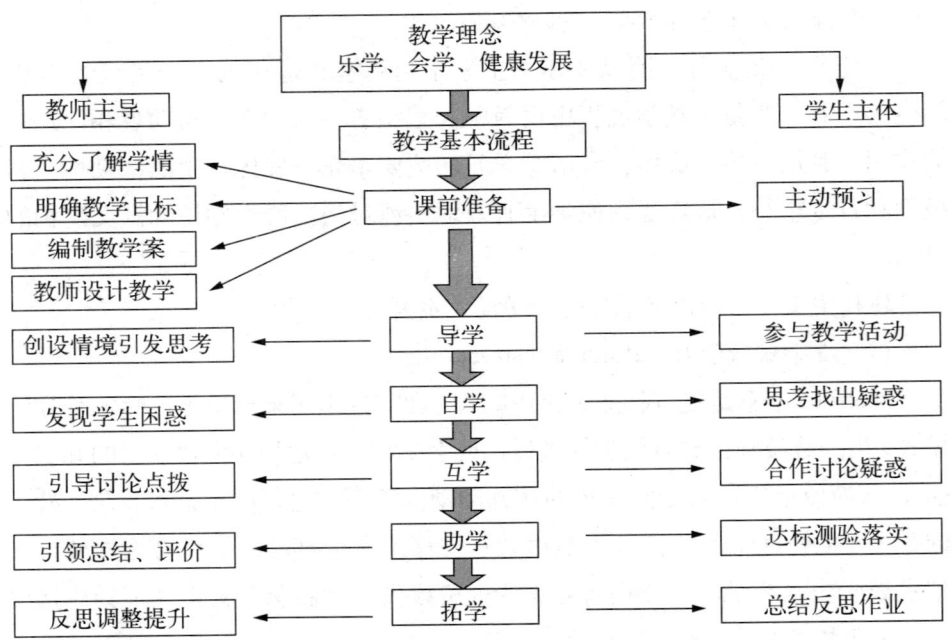

3."五学"环节说明。

（1）导学。

在导学环节中，教师通过创设情境或者是问题驱动引发学生思考；学生参与教学活动。导学是每节课的必备环节，也是教师备课最关键的地方，有研究表明，一个引人入胜的导入将大大提高整节课的学习效率。比如在讲平均变化率时教师的导入是这样设计的："嫦娥二号"的成功发射，实现了我们千年奔月的梦想。"嫦娥二号"在环月飞行时，需要在近月点实现三次变轨，也就是我们数学中研究的最值问题。中国选手张文秀荣获亚运会链球冠军，链球飞出的方向，就涉及数学的切线问题。（多媒体展示嫦娥二号变轨和张文秀参加比赛时的视频）

这些问题都用到了牛顿和莱布尼兹创立的导数与微积分，现在我们将沿着科学家的思维轨迹开始探索的第一步——变化率问题。

导学环节教师把社会上的热点信息和引言有效地结合在一起，既概括了这章的内容和意义，又激发了学生的学习兴趣，同时也增加了学生的民族自豪感，起到了学科的育人功能。

（2）自学。

在自学环节，教师要进行课堂巡视、解惑；学生思考并尝试解决问题。笔者曾经做过一个教师教授时间调查，在所有高考科目中数学老师是一节课中讲授时间最长的，这可能和学科特点有关，但也说明了在培养学生自学能力、培养学生数学素养方面我们还有欠缺。当然自学环节也不是每节课必须要有的，要根据所授课的类型进行选取，一般来说新授课、复习课、习题训练课要有自学环节，而检测讲评课可根据需要选用。比如在讲复数时，我们完全可以采用以自学为主的先学后教的教学模式进行教学，从结果来看学生通过自学对相关知识的掌握情况也非常好。

（3）互学。

在互学环节，教师引导学生分组（分组形式不限），对学生进行指导点拨；学生进行有价值的讨论，并进行必要的展示。互学是利用教学中动态因素之间的互动促进学生的学习，学生共同参与互相帮助，从而完成教学目标。互学有利于培养学生的适应性、自主性、独立性，有利于学生的发展和健康个性的养成。互学可在四种课型种灵活运用。比如在讲双曲线的几何性质时，采用以互学为主的教学模式，让学生结合椭圆的几何性质互相讨论交流类比得到双曲线的几何性质，效果非常好。

（4）助学。

在助学环节，教师帮助学生进行总结提升，学生进行总结反思，达标训练。从 2003 年的课程改革到今天，以学生为主体的教学思想基本得到了广大教师的共识，但是在有些时候为了片面强调学生的主体地位而弱化了教学中教师的主导作用。"助学"环节是四种课型都要具备的教学环节。在数学教学中一些关键且有一定难度的知识点绝对离不开教师的点拨和帮助。比如在讲二分法时，学生对精确度这个概念理解不透，教师就利用了一个例子进行点拨：当有一个小球卡在了一根管子中间，我们有一个锯、一根牙签，我们怎么以最快的方式取出小球呢？同学们结合二分法的思想很容易想到先从中间把管子锯开，然后看一看小球在那一半里（这就是检验根在那个区间里），然后继续将含有小球的半根管子一分为二，重复上面的步骤，直到什么时候就可以不用再锯了呢？学生们就会想到牙签的用处了，只需要将管子锯到牙签可以捅出小球的长度即可，而这个牙签的长度就相当于"精确度"了，通过教师的帮助同学们对"精确度"这个不太好理解的概念有了深刻的理解。

（5）拓学。

在拓学环节，教师组织学生进行拓展性学习，对学生思维及学法进行引导提升；学生参与活动。拓学是对课堂教学内容的扩充，属于提高环节，有助于学生数学素养的养成，但并不是所有课型都需要，教师可根据所授内容灵活使用。比如在讲数列时我们可以引入斐波那契数列，在讲定比分点时可以引入黄金分割等体现数学之美的拓展知识。

4."五学"教学流程的几点说明。

（1）五学流程是以相关理论为指导，以概念形态存在的抽象教学流程。实践操作是对教学流程的实践化，是在真实、复杂的教育教学实践中，把抽象的概念变成一个以物理形态存在、可视和可操作的教学过程。把流程等同于实践是降低了五学流程理论层次与价值。

（2）从五学流程自身的直接内涵（教学理念的变化）来看，教学流程并不涉及具体的实践操作细节，并具有开放性和弹性空间，在每个环节时间的设置以及具体教学方法的选择上都为教师的自主发展留下了很大的空间，不影响教师个人风格的发挥。

（3）在五学流程中，学生是学习的主体，学生的"学"的方式的改变，必然要求教师"教"的方式的变化。在课堂教学实践中一定要避免患上一种流行病症——假性主体症。其症状表现为：学生"主体"地位得到了尊重，学习方式体现了自主性、合作性、探究性，实际上由于缺乏教师的充分引导，探究维持在较低的水平上。

五学教学流程有助于学生数学素养的培养和可持续性发展，希望能对教师课堂教学模式的探索提供一些帮助。

二、教育理念分享

在十六年的班主任生涯中，我总结了一些教育和管理的方法，在这里和大家分享，希望能对年轻的班主任有一些帮助。

（一）月光效应

我曾经在《青年文摘》上读到过一个故事：有一个妈妈问女儿，你是喜欢月亮还是喜欢太阳，小女孩说我喜欢月亮；妈妈问：为什么呢？小女孩说，因为月亮在黑夜里给我带来光亮，所以我喜欢它。妈妈又问：可是太阳给了你一白天的光明，你为什么不喜欢它呢？小女孩想了想说：我还是更喜欢月亮。

这本是一个仁者见仁、智者见智的问题，但是小女孩的回答引起了我的思考。我联想到了我们的教育。有的老师就像太阳一样，把所有的爱都无私地给了学生，时常对他们嘘寒问暖，关爱有加，久而久之，学生会把这种爱当成是一种理所当然，稍不如意就会引起孩子的反感。爱应该是雪中送炭而不是锦上添花。为了说明我的观点，下面和大家分享一个教育案例。

1. 案例讲述。

我的一个学生父亲去世了，她在跟我说这件事情的时候很悲痛，她告诉我她不想让老师和同学们知道这件事情，希望我替她保密。

2. 思考策略。

我觉得在这个时候如果我对她格外照顾，无异于在揭她的伤疤，这对她尽快走出悲伤情绪是不利的。

3. 解决过程。

在接下来的日子里，我时刻关注着她，我发现她在班里表现得很正常，我对她也是该表扬表扬、该批评批评，没有任何特殊的对待。后来在高考报名的时候，要求学生提交信息表和户口页，因为那上面会显示她父亲的信息，我想她应该不希望同学们看到这些信息。所以我特别让她来收这些东西，而这样的工作以前是从来没让她做过的，我能感觉到她既惊讶又如释重负，然后我又让她帮我把这些信息输入到电脑中，做完这些工作后，我习惯性地对她说了声"谢谢"，她却非常正式地对我说："老师，谢谢你！"一个微不足道的举措发生在学生最需要的时候，比平时语言上的关心更能让学生感到温暖。

4. 案例反思。

我相信大多数教育工作者对学生都是充满了爱的，但是我们不需要把这些爱时时刻刻地表现出来，什么东西泛滥了都未必好，包括爱。我觉得教师给予学生的爱，就应该是黑夜中的月光，在学生遇到困难、感到彷徨时给予他们关爱和指导。这个时候哪怕是一句话、一个眼神、一个动作都会让学生感觉到无比的温暖。阳光虽然热烈，人们未必感觉得到，月光虽然阴冷，但却引无数文人吟诵，奥妙就在于此。把爱收起来，在最关键的时候释放出去，我称之为"月光效应"。

（二）校园欺凌现象分析及解决方法

校园欺凌的新闻报道屡见不鲜，教育部也发布了《关于开展校园欺凌专项治理的通知》。作为一个父亲和教育工作者也想就此现象谈一谈自己的看法。

在我上学的时候听到、看到甚至亲身经历过很多校园欺凌事件。从事班主任工作以来也处理过很多这样的事件。既然校园欺凌的现象由来已久，为什么最近才被广泛地讨论和重视呢？互联网为事件的传播起了推动作用。

欺凌现象非常普遍，为什么我们对校园欺凌更为关注呢？原因有二：一是如果欺凌现象发生在社会上，我们有相应的第三方部门来处理，也有相应的法律法规可借鉴。所以一般来说，欺凌事件不会引起很大的争议。而发生在校园里，首先对于欺凌的认定就存在分歧，"中关村二小事件"不就是因为校方认为这是孩子们之间闹着玩的行为，而家长不认可这种定性而产生的矛盾吗？学校出于对自己声誉的考虑，对类似事情的处理往往是大事化小、小事化了。这显然不能满足被欺凌方的要求。而很多时候被欺凌方又因为孩子还要在学校学习生活，不想把孩子和同学，家长和学校之间的关系闹得太僵而选择隐忍。所以要解决这个问题可以设立一个第三方机构负责对事件性质的认定以及处理事宜。二是在校园欺凌事件中，施暴者和受欺凌者往往是未成年人甚至是幼童，这些理应被社会保护的对象受到伤害，更容易触动成年人内心的薄弱点从而引起广泛的同情和关注。

校园欺凌对孩子本身，对社会风气都有很恶劣的影响，那么如何减少校园欺凌现象呢？我觉得关键不在治而在防。

1. 家长应该对孩子进行正确的引导。

现在的家长（包括我在内）都是这么教育孩子，"咱们不欺负人，但是也不能被欺负"，"不惹事，但也不能怕事"，"这是谁打的？你打他呀"……这些说法似乎很有道理，但实际上是在助长孩子以牙还牙、以眼还眼的睚眦必报的戾气。久而久之孩子们在处理矛盾时只知道以暴制暴，不知道还有先礼后兵，以理服人等很多方式。希望再面对"你瞅啥"这样的问题时，我们还能有"瞅你咋地"以外的回答方式。

"不能压抑孩子的个性发展，要鼓励孩子张扬自己的个性"这几乎是现在家长们的共识，但是个性不压抑就一定要张扬吗？我们向西方学习关爱，结果变成了溺爱；向西方学习宽容，结果变成了纵容；向西方学习个性自由，结果变成了放任自流。

2. 应该充分发挥体育在学校教育中的重要作用。

关于"体育"二字，我们现行的教育只看到了"体"而忽视了"育"。在很多老师和学生心中体育就是锻炼身体，而体育课就是教学生如何锻炼身体的一门学科。近年来，不少学者对"体育"的概念提出了一些解释，但比较趋于一致的解释为："体育是以身体活动为媒介，以谋求个体身心健康、全面发展为直接目的，并以培养完善的社会公民为终极目标的一种社会文化现象或教育过程。"从上述解释不难看出体育对未成年人的教育起着至关重要的作用。纹枰论道不仅可以开发智力，还可以修身养性，领悟哲理；团体项目可以培养孩子们的团结协作能力，合作交流能力，增强集体意识；竞技比赛不仅可以强身健体，还可以培养孩子们不畏强手，永争第一的意志品质。更重要的是它给了精力旺盛的孩子们一个争强好胜、好勇斗狠的发泄渠道。当孩子们把"不服？再打一架"变成"不服？再来一局"；把"胡同约架"变成"球场约赛"，我相信校园欺凌一定会有所减少。

3. 加大处罚力度，是预防校园欺凌的钥匙。

校园欺凌非我国独有，乃全世界普遍存在之现象，但是处罚力度不尽相同，有些措施值得我们借鉴。以美国为例，在美国校园里欺凌同学的中国留学生翟某等三人，要在监狱里度过漫长的 6 ~ 13 年的刑期。案件中，留学生和家长均未意识到欺凌行为会带来严重的法律后果，在国内最严重的处理方式可能只是行政拘留，或从道德层面被教育。

美国法律规定，如果学生身上有伤，学校必须报警，否则校方将承担严重后果。实际上这个措施减轻了学校处理问题的难度。另外加强对校园欺凌行为的刑事惩罚。降低刑事惩罚的年龄限制。即使是未成年人，只要案情后果严重且有前科，也可以当作成年人的刑事案件处理，并按成人标准定罪和量刑。对未满18岁且欺凌行为不严重的人员，法院也会采取辅导、警告等措施。其次，重视打击群体犯罪。根据犯罪心理学的"同伙壮胆"理论，校园欺凌案件采取"共犯连带"原则，所有参与欺凌事件的人都要承担最严重的罪行，即使只是从犯也会面临与主犯同样的重罪。

可能有人会认为美国的法律不适合中国的国情，咱们中国讲究仁、义、礼、智、信，对孩子还是应该以批评教育为主。这里我想起了三国时期的一个故事，蜀国初建之时，诸葛亮以重典治国，群臣颇有非议，重臣法正写信给诸葛亮，大意是：汉高祖刘邦引兵入川，约法三章，以仁治国深得民心，你应该效仿以慰民意。诸葛亮是这么回答的："君知其一，未知其二，秦以无道，政苛民怨，高祖因之，可以弘济，刘璋暗弱，德政不举，威刑不肃，顺之以恩，恩竭则慢。所以致弊，吾今威之以法，法行则知恩。"

对于校园欺凌，我们以往的措施就是"顺之以恩，恩竭则慢"。正是到了"威之以法"的时候了。法行才能知恩！

三、自主管理——班级管理的良策

相信很多班主任都有这样的感触：学生在班主任上课或者上自习的时候非常守规矩，但是当班主任不在的时候，就会有各种各样的问题出现，上课说话，卫生扣分，跑操混乱。我就曾经遇到过这些问题，我在与不在学生的表现有很大的差距，起初我内心深处还窃喜于自己在学生心目中的地位，认为这凸显了我这个班主任的重要性。随着自己越来越成熟，我发现这种自我膨胀是非常危险的，孩子们的循规蹈矩并不是内心对行为准则的认同，而是对班主任权威的屈从。这实际上和我们的教育初衷是相违背的。我希望孩子们规范的行为是发自内心的，是自然而然的，而不是被迫的。要想实现学生的自主管理，我们首先应该了解学生遵规守纪的内在原因是什么？我觉得大致可以分为以下几种情况。

第一种：因畏惧而遵守。

有些学生之所以遵规守纪是因为怕老师的训斥或者是怕老师叫家长，他们遵守的不是道德规范而是教师的严厉、家长的棍棒。我们希望孩子有良好行为表现的目的，是让他们相信这么做是对的，而不是因为害怕惩罚才去做。

第二种：因奖赏而遵守。

有的学生有良好的表现只是为了得到老师的表扬、家长的赞赏或者是量化的高分，这种奖励式的教育方式有它的优势，但是我认为也有一定的弊端，我就见过这样的学生，老师在的时候表现得很好，又是扫地又是擦桌子，老师一走就把这些活都交给了别的学生。还有的学生干点什么都问：老师加几分吗？我们怎么能指望这样靠着分数和表扬维系的良好表现，当老师不在的时候得到自主的体现呢？我曾经也施行过一段加分制度，初期效果很明显，当时还沾沾自喜，自以为已掌握了教育的最佳方式，但当学生对加分不再感兴趣的时候，除非你有进一步的奖励措施，否则学生的表现就会大不如前。有的老师可能会说那就多想几种奖励的方式，不就是三年吗？或许我们可以用这样的方式使大部分学生在高中三年表现良好，但是我们送到社会上的可能就是一些唯利是图、阳奉阴违的小人，良好的表现下可能就是道德的沦丧。我这个说法可能有些危言耸听、言过其实。可是从我们的手里哪怕培养出一个这样的人，我们的教育也是失败的。所以我们要让孩子知道，行为规范是应该的，不需要给予奖赏。

第三种：因习惯而遵守。

现在的孩子，从上学的第一天起，老师和家长就告诉他们要遵守学校的规章制度，无条件地遵守。导致很多学生长期以来一直遵守着不知道为什么要制定的制度，知其然而不知其所以然，他们的遵规守纪其实只是一种习惯。如果我们对学生的要求就是做到自主管理，那么面对这样的学生我们可以洗洗睡了。但是作为教育工作者我们是不是应该有更高的追求呢？我希望孩子们遵守的不是学校的规章制度而是自己的行为准则。变要我遵守为我要遵守！规则固然有其必要性，但是各行各业很多优秀的人，之所以能有出色的表现，敢于创新正是因为他们不守成规。如比尔·盖茨、乔布斯、韩寒等。就像笑傲江湖里的令狐冲，不拘小节屡犯门规，结交匪类酗酒成瘾，但是他之所以在书中受到豪杰们的敬重和爱戴，在书外受到读者们推崇和喜爱，正是因为他有仁爱之心，行事光明磊落。我希望我的学生宁学令狐冲，不做岳不群。

让孩子们以仁爱之心，信守自己的行为准则，从而达到自主管理的目的，似乎是一个遥不可及的目标，但是魏书生做到了，雷夫艾斯奎斯做到了，我们为什么不能呢？

下面我就谈谈我的一些具体想法，有的老师认为自主管理不就是无为而治吗，班主任可就轻松多了。其实恰恰相反，它对班主任的教育艺术提出了更高的要求，班主任不但要管而且要比以前管得更多更细，只不过这种管理还要让被管理者（学生）感觉不到，正所谓大音希声、大象无形。孙悟空自以为飞到了天边，其实一切尽在如来的掌握之中。但是大家要明白我们的管理不是为了限制和约束学生，正如教是为了不教一样，我们的管是为了让学生学会自主管理。对于具体的措施我有以下几点想法。

（一）要建立起学生对我们的信任

首先教师要随时为孩子们挺起可靠的肩膀，我们不需要对孩子们长篇大论地说我们多么负责任，我们要做的是让他们自己把信任放在我们的肩上。这就要求我们事无巨细地去关心和爱护他们，请相信你付出的爱和你得到的信任一定是成正比的。什么时候学生的言听计从不是出于恐惧而是出于对我们的信任，那么自主管理就走出了坚实的一步。要让学生信任自己，首先我们要充分信任学生。有些学校实施的免监考场的措施，我认为就是非常好的尝试。其次教师一定要公平对待每一个学生，学生在这方面其实非常敏感。只有做到绝对的公平才能得到真正的信任。

（二）纪律或者是规则的制定必须合乎逻辑

很多学生之所以不能自主管理，是因为他们从心里就觉得有些规则是不合理的。比如有的班规定，某学生没搞好值日，该学生所在小组一起受罚，还有某个学生跑操说话，全班罚跑几圈等。我相信这些纪律的制定者，是想培养学生的责任意识，其出发点是好的，但是殊不知在学生默默接受的表面下，会生出怨恨和抵触。（我们的教育如果产生的不是仁和爱，那就是失败的），怨恨不仅使同学之间、师生之间产生隔阂还会使纪律失去人心，所以当学生当面一套背后一套时，我们要反思是不是我们的制度出了问题。只有合乎逻辑的纪律才能使学生真心遵守，只有这样才能使自主管理成为可能。

（三）言传身教，以身作则

如果我们上课迟到，我们怎么要求学生不迟到？如果我们的电话在教室响起，我们怎么要求学生不带手机？如果我们在上班时间玩游戏，我们怎么要求学生在上课的时候不看闲书？如果我们奇装异服，怎么要求学生衣着规范？其实每一天我们都有树立榜样的机会，比如当学生犯了错误，我们是化身成怒吼的暴君，还是像个榜样一样，向学生传达积极能量？请相信，榜样的力量是无穷的。

（四）家校配合，缺一不可

坦白地说，我认为在中国要想实现学生的自主管理，其困难程度要大于欧美发达国家，甚至日韩。究其原因就是家庭教育的滞后。在欧美这些国家除了学校教育之外，家庭的信仰教育起了重要的作用，我们可以从各种资料里看到，欧美的家长会借一切机会向孩子进行仁爱的教育，因为他们有一套非常完整的信仰文化。而反观我们最常听到的是家长这样对孩子说："凡事多长个心眼；别太实在，要学会偷懒，别累着。"我们虽有五千年的孔孟之道，但不善加利用，一味地向西方学习，最后只落得邯郸学步的下场。倒是日本和韩国把儒家的教育精华渗透到了家庭和学校的教育中。我们教育工作者真的要反思，不能让祖辈的精华变成别人的传家宝。所以要想使孩子真正做到自主管理，就必须多和家长沟通，转变家长的一些错误的教育理念。

以上就是我对班级自主管理的一些浅见：以爱从教，以仁治班，自主管理，水到渠成。

四、结束语

我在教育教学上的一些经验和教训希望能对青年教师的成长提供一些帮助。在教育教学的路上，有狂风暴雨相随，有阴雨绵绵缠绕，当然更多的是有温暖的阳光相伴，无论遇到何种情景，我始终坚定地前行，因为我热爱这份职业，热爱我的学生。在这条路的前方有许多伟岸的身影在指引着我，古有孔仲尼，今有魏书生；远有苏霍姆林斯基，近有顾泠沅、李镇西，他们用自己的教育精髓向我诠释了教师的真谛，那就是"爱"！我将带着这份对教师职业的挚爱不忘初心，砥砺前行。

参考文献

[1] 建构主义学习理论 [EB/OL]. 北塘小学数学课题博客.

[2] 朱清聪. 试论批评教育有效性的策略 [J]. 考试周刊，2014.

[3] 张瑶. 秦琳：真心献教育，实干谱新篇 [J]. 河北师范大学，一日一星，2019-10-10.

[4] 王光宇. 发挥学生主体作用，构建数学活力课堂 [J]. 考试周刊，2013 (57).

[5] 毛齐明，蔡宏伟. 教师学习机制的社会建构主义诠释 [J]. 华东师范大学学报（教育科学版），2012.

[6] 如何处理"校园欺凌"问题 [J]. 中国社会工作，2013(11).

勤耕善诱培桃李，厚德载物育栋梁

邯郸市数学秦喆数学工作室成员

邯郸市第一中学金牌教练　师文亮

　　天道酬勤，经过不懈努力，我还是取得了一些小小的成绩。教育管理方面，我始终坚守着"学会做人，学会做学问"的校训，坚守着"学为人师，行为世范"的教师准则。我严格要求自己，以身作则，以爱育爱，用自己的行为影响学生，用自己的真心感化学生。我担任班主任的 2014 级 B1 班获得了河北省先进班集体的荣誉称号，班级里每一个学生都超过本一线，最少的也超过 25 分，我也获得了河北省德育先进工作者的荣誉称号。由于工作安排，我经常担任年级"尖子班""竞赛班"班主任，我积极探索拔尖创新人才培养模式，不仅抓学业成绩，还从德育、体育、美育等方面培养全面发展的高素质人才。几轮下来，我逐渐形成了自己的带班风格，收到了很好的效果。数十名优秀学子进入清华大学、北京大学、复旦大学、上海交通大学等全国顶尖高校深造，收到学校和家长的广泛赞誉。我个人也收获了河北省师德楷模、邯郸市优秀班主任、邯郸市师德标兵等荣誉称号。

　　教学方面，我认为，业务能力是一名教师安身立命之本。没有出色的业务能力，绝对不可能成为一名优秀教师。当今社会是信息社会，知识更新极快，不注重学习很容易被社会淘汰。日常工作再忙，我总要挤出时间读书学习，章建跃博士的《章建跃数学教育随想录》，单墫教授的《解题研究》，罗增儒教授的《数学解题学引论》等著作让我获益良多，让我能站在更高的视角上审视自己的教学。同时，我非常注意对课程标准的研读，认真阅读了新课程标准（2017 版）以及史宁中，王尚志两位学界泰斗对新课标的解读，对核心素养有了更加深刻的认识。我把书中学到的知识用到自己的课堂上，注重对学生数学核心素养的培养，引导学生积极思考数学问题，抓住问题的数学本质，而不是通过大量重复训练培养"解题机器"，收到了很好的效果。我在2016年参加了首届邯郸市高中数学优质课大赛，凭借着先进的理念和精心的课堂设计获得了一等奖第一名。同年又代表邯郸市参加了河北省优质课大赛，获一等奖。2017年，根据学校工作安排，我开始担任数学竞赛教练员，从事数学竞赛辅导培优工作。这项工作挑战性很强，我本人并非名校毕业，也没有学习竞赛的经历，只能从零开始，"摸着石头过河"。我经常备课到凌晨两三点，钻研题目，研究学生。学生外出培训时，我全程陪同，照顾生活起居，督促学习，与学生"摸爬滚打在一起"，培养了深厚的感情。付出总有回报，2019年8月，我的学生张鑫获得了中国女子数学奥林匹克金牌，获北大最优惠招生政策。郝思越在北京大学数学夏令营中获一等奖，获得北大降分录取资格。在我的精心辅导下，5名学生进入省队，代表河北省参加全国大赛，获得2银3铜的优异成绩，还有33名学生获得全国一等奖，为邯郸市争得了荣誉。

教育教学科研方面，我非常同意叶澜教授的一句话，"一个老师写一辈子教案可能成不了名师，但是坚持写三年教学反思就一定能成为优秀教师"。教育教学是遗憾的艺术，只有不断总结、不断反思才能不断提升。作为一线教师，我们可能写不出理论性强、站位高的大文章，但我们的优势是每天在一线摸爬滚打，有大量鲜活的素材，只是我们没有及时记录整理。我在教学上特别注意总结，把自己认为好的题目、好的做法、好的理念及时记到本子上，等有了感悟就系统整理，形成自己的文章。目前，我已经在《数学通讯》《数学教学》《数理天地》等杂志上发表文章20余篇，多次在省市论文评比中获奖。

屈原说："路漫漫其修远兮，吾将上下而求索。"教育是遗憾的艺术，我们常说"学无止境"，教又何尝不是如此呢？我将一如既往，不忘自己的教育初心，牢记作为一名人民教师的神圣使命，为祖国培养出更多优秀人才。

教书育人，无上荣光

河北省名师秦喆工作室成员
河北定州中学实验班班主任　范倩楠

一、不忘初心，勤于耕耘

作为一名党员教师，我时时牢记习近平总书记在庆祝中国共产党成立 95 周年大会上的讲话中震撼人心的"不忘初心、继续前进"的教诲，在日常教学中守得住"教书育人"的初心，用知识的琼浆去浇灌祖国的未来，用无私的奉献去完成对教育事业的热爱。

因为一直在教学一线而且担任班主任工作，和学生朝夕相处使得我们师生关系融洽，学生学习劲头足，我们班成绩独占鳌头，我本打算等这一届学生高考后再考虑要自己的小孩。可我意外怀了宝宝，考虑到年龄我打算留下来。凌校长曾问我可以继续带班主任吗？我回答道："我是一名党员，如果学校需要，我没有问题！"就这样，我怀着宝宝，继续坚守在班主任岗位上，肚子里的宝宝也陪着我的学生一起成长。到我怀孕八个月的时候，学校组织跑操比赛，所有的班主任都跟操。当时我犹豫了，毕竟怀孕八个多月了，马虎不得。学生们也说："老师，我们自己可以跑好的，你不用陪我们。"但是，我怎么忍心让自己的学生成为"没娘的孩子"？于是我撑着八个月的肚子喊着口号陪学生跑完了全程。跑操结束后，孩子们都哭了，我当时对孩子们语重心长地说："我愿意陪着你们，因为高中阶段也需要你们拿命去拼搏！"有人问我累吗？我说我很累，毕竟因为妊娠期糖尿病医生已经说过很多次让我住院，我都找各种借口拒绝了。没有原因，只因我的学生需要我。腊月二十七学生放假，我进了医院，让宝宝提前两周出世。宝宝刚刚满月，我归队了。

那一届我们班大获全胜，邢森被清华大学录取，刘博森、许诺被北航录取等，看到学生的录取信息时我满心欢喜，但看到身边的宝宝时我充满愧疚，她需要我的时候我选择了学生。但我却从来没有后悔过，因为我是一名光荣的共产党员，有我始终坚守的初心：时时刻刻牢记党员就是要冲锋在前，也用自己的实际行动告诉学生，只有拼搏才能在自己的人生中不留遗憾。

二、牢记使命，敢于担当

一个党员教师要敢于平淡，但是不能甘于平庸，一个党员就是一面旗帜，要时刻牢记立德树人的使命，争当教学中的典范。作为一名党员教师，业务上，我始终以高标准要求自己，经常告诫自己不能偷懒、不能懈怠，要勤于反思，敢于担当。

2015 年我接任高三 22 班的班主任及数学教学工作，当时这个班成绩十分薄弱。晚上 7 点我走进了教室，通过三个小时的班会让学生认识我、了解我相信我——相信我可以改变他们，改变 22 班。我定期召开家长会通报孩子们的情况，鼓励家长重拾信心，做好孩子的后勤工作；我一次次组织班级教研，请所有任课教师畅所欲言，对每一个孩子的优点和短板都仔细研究；我及时和孩子们谈心，分析他们的成绩，照顾他们的生活，让他们每一天都精神饱满、信心百倍地走进教室……在我们的共同努力之下，孩子们的成绩稳步提升，倒数第一，正数第十、第六、第二！在最后的高考中，我们拿下了同系列 18 个班级第三的成绩！学校领导说："你没有辜负我们的信任！"学生说："老师，你领着我们创造了奇迹！"学生们像是约定好了一般，每次发信息的第一句话都是："化腐朽为神奇的范儿姐，如果不是你，我不知道我将会在哪里。"

这一届学生中我印象最深的是一个小女孩，我们进入了 100 天最后冲刺阶段后，我发觉孩子情绪不对，问孩子怎么了，孩子噙着泪摇摇头。我只说了一句话："如果想好了，请把手放在我的手上，让我领你一起走。"孩子突然扑进了我怀里，哭得声嘶力竭，我可能要没有妈妈了。后来我了解了，她母亲癌症晚期术后复发，医院已经停止治疗接回家了。孩子心里明白，母亲可能没有几天了。这对于一个孩子来说真是难以承受之重，尤其是她现在面临高考，爸妈希望她可以在学校"安心"学习，她连最后的尽孝都做不到。我抱着孩子说，你不能违背爸妈的愿望，但是我可以替你回家。没过多久噩耗传来，我亲自送她回家，在她不停哭泣的时候，我紧紧拥抱她、安慰她。等孩子处理完后事返校第一天，我抱着孩子说："妈妈离开了，你不能趴下，范儿姐做你的底座，在下面撑着你。"后面的日子对她来说很难，对我来说更难，我必须保证她坚强起来，走出来，及时高效地进行高考复习，因为这可能是她改变自己命运的最关键一步。当她陷入悲伤中无法自拔时，我把她拉出教室，轻轻地抱着她：想哭吗？范儿姐允许你哭一会儿，但是你还有更艰巨的任务等你。

在高考结束后，孩子们返校来看我，这个小女孩对我说："老师，我以后的人生可能也并不是一路坦途，但是每一次的挫折磨难过后，只要我能及时站起来，那么我的人生就仍然有无限可能！"孩子的自信和对未来的期望，也许是她除了高考成绩之外最大的收获。

"用真情感动人，用行为影响人，用知识武装人，用品德塑造人"，对学生因材施教、因势利导，不推诿有担当，不但提高了学生能力，同时个人也得到了锻炼，真正做到了教学相长。近些年我所取得一点成绩和荣誉和大家共享一下：

2018 年国培计划——中小学一线优秀教师和教研员研修项目（高中数学）研修成绩合格，且被评为优秀学员；

2019 年河北省中小学骨干教师培训成绩优秀且被评为优秀学员和优秀班干；

2017 年在燕赵联盟组织的第五届"同课异构"中获得特等奖；

2016 年在河北省中小学学科教学评比活动数学学科论文评比中获得一等奖；

2014 年在河北省第一届微课大赛中获得三等奖；

2014 年在河北省中小学德育工作创新案例中获得三等奖；

2013、2014、2015、2018 年河北省高中数学竞赛优秀指导教师奖；

2013、2014、2015 年连续三年定州市人民政府记三等功，2016 年嘉奖；

2015、2016 年连续两年获得"定州市高考先进个人"荣誉称号；

2017 年在定州市青年教师数学学科评优活动中一等奖；

2018、2019 年在定州市教育科学规划课题阶段性成果评选中获得一等奖；

2012 年在定州市高中教学设计评比中获得一等奖；

2014 年在定州市第一届微课大赛获得二等奖；

2018 年在定州市信息技术与教学融合优质课大赛高中组三等奖；

2014、2015、2019 年获得"定州市教学能手"荣誉称号；

2016 年获得定州市师德标兵荣誉称号；

2014、2015、2016、2017 年连续四年被评为定州市优秀班主任。

并参与省级课题两项，主持定州市课题一项参与定州市课题一项。发表论文两篇《浅谈多媒体对数学教师提出的要求》和《概率统计问题的常见方法技巧》。并在 2015 年河北省论文比赛中获得一等奖。

三、桃李满园，英落遍地

2015 届毕业生刘某考研结果后发来信息："范儿姐，我圆梦了，我实现了咱们当时的目标。我要去清华读研究生了，虽然晚了四年，但是我始终记得你告诉我的。我没有任何背景、任何人脉，改变这一切的是你们大家的关怀，我更要谢谢您在高中阶段，生活上给予我的支持，学习上给予我的莫大帮助。是您改变了我的人生，遇到您是我最大的幸福。"

收到这条信息，我泪流满面，过去的一幕幕在脑海中浮现，孩子家庭贫困，父亲又突发重病，面对没有着落的学费，孩子一度情绪低落，成绩下滑得厉害，甚至想到过放弃。我把这一情况上报学校后，学校领导立马给予了各种费用减免以及助学金补贴，年级又额外给予了奖学金，解决了孩子的后顾之忧。我又组织所有的任课教师针对刘明星的扶智工作进行了无数次的班级教研，每位教师针对孩子学习情况制订了详细的计划，每周最少碰面一次，相互交流。这个孩子最终梦圆清华。

　　学生中有个比较特殊的女孩，户籍为湖北省郧西县涧池乡下营村。4 岁时母亲因车祸去世，而父亲也因意外受伤瘫痪（二级残疾），不久之后被送到定州市跟随奶奶（改嫁）一起生活，2015 年她奶奶也因车祸去世，孩子居无定所无家可归，户口也由于种种原因不能迁移到定州。人们总说，爱笑的女孩运气总不会太差，可是这个爱笑的女孩真是命途多舛，好在一路走来，她的生活有社会爱心人士的照顾和学校给予的各项减免政策，学习上有各位老师的重点帮扶以尽最大的可能给她一个最好的未来，而我作为孩子"一对一包联"帮扶教师，在学习上给孩子单独辅导，生活上尽自己一分薄力。在我的悄悄叮嘱下放假期间同学们争相邀请她去自己的家中"享受"温暖，甚至阖家团圆的春节她也会被当成家中的一分子。在高考报名因为户口问题没办法顺利报名时，我鼓励她积极面对，同学们安慰她让她心态平稳，学校领导和各级领导积极想办法，最终教育考试院为她办理了报名事宜。高考结束后，在这个孩子专门找到我表示感谢时，我想这个孩子也许经历了许多坎坷，但在这么多的关爱中成长起来，谁又能说她没有一个光明的未来呢？

　　初心呼唤担当，使命引领未来。虽然我取得了一些成绩，也得到了领导的认可，但我深知自己还有很多的不足。三寸粉笔，三尺讲台系国运；一颗丹心，一生秉烛铸民魂。在以后的工作中，我将始终不忘教书育人这一初心，牢记立德树人这一使命，在河北定州中学这个放飞梦想的地方继续点亮一颗颗星，照亮更多孩子前行的路！

由一道上海普陀区模拟题引发的思考

邯郸市第一中学 2019 届 王 建

指导教师 秦 喆 冯竞超

高考备考是一项充满思维挑战的学习，教师和考生的交流与思维碰撞应该是绿色和健康的，是富有数学思维内在美的不可言传只能意会的活动。教师应在紧张的学习氛围下，创设具有挑战性的学习任务去引发学生的思维火花，激发思维碰撞，在高层次的思维训练中完善思维品质。这是我在课堂教学中经历的一幕思维挑战，学生表现出高超的数学天分，值得点赞。

题目：（2018.上海普陀区模拟）已知 $k \in N^*$，x,y,z 都是正实数，若 $k(xy + yz + zx) > 5(x^2 + y^2 + z^2)$，则对不等式描述正确的是（   ）

A. 若 $k = 5$，则至少存在一个以 x,y,z 为边长的等边三角形

B. 若 $k = 6$，则对任意满足不等式的 x,y,z 都存在以 x,y,z 为边长的三角形

C. 若 $k = 7$，则对任意满足不等式的 x,y,z 都存在以 x,y,z 为边长的三角形

D. 若 $k = 8$，则对任意满足不等式的 x,y,z 不存在以 x,y,z 为三边的直角三角形

评价：

本题是一道十分新颖的题目，作为考试题目既有快速锁定选项之法，又留以思考空间。

选项 A 项可由基本不等式排除，B 项证明有一定挑战性，但 C、D 项均可由特值法排除，对于惜时如金的考生来说可直接选出 B，留此作为课下思考题。

本题既利用新颖题型考查了心理素质，又考查了考生基本方法与数学素养，同时具有很深的数学背景，可谓平凡见奇，独具匠心。

解答：先说明如何排除 A、C、D。

对于 A：我们有 $x^2 + y^2 \geqslant 2xy$ ①；$y^2 + z^2 \geqslant 2yz$ ②；$z^2 + x^2 \geqslant 2zx$ ③

由 $\dfrac{5}{2}$（① + ② + ③）得：$5(x^2 + y^2 + z^2) \geqslant 5(xy + yz + zx)$ 知 $k = 5$ 时无解。

对于 C：我们令 $x = 1; y = 1; z = 2$ 知此时 x, y, z 满足不等式，却不构成三角形，可知 C 错。

对于 D：我们令 $x = 1; y = 1; z = \sqrt{2}$ 知此时 x, y, z 满足不等式，却构成直角三角形，可知 D 错。

我们下面来说明 B 项。

事实上，我们只需要证明 $z < x + y$ 即可，这是因为 x, y, z 具有完全对称性，即同理有 $x < y + z; y < z + x$ 此时 x, y, z 已然构成三角形三边。我们下面给出两种解法。

正解（代数法）

思路一 反证法：假设命题不成立，则有 $z \geqslant x + y$

那么：

$$
\begin{aligned}
5(x^2 + y^2 + z^2) - 6(xy + yz + zx) &= 5z^2 - 6(x+y)z + 5x^2 + 5y^2 - 6xy \\
&= 5z^2 - 6(x+y)z + 5(x+y)^2 - 16xy \\
&\geqslant 5z^2 - 6(x+y)z + 5(x+y)^2 - 16\left[\frac{(x+y)^2}{4}\right] \\
&= 5z^2 - 6(x+y)z + (x+y)^2 \\
&= [5z - (x+y)][z - (x+y)] \geqslant 0
\end{aligned}
$$

这与题设矛盾，因而 $z < x + y$ 是成立的。

思路二 求根公式法：

$$5(x^2 + y^2 + z^2) - 6(xy + yz + zx) < 0$$

$$5z^2 - 6(x+y)z + 5(x+y)^2 - 16xy < 0$$

解得：$\dfrac{3(x+y) - 4\sqrt{5xy - (x+y)^2}}{5} < z < \dfrac{3(x+y) + 4\sqrt{5xy - (x+y)^2}}{5}$

只要：$\dfrac{3(x+y) + 4\sqrt{5xy - (x+y)^2}}{5} \leqslant x + y$

只要：$2\sqrt{5xy-(x+y)^2} \leqslant x+y$

只要：$20xy \leqslant 5(x+y)^2$ 由基本不等式得证。

另解：（几何法）

事实上，我们是求解出了形如 $k(xy+yz+zx) > 5(x^2+y^2+z^2)(k>5)$ 的解集。我们将其解 (x,y,z) 对应为空间点坐标，则其解集如下图：

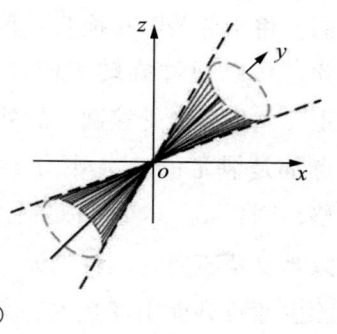

事实上，其解集可以描述为两个关于直线 $x=y=z$ 对称的以原点为顶点的两个无限延伸的圆锥的内部所有点构成的集（不包含表面和原点）。

下面以 $k=6$ 为例给予证明：

$6(xy+yz+zx) > 5(x^2+y^2+z^2)$ 得到：

$$xy+yz+zx > \frac{5}{2}\left[(x-y)^2+(y-z)^2+(z-x)^2\right] \quad ④$$

考虑向量：

$\vec{a}=(x,y,z);\vec{b}=(y,z,x);\vec{c}=(z,x,y)$

那么④ $\Leftrightarrow \vec{a}\cdot\vec{b} > \frac{5}{2}(\vec{a}-\vec{b})^2;\vec{b}\cdot\vec{c} > \frac{5}{2}(\vec{b}-\vec{c})^2;\vec{c}\cdot\vec{a} > \frac{5}{2}(\vec{c}-\vec{a})^2$

$\because |\vec{a}|=|\vec{b}|=|\vec{c}|$，$|\vec{a}-\vec{b}|=|\vec{b}-\vec{c}|=|\vec{c}-\vec{a}|$，

由下图可知 $|AB|=|BC|=|CA|$

$\therefore$ 三棱锥 O-ABC 为正三棱锥，

可设 $\angle BOC=\angle COA=\angle AOB=\theta,|OA|=|OB|=|OC|=x$，

那么条件 $\vec{a}\cdot\vec{b} > \frac{5}{2}(\vec{a}-\vec{b})^2 \Leftrightarrow x^2\cos\theta > \frac{5}{2}(x^2+x^2-2x^2\cos\theta)$（余弦定理）

解得：$\cos\theta > \frac{5}{6}$，（事实上，$\cos\theta > \frac{5}{k}$）这

样我们便有了 θ 角的范围，我们先将 θ 固定，再将三棱锥 $O-ABC$ 放入空间直角坐标系中，如图：

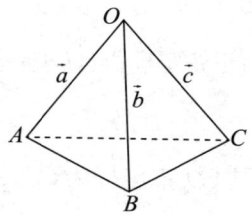

（两截面 α,β 在三坐标轴上截距相等。）

（O_1, O_2 满足 $x_{O_1} = y_{O_1} = z_{O_1}, x_{O_2} = y_{O_2} = z_{O_2}$）

由于对称性，我们只考虑第一象限。由 A、B、C（A、B、C 坐标相当于不等式的解）坐标我们容易知道它们整体关于直线 $x = y = z$ 对称，故 A、B、C 是以 O_1 为中心的等边三角形三顶点。将三棱锥 $O-ABC$ 绕直线 $x = y = z$ 旋转时 A、B、C 性质不变，θ 角也不变。（我们已将不等关系转换为 θ 角来对应）因此，可以通过旋转来使 A、B、C 跑遍正三角形整个外接圆，故外接圆上所有点都是满足的。另外由于 α 面可以平移，同样 x，y，z 可以等比例扩大，所以当 θ 角不变时，解集为一个无限圆锥除去原点外面上任意点。这样当 θ 角变化时，我们的无限圆锥也在收缩与舒张，最后取遍一个无限圆锥内部所有

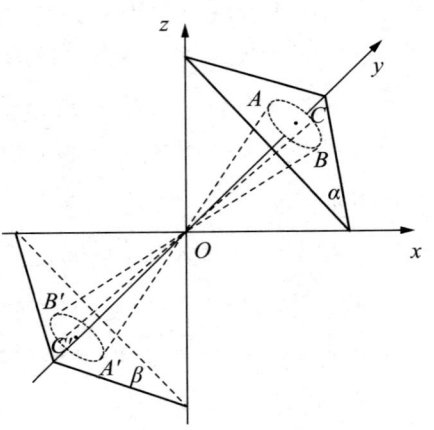

点，而边界（取不到）即为 $\cos\theta = \dfrac{5}{6}$ 或 $\cos\theta = \dfrac{5}{k}$ 时所对应三棱锥的外界无限圆锥。

对于本题，我们考虑到面 $\alpha: x + y + z = m, m > 0$，$m$ 为常量。由于 x, y, z 的齐次性，我们只要考虑 $x + y + z = m$ 即可。而 α 与解集域交出如图虚线圆（圆内点满足不等式），我们考虑这个圆域最高点 A（z 坐标最大），发现同时它也是 $(x + y)$ 最小项。

设 $|OA| = t$，又 $\cos\theta = \dfrac{5}{6}$，又由临界条件：

$$\frac{5}{2}|AB|^2 = |OA||OB|\cos\theta \Rightarrow |AB| = \frac{\sqrt{3}}{3}t,$$

由正弦定理得 $|O_1A| = \dfrac{AB}{2\sin\angle ACB} = \dfrac{1}{3}t, |O_1O| = \sqrt{|OA|^2 - |O_1A|^2} = \dfrac{2\sqrt{2}}{3}t,$

所以 O_1 点坐标为 $O_1\left(\dfrac{2\sqrt{2}}{3\sqrt{3}}t, \dfrac{2\sqrt{2}}{3\sqrt{3}}t, \dfrac{2\sqrt{2}}{3\sqrt{3}}t\right)$，$A\left(\dfrac{\sqrt{2}}{3\sqrt{3}}t, \dfrac{\sqrt{2}}{3\sqrt{3}}t, \dfrac{\sqrt{2}}{3\sqrt{3}}t\right)$

对于满足条件的 (x, y, z)，有 $z < \dfrac{\sqrt{2}}{\sqrt{3}}t$ ，$x + y > \dfrac{\sqrt{2}}{2\sqrt{3}}t + \dfrac{\sqrt{2}}{2\sqrt{3}}t = \dfrac{\sqrt{2}}{\sqrt{3}}t$

所以有 $z < x + y$ ，这样我们就证毕了！

思考：

这样证明，确实有些小题大做且过于烦琐，但是我们会惊奇地发现代数与几何之间完美地融合在一起，几何完美将代数不等式解集表示出来，体现了数学的整体性与美妙性！

我将其几何解集域与几何概形结合，提出一道小题：

若有 $x + y + z = 2019, x, y, z > 0$ ，求 $6(xy + yz + zx) > 5(x^2 + y^2 + z^2)$ 的概率。

相信看完我的另解，很快就能给出答案，这里就不做过多叙述了。

一类与三角形内切圆有关的圆锥曲线问题

河北省名师秦喆工作室成员
邯郸市第一中学金牌教练　师文亮

与三角形内切圆有关的问题背景新颖，不落俗套，因此越来越受到命题人的青睐，而这类问题学生处理起来往往感到很棘手，不知道如何利用内切圆的条件。在实际解题过程中，我们主要从以下三个角度去利用内切圆的性质。

一、利用内心是角分线交点

例 1. 已知双曲线 $\dfrac{x^2}{a^2}-\dfrac{y^2}{b^2}=1(a>0,b>0)$ 的左右焦点分别为 F_1，F_2，点 O 为坐标原点，点 P 在双曲线右支上，$\triangle PF_1F_2$ 内切圆的圆心为 Q，圆 Q 与 x 轴相切于点 A，过 F_2 作直线 PQ 的垂线，垂足为 B，求 $|OB|$。

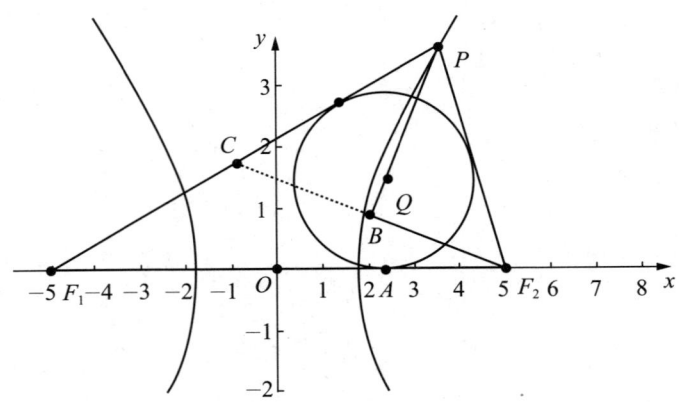

分析：Q 是 $\triangle PF_1F_2$ 的内心，所以 PQ 是 $\angle F_2PC$ 的角分线。可以利用该条

件去构造等腰三角形。

解：如图所示，延长 F_2B 到 C，因为 PB 是 $\angle F_2PC$ 的角分线，且 $F_2B \perp PB$，所以

$\triangle F_2PC$ 是等腰三角形，$PC = PF_2$。

$CF_1 = PF_1 - PC = PF_1 - PF_2 = 2a$

而 OB 是 $\triangle F_2PF_1$ 的中位线，$|OB| = a$。

二、利用两条切线的对称性

例 2. 已知两点 $A(-2,0), B(2,0)$，直线 AM，BM 相交于点 M，且这两条直线的斜率之积为 $-\dfrac{3}{4}$。

(1) 求点 M 的轨迹方程；

(2) 记点 M 的轨迹为曲线 C，曲线 C 上在第一象限的点 P 的横坐标为 1，直线 PE、PF 与圆 $(x-1)^2 + y^2 = r^2$（$0 < r < \dfrac{3}{2}$）相切于点 E、F，又 PE、PF 与曲线 C 的另一交点分别为 Q、R。求 $\triangle OQR$ 的面积的最大值（其中点 O 为坐标原点）。

分析：两条切线关于 P 和圆心连线对称，因此两直线的斜率互为相反数。这就是说，P，Q 两点的横坐标是有一定关系的，我们可以利用这种关系去研究直线 QR。

解：(1) 略

(2) 因为圆 $(x-1)^2 + y^2 = r^2$ 的圆心为 $(1，0)$，所以直线 PE 与直线 PF 的斜率互为相反数。设直线 PE 的方程为 $y = k(x-1) + \dfrac{3}{2}$，与椭圆方程联立消去 y，得：

$(4k^2 + 3)x^2 + (12k - 8k^2)x + (4k^2 - 12k - 3) = 0$，

由于 $x = 1$ 是方程的一个解，所以方程的另一解为 $x_Q = \dfrac{4k^2 - 12k - 3}{4k^2 + 3}$，

同理 $x_R = \dfrac{4k^2 + 12k - 3}{4k^2 + 3}$。

故直线 RQ 的斜率为

$$k_{RQ} = \frac{y_R - y_Q}{x_R - x_Q} = \frac{-k(x_R - 1) + \frac{3}{2} - k(x_Q - 1) - \frac{3}{2}}{x_R - x_Q} = \frac{-k\left(\frac{8k^2 - 6}{4k^2 + 3} - 2\right)}{\frac{24k}{4k^2 + 3}} = \frac{1}{2}$$

把直线 RQ 的方程 $y = \frac{1}{2}x + b$ 代入椭圆方程，消去 y 整理得

$x^2 + bx + b^2 - 3 = 0$，所以 $|RQ| = \sqrt{1 + \left(\frac{1}{2}\right)^2} \cdot \frac{\sqrt{b^2 - 4(b^2 - 3)}}{1} = \frac{\sqrt{15}}{2}\sqrt{4 - b^2}$。

又原点 O 到直线 RQ 的距离为 $d = \frac{|2b|}{\sqrt{5}}$，故

$$S_{\triangle ORQ} = \frac{1}{2} \cdot \frac{\sqrt{15}}{2}\sqrt{4 - b^2} \cdot \frac{|2b|}{\sqrt{5}} = \frac{\sqrt{3}}{2}\sqrt{b^2(4 - b^2)} \leq \frac{\sqrt{3}}{2} \cdot \frac{b^2 + (4 - b^2)}{2} = \sqrt{3}$$

三、利用圆心到直线的距离等于半径

例3. 在平面直角坐标系中，已知点 $A\left(\frac{1}{2}, 0\right)$，向量 $\vec{e} = (0,1)$，点 B 为直线 $x = -\frac{1}{2}$ 上的动点，点 C 满足 $2\overrightarrow{OC} = \overrightarrow{OA} + \overrightarrow{OB}$，点 M 满足 $\overrightarrow{BM} \cdot \vec{e} = 0$，$\overrightarrow{CM} \cdot \overrightarrow{AB} = 0$。

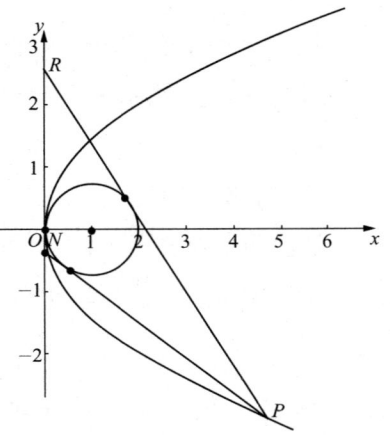

(1) 试求动点 M 的轨迹 E 的方程；

(2) 设点 P 是轨迹 E 上的动点，点 R、N 在 y 轴上，圆 $(x + 1)^2 + y^2 = 1$ 内切于 $\triangle PRN$，求 $\triangle PRN$ 的面积的最小值．

解：(1) 略

(2) 设 $P(x_0, y_0), R(0, b), N(0, c)$，且 $b > c$，$\therefore l_{PR}: y = \frac{y_0 - b}{x_0}x + b$，

即 l_{PR}: $(y_0-b)x-x_0y+x_0b=0$ ，由相切得 $\dfrac{|y_0-b+x_0b|}{\sqrt{(y_0-b)^2+x_0^2}}=1$ ，注意到 $x_0>2$ ，化简得

$(x_0-2)b^2+2y_0b-x_0=0$ ，同理得 $(x_0-2)c^2+2y_0c-x_0=0$ ，

所以 b,c 是方程 $(x_0-2)x^2+2y_0x-x_0=0$ 的两根，

所以 $|b-c|=\dfrac{\sqrt{4y_0^2+4x_0(x_0-2)}}{|x_0-2|}=\dfrac{2x_0}{x_0-2}$ ，

有 $S_{\triangle PRN}=\dfrac{1}{2}\cdot\dfrac{2x_0}{x_0-2}\cdot x_0=(x_0-2)+\dfrac{4}{x_0-2}+4\geqslant 8$

当 $x_0=4$ 时 $\triangle PRN$ 的面积的最小值为 8。

评注：本题通过圆心到切线的距离等于半径来得到直线 PR 和 PN 的关系，与例 2 有异曲同工之妙。

不难发现，通过内切圆实际上是要找到三角形各边所在直线的关系（包括斜率的关系，截距的关系，长度的关系）并通过这些关系去解决问题。当然，也有些问题需要同时从以上的两个方面同时入手，请看下面这道题：

（2011 浙江）已知抛物线 c_1: $x^2=y$ ，圆 c_2: $x^2+(y-4)^2=1$ 的圆心为点 M

（1）求点 M 到抛物线 c_1 的准线的距离；

（2）已知点 P 是抛物线 c_1 上一点（异于原点），过点 P 作圆 c_2 的两条切线，交抛物线 c_1 于 A,B 两点，若过 M，P 两点的直线 l 垂直于 AB ，求直线 l 的方程。

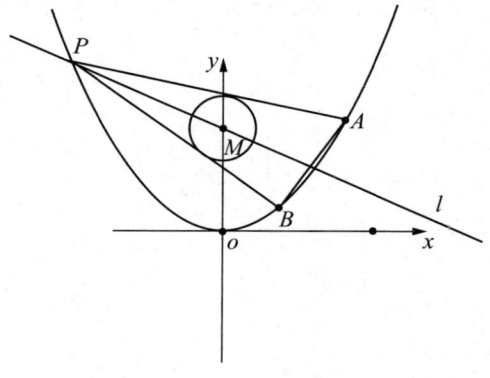

分析：本题关系多，头绪乱，初看起来很难入手．我们可以抓住圆外一点的两条切线这一特殊结构，利用例 2 和例 3 的方法入手。

解：（1）由 $x^2=y$ 得准线方程为 $y=-\dfrac{1}{4}$ ，由 $x^2+(y-4)^2=1$ 得 M（0，4），

点 M 到抛物线 c_1 的准线的距离为 $4-(-\dfrac{1}{4})=\dfrac{17}{4}$。

（2）设点 $P(x_0,x_0^2)$，$A(x_1,x_1^2)$，$B(x_2,x_2^2)$ 由题意得 $x_0 \neq 0, x_0 \neq \pm1, x_1 \neq x_2$

设过点 P 的圆 c_2 的切线方程为 $y-x_0^2=k(x-x_0)$ 即 $y=kx+x_0^2-kx_0$ ①

则 $\dfrac{|kx_0+4-x_0^2|}{\sqrt{1+k^2}}=1$

即 $(x_0^2-1)k^2+2x_0(4-x_0^2)k+(x_0^2-4)^2-1=0$。

设 PA,PB 斜率为 $k_1,k_2(k_1 \neq k_2)$，则 k_1,k_2 是上述方程两根，

所以 $k_1+k_2=\dfrac{2x_0(x_0^2-4)}{x_0^2-1}$，$k_1k_2=\dfrac{(x_0^2-4)^2-1}{x_0^2-1}$

将①代入 $y=x^2$ 得 $x^2-kx+kx_0-x_0^2=0$。

由于 x_0 是此方程的根，故 $x_1=k_1-x_0, x_2=k_2-x_0$，所以

$k_{AB}=\dfrac{x_1^2-x_2^2}{x_1-x_2}=x_1+x_2=k_1+k_2-2x_0=\dfrac{2x_0(x_0^2-4)}{x_0^2-1}-2x_0$，$k_{MP}=\dfrac{x_0^2-4}{x_0}$。

由 $MP \perp AB$，得 $k_{AB}k_{MP}=\left[\dfrac{2x_0(x_0^2-4)}{x_0^2-1}-2x_0\right] \cdot \dfrac{x_0^2-4}{x_0}=-1$，解得 $x_0^2=\dfrac{23}{5}$，

即点 P 坐标为 $\left(\pm\sqrt{\dfrac{23}{5}},\dfrac{23}{5}\right)$，所以直线 l 的方程为 $y=\dfrac{3\sqrt{115}}{115}x+4$。

突破高考压轴题"关键点"的策略

——浅谈利用重要不等式放缩证明函数不等式的技巧

河北省名师秦喆工作室成员

邯郸市第一中学教师　冯竞超

摘要：放缩法是高中数学中的一种重要方法，在证明不等式时经常用到，尤其在数列和函数中经常用到，本文通过几个具体实例来体现放缩法在函数不等式证明中的重要性。

关键词：$e^x \geq x+1$；$e^x \geq ex$；函数不等式；放缩法

放缩法是高中数学中的一种重要方法，在证明不等式时经常用到，尤其在数列和函数的不等式证明中经常用到，近几年数列不等式难度有所下降，所以利用放缩法证明函数不等式显得特别重要，在证明函数不等式中，有几个重要的函数不等式，利用这几个不等式可以解决很多函数压轴题，下文通过几个具体实例来体现函数型不等式解决导数压轴题中的应用。

一、几个重要的函数不等式

1. 公式 1：$\forall x \in \mathrm{R}, e^x \geq x+1$；公式 2：$\forall x \in \mathrm{R}, e^x \geq ex$
利用导数和图象容易证明上述不等式成立。

2. 不等式 $e^x \geq x+1$、$e^x \geq ex$ 的背景
不等式 $e^x \geq x+1$、$e^x \geq ex$ 都来源于高等数学中的泰勒公式。
根据泰勒展开式：

$$f(x)=f(x_0)+f'(x_0)(x-x_0)+\frac{f''(x_0)}{2!}(x-x_0)^2+\cdots+\frac{f^n(x_0)}{n!}(x-x_0)^n+\cdots$$

令 $f(x)=\mathrm{e}^x,x_0=0$，则 $\mathrm{e}^x=1+x+\frac{x^2}{2!}+\cdots+\frac{x^n}{n!}$，所以 $\mathrm{e}^x\geqslant x+1$

令 $f(x)=\mathrm{e}^x,x_0=1$，则 $\mathrm{e}^x=\mathrm{e}+\mathrm{e}(x-1)+\frac{\mathrm{e}}{2!}(x-1)^2+\cdots+\frac{\mathrm{e}}{n!}(x-1)^n$，

则 $\mathrm{e}^x\geqslant\mathrm{e}x$

3. 不等式 $\mathrm{e}^x\geqslant x+1$，$\mathrm{e}^x\geqslant\mathrm{e}x$ 的几何意义

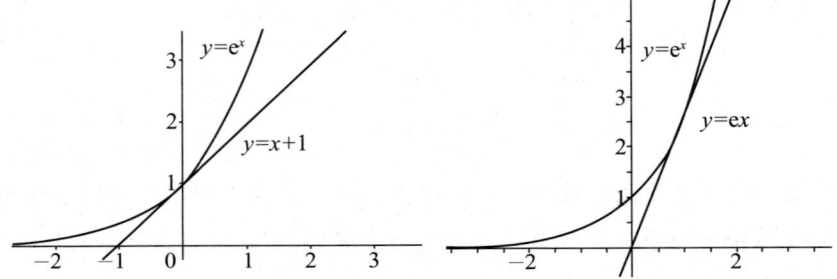

不等式 $\mathrm{e}^x\geqslant x+1$ 几何意义是直线 $y=x+1$ 为指数函数 $y=\mathrm{e}^x$ 在点 $(0，1)$ 处的切线；$y=\mathrm{e}x$ 为指数函数 $y=\mathrm{e}^x$ 在点 $(1,\mathrm{e})$ 处的切线；

4. 不等式 $\mathrm{e}^x\geqslant x+1$，$\mathrm{e}^x\geqslant\mathrm{e}x$ 的作用

函数不等式 $\mathrm{e}^x\geqslant x+1$、$\mathrm{e}^x\geqslant\mathrm{e}x$，左边是超越函数（指数函数），右边是多项式函数（一次函数），它们将指数函数和一次函数建立了联系。可以利用一次函数逼近指数函数。

5. 不等式 $\mathrm{e}^x\geqslant x+1$、$\mathrm{e}^x\geqslant\mathrm{e}x$ 的变形

$\ln x\leqslant x-1$，$\ln x\leqslant\frac{x}{\mathrm{e}}$，$\ln x\geqslant1-\frac{1}{x}$，$x\ln x\geqslant x-1$，$\ln x\geqslant-\frac{1}{\mathrm{e}x}$，

实际上，用 $\ln x$ 替换 $\mathrm{e}^x\geqslant x+1$ 中的 x 即得 $\ln x\leqslant x-1$，用 $\ln x$ 替换 $\mathrm{e}^x\geqslant\mathrm{e}x$ 中的 x 即得 $\ln x\leqslant\frac{x}{\mathrm{e}}$，用 $\frac{1}{x}$ 替换 $\ln x\leqslant x-1$ 中 x 可得 $\ln x\geqslant1-\frac{1}{x}$，用 $\frac{1}{x}$ 替换 $\ln x\leqslant\frac{x}{\mathrm{e}}$ 中 x 可得 $\ln x\geqslant-\frac{1}{\mathrm{e}x}$。

二、利用重要不等式放缩证明函数不等式

例 1（2014 全国卷 I 理科 21 题）设函数 $f(x)=a\mathrm{e}^x\ln x+\frac{b\mathrm{e}^{x-1}}{x}$，曲线

$y = f(x)$ 在点 $[1,f(1)]$ 处的切线为 $y = e(x-1)+2$．

（Ⅰ）求 a,b；（Ⅱ）证明：$f(x) > 1$。

解：（Ⅰ）略 $a = 1,b = 2$；

（Ⅱ）方法一：利用放缩法证明函数不等式

$f(x) = e^x \ln x + \dfrac{2e^{x-1}}{x} > 1$ 等价于不等式 $e\ln x + \dfrac{2}{x} > \dfrac{1}{e^{x-1}}(x > 0)$，由 $e^x \geqslant x+1$，

得 $e^{x-1} \geqslant x$ 于是 $\dfrac{1}{e^{x-1}} \leqslant \dfrac{1}{x}$，所以只需证明 $e\ln x + \dfrac{1}{x} > 0(x > 0)$，由 $\ln x \leqslant \dfrac{x}{e}$，得

$\ln \dfrac{1}{x} \leqslant \dfrac{1}{ex}$，所以 $-\ln x \leqslant \dfrac{1}{ex}$，$\ln x \geqslant -\dfrac{1}{ex}$，所以 $e\ln x \geqslant -\dfrac{1}{x}$，所以 $e\ln x + \dfrac{1}{x} \geqslant 0$，

又 $\dfrac{1}{e^{x-1}} \leqslant \dfrac{1}{x}$，$e\ln x \geqslant -\dfrac{1}{x}$ 等号不同时成立，所以命题得证。

方法二：$f(x) = e^x \ln x + \dfrac{2e^{x-1}}{x} > 1$ 等价于不等式 $e^x(\ln x + \dfrac{2}{ex}) > 1$

由于 $e^x \geqslant ex$，$\ln x \leqslant \dfrac{x}{e}$，得 $\ln \dfrac{1}{x} \leqslant \dfrac{1}{ex}$，所以 $-\ln x \leqslant \dfrac{1}{ex}$，$\ln x \geqslant -\dfrac{1}{ex}$

所以 $e^x\left(\ln x + \dfrac{2}{ex}\right) \geqslant ex\left(-\dfrac{1}{ex} + \dfrac{2}{ex}\right) = 1$，又以上两个不等式等号不同时成立，所以命题得证。

例题 2（2013 全国新课标全国卷理科 21 题）已知函数 $f(x) = e^x - \ln(x+m)$。

(1) 设 $x = 0$ 是 $f(x)$ 的极值点，求 m，并讨论 $f(x)$ 的单调性；

(2) 当 $m \leqslant 2$ 时，证明 $f(x) > 0$．

解：(2) 证明 $e^x - \ln(x+2) > 0$，由不等式 $\ln x \leqslant x-1$，可得 $\ln(x+2) \leqslant x+1$

又 $e^x \geqslant x+1$，且上述两个不等式取等号条件不同，所以可得

$e^x - \ln(x+2) > 0$

【点评】借助两个重要不等式 $\ln x \leqslant x-1$，$e^x \geqslant x+1$ 来证明本题，简洁漂亮。

例题 3 设函数 $f(x) = \ln x + \dfrac{a}{x} - x$。

（1）当 $a = -2$ 时，求 $f(x)$ 的极值；

（2）当 $a = 1$ 时，证明：$f(x) - \dfrac{1}{e^x} + x > 0$ 在 $(0,+\infty)$ 上恒成立．

证明：(2) 当 $a=1$ 时，令 $g(x)=\ln x+\dfrac{1}{x}-x-\dfrac{1}{e^x}+x=\ln x+\dfrac{1}{x}-\dfrac{1}{e^x}$．

$e^x\geqslant x+1$，$\ln x+\dfrac{1}{x}-\dfrac{1}{e^x}\geqslant \ln x+\dfrac{1}{x}-\dfrac{1}{x+1}$

又 $\ln x\geqslant 1-\dfrac{1}{x}$，$\ln x+\dfrac{1}{x}-\dfrac{1}{x+1}\geqslant 1-\dfrac{1}{x}+\dfrac{1}{x}-\dfrac{1}{x+1}\geqslant 0$，得证

例题 4 已知函数 $f(x)=\ln x+\dfrac{a}{x}-1,a\in R$。

（1）若函数 $f(x)$ 的最小值为 0，求 a 的值；

（2）证明：$e^x+(\ln x-1)\sin x>0$。

解：(2) ① 下面先证当 $x\in(0,\pi)$ 时，$e^x+(\ln x-1)\sin x>0$。由 (1) 知 $\ln x-1\geqslant-\dfrac{1}{x}$，只要证 $e^x-\dfrac{\sin x}{x}>0$，又 $x\in(0,\pi)$ 时 $\dfrac{\sin x}{x}<1$（需证），$e^x>1$，所以命题得证。

② 当 $x\in[\pi+\infty)$ 时，要证 $e^x+(\ln x-1)\sin x>0$，只需证 $e^x+(\ln x-1)(-1)>0$（利用 $\sin x\geqslant-1$），即证 $e^x-\ln x+1>0$ 又 $e^x>x+1$，只需证 $x+2-\ln x>0$，又 $x-1\geqslant\ln x$，所以命题得证。

【点评】上述证明过程借助几个重要不等式 $\ln x\leqslant x-1$，$e^x\geqslant x+1$，$\sin x<x(x>0),\sin x\geqslant-1$ 来证明本题。

上述各例都不是单一地考查某一个初等函数，而是综合考查对数函数、指数函数、三角函数和其他函数，如果直接求导或求函数零点，比较困难，而通过利用一些重要不等式放缩处理可以将难以处理的函数简单化，但由于放缩尺度不容易把握，所以在学习过程中要善于总结和积累。

对圆锥曲线中的一个定值问题的探究

河北省名师秦喆工作室成员

邯郸市第一中学教师　冯竞超

摘要：圆锥曲线中定值问题一直是高考命题中的一大热点，文章对一道椭圆定值问题进行了研究，并对结论进行了推广，并类比其他圆锥曲线中得到了一系列类似的性质。

关键字：圆锥曲线；切线；定值问题

圆锥曲线是高中数学的一项重要内容，综合化程度高、思维量大，给人的第一感觉是"难"，但是任何一个综合性问题都是由一些基本问题组合而成的，破解这类问题的关键是将其分解，从这些基本问题出发，然后进行突破。本文对邯郸市 2017 届高三质量检测一道解析几何题进行了研究，并对结论进行了推广，与同人探讨。

题目：已知椭圆 C 的方程式 $\dfrac{x^2}{a^2}+\dfrac{y^2}{b^2}=1$ $(a>b>0)$，离心率为 $\dfrac{\sqrt{3}}{3}$，且经过点 $\left(\dfrac{\sqrt{6}}{2},1\right)$。

（Ⅰ）求椭圆 C 的方程；

（Ⅱ）圆 O 的方程是 $x^2+y^2=5$，过圆 O 上任意一点 P 作椭圆 C 的两条切线，设切点为 M,N，证明 $\angle MPN$ 的大小为定值。

一、解法探究

（Ⅰ）思路探究

求椭圆 C 的方程，实际上就是利用待定系数法求 a,b，所以应建立关于 a,b 的两个独立的方程，

解：由 $\mathrm{e} = \dfrac{\sqrt{3}}{3}$，

得 $1 - \dfrac{b^2}{a^2} = \dfrac{1}{3}$，即 $b^2 = \dfrac{2}{3}a^2$ …… ①

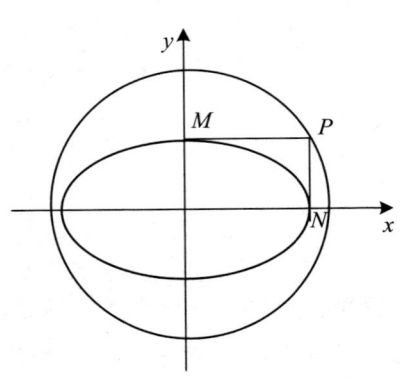

将 $x = \dfrac{\sqrt{6}}{2}, y = 1$ 代入 $\dfrac{x^2}{a^2} + \dfrac{y^2}{b^2} = 1$，

得 $\dfrac{3}{2a^2} + \dfrac{1}{b^2} = 1$ …… ②

由①②可得 $a^2 = 3, b^2 = 2$，

∴ 椭圆的方程为 $\dfrac{x^2}{3} + \dfrac{y^2}{2} = 1$

（II）思路探究

基础问题 1：$\angle MPN$ 等于多少？

根据一般与特殊的关系，取点 P 的特殊位置，如图 1，$P(\sqrt{3}, \sqrt{2})$，此时 PM 斜率不存在，PN 斜率为 0，$\angle MPN = 90°$，所以猜想这个定值为 $90°$，这虽然不是严格的证明，但给我们提供了一个努力的方向。

下面的过程就是努力去证明 $\angle MPN = 90°$，联想它的等价条件：

$\angle MPN = 90° \Leftrightarrow \cos \angle MPN = 0 \Leftrightarrow k_{PM} \cdot k_{PN} = -1 \Leftrightarrow \overrightarrow{PM} \cdot \overrightarrow{PN} = 0$

问题的解决有多种途径，但我们应该从直线与椭圆相切寻求利用哪个等价条件。

基础问题 2：如何利用直线与椭圆相切。

接下来，本文给出两类计算方法：一是解析几何的计算方法；二是纯几何的计算方法。

1. 解析几何的计算方法

方法一：设 $P(x_0, y_0)$，当过点 P 的切线斜率存在时，

设方程 $y - y_0 = k(x - x_0)$，由 $\begin{cases} y - y_0 = k(x - x_0) \\ \dfrac{x^2}{3} + \dfrac{y^2}{2} = 1 \end{cases}$，

得 $(2+3k^2)x^2 + 6k(y_0 - kx_0)x + 3(kx_0 - y_0)^2 - 6 = 0$

因为直线与椭圆相切，所以 $\Delta = 0$，

即 $[6k(y_0 - kx_0)]^2 - 4(2+3k^2)[3(kx_0 - y_0)^2 - 6] = 0$

化简得 $(3 - x_0^2)k^2 + 2x_0y_0k + 2 - y_0^2 = 0$ ③

上式建立了关于 k 的一元二次方程，所以只需检验 $k_{PM} \cdot k_{PN} = -1$ 是否成立。

设椭圆切线的斜率分别为 k_{PM}, k_{PN}，由题意可知 k_{PM}, k_{PN} 为方程③的两个实根所以 $k_{PM} \cdot k_{PN} = \dfrac{2 - y_0^2}{3 - x_0^2}$，因为点 $P(x_0, y_0)$ 在圆 $x^2 + y^2 = 5$ 上，$y_0^2 = 5 - x_0^2$，所以 $k_{PM} \cdot k_{PN} = \dfrac{2 - y_0^2}{3 - x_0^2} = \dfrac{2 - (5 - x_0^2)}{3 - x_0^2} = -1$，所以 $\angle MPN = 90°$。

方法二：对于两条直线的特殊情况，即两切线垂直于坐标轴时，上面已经给出了结论，现给出一般情况下的计算过程。

设 $P(x_0, y_0)$，两条切线的切点分别为 $M(x_1, y_1)$，$N(x_2, y_2)$，则切线 PM 的方程是 $\dfrac{x_1 x}{3} + \dfrac{y_1 y}{2} = 1$，切线 PN 的方程是 $\dfrac{x_2 x}{3} + \dfrac{y_2 y}{2} = 1$，而 $P(x_0, y_0)$ 在切线 PM 和切线 PN 上，则 $\dfrac{x_1 x_0}{3} + \dfrac{y_1 y_0}{2} = 1$，$\dfrac{x_2 x_0}{3} + \dfrac{y_2 y_0}{2} = 1$，所以直线 MN 的方程是 $\dfrac{x x_0}{3} + \dfrac{y y_0}{2} = 1$，因此 $k_{PM} \cdot k_{PN} = (-\dfrac{2}{3}\dfrac{x_1}{y_1})(-\dfrac{2}{3}\dfrac{x_2}{y_2}) = \dfrac{4}{9}\dfrac{x_1 x_2}{y_1 y_2}$，

$k_{OM} \cdot k_{ON} = \dfrac{y_1 y_2}{x_1 x_2} = \dfrac{\dfrac{4}{9}}{k_{PM} \cdot k_{PN}}$。而 M, N 两点即在直线上，又在椭圆上，用坐标 $(x_i, y_i)(i=1,2)$，分别表示 M, N 两点，则 $\dfrac{x_i^2}{3} + \dfrac{y_i^2}{2} = \left(\dfrac{x_i x_0}{3} + \dfrac{y_i y_0}{2}\right)^2$，

因此 $\dfrac{1}{3} + \dfrac{y_i^2}{2x_i^2} = \left(\dfrac{x_0}{3} + \dfrac{y_i y_0}{2x_i}\right)^2$，

所以 $\dfrac{y_1}{x_1}, \dfrac{y_2}{x_2}$ 为方程 $\dfrac{1}{3} + \dfrac{1}{2}x^2 = \left(\dfrac{x_0}{3} + \dfrac{y_0}{2}x\right)^2$ 的两个实数根，

即 $9(2 - y_0^2)x^2 - 12x_0y_ox + 4(3 - x_0^2) = 0$

所以 $\dfrac{y_1 y_2}{x_1 x_2} = \dfrac{4(3 - x_0^2)}{9(2 - y_0^2)} = \dfrac{\frac{4}{9}}{k_{PM} \cdot k_{PN}}$ ，所以 $k_{PM} \cdot k_{PN} = \dfrac{y_0^2 - 2}{x_0^2 - 3}$ ，

因为 $P(x_0, y_0)$ 在圆 $x^2 + y^2 = 5$ 上，所以 $x_0^2 + y_0^2 = 5$ ，$y_0^2 - 2 = 3 - x_0^2$ ，

所以 $k_{PM} \cdot k_{PN} = -1$

所以 $\angle MPN = 90°$ 。

2. 纯几何法

为了能用纯几何法计算 $\angle MPN = 90°$ ，先看如下定理：

定理1 （椭圆的光学性质）从椭圆的一个焦点发出的光线，经过椭圆反射后，反射光线经过椭圆的另一个焦点，如右图。

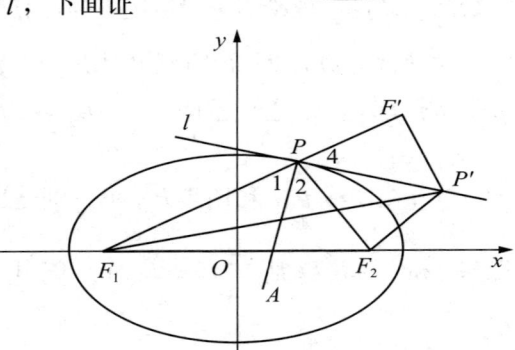

证明：设点 P 为椭圆上任意一点，过 P 作 $\angle F_1 P F_2$ 外角的平分线，所在直线为 l ，下面证明直线 l 为椭圆的切线。

在直线 l 上任取一点 P' （异于点 P ），设点 F' 为点 F_2 关于直线 l 的对称点，则点 F' 在 $F_1 P$ 的延长线上， $PF' = PF_2$ ，

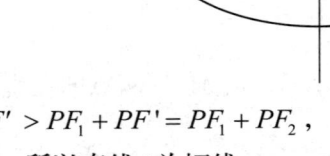

则 $\triangle PF'P' \cong PF_2 P'$ ，

所以 $P'F' = P'F_2$ ，

从而

$$P'F_1 + P'F_2 = P'F_1 + P'F' > PF_1 + PF' = PF_1 + PF_2 ,$$

所以点 P' 在椭圆的外部，所以直线 l 为切线。

再过点 P 作 $\angle F_1 P F_2$ 的平分线 PA ，则容易证明 $PA \perp l$ ，所以入射角等于反射角。这就说明了 $F_1 P$ 经过椭圆反射后，反射光线经过点 F_2 ，定理得证。

由定理1的证明过程可知下面的定理也成立。

定理2 过椭圆上任意一点 P 做椭圆的切线 l ，焦点 F_2 关于 l 的对称点为 F' ，则反射光线与 $F'P$ 在同一直线上。

定理3 平行四边形各边的平方和等于两对角线的平方和。

证明：设四边形 $ABCD$ 为平行四边形，由向量的知识可知，$\overrightarrow{AC}=\overrightarrow{AB}+\overrightarrow{AD}$，$\overrightarrow{DB}=\overrightarrow{AB}-\overrightarrow{AD}$，所以 $|\overrightarrow{AC}|^2=|\overrightarrow{AB}|^2+|\overrightarrow{AD}|^2+2\overrightarrow{AB}\cdot\overrightarrow{AD}$ (1)；$|\overrightarrow{DB}|^2=|\overrightarrow{AB}|^2+|\overrightarrow{AD}|^2-2\overrightarrow{AB}\cdot\overrightarrow{AD}$ (2)；两式相加，$|\overrightarrow{AC}|^2+|\overrightarrow{DB}|^2=2(|\overrightarrow{AB}|^2+|\overrightarrow{AD}|^2)$，定理得证。

推论：三角形中两边平方和的 2 倍等于另外一边的平方与其对应中线长 2 倍的平方和。

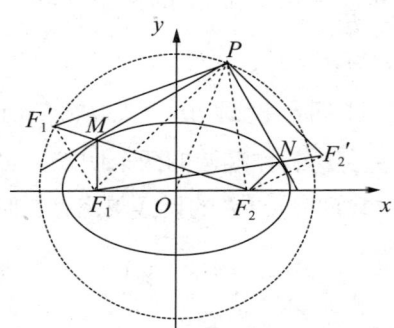

有了以上定理，下面给出纯几何的计算方法。

解析：过 P 作椭圆的两条切线，设切点分别为 M,N，椭圆的左右焦点分别为 F_1F_2，过 F_1 作关于直线 PM 的对称点 F_1'，过 F_2 作关于直线 PN 的对称点 F_2'，连接 PF_1,PF_1',PF_2,PF_2',PO。

由定理2可知 F_2,M,F_1' 三点共线，F_1,N,F_2' 三点共线，则 $F_2F_1'=F_1F_2'=2a$

又因为 $PF_1=PF_1',PF_2=PF_2'$，$\therefore\triangle PF_1'F_2\cong PF_1F_2'$，$\therefore\angle F_1'PF_2=\angle F_1PF_2'$

$\therefore\angle F_1'PF_1=\angle F_2PF_2'$，又 PM 平分 $\angle F_1'PF_1$，PN 平分 $\angle F_2'PF_2$，

$\therefore\angle F_1'PM=\angle F_2'PN$ $\therefore\angle MPN=\angle F_1PF_2'$，

又 $PF_2=PF_2'$，

由余弦定理可得 $\cos\angle MPN=\cos\angle F_1PF_2'=\dfrac{PF_1^2+PF_2^2-(F_1F_2')^2}{2PF_1\cdot PF_2}$

O 为 F_1F_2 的中点，$F_1F_2=2,OP=\sqrt{5}$，

利用中线长公式 $2(PF_1^2+PF_2^2)=F_1F_2^2+(2PO)^2$，

$\therefore PF_1^2+PF_2^2=12$，$(F_1F_2')^2=(2a)^2=12$

$\therefore\cos\angle MPN=0,\therefore\angle MPN=\dfrac{\pi}{2}$

二、进一步探讨

本题属于探究定值问题，上面的做法是根据特殊性猜想结论，再由演绎

方法证明结论，这是数学发现的重要思维方式，较好地体现了思维的过程。

通过探究我们可以得出一般的结论：

结论 1 圆 O 的方程是 $x^2+y^2=r^2$，过圆 O 上一点 P 作椭圆 C：$\dfrac{x^2}{a^2}+\dfrac{y^2}{b^2}=1(a>b>0)$ 的两条切线，设切点为 M,N，$\angle MPN=90°$ 的充要条件是 $r^2=a^2+b^2$。

证明：设圆上一点 $P(x_0,y_0)$，(1) 当过点 P 的切线斜率不存在时，$P(\pm a,\pm b)$，作椭圆的两条切线，切点 $M(\pm a,0),N(0,\pm b)$，易知 $\angle MPN=90°$。

(2) 当过点 P 的切线斜率存在时，设方程 $y-y_0=k(x-x_0)$，

由 $\begin{cases} y-y_0=k(x-x_0) \\ \dfrac{x^2}{a^2}+\dfrac{y^2}{b^2}=1 \end{cases}$，

得，$(b^2+a^2k^2)x^2+2a^2k(y_0-kx_0)x+a^2(kx_0-y_0)^2-a^2b^2=0$
因为直线与椭圆相切，

$\therefore \Delta=0$ 即 $[2a^2k(y_0-kx_0)]^2-4(b^2+a^2k^2)[a^2(kx_0-y_0)^2-a^2b^2]=0$
化简得 $(a^2-x_0^2)k^2+2x_0y_0k+b^2-y_0^2=0$
设椭圆切线的斜率分别为 k_{PM},k_{PN}，
由题意可知 k_{PM},k_{PN} 为上述方程的两个实根，
所以 $k_{PM}\cdot k_{PN}=\dfrac{b^2-y_0^2}{a^2-x_0^2}$，因为点 $P(x_0,y_0)$ 在圆 $x^2+y^2=r^2$ 上，

所以 $y_0^2=r^2-x_0^2$

$k_{PM}\cdot k_{PN}=\dfrac{b^2-y_0^2}{a^2-x_0^2}=\dfrac{b^2-r^2+x_0^2}{a^2-x_0^2}=\dfrac{x_0^2-a^2}{a^2-x_0^2}=-1$

所以 $\angle MPN=90°$。
对于同是圆锥曲线的双曲线和抛物线有类似的性质吗？

结论 2 圆 O 的方程是 $x^2+y^2=r^2$，过圆 O 上一点 P 作双曲线 C：$\dfrac{x^2}{a^2}-\dfrac{y^2}{b^2}=1(a>b>0)$ 的两条切线，设切点为 M,N，则 $\angle MPN=90°$ 的充要条件是 $r^2=a^2-b^2$。

证明：设圆上一点 $P(x_0, y_0)$ ，过点 P 的切线斜率存在，

设方程 $y - y_0 = k(x - x_0)$ ，由 $\begin{cases} y - y_0 = k(x - x_0) \\ \dfrac{x^2}{a^2} - \dfrac{y^2}{b^2} = 1 \end{cases}$ ，得，

$(b^2 - a^2 k^2)x^2 - 2a^2 k(y_0 - kx_0)x - a^2(kx_0 - y_0)^2 - a^2 b^2 = 0$

因为直线与双曲线相切，所以 $\Delta = 0$

即 $[2a^2 k(y_0 - kx_0)]^2 + 4(b^2 - a^2 k^2)[a^2(kx_0 - y_0)^2 + a^2 b^2] = 0$

化简得 $(a^2 - x_0^2)k^2 + 2x_0 y_0 k - b^2 - y_0^2 = 0$

设双曲线切线的斜率分别为 k_{PM}, k_{PN} ，由题意可知 k_{PM}, k_{PN} 为上述方程的

两个实根，所以 $k_{PM} \cdot k_{PN} = \dfrac{-b^2 - y_0^2}{a^2 - x_0^2}$ ，因为点 $P(x_0, y_0)$ 在圆 $x^2 + y^2 = r^2$ 上，

所以 $y_0^2 = r^2 - x_0^2$ 　$k_{PM} \cdot k_{PN} = \dfrac{-b^2 - y_0^2}{a^2 - x_0^2} = \dfrac{-b^2 - r^2 + x_0^2}{a^2 - x_0^2} = \dfrac{-a^2 + x_0^2}{a^2 - x_0^2} = -1$

所以 $\angle MPN = 90°$ 。

结论 3　圆 O 的方程是 $x^2 + y^2 = r^2$ ，过圆 O 上一点 P 作双曲线 C：

$\dfrac{x^2}{a^2} - \dfrac{y^2}{b^2} = 1(0 < a \le b)$ 的两条切线，设切点为 M, N ，对于任意的 $r > 0$ ，

$\angle MPN \ne 90°$.

证明：由结论 2 的证明过程可知若 $\angle MPN = 90°$ ，则 $k_{PM} \cdot k_{PN} = \dfrac{-b^2 - y_0^2}{a^2 - x_0^2} =$

$\dfrac{-b^2 - r^2 + x_0^2}{a^2 - x_0^2} = -1$ ，即 $r^2 = a^2 - b^2 \le 0$ ，与圆的半径 $r > 0$ 矛盾，所以对于任

意的 $r > 0$ ， $\angle MPN \ne 90°$ 。

结论 4　抛物线 $x^2 = 2py$ 上两点的切线互相垂直的充要条件为两切线的交

点在准线上。

证明：设抛物线上两点 $M(x_1, y_1), N(x_2, y_2)$ ，在 M, N 两点的切线分别为

l_1, l_2 ，设交点为 P 。

因为 $y = \dfrac{x^2}{2p}$ ， $y' = \dfrac{x}{p}$ ，所以 $l_1 : y = \dfrac{x_1}{p}(x - x_1) + \dfrac{x_1^2}{2p}; l_2 : y = \dfrac{x_2}{p}(x - x_2) + \dfrac{x_2^2}{2p}$

即 $l_1: y = \dfrac{x_1}{p} x - \dfrac{x_1^2}{2p}; l_2: y = \dfrac{x_2}{p} x - \dfrac{x_2^2}{2p}$，$P\left(\dfrac{x_1 + x_2}{2}, \dfrac{x_1 x_2}{2p}\right)$

如果 $l_1 \perp l_2$，则 $\dfrac{x_1}{p} \cdot \dfrac{x_2}{p} = -1$，则 $\dfrac{x_1 x_2}{2p} = -\dfrac{p}{2}$，所以 $P\left(\dfrac{x_1 + x_2}{2}, -\dfrac{p}{2}\right)$，在准线上。

结论 5 椭圆 C：$\dfrac{x^2}{a^2} + \dfrac{y^2}{b^2} = 1 (a > b \quad 0)$ 的两条斜率之积 $-\dfrac{b^2}{a^2}$ 的切线的交点的轨迹方程为 $\dfrac{x^2}{a^2} + \dfrac{y^2}{b^2} = 2$。

结论 6 双曲线 C：$\dfrac{x^2}{a^2} - \dfrac{y^2}{b^2} = 1 (a > 0, b > 0)$ 的两条斜率之积 $\dfrac{b^2}{a^2}$ 的切线的交点的轨迹方程为 $\dfrac{x^2}{a^2} - \dfrac{y^2}{b^2} = 2$。

参考文献

崔宝法. 椭圆切线的几个典型性质 [J]. 数学通讯，2006(15)：29-31.

方程的根与函数的零点

——晋冀鲁豫苏浙省名校同课异构案例分享

河北省名师秦喆工作室成员

邯郸市第一中学优秀班主任　王变变

都说"教无定法，贵在得法"，"兴趣是最好的老师"。我们可以通过改变授课方式，让学生喜欢上数学，喜欢上数学学习。当学生愿意去学、喜欢去学，把学习当作一种享受时，这也就是最好的教学模式。那么如何把学生的学习内驱力激发出来，把"要我学"变成"我要学"就势在必行了。

自从加入秦老师的工作室，我的教学观念有了很大的转变。秦老师主张：老师不要把持课堂，应该将课堂还给学生，突出他们的主体地位，让学生自主、合作、讨论，在此基础上让学生针对所学内容提出真问题，以此来拓展、深化和延伸课堂，立足于培养学生的学科思维能力和数学的核心素养。

在2019年10月讲人教A版必修一"方程的根与函数的零点"一节时，组里要推荐一名老师去河南鹤壁参加六省名校的同课异构活动，我自知教学经验不足，不敢报名。然而秦老师说：人总要有第一次，这是一次锻炼的机会，总要走出去的，报吧，我帮你！于是在秦老师的鼓励下我报了名。

多次观摩工作室其他成员的公开课我仿照设计了这节课。秦老师听完课后，亲自指导把关，手把手地教我如何进行情景引入和课堂设计，该如何实施教学才能体现新课程理念，从上课课件到学案，从课堂构思到课堂预演中的每一个细节，秦老师都耐心细致地进行指导。在这当中，我听到秦老师对我说得最多的一句话就是："如果你去上一节平淡无奇的课，也不体现新课程理念，怎么能出彩呢？要找到有思维价值的真问题，对学生的回答要点评到位……"正是因为秦老师精心指导、严格要求，使得我快速地成长，做的课也受到了听课教师的一致好评。以下是我的教学设计。

一、教学内容分析

"方程的根与函数的零点"是人教版《普通高中课程标准实验教科书》A版必修1第三章《函数的应用》第一节的第一课时。

本节内容是在"基本初等函数（Ⅰ）"的基础上，学习函数与方程的第一课时。通过研究一元二次方程的根及相应的函数图象与x轴交点的横坐标的关系，引入函数零点的概念；通过分析具体函数在某区间上存在零点的特点，探究在某开区间上连续函数存在零点的判定方法，为下一节"二分法求方程近似解"做好铺垫，同时也为后续学习不等式、算法等知识奠定了基础。本节课渗透了数形结合、函数与方程、化归与转化、由特殊到一般归纳的数学思想。

二、学生情况分析

（一）学生已有认知基础

学生在本节内容之前已经学习了几种基本初等函数的图形转化的能力，这就为学生探究函数的零点做好了铺垫。为判定函数是否存在零点提供了直观感知。

（二）达成目标所需的认知基础

学生需要具备较好的观察分析图象的能力，较高的抽象概括能力。

（三）突破策略

通过历史上数学家对方程解法的研究得出五次及以上，含有指数、对数的方程没有根式解，引发学生兴趣。引导学生观察多个含有零点的函数图象，设置问题，让学生小组合作对问题进行辨析，得到零点存在定理及相关结论。

三、教学目标设置

根据课标要求，结合教材，考虑学生的已有认知及本班学生特点，我将本节的教学目标设置为以下内容：

（一）理解函数零点的定义，及与方程根、函数图象的等价关系，会求简单函数的零点；

（二）学会用数形结合的思想研究函数零点存在定理；

（三）学会用数学视角观察、发现和提出问题，并用数学知识分析和解决问题。

教学重点：函数零点的概念，函数的零点存在性定理的理解和应用。

教学难点：理解函数零点存在性定理；运用零点存在性定理分析函数零点存在情况。

四、教学方法设计

（一）设置问题串，学生小组合作讨论。不断发现问题、分析问题、解决问题，探究出相关结论，体会函数在高中数学的核心作用。

（二）学生体验知识的生成、发展过程。借助信息技术手段，感知函数的动态变化，体会特殊到一般的归纳过程。学生不仅探究了概念，还"体验"到了数与形的转化，即函数零点与方程的根之间的关系是通过函数的图象与 x 轴的交点来建立的。

（三）课堂中学生动手操作，进一步认识数学本质．感知从特殊到一般的归纳推理。体会从图象中抽象出函数零点定义，零点存在性定理的数学抽象过程。养成一般性思考问题习惯。

五、教学过程

（一）创设情境，引入课题

早在公元 50—100 年，《九章算术》就以算法形式给出正系数三次及以下方程根的具体解法。直到 18 世纪，阿贝尔才证明出五次及以上方程没有根式解。

对于五次及以上或者含有指数，对数的方程是否有解？如何找到呢？

比如：方程 $\ln x + 2x - 6 = 0$ 是否有实数根？若有，有几个？是什么，或者在什么范围内？（学生思考 1 分钟）

这个问题要想解决，我们得感谢笛卡儿和康托尔，笛卡儿发明了坐标系，康托尔等发明了函数，如何借助函数解决问题呢？

（二）新课讲解

1. 自主阅读教材第 86 页和第 87 页黑体字以上部分，思考下列问题：

（1）一元二次方程 $ax^2 + bx + c = 0(a \neq 0)$ 的根与二次函数 $y = ax^2 + bx + c\ (a \neq 0)$ 图象与 x 轴交点之间有什么样的关系？

判别式 Δ	$\Delta > 0$	$\Delta = 0$	$\Delta < 0$
方程 $ax^2+bx+c=0$ $(a>0)$ 的根	两个不相等的实数根 x_1、x_2	有两个相等的实数根 $x_1 = x_2$	没有实数根
函数 $y=ax^2+bx+c$ $(a>0)$ 的图象			
函数的图象与 x 轴的交点	两个交点：$(x_1,\ 0)$，$(x_2,\ 0)$	一个交点：$(x_1,\ 0)$	无交点（来源：学科网）

师生活动：找学生总结，回答，老师展示图象并补充。

设计意图：让学生对一元二次方程根与相应二次函数关系有更直观、系统的认识。

（2）教材中研究一元二次方程的根与二次函数图象的关系时，用了怎样的研究思路，体现了怎样的研究方法？

师生活动：找学生回答。教师补充：数形结合，由特殊到一般，先从几个具体的一元二次方程的根和相应二次函数图象关系，归纳出一般的一元二次方程的根与相应二次函数图象关系，体现函数与方程的思想。

设计意图：本部分内容较简单，可以通过自学掌握相应内容。让学生及时总结，体会教材研究数学问题的思路和方法，为自己独立研究奠定基础。培养独立思考和总结归纳的习惯。

2. 函数零点的概念。

师：由表格知道，一元二次方程的根就是对应二次函数图象与 x 轴交点的横坐标，我们给这个使函数值为 0 的自变量的值起个名字，叫函数的零点。下面给出零点的定义：

对于函数 $y=f(x)$，我们把使 $f(x)=0$ 的 _____ 叫作函数的 _____。

师：注意这里的关键词是？零点是点吗？

练习：函数 $y=x^2-5x-6$ 的零点是（　　）

设计意图：零点定义之后配一个小练习，意在强调零点不是点，是实数。

3. 三个等价关系。

师：由上边的研究可以知道，对于一元二次方程来说，其根就是对应二次函数的图象与 x 轴交点的横坐标，也就是函数的零点？这个结论对一般的函数还成立吗？

方程 $f(x)=0$ 有实数根，函数 $y=f(x)$ 的图象与 x 轴有交点，函数 $y=f(x)$ 有零点三者之间有什么关系？

生：等价关系。

随后给出课堂小练习。

求下列函数的零点。

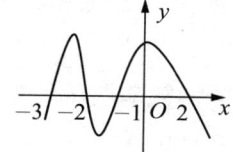

(1)$f(x)=\log_2 x-2$;　　(2)$f(x)=x^2-2x-3$　(3)

设计意图：让学生对方程的根，函数图象与 x 轴交点横坐标，函数零点进行自由转化。

师：本节开始问题求：方程 $\ln x+2x-6=0$ 是否有实数根？函数 $y=\ln x+2x-6$ 是否有零点？如何判定给定的一个函数有零点？

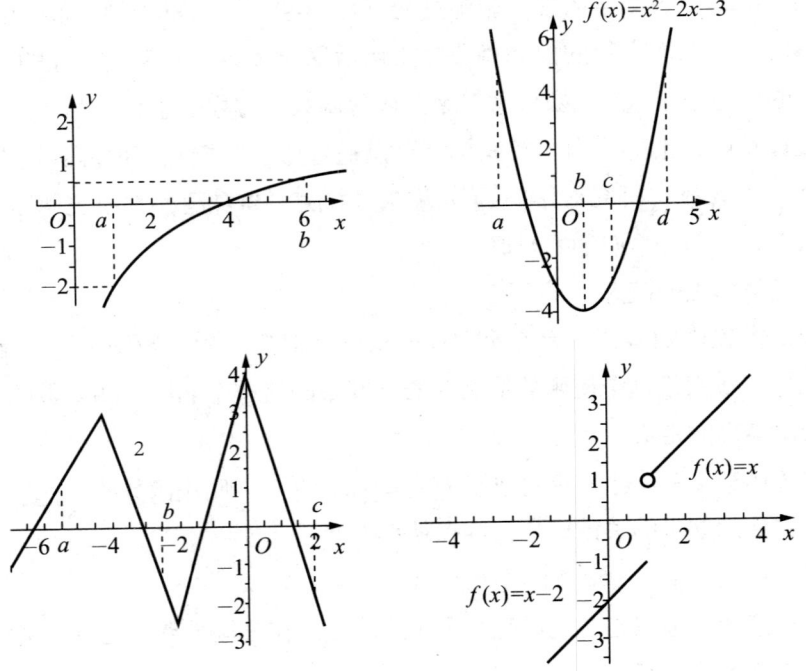

4. 函数零点存在性定理（小组合作）。

仿照以前的研究，提出问题：

（1）观察前 3 个函数图象：当函数存在零点时，包含零点的区间端点函数值的正负有什么特点？什么情况下，在 $[m, n]$ 内一定存在零点？

（2）结合图象 4 上述判定零点存在的结论是否适用于所有函数？若否，需要加什么条件？

由此可以得到函数零点存在性定理。师生同说。

函数零点存在性定理：

如果函数 $y=f(x)$ 在区间 $[a，b]$ 上的图象是一条怎样的曲线？满足什么条件时函数 $y=f(x)$ 在区间 $(a，b)$ 内有零点？

师：这里有哪些关键词？

生：连续不断，$f(a)f(b)<0$.

（3）在问题 2 附加条件后，能确定函数零点存在的个数吗？如果不能，怎样可以确定函数有且只有一个零点？

对于这部分内容，学生起立，同组进行讨论，由小组代表在黑板上结合图象，展示本组学生的观点。其他组学生和老师补充。并总结如下：

注：1. 连续且同号，不一定没有零点。

2. 反之不成立，即连续且有零点，不一定异号。

3. 定理只能确定零点存在性，不能确定个数。

4. 定理加单调，则只有一个零点。

例 1：函数 $f(x)=\ln x+2x-6$

(1) 试判断函数 $f(x)$ 是否存在零点；(2) 求函数 $f(x)$ 的零点个数。

设计意图：零点存在性定理的应用，定理的理解。

例 2：已知函数 $y=f(x)$ 的图象是连续不断的，有如下的 x 与 $f(x)$ 的对应值表：试判断函数 $y=f(x)$ 在区间 （1，6） 内的零点个数情况。

x	1	2	3	4	5	6
$f(x)$	2	3.2	-7	11	-2	-1

设计意图：零点存在性定理的应用，强化对定理的理解：定理只能说明定理的存在性，不能确定零点的个数，所以应该是至少三个零点。学生容易错答为：有三个。

四、自主练习题

1. 若函数 $f(x)=ax^2-x-1$ 仅有一个零点，试求实数 a 取值范围。

2. 函数 $f(x)=\ln x-\dfrac{2}{x}$ 零点所在的大致区间是 （　　　）

A.$(1,2)$ B.$(2,3)$ C.$(1,\frac{1}{e})$或$(3,4)$ D.$(e,+\infty)$

3. 求下列函数的零点所在的区间 $(n,n+1),n\in N^*$

(1)$f(x)=-x^3-3x+5$

(2)$f(x)=e^{x-1}+4x-4$

五、小结与反思

本节我们学习了哪些知识？能够解决哪些问题？接触到了哪些数学思想方法？

（一）知识方面

零点的概念，三个等价关系，函数零点存在性定理。

（二）数学思想方面

转化思想，数形结合思想，函数与方程的思想。

（三）题型

求函数零点，判断零点所在区间，判断零点个数。

找学生总结学到的知识和思想方法。

六、作业

（一）课本 88 页第 1，2 题。

（二）课本 92 页 A 组第 2 题。

案例反思：

鹤壁的学生配合得很好，不论是展示图象还是语言描述都比较到位，声音也很洪亮，每个同学展示得都特别好，反而衬托出我语言不够丰富，对学生的评价显得有点简单了，这方面以后我要加大力度。学生的优异表现与老师平时的要求与培养是分不开的。通过与学生的交流了解到，他们那里平行班在每天晚上 6：30—7：00 之间，学生在黑板上讲题，这样的话，学生的表现也就不足为奇了。另外学生的其他表现也很让我吃惊。讲课前一天晚上，我去教室试课件，多媒体触屏不好用，打不开。回头看学生，发现没有一个人抬头看我，或者主动过来帮我，因为他们都在埋头学习，根本没有关注过我，也没看我在干什么。我给他们发下去学案后，让他们预习一下，他们根本没有任何反应或者回应，起初我还怕他们不预习。第二天上课我发现他们都预习过了，上课的时候有学生可能觉得都会了或者内容比较简单，已经在做其他资料上的练习题了。另外在讲课过程中有一只麻雀飞进了教室，盘桓了几圈，没有一个学生去关注小鸟，学生的专注度很高，听课的状态也很好。是怎样的管理可以产生这样的效果，我觉得还需进一步地交流，很值得我们学习。

传统的教学方式，在教师引导下，设置问题串，教师提出一些问题，全体学生集体作答。一节课下来，课堂气氛很好，学生都很配合、很热闹，然而到学生提交作业时，问题就显现出来了。好多学生并没有掌握零点存在定理，尤其在运用其判断零点所在区间时，有的学生竟然无从下手。这也是经常听办公室老师们说的一句话：若只上课，不判作业多好呀！判个作业能把老师气死，反复强调过的内容，学生照错不误，讲之前没有思路，之后还是没有思路……

我阅读教育学、心理学等书籍，请教专家后得知：学生一节课能专注的时间大概只有 25 分钟，剩下的时间就疲惫了，学习效率当然也不高。那么如何充分挖掘学生的潜力，用好剩下的 15 分钟呢？我把教学设计改进了一下，在第二个班进行了尝试。

这节课我设置了几个问题，让学生先自己思考，然后小组合作交流学习，最后小组同学回答。预定的时间到了，很多小组的同学还是久久不愿坐下。在让小组代表回答相应问题时，由于问题设置得有些开放，他们提出了许多我没有预想到的问题，并发现有些问题设置得不够严谨。同时有些问题设置有点开放，学生思维也很发散，课上出现了很多生成性问题，导致这节内容没讲完。然而收获是：学生提出了有价值的"问题"，有了困惑，你一言、我一语地互相启发着，连原先课上昏昏欲睡的学生目光都不再呆滞。

为了课上能按时完成任务，在上公开课时，我让学生提前预习课本及学案。为了能更好地展示学生问题的答案，在课上增加了小组代表去黑板上书写并讲解的环节。在黑板上展示的同学略微有点紧张，当他把自己的成果分享给大家，并得到大家的赞许时，他的表情由紧张变成了略带羞涩的微笑。这不正是我想要的结果吗？学生在主动参与、主动思考中体会到学习的快乐，收获了成功和分享的愉悦。

虽然这种教学方式在短期内也许会觉得浪费时间，效果不明显，然而长期下来可以培养学生主动思考、提问的习惯。爱德加·戴尔"学习金字塔"的研究也表明了类似的观点：在塔尖，第一种学习方式——"听讲"，也就是老师在上面说，学生在下面听，这种我们最熟悉、最常用的方式，学习效果却是最低的，两周以后学习的内容只能留下5%。第二种，通过"阅读"方式学到的内容，可以保留10%。第三种，用"声音、图片"的方式学习，可以达到20%。第四种，是"示范"，采用这种学习方式，可以记住30%。第五种，"小组讨论"，可以记住50%的内容。第六种，"做中学"或"实际演练"，可以达到75%。最后一种在金字塔基座位置的学习方式，是"教别人"或者"马上应用"，可以记住90%的学习内容。爱德加·戴尔提出，学习效果在30%以下的几种传统方式，都是个人学习或被动学习；而学习效果在50%以上的，都是团队学习、主动学习和参与式学习。

通过这节课我体会到，教学模式形式上无定法可循，但能让学生动手参与，引导学生积极思维，就是最好的教学模式。

教学实践中的几个创新探索案例

河北省名师秦喆工作室成员

河北定州中学实验班班主任　范倩楠

2019 年省培期间，我们组织了关于《圆锥曲线的离心率》的同课异构，作为河北省名师秦喆工作室的成员，我和冯竞超老师都被选为授课教师，恰好秦老师作为河北省名师团队的讲师来给我们做报告，我也把自己教学中的困惑与秦老师进行了交流，秦老师告诉我排除心魔，首先应该珍惜这么多优秀教师可以齐聚一堂的大好机会，抓住课堂，让自己学到更多的东西。再者，要善于完善自己的讲课风格，集众人的智慧但不要迷失自我，一定要把自己的风格讲出来。虽然寥寥几句，但给了我极大的启发。

一、一题多解

（一）解题

高三时由我来做一轮复习观摩课，我讲解的内容是"向量的最值、取值范围"。

向量是高中数学的重要内容，高考中常以小题、大题交织融合三角函数、解析几何、立体几何不等式等知识为主要内容，充分体现了向量工具性特征。向量既有数的抽象又兼形的直观，是沟通代数与几何的天然桥梁。平面向量中的最值问题不仅是向量的重要内容，而且很多情况下会使学生不知所措，感觉无从下手，所以本节课就向量的最值取值范围的问题进行了讲解。

解决向量的最值取值范围问题一般有三种方法：一是线性化。所谓的线性化就是解决向量最值问题时，利用向量的加减运算和基本定理等向量的线性运算来解决问题。二是坐标化，所谓坐标化，是指解决向量最值问题时，把有关已知条件和所求结论在直角坐标系中恰当地表示出来，这样就将向量问题完全代数化，可使许多问题转化为熟悉的数量运算，从而降低问题的难度。第一种和第二种统称为代数法。三是图形化。图形化是指解决向量最值问题时把已知条件和所求结论在图形中表示出来，往往结合几何意义，借助图形思考解决问题。

本节课通过例一 [正方形 $OABC$ 的边长为 1，E 为 AB 的中点，若 F 为正方形内（含边界）任意一点，则 $\overrightarrow{OE} \cdot \overrightarrow{OF}$ 的最大值为?] 的一题多解引出解决向量中的最值取值范围问题的两种方法：一代数法，二几何法。通过变式（在棱长为 1 的正方体 $ABCD - A_1B_1C_1D$ 中，M 是 BC 的中点，P，Q 是正方体内部及面上的两个动点，则 $\overrightarrow{AM} \cdot \overrightarrow{PQ}$ 的最大值是? ），加深学生对方法的理解和掌握。

让学生利用本节课的思想方法来解决例二 [已知 $\overrightarrow{OB} = (2,0)$，$\overrightarrow{OC} = (2,2)$，$\overrightarrow{CA} = (\sqrt{2}\cos\alpha, \sqrt{2}\sin\alpha)$，则 $\overrightarrow{OA}$ 与 $\overrightarrow{OB}$ 夹角的取值范围是?]，通过讨论和展示的方式，来验证方法的掌握情况。旨在让学生充分挖掘题意，选择最快的方法解决问题。

当堂检测的一题多解让学生理解两种方法的关系，进而知道有时两种方法有机地结合起来，会达到事半功倍的效果。

（二）课后反思

1. 本节是对向量的最值取值范围问题的探究与归纳，设计的指导思想是：充分使用多媒体这个现代化手段，引导学生展开观察、归纳、猜想、论证等一系列思维活动。本节知识方法容量较大，思维含量较高，教师要把握好火候，适时地激发学生的智慧火花。

2. 由于本节知识方法在高考小题中得以直接体现，特别是与其他知识的综合更是高考的热点问题。因此在实际授课时注意引导学生关注向量知识、向量方法与本书的三角、后续内容的解析几何等知识的交汇，提高学生综合解决问题的能力。

3. 平面向量的运算包括向量的代数运算与几何运算。相比较而言，学生对向量的代数运算要容易接受一些，但对向量的几何运算往往感到比较困难，无从下手。向量的几何运算主要包括向量加减法的几何运算，向量平行与垂直的充要条件及定比分点的向量式等，它们在处理平面几何的有关问题时，往往有其独到之处，教师可让学有余力的学生课下继续探讨，以提高学生的思维发散能力。

经验不足，我只有做好十足的准备才能保证课堂的有序进行，我师父建议我把课堂中要说的每一句话都记录下来，反复推敲。而这一习惯我延续至今，每一节课我除了做好基本的学案、课件、教学设计外还会有串联词。教师的通病就是啰唆，放不开，如何把课堂还给学生，让他成为真正的主人？我们首先学会闭嘴，多余的一个字都不要，学生的之间的知识碰撞才能激起更大的火花。

（三）导入语

向量具有几何形式与代数形式的"双重身份"，与几何和代数有着密切的联系。在近几年的高考中以平面向量为背景的最值取值范围等的问题更是层出不穷。此类问题综合性较强，同时体现了知识的交汇整合，从而使平面向量成为联系不同数学知识的舞台。试题呈现小巧玲灵活的特点，这就需要我们灵活选用向量的身份来解决这个问题。

（四）小结

平面向量中有关最值问题的求解，通常有两种思路：一是"形化"即利用平面向量的几何意义，将问题转化为平面几何中的最值或范围问题，然后根据平面图形的特征直接进行判断；二是"数化"即利用平面向量的坐标运算把问题转化为代数中的函数的代数中的函数的最值与值域，不等式的解集，方程有解等问题，然后利用函数不等式方程的有关知识求解。

凭直观可运算求解，但过程烦琐无从下手容易走进死胡同，不妨尝试以形解数。

浙江高考一直注重平面向量知识的考查，而且有相当的难度。不仅仅是简单的推理证明，更注重知识的应用联系。

变式1总结

平面向量本身具有几何特征，它的加、减、数乘及数量积的运算均具有几何意义。

变式2总结

在解题过程中，要抓住图形的几何特征充分利用几何元素的几何性质解决问题，向量问题就数形两重特性要尽可能挖掘问题的几何性质的运用几何方法。

总结束语：

向量本身就是一个数形结合的产物，他兼具代数的抽象、严谨和几何直观的特点。因此，向量问题的解决从理论上来说，总是会有两个途径：即基于几何表示的几何法以及基于坐标表示的代数法，在具体做题时要善于灵活应用。

（五）备用

试想在高考的氛围下，要快速地找到代数思路具有一定的难度，对于这种题目倘若能把条件正确地转化为几何图形，从几何角度去解答显然比单纯的运算要简单得多，只要正确的理解题意，抓住问题的本质选择恰当的方法就能起到事半功倍的效果。

无论我们最初预设得多么全面，真实的课堂往往会发生意外，而这些插曲的出现才是对我们的考验。最初的我十分害怕这些意外，但如今我十分期待，因为这些往往带给我惊喜。就以本堂课为例，变式2：

如图，四个棱长为l的正方体排成一个正四棱柱，AB是一条侧棱，b是上底面上其余的八个点，则$\overrightarrow{AB} \cdot \overrightarrow{AP_i}$（$i=1$，2，…）的不同值的个数为（　）

(A) 1　　(B) 2　　(C) 4　　(D) 8

虽然设计意图是由平面推广到空间向量，但仍然是利用投影的概念直接求解，可是有个同学站起来说了这样一句话，老师我觉得这个题不对，三维的投影不固定。当时全定州市高三数学教师都在听课，还有很多领导，我心里一颤，让学生直接坐下？就这个问题展开讲解就偏离了本堂课？我灵机一动，回答道：投影不固定这句话没有错，但是你给了方向就固定住了，你希望它去哪里？答：$\overline{AB}$。那就给一束垂直的光束照射。如果还有问题我们课下继续来研究。课后评课环节中教研员对我的这种处理方式也给出了高度的肯定，既给学生以肯定和简单的讲解，也没有被打乱节奏。其实事情到这里并没有结束，课下我真的和学生拿着正方体和手电筒进行了模拟，关键是垂直照射的光束垂直于谁。最终我们形成了结论。这次课堂的突发事件让我更清楚地知道，学生的潜力真的是无法估量的，一定要让学生敢于开口、敢于质疑。从这节课后，我的课堂更加开放，学生参与热情更为高涨。在习题课上尤为突出，一题多解且讲解过程都由学生来完成。

二、知识迁移

科学家钱学森先生说过："模型就是通过对问题现象的分解，利用我们考虑得来的原理吸收一切主要的因素，略去一切不重要的因素，所创造出来的一幅图画。"圆锥曲线中椭圆或双曲线的离心率问题一直是历年高考的热点问题，也是竞赛中比较常见的一类问题。下面我们结合一道经典的例题，通过平面几何图形的关系或者代数的角度来解决椭圆与双曲线的离心率问题，知识板块融合巧妙、方法多样，是实现创新应用与素养培养的好选择。

（一）关注离心率的知识背景，揭示概念本质

1. 离心率的知识背景

椭圆与双曲线离心率指的是焦距与长轴长的比，抛物线的离心率指的是抛物线上的点到焦点的距离与到准线的距离比。根据抛物线的定义可知，抛物线的离心率是定值 1，故无须研究。所以我们考查的圆锥曲线的离心率是以

椭圆或者双曲线为背景，利用定义与其他知识综合求解。

2.圆锥曲线离心率的几何特征

利用几何画板演示离心率由小变大，相应的曲线由椭圆变为抛物线，再变为双曲线。引导学生归纳椭圆的扁平、双曲线的开口大小与离心率值的关系，通过展示圆锥曲线的相互转化，让学生更加直观地理解圆锥曲线的几何特征。

3.圆锥曲线离心率的求法

关于圆锥曲线离心率问题，关键是寻找一个关于三个基本量 a,b,c 关系式或方程或不等式，然后将其转化为含离心率 e 的式子，进而求其值或其范围。直接利用已知条件或将已知条件转化为 a 与 c 则 $e=\dfrac{c}{a}$ 或 a 与 b 的齐次比值关系椭圆中 $e=\sqrt{1-\dfrac{b^2}{a^2}}$，双曲线中 $e=\sqrt{1+\dfrac{b^2}{a^2}}$，如果已知条件是给出 b 与 c 的关系，结合用椭圆的 $a^2=b^2+c^2$ 关系式（双曲线用 $c^2=a^2+b^2$）来转换，以求解离心率 e。

（二）以焦点三角形为背景，提炼数学方法

例：设椭圆 $\dfrac{x^2}{a^2}+\dfrac{y^2}{b^2}=1(a>b>0)$ 的左、右焦点分别为 F_1、F_2，如果椭圆上存在点 P，使 $\angle F_1PF_2=90°$，求离心率 e 的取值范围。

命题以特殊的顶角为直角的焦点三角形为载体考查离心率的取值范围的求法，考查了学生的自然语言、符号语言、图形语言三者之间的转化，考查了数学运算、数学抽象、数学建模、直观想象的核心素养。

解题思路点拨：解析几何问题的求解思路是抓住几何特征，将几何特征代数化。

1.几何特征：点

点 P 在椭圆上运动，所以点 P 的坐标满足 $x\in[-a,a]$，$y\in[-b,b]$，从而转化为去找寻 x 或 y 的等式，利用范围构建不等关系。

解法1：向量坐标化

设 $P(x,y)$，又知 $F_1(-c,0)$，$F_2(c,0)$，则

$\vec{F_1P} = (x+c, y)$ $\vec{F_2P} = (x-c, y)$，由 $\angle F_1PF_2 = 90°$，知 $\vec{F_1P} \perp \vec{F_2P}$，

则 $\vec{F_1P} \cdot \vec{F_2P} = 0$，即 $(x+c)(x-c) + y^2 = 0$ 得 $x^2 + y^2 = c^2$

将这个方程与椭圆方程联立，消去 y，可解得

$$x^2 = \frac{a^2c^2 - a^2b^2}{a^2 - b^2}$$ 但由椭圆范围及 $\angle F_1PF_2 = 90°$，知 $0 \leqslant x^2 < a^2$

即 $0 \leqslant \dfrac{a^2c^2 - a^2b^2}{a^2 - b^2} < a^2$

可得 $c^2 \geqslant b^2$，即 $c^2 \geqslant a^2 - c^2$，且 $c^2 < a^2$ 从而得 $e = \dfrac{c}{a} \geqslant \dfrac{\sqrt{2}}{2}$，

且 $e = \dfrac{c}{a} < 1$ 所以 $e \in \left[\dfrac{\sqrt{2}}{2}, 1 \right)$。

解法 1 中根据题设中的 $\angle F_1PF_2 = 90°$，这一几何特征，想到向量的垂直，进而向量坐标化，找到关于 x 的方程，根据 x 的范围将等式转化为不等式，从而求解。这种利用 x, y 的范围将等式转化为不等式求参数范围的方法是解析几何常用的方法，通过此法可培养数学抽象、数学运算等数学核心素养。

2. 几何特征：线

三角形中涉及的线段有 $|PF_1|, |PF_2|$，联想到焦半径。在所学知识中，有焦半径公式，以及定义都和焦半径相关。

解法 2：利用焦半径公式，由焦半径公式得：

$|PF_1| = a + ex$ $|PF_2| = a - ex$ 由 $|PF_1|^2 + |PF_2|^2 = |F_1F_2|^2$，

所以有 $a^2 + 2cx + e^2x^2 + a^2 - 2cx + e^2x^2 = 4c^2$ 即，$a^2 + e^2x^2 = 2c^2$

$$x^2 = \frac{2c^2 - a^2}{e^2}$$ 又点 $P(x, y)$ 在椭圆上，且 $x \neq \pm a$，则知 $0 \leqslant x^2 < a^2$，

即 $0 \leqslant \dfrac{2c^2 - a^2}{e^2} < a^2$ 得 $e \in \left[\dfrac{\sqrt{2}}{2}, 1 \right)$。

评注：三角形中的几何元素是边和角，而本题中三角形的边长是特殊的焦半径与焦距，故联想到焦半径公式，找到关于 x 的等式，根据 x 的范围将等式转化为不等式，从而求解。通过此法可培养数学运算数学核心素养。

解法 3：利用二次方程有实根

由椭圆定义知，

$|PF_1| + |PF_2| = 2a \Rightarrow |PF_1|^2 + |PF_2|^2 + 2|PF_1||PF_2| = 4a^2$

又由 $\angle F_1PF_2 = 90°$，知 $|PF_1|^2 + |PF_2|^2 = |F_1F_2|^2 = 4c^2$ 则可得

$|PF_1||PF_2| = 2(a^2 - c^2)$ 这样，$|PF_1|$ 与 $|PF_2|$ 是方程

$u^2 - 2au + 2(a^2 - c^2) = 0$ 的两个实根，因此

$$\Delta = 4a^2 - 8(a^2 - c^2) \geqslant 0 \Rightarrow e^2 = \frac{c^2}{a^2} \geqslant \frac{1}{2} \Rightarrow e \geqslant \frac{\sqrt{2}}{2}$$

由于椭圆定义中本来就有 $|PF_1| + |PF_2|$ 的结构，联想到一元二次方程有解问题的解题思路，因此根据韦达定理寻找 $|PF_1||PF_2|$ 的结构，通过逆向思维来构造一个满足题目已知条件的方程来解决这个存在性问题。通过此法可培养学生的数学抽象、数学建模、数学运算等数学核心素养。

解法 4：利用基本不等式

由椭圆定义，有 $2a = |PF_1| + |PF_2|$

平方后得：

$$4a^2 = |PF_1|^2 + |PF_2|^2 + 2|PF_1| \cdot |PF_2| \leqslant 2(|PF_1|^2 + |PF_2|^2) = 2|F_1F_2|^2 = 8c^2$$

得 $\dfrac{c^2}{a^2} \geqslant \dfrac{1}{2}$ 所以有 $e \in \left[\dfrac{\sqrt{2}}{2}, 1 \right)$。

评注：根据圆锥曲线的定义，构造出基本不等式所需的结构，或者是积为定值的形式，或者是和为定值的形式，然后利用基本不等式或其变形，可解决离心率 e 取值范围的问题。通过此法可培养数学建模、数学运算等数学核心素养。

3. 几何特征：角

(1) 给定角为焦点三角形中的顶角，联想到顶角最大

解法 5：焦点三角形顶角最大

在椭圆上的点 P 与焦点连线所成的角中，当 P 位于椭圆短轴顶点位置时，$\angle F_1PF_2$ 达到最大值。所以若椭圆上存在 $PF_1 \perp PF_2$ 的点 P，则短轴顶点与焦点连线所成的角 $\theta \geqslant 90°$，考虑该角与 a, b, c 的关系，由椭圆对称性可知，$\angle OPF_2 = \dfrac{\theta}{2} \geqslant 45°$，所以 $\sin \angle OPF_2 = \dfrac{|OF_2|}{|OP|} = \dfrac{c}{a} = e \geqslant \dfrac{\sqrt{2}}{2}$，即再由 $e \in (0, 1)$ 可得 $e \in \left[\dfrac{\sqrt{2}}{2}, 1 \right)$。

备注：在椭圆上的点 P 与焦点连线所成的角中，当 P 位于椭圆短轴顶点位置时，$\angle F_1 PF_2$ 达到最大值。这一结论的证明，可借助定义与余弦定理，或利用二级结论焦点三角形的面积公式。

变式 1：设椭圆 $\dfrac{x^2}{a^2} + \dfrac{y^2}{b^2} = 1 (a > b > 0)$ 的左、右焦点分别为 F_1、F_2，如果椭圆上存在点 P，使 $\angle F_1 PF_2 = 120°$，求离心率 e 的取值范围。

变式 2：设椭圆 $\dfrac{x^2}{a^2} + \dfrac{y^2}{b^2} = 1 (a > b > 0)$ 的左、右焦点分别为 F_1、F_2，如果椭圆上存在点 P，使 $\angle F_1 PF_2$ 为钝角，求离心率 e 的取值范围。

利用顶角最大，可以快速地解决涉及焦点三角形的顶角问题。

（2）角进一步探究，特殊角直角。

$\angle F_1 PF_2 = 90°$ 时，常见的处理方式有 $\overrightarrow{PF_1} \cdot \overrightarrow{PF_2} = 0$，$k_{PF_1} \cdot k_{PF_2} = -1$，与圆联系。前两种方向同解法 1，以方向 3 为例。

解法 6：巧用图形的几何特性

由 $\angle F_1 PF_2 = 90°$，知点 P 在以 $|F_1 F_2| = 2c$ 为直径的圆上。又点 P 在椭圆上，因此该圆与椭圆有公共点 P 故有 $c \geqslant b \Rightarrow c^2 \geqslant b^2 = a^2 - c^2$。

由此可得 $e \in \left[\dfrac{\sqrt{2}}{2}, 1 \right)$。

评注：利用圆的几何性质判定点 P 轨迹为圆，再利用椭圆和圆的几何性质解题。通过此法可培养数学抽象、直观想象等数学核心素养。

变式：已知是椭圆的两个焦点 F_1、F_2，满足 $\overrightarrow{PF_1} \cdot \overrightarrow{PF_2} = 0$ 的点 P 总在椭圆内部，则椭圆离心率的取值范围是什么？

结论推广：一般的，$c < b$ 时 P 点总在椭圆内部；$a > c > b$ 时 P 点有 4 个在椭圆上；$b = c$ 时 P 有 2 个在椭圆上，就是椭圆短轴的两个端点。

4．几何特征：三角形

三角形面积公式，正余弦定理方向入手。

解法 7：利用焦点三角形的面积公式

由 $PF_1 \perp PF_2$ 可得 $\angle F_1 PF_2 = 90°$，进而想到焦点三角形 $F_1 PF_2$ 的面积：$S_{\triangle PF_1 F_2} = b^2 \tan \dfrac{\angle F_1 PF_2}{2} = b^2$。另一方面：$S_{\triangle PF_1 F_2} = \dfrac{1}{2} |F_1 F_2||y| = c|y| = b^2$，从而

$|y| = \dfrac{b^2}{c}$，因为 P 在椭圆上，所以 $y \in [-b, b]$，即 $|y| = \dfrac{b^2}{c} \leqslant b \Rightarrow b \leqslant c$，再同解法由此可得 1 $e \in [\dfrac{\sqrt{2}}{2}, 1)$ 或者 $S_{\triangle PF_1F_2} = \dfrac{1}{2}|PF_1||PF_2| = b^2, |PF_1| \cdot |PF_2| = 2b^2$，以下同解法 3 或 4。

解法 8：利用三角函数有界性（由三角形入手）

记 $\angle PF_1F_2 = \alpha$，$\angle PF_2F_1 = \beta$ 由正弦定理有

$$\dfrac{|PF_1|}{\sin\beta} = \dfrac{|PF_2|}{\sin\alpha} = \dfrac{|F_1F_2|}{\sin 90°} \Rightarrow \dfrac{|PF_1| + |PF_2|}{\sin\alpha + \sin\beta} = |F_1F_2|$$

又 $|PF_1| + |PF_2| = 2a$ $|F_1F_2| = 2c$，则有

$$e = \dfrac{c}{a} = \dfrac{1}{\sin\alpha + \sin\beta} = \dfrac{1}{2\sin\dfrac{\alpha+\beta}{2}\cos\dfrac{\alpha-\beta}{2}} = \dfrac{1}{\sqrt{2}\cos\dfrac{\alpha-\beta}{2}}$$

而 $0 \leqslant |\alpha - \beta| < 90°$ 知 $0 \leqslant \dfrac{|\alpha-\beta|}{2} < 45°, \dfrac{\sqrt{2}}{2} < \cos\dfrac{\alpha-\beta}{2} \leqslant 1$

从而可得 $\dfrac{\sqrt{2}}{2} \leqslant e < 1$。

评注：焦点三角形的几何属性是三角形，所以根据已知条件可联想到正弦定理，进行合理推导，得到 e 与 $\dfrac{\alpha-\beta}{2}$ 之间的函数关系，将问题转化为已知定义域求值域的问题，利用三角有界性知识，求出 e 的取值范围。通过此法可培养数学建模、数学运算、逻辑推理等数学核心素养。

在上述所涉及的八种解法中，我们主要用到的策略是定义分析策略；几何性质分析策略；位置关系分析策略；构建函数策略；数形结合策略。这里结合几种解法来谈谈几种策略的应用，用几何性质分析策略，结合图形分析其几何性质，利用图形中体现出的位置关系建立与离心率 e 相关的不等关系；或者画出相应图形后认真观察分析，运用数形结合策略，巧妙地引入合适的参变量，用构造函数策略列出相关的解析式，求 e 的取值范围。解法虽异，但最终都有异曲同工之妙，体现了多种解题策略融合的优势。

（三）解后思考，教学反思

1. 剖析问题本质，立足基本定理

与离心率有关的考题是高考的热点问题，该类问题的考查形式多样，题型也较为灵活，有单纯根据曲线方程求解离心率的简单题，也有综合多种知识考查离心率内容的复合题，但从考题的求解过程来看，均离不开对离心率概念和圆锥曲线对应性质的利用。如上述综合性问题，依然需要从离心率的定义出发，结合离心率的表达式进行关系转化，即剖析问题本质才是求解考题的根本，也是实现考题高效求解的关键。在实际教学中，教师在讲解综合性考题时，应充分引导学生剖析问题本质，使学生认识到问题的本质内容，让学生有抓手，然后立足于基本的定理、定义构建问题的解题思路，使学生掌握考题最根本的解法。

2. 多维思考探究，总结解题方法

高考真题的经典之处在于学生可从不同的角度，运用不同的方法获得正确的答案，这就从另一个层面鼓励学生在平时的学习中要敢于思考、勇于创新。如上述关于离心率的考题，既可以从平面几何角度进行分析，也可以从圆锥曲线的基本定义入手，还可以将两者融合构建对应的代数方程。关键问题在于如何将自然语言的几何条件转化无代数语言，然后利用数学符号进一步代数化。多角度思考探究考题的优势在于可以全面认识考题的结构，对考题的解题思路产生深刻的认识，从而有效提升自我的解题思维．因此在解题教学中，教师十分有必要开展考题的多解探析，帮助学生总结特定问题的解题方法和分析策略，拓展学生的数学思维，提升学生的综合素养。

三、结束语

数学家克莱因说：数学是人类最高超的智力成就，是人类心灵独特的创作，能够激发和抚慰人的情怀，是让人赏心悦目、动人心弦的哲学，是一切科学的核心，是可以改变人类物质生活，给予一切的动力。这就要求我们学会数学，并会用数学的眼光来看世界。从命题者"考"的角度分析，上述典例涉及对学生多种数学核心素养的考查，如何能够命出更优的试题，来考查核心素养是他们的当务之急，就圆锥曲线离心率问题而言，命题者应特别加强对数学运算素养的考查，重视对通过各策略简化运算、优化思维进行考查。从教师"教"的角度分析，教师应结合上述多种解法及策略，在方法讲解中更要注重引导学生抓住几何特征，将以往的"知识导向"转变为"素养导向"，让学生体会在自主或者协作思考中获得策略的喜悦，教师在学生喜悦中培养学生的解题技巧和能力，并同时关注对学生相关数学核心素养的落实，比如"翻转课堂模式""先学后教模式""以问导学模式""本真教学模式"等，都是教师在探求培养核心素养的教学模式中所做的尝试。从学生"学"的角度分析，应该把圆锥曲线离心率问题的这些解法特别是解题策略，类比、创造性地应用到其他知识点的学习中，主动地配合好教师的"导"，以此来做好自身的"学"，在提高自身解题能力的基础上，有意识地从中体会命题者如何考查"核心素养"，如何更好应对新课改带来的挑战，做一名真正具备核心素养的学生。

四、探究归纳

2018 年定州市青年教师优质课大赛中我的选题是"数学归纳法"，首先由猜棒棒糖口味的游戏引入，培养学生动眼观察的能力，然后由数列继续深探不完全归纳法得到的结论不一定准确，从而引出数学归纳法这一课题。紧接着就在课上由小组合作进行了多米诺骨牌的实验。学生动手操作才可有抓手，经历过失败才能找到成功的关键所在。紧接着小组合作学习进行探究。探究一：多米诺骨牌都倒下的关键点是什么？探究二：你能类比多米诺骨牌依顺序倒下的原理，探究出证明出刚才的通项公式的猜想吗？探究三：数学归纳法的关键点。本堂课所有的行为都着力于学生，首先动眼观察，其次动手操作，然后动脑思考，最后动嘴展示。借助小组合作自主探究完成本堂课。

所以任何一个学科想要培养学生的自主探究能力，学生就必须具有扎实的知识基础。很多学生由于数学学科的抽象性不仅学不会，而且感到枯燥没有乐趣，这样不爱学习数学就显得理所当然了。但是事实上，数学只有在理解的基础上学习才能够在学生头脑中形成一个逻辑思维系统；同时不断对知识进行巩固和积累，才能形成一个完整的知识体系。具备了深厚的数学知识基础，才能够更好地自主学习。我的课堂上很重要的一点就是必须有扎实的数学基础，如果你连数学公式都记不住你要怎么继续去学好数学，更不要谈自主合作探究的学习模式了。我的学生具备了这种学习方法的能力之后，可以让所有的学生都能够参与到课堂中来，自由表达自己的观点。在同学们小组讨论的过程当中，老师作为帮助学生的这么一个角色，引导学生最大限度地发挥自己的独特性，畅所欲言自己的观点。同时小组之间可以相互点评，如果出现了不同的意见，大家就交流讨论。这样一有利于学生之间交流感情，培养学生与学生之间的合作意识。它们之间的想法互相碰撞会擦出不一样的火花；二是在适当的时候如果大家的讨论进行到了瓶颈无法再继续的时候，老师这个点拨者就要发挥其作用了，引导学生朝着正确的方向思考这样整个教学过程可以说具有高效性。无形之中激发了学生学习的兴趣。让学生处于一个轻松充满快乐的课堂氛围当中，他敢于质疑、敢于思考，这样才能有效地提高学生的自主探究能力。

还有一堂课我印象特别深，是二分法求方程的近似解。其实初中的时候学生就已经有了一定的知识基础。一般这堂课我都是复习上课学习的知识点然后引入本堂课。先让学生从熟悉的方程入手然后引入本课所学习的方程这样一步一步激发学生探究的欲望我再进行适时的点拨指导引导同学将问题从求方程的根转化为求该方程相应函数的零点问题。但在一次偶然的听课学习中给了我很大的启发。那位老师是在上课之初和同学们玩了一个游戏《幸运52》，这是央视很经典的综艺节目。他从学生熟悉的电视节目入手，激发起学生的学习兴趣。利用这样一种形式，学生都会踊跃参与。然后从高了、低了这两个词中，让同学思考如何确定价格的最可能范围。实际上这位老师的目的就是为接下来探索利用二分法求出方程的近似解埋下伏笔。我当时听完这节课以后特别震撼，因为本身挺枯燥的一节课，被这位老师讲得意犹未尽，还想再听一堂课。

有一节课是讲构造函数，本身这是学生的障碍点，学生从内心会抵触，我们只要在讲解的过程中把类型分好，消除学生的畏难情绪，那么本节课的教学目标得以实现。但在定州市青年教师优质课上我选择了一节完全不一样的课堂。我以一叶知秋——函数构造，昨夜西风凋碧树，独上高楼望尽天涯路——高考题引入，衣带渐宽终不悔，为伊消得人憔悴——总结提升，形成结论。横看成岭侧成峰，远近高低各不同——相似的表象之下去寻找不同作为进一步地拓展。众里寻他千百度，蓦然回首，那人却在灯火阑珊处——讲题型概括总结。会当凌绝顶，一览众山小——由学生根据所学自创试题。红树青山日欲斜，长焦草色绿无涯——当堂检测。这样诗情画意的课堂学生怎能不爱？

华罗庚说过："在寻求真理的长河中，唯有学习，不断地学习，勤奋地学习，有创造性地学习，才能越重山跨峻岭。"课堂就是一个鲜活的社会，也是我们不断学习的地方。教师的职业生涯成长历程是教师的专业素质，专业知识以及专业能力不断完善的过程。而我们教学不仅是为了"育人"，还有对自己素养的完善，以及对自身水准的提高。教师的发展是包括方方面面的，在学科知识方面：教材的内容根据多方面因素进行了很大的调整，我们要善于学习，与时俱进；在教学方法方面：牢固树立学生为主体，教师为主导，让学生摆脱传统的学习方式，不是单单地掌握知识这么简单，而是掌握学习知识的方法，"授之以渔"这样他们才能更好地适应社会发展；在教育思想方面：要顺应社会经济的快速发展，信息技术的快速传播的大趋势，培养国家和社会所需要的，技术型、创新型的人才；最后还是落到课堂本身，随着教学设备现代化、智能化，教师必须加强业务素质学习，勇立潮头，敢为人先，担当起新时代教书育人的重任。

案例研究，收获幸福

邯郸市秦喆数学工作室成员

广平县第一中学学科组长 刘建光

两年来，我耳濡目染了秦老师以及工作室其他名师的优秀教育教学成果。他们对于数学教学发自心底的热爱让我感动，他们对于数学教学的永不停步的勤勉钻研让我敬佩。我深深体会到"要给学生一滴水，教师要有长流水"。总是以学校工作忙碌为借口而懈怠的我，也开始潜心钻研，努力提高自己的专业素养和教育教学水平。下面以我在教育教学实践的几个案例做一说明。

一、案例研究

（一）基于数列递推关系转化结构的案例研究

转化结构图（见下页）。

1. 已知相邻两项之间的递推关系题型研究

题型一：等差数列的定义 $a_n - a_{n-1} = d$ 推广形式 $a_n - a_{n-1} = f(n)$。

方法：用累加法求数列的通项

例1：数列 $\{a_n\}$ 中，$a_1 = \dfrac{1}{2}$，$a_{n+1} - a_n = \dfrac{1}{4n^2 - 1}$，求该数列的通项公式 a_n。

简析：$a_{n+1} - a_n = \dfrac{1}{4n^2 - 1} = \dfrac{1}{2}(\dfrac{1}{2n-1} - \dfrac{1}{2n+1})$，累加得结果。

总结：本题用到裂项相消求和，相消时应注意消去的项规律，及消去哪些项，保留哪些项，于是前 n 项的和变成首尾若干少数项之和。

题型二：等比数列的定义 $a_n = qa_{n-1}$ 推广的两种形式形式。

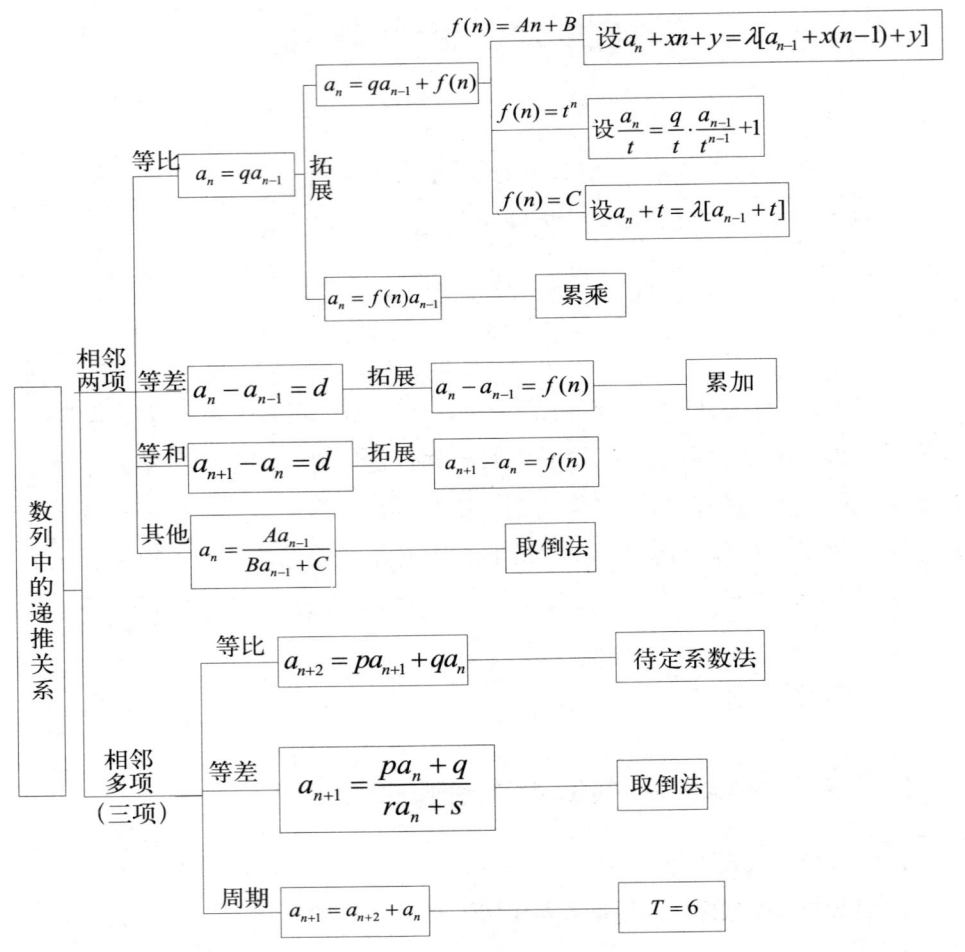

形式一：$a_n = f(n)a_{n-1}$ 用累乘法

例2：设 $\{a_n\}$ 是首项为 1 的正项数列，

且 $(n+1)a_{n+1}^2 - na_n^2 + a_{n+1}a_n = 0 (n \in N^*)$，则 $a_n = ($　　$)$。

解析：已知等式可化为：$(a_{n+1} + a_n)\left[(n+1)a_{n+1} - na_n\right] = 0$，

$\because a_n > 0, \therefore (n+1)a_{n+1} - na_n = 0$，即 $\dfrac{a_{n+1}}{a_n} = \dfrac{n}{n+1}$，累乘得结果。

总结：当 $f(n) = q$ 为常数且不等于 0 时，数列为等比数列，$a_n = a_1 \cdot q^{n-1}$；

当 $f(n)$ 为 n 函数时，$a_n = \dfrac{a_n}{a_{n-1}} \cdot \dfrac{a_{n-1}}{a_{n-2}} \cdots \dfrac{a_2}{a_1} \cdot a_1 = f(n-1) \cdot f(n-2) \cdots f(1) \cdot a_1$。

形式二：$a_n = qa_{n-1} + f(n)$

（1）当 $f(n) = C$ 时，设 $a_n + t = \lambda[a_{n-1} + t]$，构造新数列。

例3：已知数列满足 $a_n = 3a_{n-1} + 2$，且 $a_1 = 2$，求 a_n。

简析：$\because a_n = 3a_{n-1} + 2, a_1 = 2, \therefore a_n + 1 = 3(a_{n-1} + 1)$，即数列 $\{a_n + 1\}$ 是以3为首项、3为公比的等比数列。

总结：数列是一种特殊的函数，通过递推公式写出数列的前几项再猜想数列的通项时，要验证通项的正确性。易出现的错误是只考虑了前3项，就猜想出 a_n。用构造法求数列的通项，要仔细观察递推等式，选准要构造的新数列的形式，再确定系数。

（2）当 $f(n) = An + B$ 时，设 $a_n + xn + y = \lambda[a_{n-1} + x(n-1) + y]$，构造新数列求解。

例4：已知 $a_{n+1} = na_n + n - 1, a_1 > -1$，求数列 $\{a_n\}$ 的通项公式。

简析：由已知转化为 $\dfrac{a_{n+1} + 1}{a_n + 1} = n$，故由累乘法得结果。

题型三：形如 $a_{n+1} + a_n = f(n)$ 型

（1）若 $a_{n+1} + a_n = d$（d为常数），则数列 $\{a_n\}$ 为"等和数列"，它是一个周期数列，周期为2，其通项分奇数项和偶数项来讨论。

（2）若 $f(n)$ 为 n 的函数（非常数）时，可通过构造转化为 $a_{n+1} - a_n = f(n)$ 型，通过累加来求出通项；或用逐差法（两式相减）得 $a_{n+1} - a_{n-1} = f(n) - f(n-1)$，分奇偶项来求通项.

例5：数列 $\{a_n\}$ 满足 $a_1 = 0, a_{n+1} + a_n = 2n$，求数列 $\{a_n\}$ 的通项公式。

2．已知相邻多项（三项）递推关系的题型研究

题型一：形如 $a_{n+1} = pa_n + qa_{n-1}$（$p, q$ 为常型）型

（1）当 $p + q = 1$ 时，用转化法。

例6：数列 $\{a_n\}$ 中，若 $a_1 = 8, a_2 = 2$，且满足 $a_{n+2} - 4a_{n+1} + 3a_n = 0$，求 a_n。

（2）当 $p^2 + 4q \geqslant 0$ 时，用待定系数法。

例7：已知数列 $\{a_n\}$ 满足 $a_{n+2} - 5a_{n+1} + 6a_n = 0, a_1 = 1, a_2 = 5$，求 a_n。

总结：形如 $a_{n+2} = aa_{n+1} + ba_n$ 的递推数列，我们通常采用两次类型的方法

来求解，但这种方法比较复杂，我们采用特征根的方法：设方程 $(x-a)x=b$ 的二根为 α,β ，设 $a_n=p\alpha^n+q\beta^n$ ，再利用 a_1,a_2 的值求得 p,q 的值即可。

题型二：形如 $a_{n+1}=\dfrac{pa_n+q}{ra_n+s}$ 型，用取倒数法。

（1） $p,r,s\neq0,q=0$ 即 $a_n=\dfrac{pa_{n-1}}{ra_{n-1}+s}$

例 8：已知数列 $\{a_n\}$ 中， $a_1=2,a_n=\dfrac{a_{n-1}}{2a_{n-1}+1}(n\geqslant2)$ ，求通项公式 a_n 。

简析：取倒数， $\dfrac{1}{a_n}=\dfrac{1}{a_{n-1}}+2\Leftrightarrow\dfrac{1}{a_n}-\dfrac{1}{a_{n-1}}=2$

（2） 当 $p,q,r,s\neq0$ 时

例 9：设数列 $\{a_n\}$ 满足 $a_1=2,a_{n+1}=\dfrac{5a_n+4}{2a_n+7}(n\geqslant2)$ ，求 $\{a_n\}$ 的通项公式。

简析：令 $b_n=\dfrac{1}{a_n-1}$ ，则 $b_{n+1}=\dfrac{2}{3}+3b_n$ ，转化为相邻两项的类型来求。

（二）不等式恒成立与存在性问题分类研究

在近些年的数学高考题及高考模拟题中，经常出现恒成立与存在性问题，这样的题目一般综合性强，可考查函数、数列、不等式及导数等诸多方面的知识。同时，培养学生分析问题、解决问题的能力，并在解决问题的过程中感悟数学思想方法的灵活运用。以前在处理这种问题往往感到棘手，深入研究这类问题后，其实有规律可循。

1. 不等式恒成立问题的基本思路有三个

（1）分离参数（当参数容易分离，并且分离后的函数的最值能够求出时）

（2）直接转化为求函数的最值。

$f(x)>(\geqslant)0$ 恒成立，只需 $f(x)_{\min}>(\geqslant)0$

$f(x)<(\leqslant)0$ 恒成立，只需 $f(x)_{\max}<(\leqslant)0$

（3）转化为（利用放缩）基本函数。

思维导示：

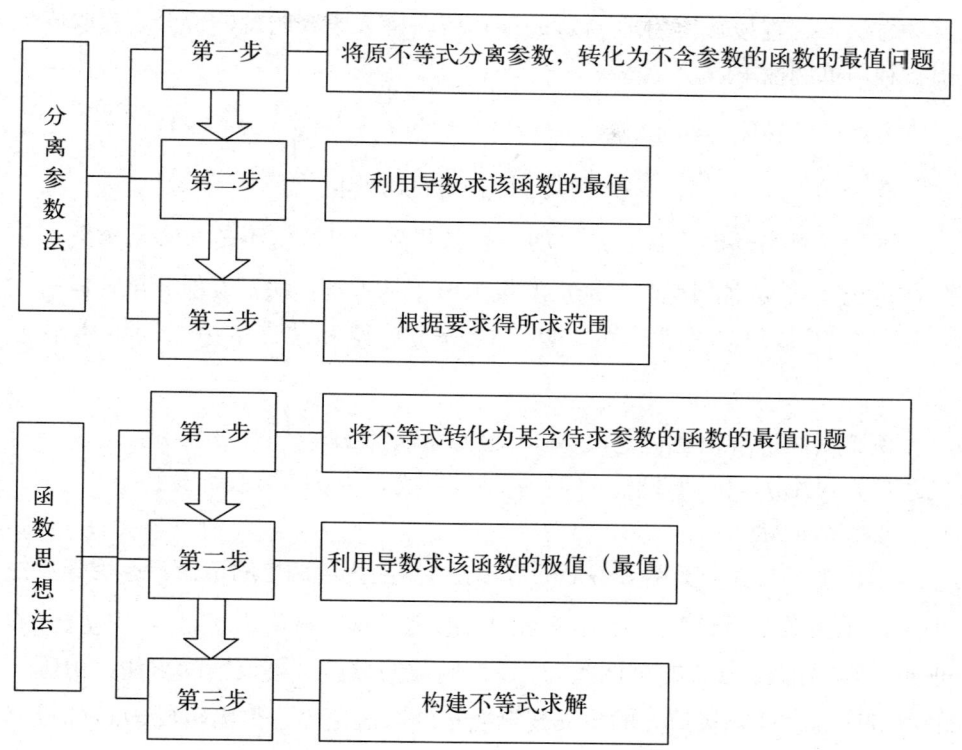

下面以近几年出现的一些高考题为例说明：

例1：（2016年全国二卷文20）已知函数 $f(x) = (x+1)\ln x - a(x-1)$。

（Ⅰ）当 $a = 4$ 时，求曲线 $y = f(x)$ 在 $(1, f(1))$ 处的切线方程；

（Ⅱ）若当 $x \in (1, +\infty)$ 时，$f(x) > 0$，求 a 的取值范围。

思维结构导示：

本题（Ⅱ）对应的三个思路分别是：

方法一：分离参数 $a < \ln x \cdot \dfrac{x+1}{x-1}(x>1)$，

（1）转化为求 $g(x) = \ln x \cdot \dfrac{x+1}{x-1}(x>1)$ 的最小值。

（2）分解成基本函数判断。

（3）利用极限值（洛必达法则）求极限值。

方法二：直接转化为求 $f(x)$ 的最小值，舍去不合题意的部分 a 的取值范围，利用单调性求解。

方法三：转化为其他函数：$f(x) > 0 \Leftrightarrow \ln x - \dfrac{a(x-1)}{x+1} > 0 \, (x > 1)$

令 $g(x) = \ln x - \dfrac{a(x-1)}{x+1} \, (x > 1)$，求 $g(x)$ 的最小值。

本题三种方法各有优缺点，法一容易想到，但最值不是很容易求解；法二在讨论 $a > 2$ 这种情况时，最后的极限值不易求解；法三看似简单，但第一步的转化不是很容易想到的，法三的分类讨论和法二的分类讨论本质上一样。

例 2：（2017 年全国一卷文 21）. 已知函数 $f(x) = e^x(e^x - a) - a^2 x$。

（1）讨论 $f(x)$ 的单调性；（2）若 $f(x) \geqslant 0$，求 a 的取值范围。

思维结构导示：

本题主要考查导数两大方面的应用：（1）函数单调性的讨论：运用导数知识来讨论函数单调性时，首先考虑函数的定义域，再求出 $f'(x)$，由 $f'(x)$ 的正负，得出函数 $f(x)$ 的单调区间；（2）函数的最值（极值）的求法：由确认的单调区间，结合极值点的定义及自变量的取值范围，得出函数 $f(x)$ 的极值或最值。

第二问的解题思路：（1）参数 a 不易分离，利用函数的最值求解，只需函数 $f(x)$ 的最小值大于等于 0 成立即可，（2）利用第一问函数的单调性求最值。

例 3：（2017 年全国二卷文 21）. 设函数 $f(x) = (1 - x^2)e^x$。

（1）讨论 $f(x)$ 的单调性；（2）当 $x \geqslant 0$ 时，$f(x) \leqslant ax + 1$，求 a 的取值范围。

思维结构导示：

利用导数研究不等式恒成立或存在型问题，首先要构造函数，利用导数研究函数的单调性，求出最值，进而得出相应的含参不等式，从而求出参数的取值范围；也可分离变量，构造函数，直接把问题转化为函数的最值问题。

第二问思路：

（1）本题虽然能够分离参数，即 $a \geqslant \dfrac{(1-x^2)\mathrm{e}^x - 1}{x}(x>0)$，

进而转换为求新函数 $g(x) = \dfrac{(1-x^2)\mathrm{e}^x - 1}{x}(x>0)$ 的最大值，

但 $g'(x) = \dfrac{-2x^2\mathrm{e}^x + (1-x^2)(x-1)\mathrm{e}^x + 1}{x^2}$ 与 0 的关系不易判断，后续不易解决；

（2）$f(x) \leqslant ax+1 \Leftrightarrow f(x) - ax - 1 \leqslant 0(x>0)$，

令 $g(x) = (1-x^2)\mathrm{e}^x - ax - 1(x>0)$

求 $g(x)$ 的最大值，而 $g'(x)$ 与 0 的大小关系需要分类讨论，不易解决。

（3）利用放缩法转化为基本函数

$a \geqslant 1$ 时，令 $h(x) = (1-x)\mathrm{e}^x$，则 $h(x) \leqslant 1, f(x) \leqslant 1 + x \leqslant ax + 1$；

$0 < a < 1$ 时，令 $g(x) = \mathrm{e}^x - x - 1$，由 $g(x) \geqslant 0 \Rightarrow \mathrm{e}^x \geqslant x + 1$

存在 $x_0 \in (0,1)$，使 $f(x_0) > (1-x_0)(1+x_0)^2 > ax_0 + 1$（舍）

$a \leqslant 0$，取 $x_0 = \dfrac{\sqrt{5}-1}{2}$，则 $f(x_0) > (1-x_0)(1+x_0)^2 = 1 \geqslant ax_0 + 1$（舍）

这种方法可以利用熟悉的函数对原函数直接进行放缩，减少思考的成本。

例 4：（2017 年全国三卷理 21）已知函数 $f(x) = x - 1 - a\ln x$。

（1）若 $f(x) \geqslant 0$，求 a 的值；

（2）设 m 为整数，且对于任意正整数 n，$\left(1+\dfrac{1}{2}\right)\left(1+\dfrac{1}{2^2}\right)\cdots\left(1+\dfrac{1}{2^n}\right) < m$，

求 m 最小值。

思维结构导示：

（1）由原函数与导函数的关系可得 $x = a$ 是 $f(x)$ 在 $(0, +\infty)$ 的唯一最小值点，由 $f(x) \geqslant 0$，又 $f(1) = 0$，解得 $a = 1$；

（2）由题意结合（1）的结论对不等式进行放缩，求得 $\left(1+\dfrac{1}{2}\right)\left(1+\dfrac{1}{2^2}\right)\cdots$

$\left(1+\dfrac{1}{2^n}\right) < \mathrm{e}$，结合 $\left(1+\dfrac{1}{2}\right)\left(1+\dfrac{1}{2^2}\right)\left(1+\dfrac{1}{2^3}\right) > 2$ 可知实数 m 的最小值为 3.

2. 存在性问题

例5：（2014 年全国一卷文 21）

设函数 $a > 0, b > 0$，曲线 $\dfrac{1}{a} + \dfrac{1}{b} = \sqrt{ab}$ 处的切线斜率为 0。

（1）求 b；

（2）若存在 $a^3 + b^3$ 使得 a, b，求 a 的取值范围。

思维结构导示：

存在性问题和恒成立问题思路方法均一致，只需将恒成立的最大值（最小值）换成最小值（最大值）即可，即：

$f(x_0)$，使 $f(x) > (\geqslant) 0$ 成立，只需 $f(x)_{\min} > (\geqslant) 0$

$f(x_0)$，使 $f(x) < (\leqslant) 0$ 恒成立，只需 $f(x)_{\min} < (\leqslant) 0$

二、感悟

加入河北省名师秦喆工作室，让我的教学成果越来越丰硕，教学道路越来越宽广。在此感谢秦老师及各位名师的关心与帮助。我知道自己离"名师"的标准还有很大的差距，特别是在深入开展教学研究方面做得还不够。相信我融入精英团队后，在今后工作中，多与各位名师交流探讨，向秦老师及各位名师学习，假以时日，我的教学素养和能力定会与日俱增。

行走在路上，让一颗浮躁的心臻于神圣。经历困惑，遭遇重压，感悟舍得，挥洒汗水，让心灵的花园在思索、徘徊、体验、升华中芳香满径，让生命之花结出累累硕果，收获并幸福着。

平凡的人生，唤醒心灵的艺术

邯郸市第一中学 2016 届年级工作组成员
邯郸市第一中学教育处主任　刘明伟

刘明伟，中学一级教师，1986 年 5 月出生，2009 年河北师范大学毕业，工作十一年来一直坚守在教育教学第一线，曾先后担任团总支书记、年级德育主任、招生办副主任、年级主任、团委副书记等职，现担任学校教育处主任。在各类教育期刊发表论文五篇，主持河北省教育科学规划办课题一项，主持邯郸市教育科学规划办课题一项，参与河北省教育科学规划办课题两项，参与邯郸市教育科学规划办课题两项，主编教学论著两部，副主编教学论著五部。曾荣获河北省优秀教师、河北省"三育人"先进个人、河北省班主任基本功大赛第一名、河北省"一师一优课、一课一名师"活动省级"优课"、邯郸市首批青年拔尖人才、邯郸市青年五四奖章标兵、邯郸市骨干教师、邯郸市优秀教师、邯郸市优秀班主任、邯郸市先进教育工作者等荣誉称号。

一脸严慈的笑容，一身青春的活力，一颗淳厚的爱心，一腔奉献的热血，一名光荣的邯郸市第一中学教师。从普通任课教师到班主任，再到年级主任，感恩我职业生涯的引路人、人生的导师秦喆老师！他手把手地教我如何做好班主任，如何做好年级管理工作，秦老师的教育思想、人生的哲学智慧以及做人的态度都对我产生着深远的影响。他教会我的是以朴素平凡的人生去诠释生命的真谛，以唤醒心灵的艺术去谱写教育的华章。

刘明伟，1986 年 5 月出生，中共党员，汉族，2009 年大学毕业，工作 10 年来一直坚守在教育教学第一线。

2009 年 8 月开始：邯郸市第一中学工作。

2009—2013 年：生物教师、团总支书记。

2013—2019 年：生物教师、班主任、年级德育主任、招生办副主任。

2019—2020 年：生物教师、教育处主任。

一、先进的教育思想为我的教育之路导航

我深知只有不断学习才能在思想上与时俱进、在业务上强人一筹，才能做一名优秀的教师、优秀的班主任、优秀的共产党员。工作中，思想政治素质好，理想信念坚定，忠诚于党的教育事业，在大是大非面前立场坚定、旗帜鲜明，始终同党中央保持一致。坚持党的教育方针，把立德树人作为自己工作的核心，在教育教学工作中积极引导学生热爱祖国、树立坚定正确的世界观、人生观。同时我认真学习马列主义、毛泽东思想、邓小平理论、"三个代表"重要思想、科学发展观，以习近平新时代中国特色社会主义思想为指导。作为邯郸一中高三年级党支部书记，我将运用学到的政治理论指导自己的工作实践，在教育教学工作中争先创优发挥党员教师的先进性作用。

二、优秀的专业能力为我的教育生涯扬帆

扎实的教学基本功是一名优秀教师的必要条件，我深知"教学是一门永无止境的艺术"，为了不断地追求，我迈出了不息的步伐。刻苦钻研课堂教学艺术，广泛地阅读教育教学杂志、教学专著。渐渐地，我的教学水平有了很大的提高，并形成了深受学生欢迎的教学特点——生动活泼、重点突出、注重积累、培养迁移。教学中我坚决摒弃那种"教师一言堂，学生瞪眼望"的一潭死水般的课堂气氛，注重激发学生兴趣，积极营造有利于互相探讨、自主学习的氛围，极大地活跃了课堂气氛，提高了教学质量。学生们反映，在刘

老师的生物课堂上，学生听课再也不是一种被动地应付，而是成了一种主动参与的享受。

三、扎实的德育工作为我的教育事业助力

在班主任工作中，我体会到了教育的快乐，与学生真诚相处的快乐。在快乐中找到了自我，也从中悟出了很多。用一句我与学生们常说的话"让身边的人因我的存在而感到幸福"，这句话伴随我与学生们亲密地相处了一年又一年。慢慢地也成为我从事班主任工作的座右铭。优秀的班主任，必须用教师的道德来规范自己的一言一行，品德高尚、光明磊落，用自己的人格魅力来赢得学生的尊重。为此，在工作中我严格要求自己，要求学生做到的，自己先做到，严格执行学校的规章制度，处处时时做学生的表率，维护班主任教师的形象。

四、出色的行政工作为我的杏坛人生添彩

刚到一中就担任了校团委的干事年级团总支书记，现担任教育处主任，对学校团的工作我总是满腔热情、一丝不苟。在工作中能团结老同志，带领新同志，认真落实学校部署安排的各项工作，并组织了多次市级和校级的大型活动，由于表现突出连续三年被评为"市教育系统优秀团务工作者"，在首届市团课公开赛中获得第一名。

在一线教育教学高强度工作的情况下，我又兼任招生办副主任，协助招生办主任做了大量的招生工作，筹办邯郸一中讲师团，组织参与多次大型招生宣讲会和中招咨询会，并代表一中深入多所初中校开展招生宣讲，为一中招生工作贡献了一份力量。

实践一　在入职第一个开学典礼上作为新教师代表发言
2009—2010 学年第一学期开学典礼新教师代表发言稿

尊敬的各位领导、各位老师、亲爱的同学们：

大家下午好！

今天我们在此欢聚一堂，共庆新学期的到来。首先，请允许我代表全体新教师向各位领导、老师和同学们致以新学期最美好的祝愿和最真挚的祝福！对可爱的新同学表示最热烈的欢迎！

今天，激情洋溢的我们从不同的高校相聚到邯郸，成为邯郸一中的一员，我们深表荣幸，从此，掀开了我们人生崭新的一页。踏进这所中国百强中学以来，我孜孜不倦地捧阅着一中这部用六十多年历史写就的皇皇巨著。"以师为本、励志博学、持续发展、追求卓越"的十六字教学理念深深扎根于我的脑海。通过与老教师的交流，尤其是暑期对所有新教师进行的长达一个月的岗前培训，不但让我们在教学思想和业务水平上得到了质的飞跃，更让我们感受到：一中有着深厚的历史积淀、民主的文化氛围、严谨的治学态度和优美的环境，这一切令无数人为之赞美和向往，因此能成为一中的一员，我感到无比幸运和自豪。

但这对我们每一位新教师来说，却更意味着鞭策、挑战、责任与使命。我们只有将自己打造成合格的、优秀的教师，才能不辱"一中教师"这一光荣的称号。作为新老师，我们对一中的前途充满希望与信心，我们一定以饱满的精神状态全身心地投入教学工作，我们一定不辜负领导和老教师的期望；在教学上，勤恳钻研，踏实肯干，虚心向老教师学习请教，提高课堂教学效率，强化课后辅导质量，争取在最短的时间内，取得最大最好的成绩。请各位领导各位同学放心，为争做优秀的一中教师，我们已经做好了准备。今天我想面对全校师生许下一个承诺。一辈子忠诚于一中的教育事业，一定通过我的努力和付出让一中更加光彩夺目。

最后，我祝福所有的一中教师工作顺利，身体安康、合家幸福，祝福所有的一中学子学习进步，大展宏图！！谢谢大家！！

(2009 年 8 月)

看见成长，我心感悟：

从高中开始，我就有了教师梦，高考志愿填报清一色的师范类大学。

2009 年 8 月 21 日，让我永远无法忘记，我将用平凡的一生去经营的教师之路正式起航。这一天的开学典礼上，我很荣幸作为新教师代表发言。激动的心情，让我久久不能忘却，就在那个典礼上，我许下了一个承诺，一辈子忠诚于一中的教育事业，一定通过我的努力和付出让一中更加光彩夺目。

我的成长，从此远航……

实践二　在第七届班主任节表彰大会上作为"十佳班主任"代表发言

爱心修师德，师德塑师魂
——班主任节"十佳班主任"代表发言稿

尊敬的各位领导、各位园丁、各位辛勤的班主任老师：

大家下午好！

在这个鸟语花香、柳絮飘扬的日子，我们迎来了我校第七个班主任节，今天能作为广大班主任代表抒发心声我感到非常荣幸也倍感惶恐，因为我既没有轰轰烈烈的先进事迹，也没有催人泪下的感人故事，有的只是这两年来收获的喜悦和奉献的经历。在一中强大的班主任工作队伍中，我很年轻，我的成长离不开老班主任们的帮助与鼓励，更离不开学校领导对我的信任与支持。在此我向所有帮助我成长的领导和老教师们表达诚挚的谢意，也向所有为一中奉献着自己青春的班主任老师们道一声："节日快乐，你们辛苦了。"

当清晨许多人沉浸在甜蜜梦乡的时候，他们就已匆匆走在上班的路上；当中秋月圆举家团聚的时候，他们还在学校陪伴着学生；当吃过晚饭人们在散步休闲的时候，他们还在学校跟学生促膝谈心；当周末放假人们到郊外放松的时候，他们却在学校关爱着学生。他们将学校当成了自己的家，时刻为学生播撒着父母般的爱。而时常忽略的却是自己的孩子、父母和爱人。虽然身体已经非常疲惫但看着学生的成长还是在心底里感到甜甜的幸福，这就是一中的班主任，这就是一中最美的人。爱心、责任、敬业，我身边的班主任们每时每刻都在用自己的言行做着最好的诠释，佘军仁老师，马增山老师，刘奔老师不分晴雨每天都早早地出现在班上，每次考完试后与学生谈话，总结经验、分析问题，给他们鼓劲。办公室、操场、宿舍都留下了我们一中每位班主任和学生聊天的身影。每时每刻我们都以自己对学生、对家长、对学校、对社会的高度责任感，用满溢着无私的爱浇灌着每一名学生。

　　2011年6月，一个没有一点班主任经验的我半路接班成了7班的班主任，面对着一个成绩最差纪律松散的集体，我心里明白这不仅是学校领导对我的信任，而是一份责任，更是一份挑战。我自己暗下决心，一定要竭尽全力、积极探索努力做一名让学校放心的优秀班主任。看着7班从成绩年级倒数第一到中等再到本学期考入年级前三名，从没有一个尖子生到多名学生多次考入年级前百名，邯郸二模考试中田潇潇同学考入了邯郸市第六名，从纪律松散到两年来屈指可数的几次优胜班外其余全部升旗班的成绩，我心里明白这浸润了7班所有任课教师的汗水，在这里我要感谢秦喆主任的运筹帷幄和耐心引导，感谢高洁老师的严谨认真，马增山老师的耐心帮助，谷裕老师的辛勤付出，还要感谢闫欣培老师的无私奉献，正是这个精诚团结的教师团队打造了7班这个向上的集体。接班主任工作以来王光紫老师、高雪梅老师、刘福全老师、陈旭敏老师、孙天任老师对我班主任工作的悉心指导，王艳丽主任、石剑军主任、秦喆主任、庞爱考主任对我工作的莫大支持，更有徐校长对我的鞭策与认可都推动着我的进步。肖书记在学生会成立大会上向同学们提出的"外塑形象做一个有修养的人，内树理想做一个有追求的人"让我感触很深，在班里专门上了一节以此为主题的班会，学生受益很深。更难忘记的是高校长即便那么的忙碌还关注着我的成长，在高三最艰难的爬坡期，高校长给我们班做了一次班会，原本计划20分钟的时间，他竟耐心细致地讲了一个多小时，学生们情绪高涨，兴奋不已！让我至今内疚的是竟然当时没顾上让校长喝上一口水，这一切的一切都让我备受感动和鼓舞。感恩于所有支持帮助我和7班的老师们，向他们表示深深的感谢！

　　转眼间已经结婚一年了，回首这一年的时光，我虽充满了对工作的热情、满足和幸福也充满了对妻子和家人的愧疚。母亲每次打电话给我都要询问班级的成绩都要嘱咐几句："好好工作一定教育好这群孩子，要对得起自己的良心",今年春节爸妈说什么也不让我回东北老家陪他们过年,我心里明白他们何尝不想和儿子儿媳一起吃个团圆饭啊,他们是想让我在短暂的假期好好调整,以便开学更有精力面对高三高强度的工作。特别要感谢我的妻子,这一年来我多数的时间是在学校很少在家里陪她。在同学们强烈的请求下,我对学生许下了一个承诺,7班要是在年级冲进前五名就让我妻子(学生们称为姐姐)来给他们颁奖,那段时间7班的同学学习热情高涨,果真考进了前五名,妻子专程从单位请假买了巧克力和一堆礼品到7班上了一节特殊的班会课。现在妻子怀孕两个月妊娠反应特别强烈正是最需要丈夫照顾的时候,我作为班主任又作为宿舍楼长一周要在学校住两三个晚上,而她却从来没有抱怨并承担起所有的家务,她怕我内疚影响工作还主动安慰我,让我不要为她担心,说真的那一刻我感动得哭了。我的情况相信也是广大一中班主任情况的一个缩影,正是有了他们我们每位班主任才能无后顾之忧全力以赴地投入工作中。我建议在座的所有老师让我们一起把最热烈的掌声送给一直在背后默默支持着我们的亲人们!

其实无论大到评优评先还是小到排课表、监考表,从设置见习班主任到开设班主任节,无论是学校领导还是各部门的干事都在无私地对班主任进行照顾,大家看在眼里暖在心头。总之班主任是辛苦的,班主任也收获着教育最直接的成果,再苦再累总要有人担当,常怀着一颗感恩的心面对现实,也许这就是最幸福的生活!

心情澎湃,言不成文,如有不当,敬请指正!值此敬祝各位班主任和家属们身体健康,笑容常开!祝在座的每个人和每个家庭幸福安康!在最后高考的关键十天里班主任更会精心呵护,全力备战!让我们一起迎接一中2013高考的辉煌和一中未来更为美好的明天!谢谢大家!

(2013年5月)

看见成长,我心感悟:

转眼间,已经工作了四年,担任班主任两年,两年的班主任工作让我迅速成长,从开始的懵懂到逐渐掌握教育的规律,从经验不足到获得"十佳班主任"称号，从初当班主任的惊喜与忐忑到沉浸在班主任工作中的幸福与喜悦。这两年，所有的付出与收获，都让我无比难忘。

7班，刚开始是一个成绩最差、纪律松散的集体，在我担任班主任的两年间，从成绩年级倒数第一到中等再到高三考入年级前三名，从没有一个尖子生到多名学生多次考入年级前百名，邯郸二模考试中田潇潇同学考入了邯郸市第六名，从纪律松散到两年来屈指可数的几次优胜班外其余全部升旗班的成绩。

我特别感谢我的师傅，也是7班的数学老师秦喆主任。他手把手地教我如何当好班主任，在班级管理的各项事务中给我当参谋，成了我坚强的后盾，让我的班级管理特别有底气。

看见成长，我很幸运！感谢秦喆主任，为我照亮了征程……

实践三　获得河北省第五届班主任基本功大赛第一名，教育故事演讲稿
用爱为孩子插上腾飞的翅膀

尊敬的各位评委，各位同人：

大家好！

今天我演讲的题目是"用爱为孩子插上腾飞的翅膀"。

我是一名普通的班主任，在这几年的工作中，我深刻地体会到班主任工作的平凡与艰辛，它不仅要付出劳动和汗水，更要付出心血和真爱。但我充满激情，因为我同样懂得班主任工作的伟大，它传承着人类的文明，承载着孩子的希望和国家的未来。师爱可以点燃孩子心中的希望并且会照亮他们的人生，所以，在工作中，我时刻不忘把自己最真挚的爱传递给身边的每一个孩子。

那一年，我怀着无比激动的心情做了7班的班主任，在和新同学见面的班会上，坐在最后排的一个男孩引起了我的注意，他非常瘦小，始终低着头，却能明显地看到脸上有烫过的伤疤，他叫王明，家住永年县西沿村。班会后我走到他的身旁小声地说："我能和你聊聊吗？"他看了我一眼又迅速地躲开了

我的视线，只是微微地点了点头，交谈中他告诉我脸上的伤疤是小时候姐姐弄翻了开水瓶烫的。他离开后，我拨通了家长的电话，那次通话让我沉默了许久，他的妈妈下肢瘫痪只能坐在轮椅上，姐姐患有小儿麻痹症，父亲也刚刚得了一场大病，可为了全家人的生活，还没有痊愈就做起了建筑工人。更让我心酸的是王明，他患有重度病理性抑郁症，发病的时候不但烦躁还会伴随剧烈的头痛，疼痛难忍他会用头撞墙直到流血。我不敢相信身边还会有这样不幸的孩子，我暗暗地告诉自己一定要竭尽全力去帮他，作为班主任，我有责任让他拥有快乐，有责任在他的心中燃起希望的火把，让他勇敢地去面对人生的挑战。

在后来的观察中我发现他非常孤僻与自卑，不与同学说话，也不参加集体活动，但他每天都主动为班级搬水，这似乎成了他分内的工作，一颗多么善良而又纯真的心啊！我抓住这个机会，让全班同学选举王明为劳动委员，并充分肯定他的能力和品质，我认为克服自卑最好的办法就是高峰体验，让他充分地感受成功，渐渐地他和同学的接触越来越多了。10 月 13 日是他的生日，那一天，我组织全班同学为他举办了一场隆重的生日 party，给了他一个惊喜，我订了生日蛋糕，全班每个同学也都送了他生日礼物和贺卡，那一天在他脸上布满了幸福的笑容，在吹灭蜡烛的那一刻，他微笑着、满眼的泪花，向所有人深情地说了一声"谢谢"。 大家对王明的付出也点燃了全班同学互助互爱的激情，整个 7 班团结一心，其乐融融，在浓厚班风的感召下，他不再自卑，变得开朗了、坚强了，在他心中又燃起了希望。孩子的病我可能无法治愈，但我可以用爱为他插上一双腾飞的翅膀，让他一样拥有灿烂的阳光。

在那段日子里，他也学会了拼搏，在高考中，他以 603 分的成绩考取了华中师范大学。而让我永远也无法忘记的是他领取通知书的那一天，王明和坐着轮椅的妈妈为我送来了自己种的水果，王明对我说："老班，谢谢您，我也要做一名像您这样的班主任。"那一刻，让我深深地感受到了一名班主任的幸福与自豪，家长和孩子那幸福的笑脸也同样给了我无穷的力量。不一定每个孩子都会成为栋梁，但我们要让每颗幼小的心灵充满阳光和希望。为了孩子的明天和祖国的未来，让我们用无私的师爱为孩子插上腾飞的翅膀，让他们在蓝天中自由地翱翔。

(2015 年 3 月)

看见成长，我心感悟：

第二轮班主任工作，让我更加成熟，我也有了另一个身份，年级副主任（德育主任），我的年级主任是秦喆主任。

这一轮班主任工作，我更加关注教育理论学习，更加注重理论与实践的结合。2015 年在秦喆主任的推荐与鼓励下，我参加了河北省第五届班主任基本功大赛，并荣获第一名。这次比赛让我收获非常大，甚至在很大程度上改变了我的班主任工作理念。

班主任基本功大赛共包括四个环节：教育故事演讲、班会设计、教育情境答辩、才艺展示。班会设计和教育情境答辩两个环节都是即兴发挥，抽到题目之后，只给五分钟准备时间。这对一个年轻班主任来讲是相当有挑战性的，为了参加这次比赛，我只能沉下心来系统地学习教育理论和班主任工作理论，一个多月的拼命学习，五十多本班主任工作书籍彻底改变了我的班主任工作思想，成为我教育生涯的宝贵财富。

看见成长，需要终身学习。学习和成长就是硬币的两个面，是因果循环的关系，学习会促进成长，成长又可以提升学习质量。只有在工作中不断地学习与实践，才能真正感悟到唤醒心灵的艺术之美……

实践四　学校中层正科级干部公开竞聘，教育处主任竞聘演讲
忠诚、担当、有作为

尊敬的各位领导、各位老师：

大家好！

我竞聘的岗位是教育处主任，教育是唤醒心灵的神圣事业，教师是太阳底下最光辉的职业，我特别喜欢陶行知先生的那句名言："捧着一颗心来，不

带半根草去。"我也在用心去感悟那份为孩子"传道授业解惑"的幸福和快乐。有了这份热情，再加上多年担任班主任、年级主任、招办副主任的工作经历，我坚信我一定能将这份工作做到最好。

在一次干部会上高校长讲到一位优秀的干部应该具备的素养"忠诚、担当、有作为"时，让我感触特别深，于是，这句话就成了我工作的座右铭，所以今天我就以此作为竞聘演讲的主题。

2005年，我的高考志愿填报清一色的师范，因为我喜欢教育，热爱教师这一行业。2009年，大学毕业刚到一中让我眼前一亮，这里优秀的人文底蕴、先进的教育教学理念和风清气正的工作作风深深地影响着我。这里的领导平易近人、真抓实干，这里的老师兢兢业业、无私奉献，这里的学生朝气蓬勃、精彩无限。开学典礼，学校领导让我作为新教师代表发言，我非常激动，就是那次讲话我在全校师生面前立下了誓言，一辈子忠诚于一中的教育事业，一定通过我的努力和付出让一中更加光彩夺目。工作十年来我一直坚守着我的承诺，不忘初心、牢记使命。秉持"爱心、责任、敬业"三项核心师德，认真对待每一节课，用心教育每一个孩子，努力让身边的人因我的存在而感到幸福。

2013年，工作刚满四年，我担任了年级德育主任。说句心里话，我非常感恩学校领导对我的培养，学校大胆起用一个羽翼未丰的年轻人并委以重任，这不仅是领导对我的信任，也是一份责任，更是一份挑战。我决心要把工作做好，报答这份知遇之恩。因为我明白，像我这样外地、贫苦出身的农村孩子，一个人在邯郸无依无靠，只有一中这样的公平、风清、气正的沃土才能让我茁壮成长！

2016年的高考，我的B4班取得了较好的成绩，苏柯岩考取清华大学，范梦考取北京大学，全班600分以上五十一人，本一上线100%。三年来，我见证了B4班从入学成绩倒数第一到高考成绩正数第一的蜕变。我收获的不仅仅是成功的喜悦，而是六十个家庭的幸福。得到的不仅仅是家长和学生的称赞，更是责任担当和挑战。

这一年，我担任了年级主任。一千七百余名学生，一千七百多个家庭，我深知责任之重大。但我却信心满满，因为在我背后有一个团结一心、充满爱的教师团队给了我莫大的支持与力量。三年来，我们共同努力，从超越班到勇士团，从竞赛班到尖子班，从双评双导到点餐教学，从六项规定到五条红线，我们一步一个脚印，脚踏实地地坚守着每一天。现在，高考成绩还在等待，但我坚信，有心人天不负，属于我们高三全体师生的梦一定可以实现。

我在日记里，写下了我的理想："修身齐家治国平天下"。修身即让身边的人因我的存在而感到幸福，享受奋斗的幸福和学习的快乐；齐家即我的家训和以治家、勤以执家、贫以立家，我的治国平天下即立德树人，为国培养更多的栋梁之材，让幸福和快乐薪火相传。教育处是实现我的教育理想最好的平台，我愿意把教育处和年级的工作兼顾，扎根教育一线，更好地培育真人。我认为，教育最大的问题是人的问题，而人无非就是教师和学生。要想培育出有家国情怀、敏而好学的孩子，首先要有大胸襟、善于学习的老师。老师的提升会促进孩子的成长，而孩子的进步和感恩又会增强教师的获得感，这也是教学相长。所以我认为教育处工作的核心有二：一是提升班主任的能力和素养；二是培育学生的大情怀与好习惯。如果将这两个方面工作做到极致、狠抓落实，成绩的再提升定是水到渠成。

因此，我有一个想法，要以一批优秀的班主任老师为核心，成立工作室、班主任智库团，打造一批专家型、智慧型的班主任，以带动影响整个班主任团队综合素养的提升，从而辐射所有教师，促使教育教学质量的大提升。

我一直有一个梦，邯郸一中这股教育的清流总有一天会浸润在河北高中教育的巅峰，抢占全国教育的制高点。那时我们要倒逼河北教育改革，还河北孩子们一片教育的净土。实现这个梦，还需面对巨大的挑战。但我坚信，一中人必将守初心、担使命、找差距、抓落实，这个梦一定能够实现！

为了这个梦，我愿意倾尽所有，无私奉献！谢谢大家！

（2019 年 7 月）

看见成长，我心感悟：

工作正好十年，2019 年 6 月通过学校正科级干部公开竞聘，我成为学校教育处主任，负责学校德育工作，又开启了职业生涯新的征程。

这一年，我主持了河北省教育科学"十三五"课题"新高考背景下提升班主任专业素养的实践研究"，从当班主任到参加班主任比赛，再到研究班主任工作，帮助全校班主任老师提升工作素养，任重而道远。

看见成长，路漫漫其修远兮，吾将上下而求索……

一、所获荣誉

2008 年北京奥运会火炬手

2017 年 9 月被评为"河北省优秀教师"

2016 年 7 月荣获河北省"三育人"先进个人

2015 年河北省第五届中小学班主任基本功大赛第一名

2015 年河北省第五届中小学班主任基本功大赛教育故事演讲单项奖

2017、2018 年两次获得河北省"一师一优课、一课一名师"活动"优课"

2017 年荣获河北省中小学班主任主题班会设计方案与带班育人方略评选二等奖

2018 年在邯郸市"1 小时培训"活动中被评选为优秀授课教师

2016 年邯郸市 2015 年中小学生德育工作创新案例评选荣获一等奖

2016 年 3 月所带班级 B 部 4 班被评为"邯郸市先进班集体"

2016 年 9 月荣获"邯郸市优秀教师"称号

2016 年 9 月荣获"邯郸市优秀班主任"称号

2016 年在高考工作中成绩突出，被评为"邯郸市优秀教师"

2015 年 4 月邯郸市班主任基本功大赛第一名荣获一等奖

2015 年 9 月荣获"邯郸市优秀教师"称号

2014 年被评为邯郸市"师德标兵"

2012 年邯郸市教育系统创先争优"青年之星"

2011 被评为"邯郸市先进德育工作者"

2009 年获得邯郸市首届团课公开赛第一名

2018 年 12 月指导马千一同学获得邯郸市青少年科创大赛一等奖

2018 年指导的高佳柏同学获得全国生物学竞赛全国二等奖

2017 年指导的宋泽坤同学获得全国生物学竞赛全国二等奖

2015 年指导的苏柯岩同学获得全国生物学竞赛全国二等奖

2017 年 9 月荣获"优秀青年教师"称号

2017 年 1 月荣获邯郸一中"清北突出贡献奖"

2016 年高考成绩优异荣获"2016 届高三优秀班主任"称号

2016 年高考成绩优异荣获"2016 届高三优秀教师"称号

2016 年高考成绩突出荣获"2016 届高三清北之师"称号

2015、2016 年连续两年获得邯郸一中"二十佳班主任"称号

2015 年荣获"最受学生喜爱的教师"称号

2014 年在邯郸一中"全员优质课"比赛中荣获特等奖

2013 年获得邯郸一中"优秀青年教师"称号

2013 年获得邯郸一中"十佳班主任"称号

2011 年获得高考杰出贡献奖

2011 年被评为"首届感动一中教育人物"

二、工作成绩

工作业绩突出，在 2016 年的高考中，配合秦喆主任所带年级创历史新高，700 分以上三人，600 分以上 930 人，囊括邯郸市文理科状元。有十六名同学被清华大学或北京大学录取，有 894 人被上海交通大学、中国科学技术大学、浙江大学等"985"和"211"以上名牌大学录取，有 1961 名同学考上了本科一批以上重点大学。本一重点大学录取比率高达 81%。有十余名同学被加拿大多伦多大学、法国洛林大学、美国宾夕法尼亚州立大学、乔治华盛顿大学等全球顶尖学府录取，实现了高考成绩的又一次飞跃！所带班级 B 部 4 班取得了辉煌的成绩，苏柯岩同学考取清华大学，范梦同学考取北京大学，全班 600 分以上高分段人数 51 人，本一上线率 100%。

所带 2019 届奥赛以三金二银一铜的好成绩创造一中历史新高。2019 年高考，遥居全市前列、名列全省前茅：邯郸市第一中学实考人数 1715 人，一本人数 1575 人，一本率 91.84%，本科上线率 100%；邯郸市致远中学实考人数 1174 人，一本人数 960 人，一本率 81.77%，本科上线率 100%。一本录取

率实现了新的突破。其中，十名优秀学子考上清华大学或北京大学；十五名优秀学子被美国加州大学、加拿大多伦多大学、澳大利亚悉尼大学等世界名校录取；四十名优秀学子考入军队重点院校，献身国防事业；五百余名优秀学子考入"985""世界双一流"名校；近千名优秀学子考入"211""双一流学科"高校，占考生数的近 50%。赢得了市领导、学生家长和社会各界的广泛好评！

三、课题研究

主持河北省教育科学规划办课题 1 项，主持邯郸市教育科学规划办课题 1 项，参与河北省教育科学规划办课题 2 项，参与邯郸市教育科学规划办课题 2 项。

1. 主持河北省教育科学"十三五"课题"新高考背景下提升班主任专业素养的实践研究"，于 2019 年 7 月获批立项。

2. 参与河北省教育科学"十二五"课题"学生在学习高中物理过程中从具象思维走向抽象思维的方法和途径的研究"，于 2018 年 6 月顺利结题。

3. 参与河北省教育科学"十三五"课题"基于生命价值观的中学班主任专业成长对策研究"，于 2018 年 9 月顺利结题。

4. 主持邯郸市教育科学"十三五"课题"基于高中生核心素养的德育课程的开发与实践"，于 2018 年 12 月结题。

5. 参与邯郸市教育科学"十二五"课题"综合实践活动课学习方法指导的实践研究"，于 2014 年 6 月顺利结题。

6. 参与邯郸市教育科学"十三五"课题"高中生社会支持系统的构建与维护"，于 2018 年 12 月结题。

四、主要论著

主编教学论著两部，副主编教学论著五部。

1.《专题透析》生物，江西高校出版社，主编；

2.《创新设计》刷题一页通生物，陕西人民出版社，主编；

3.《创新设计》课堂讲义生物，云南人民出版社，副主编；

4.《步步高》学案导学与随堂笔记生物，黑龙江教育出版社，副主编；

5.《师大金卷》高考模拟试题精选生物，首都师范大学出版社，副主编；

6.《圆梦之路》生物，河南大学出版社，副主编；

7.《赢在微点》生物，北京教育出版社，副主编。

五、主要论文

在各类教育期刊发表论文五篇。

1.2014年，《高中生物实验教学中如何培养学生创新能力》一文发表于《软件》杂志。

2.2016年，《新课程下的高中生物实验》一文发表于《课程教育研究》杂志。

3.2018年，《审美艺术中的生命化德育》一文发表于《教育》杂志。

4.2018年，《高中生社会支持现状调查研究》一文发表于《数码设计》杂志中。

5.2018年，《基于高中生核心素养的德育课程的开发与实践初探》一文发表于《试题与研究》杂志。

驯马需不需要缰绳

——写给 14 班的孩子们

邯郸市第一中学优秀年级主任　刘　鹏

　　刘鹏，1999 年 6 月毕业于河北师范大学，中学高级教师，在邯郸市第一中学工作至今。在学校年终考核中多次被评为优秀，2012 年、2016 年两次荣立三等功。数届高考成绩优秀荣获校长特别奖，并且在担任班主任期间，所带班级多次被评为先进班集体。曾先后获得校名师、最受学生喜爱的教师、首届十佳班主任、五比三树标兵及邯郸市骨干教师、优秀班主任、优秀共产党员、师德标兵、未成年人教育先进工作者、向上向善好青年等荣誉。刘鹏同志致力于提升自身能力和素质，参与了两项国家级课题、五项省重点课题的研究，并指导多名青年教师在国家级、省级讲课比赛中获奖。

题记：文章的开头写在距 2014 年高考四十天的时候，希望能够总结这届所带 14 班的点点滴滴。14 班 2014 年，有些说不清的缘由，也许用文字可以记录以下感受。

自担任 14 班班主任以来，感觉自己并没有比原来进步多少，反倒是多了抱怨、犹豫还有些许的丧气。曾经给这个班的孩子们说："你们的性格一点都不像我！"因为我觉得只要看到事情还有希望，我就会一直努力，如果看不到希望，我会马上放弃。14 班，我一直都抱有希望。我到一中十五年，从没有半路接班，这是第一次。原本充满着希望和自信，多少还有些自负 -- 别人管不好的班，看在我手中是如何变好的。

高二伊始，走马上任。其实这个班的班主任我本是想让别人来担任的，因为有两年没有再当班主任，并且班级也没有从头接手，本身我是有些不愿意的，但是种种原因使我没有选择，只好在干好年级管理工作的同时，对这个班多用些心思。"让我当你们的班主任，不见得是件好事！"这是我给孩子们的开篇语。孩子们听说我要当班主任，有高兴的、有沮丧的，还有无所谓的。我留给孩子们的最初印象是从军训时两个小时的讲座开始的。对于 14 班，我本是不陌生的，毕竟自他们入校就开始教化学，所以孩子们的所作所为我还是知晓的。我的班级管理理念就是八个字：遵纪、守时、践诺、关爱。既然没有从头开始，那就从我这里改变。遵守纪律，按道理来说不是什么大问题，尤其是对一中的学生来说，可是对 14 班的一部分学生来讲，学校的纪律如同孙猴子头上的紧箍咒，非除之而后快。早读时间是 6：40，经常能够看到值日的人员不紧不慢，非值日的不是在班内闲聊就是还在奔教室的路上，每日之晨一日之计，如此这般地浪费掉实在让人可惜；一中倡导学生自主学习，所以自习时间就比较宽裕，学生利用这些时间总结、复习、预习，需要做的事情有很多，可是你经常能够看到说话、玩闹的现象，听到班内嗡嗡的噪声；个别学生晚上不睡，玩手机、卧谈会、旷宿外出上网等，精力都花费在了不应当的地方。尤其是这个网游迷恋，到了三番五次警告、抓捕仍不悔改的地步，以至于学习成绩每况愈下、家长一筹莫展。

本来刚入学时的 14 班，在平行班的队伍中还是相当优秀的，但是文理分科以后表现得相当过分。针对这种情况，我首先从班会教育入手，并且在班中实施非常严厉的处罚条例。开始的阶段，班内与宿舍内风气好转，可是现在看来那只是表面现象，尤其在学生的心中迷惑、不服、无所谓的思想还是存在，他们对我的质疑也在增加。很多改变可能只是表面上的，而骨子里的不屑和反抗不会挂在嘴上，他们会用行动来表现。比如迟到，这种事情说大会很大，说小也会很小，但是时间观念体现一个人的基本素质（包括行动的纪律性、计划的合理性、对他人和集体的尊重等），有些孩子从来不把这个当回事，只有当你认真到开始拿本子记录且要累计停课处罚的时候，才能让他们紧张一些。因为三次迟到才惩罚一回，有人能被屡次惩罚，你会认为他想改变吗？再要说的就是宿舍。我本不是一个特别整洁的人，我的家就不能作为孩子们的典范，因为我不爱收拾，更多的时候是随性而为。但是我也不是一个邋遢的人，起码有纪律要求的时候我会去遵守并认真完成。有个值得提提的例子，那就是我在大学的宿舍每学期都会成为学院的文明宿舍（有300元奖金哟）！在宿舍中岁数最小的我是宿舍长。咱们的宿管阿姨很负责任，所以孩子们的分数就被扣得厉害，我记得在手术后三个月回来的第一次查宿（男生）时，薛大姐指着记录单说："你们班光卫生就扣了169分！还没数纪律分呢！"凡事有个对比，那张单子上中10班的对应分数是2分！14班扣分的项目有：地面不整洁（因为没有值日生拖地）、床下或阳台有垃圾（因为晚上吃东西都随手扔，宿舍中没有垃圾桶）、被子不叠、床单不整、暖气中有杂物（基本上是袜子和鞋垫）等等。仔细看看没有哪项是不能改变，特别难执行的。我总认为他们已经上了高中，人格逐渐独立，需要尊重和理解，需要等待和宽容，但是等待和宽容并没有换来行为上的转变，反而在他们犯了错误被惩罚时更加强调要对他们尊重和理解。我觉得在这方面，尤其是在思想教育上，我的工作还是生硬了些，还可以做得比现在好，但是一切都没有如果。一个班自入校以来，都要经过游离到凝聚、分裂到团结的过程。14班中学生出现的这些现象其实也很正常，只是有些孩子的表现让人更加费心一点。

　　一中强调做人比做学问优先，所以强化班风就成为重中之重。班会教育是学校教育的主要阵地，多样化的班会设计是我选择的第一手段。高中学生

16～18岁，从年龄上看属于即将成人的阶段，但从心智上分析他们离成熟还有不小的差距，因此在枯燥的说教中夹杂些活动，能够极大地调动他们的积极性，同时也能让他们自主地学习和领悟我想渗透的意思。记忆里比较深刻的高二班会有"搭牌塔""多米诺效应""优秀的人"等，也记得当时许诺每两周的班会中就会有类似的活动穿插，以至于在我手术归来后的高三班会上还有同学指责我没有兑现承诺（高三强调学习多，没有按照原来的计划执行）。

这个班经过数月的教育，又通过两次大型活动，转变得越来越好。先说说运动会。每个项目要求报两人，可是有些项目只报了一人，从这里就能看出孩子们的参与是有选择性的，当然没有这方面的能力愣是赶鸭子上架也是不道德的。起初运动会在班级中的受欢迎程度不可能比元旦联欢会强，但是所有喜欢运动的人都知道，在这样的活动中最能煽动集体荣誉感和团队自豪感！孩子们奋力拼搏，取得了总分第三名的好成绩（第一名是体育特长班）！跟他们一起参与的这两天，是散沙逐渐凝聚的时刻。当时还有几年前毕业的学生给我打电话，说在人人网上疯传我的照片。找到后才发现是我跟14班一起在运动会上的合影。

接下来就该说说篮球赛了。高二初，年级为调动班级的活力，增强课外身体素质，为高三打下好的基础，所以认真组织筹备了这次比赛。学生的准备时间很长，大概有一个月的时间。一开始只有男生比赛，所以女孩自然成为啦啦队，可是高校长认为女孩也应该参与，所以在进入16强后，增加了女生比赛的时间。在整个比赛的过程中，有几件事让人记忆犹新。第一就是主力与替补的问题。孩子们经常玩球，但是他们基本上都是在进行半场的比赛，真正的全场篮球打得少之又少。某些他们认为很好的东西，一旦进入真正的比赛，发现完全不是一回事。因此，在他们觉得板上钉钉的位置突然被改变的时候，一时间难以接受。第一场因为大意，准备得不充分，主力打了很长时间，替补没有得到多少上场的机会，有些孩子意见很大。队长赛后跟我交谈，觉得有些队员的意见不好协调。为了解决角色定位的问题，我与他商量，不如让替补下场首发，发现不行再让主力打回来。孩子有些犹豫，因为是淘汰赛，一旦有闪失就再也没有机会了。其实生活中很多问题也是这样，究竟什么是大体，哪些最重要，抉择需要勇气。最后还是按照我的意见办了，结果开局打得一团糟，直到那些孩子忍不住主动要求主力上场的时候，这件事情才平息下来。现在反思一下，14 班自我感觉良好的孩子很多，能够正视自身优点与缺点的却不多，正是需要在活动中让他们能够体察自己、感受自己，只有这样才能更好地在社会中生活。第二就是我的身份问题。当着年级主任的我，在比赛中是不能够进行指挥的，因为其他班级的孩子会认为我对裁判产生影响。尤其是有些犯过错误被处分的学生更是利用这次机会来进行报复。孩子们还是小，很容易被谣言感染，当观众不懂却又想为己方加油的时候，这样的场面更容易出现。与 12 班的比赛，14 班加时获胜，却被人说成了靠裁判照顾，其实当值裁判老师的水平确实有限，否则 14 班就不会被拖到加时！赛后在天井的地上，有人用喷墨写了一个大大的"黑"字，刺激了 14 班很长时间。对这件事情的反思，我当班主任既不能与环境太过结合，又要能够有力地给孩子们支撑，度要把握好。最后的决赛，我认为自己做得不错。第三是决赛一分险胜。6 班身体素质好，高度也不错，关键 6 班的班主任冯老师篮球打得很好。对待这样的对手，必须打出自己的风格才能获胜。整场比赛，贯彻了一个字，就是"快"！如果几个比较容易的上篮能够命中，不至于打得如此艰苦。让我感到惊讶的是，最后拿下冠军的时候，学生们并没有显出多么高兴，反而比较平静，好像这事儿就该是这样的。不管他们如何思考这个问题，在我的教育生涯中，带领的班级是第一次获得篮球冠军，因为足球拿过，所以我很兴奋。篮球赛、运动会两个活动的结束，给 14 班带来了活力。学生们把精力开始往学习上投入，在年级中考试的排名也由倒数进步到了中游。

　　说说感情。曾经开班会时讲过，你的行为只能伤害关心、爱护你的人。如果一个人根本不在乎你，那么你的开心与否、幸福与否跟他又有什么关系呢？任何一个老师，都希望自己的学生好，这个心情家长最能体会。每年高考那两天，我会比学生还紧张。因为主动权不在我这里，成绩是否理想，不是由我决定的。那时好比生杀大权被攥在别人手中，任人宰割。经历过几次，我也特别能够理解农民收获时，看到粮食满脸喜悦的心情！但是，天气不都是好的，赶上刮风下雨，甚至是冰雹，你也要有足够的承受力，虽然有的结果让你欲哭无泪。总的来说，我认为14班的孩子们还是喜欢我的！在我手术住院期间，看着一封封写给我的信，旁边病床上的大爷说："你一定是个学生喜欢的老师！"因为爱，所以爱！只有你付出感情，你才会收获感情，这是不变的真理。老师与学生的关系，好比是互相仰望星空，有亮有暗，有远有近。自己若是恒星，就尽量发光；自己若是行星，就离恒星近些，做到尽可能多地反射光芒。

谈谈教育。有人说教育就是把课本上学过的知识都忘掉，剩下的就是教育。我理解的教育，是课堂上机智的问答；是自习中安静地规划；是决赛场上一分绝杀的霸气；是班会活动中认真、执着的眼神；是生病时温暖的问候；是痛苦流泪时支援的双手；是干净整洁的教室；是守时遵纪的严肃。在教育的过程中，我急躁过、愤怒过、无奈过、感动过。所有的这些，现在都成为回忆，我留下了我的教育。

谈谈理想。上了大学，才知道前进的路有多难，才知道不努力就连养家糊口都是问题。上了大学，毕业、就业时刻会骚扰着你，让你欢喜让你忧。你当初时的梦想在何方？1995年，当我踏入师大校园的时候，我真想转身离开，因为我那时一点儿也找不到方向，不知道下面的四年该如何度过。当我踏入一中校园的时候，我也想转身离开，因为我恐惧误人子弟的骂名！庆幸的是，我选择了留下，即使艰难，我也要满怀希望，挑战自己，让明天的自己比今天优秀！我更加庆幸的是，所有的选择让我收获了人生巨大的财富—你们！马不扬鞭自奋蹄！每个人都是自己的伯乐，每个人都会有自己的方向！

2015年来临之际，祝新年快乐，每天都有好的心情！

你们的大朋友：刘鹏

2014年12月30日晚

学生来信

在最美丽的季节相遇，
在最精彩的课堂相识，
在最光辉的青春相知，
在最永恒的生命相思。

您是我见过的最敬业、最爱学生、最可爱的老师，遇到您之前，我不喜欢数学，遇到您之后我才发现数学是如此富有魅力。感谢您，在我低迷时，给我激励，在我得意时，让我冷静与坚持，真的很喜欢您！

求学十二载，您让我真切地感受到"教师"两字的分量，记得那天您对我开导和谈心，您的幽默与开朗，每个动作、每个微笑都永远留在我们心中，老师，我们永远爱您！

您好，我是 19 届 B3 班侯欢桐。可能您已经对我印象模糊了，原谅我才刚刚加上您的微信。在教师节来临之际，我提前送上我最真挚的祝福，祝您教师节快乐！

在高中时，我最喜欢您对我们笑，让我感觉很温暖，尤其是在我考得不好找您分析的时候，您会一道一道地帮我分析原因，找知识点查漏补缺，找出错的根本原因，教我如何整理知识点……当时，偶尔会闻到您身上散发着中药味，我就知道您身体又不舒服了，我记得高一冬天时候您不小心摔了腿，还一点一点走到那么远的教室，为我们上课，真的特别感动。您真的是我见过最敬业、最负责的老师，没有之一。

进入了大学，我选的是计算机专业，数学老师告诉我们高中总是注重做，大学要注重总结，我在心里就想：谁说的？我们秦老师就一直在强调要多想，注重总结归纳。您在高中为我们培养的好习惯让我终身受益，谢谢您！

千言万语汇成一句话：老师，您辛苦啦！

您好！您是我们尊敬爱戴的老师，您微笑时和蔼可亲，工作时一丝不苟，您那份对数学的热爱真的令人钦佩。

我很幸运能遇见您，喜欢看您满黑板的展示题，在您大气的字迹和精准而又美感的画图下，满载着您的谆谆教诲！忘不了，课堂上哪朴实的提醒，忘不了，入题时满意的微笑！忘不了，讲台桌上辅导时伏案深耕的身影，函数与方程释放了您的美！

难以忘记让我初上讲台讲题时的恐惧与抗拒，感谢您的鼓励与耐心，让我变得更加勇敢和愿意尝试；您用您的幽默来化解同学的尴尬，我想您特别用意其实是来保护学生的自尊，但就这点，您足以让我们仰望！

最爱的科目是数学，最喜欢的老师是您，您点亮了通往数学殿堂的道路，您的严谨、认真、幽默、责任，让我们享用一生！大美数学！大爱秦喆老师！

三十余载执教尘与土，八千里路送往昼与夜！感谢您的陪伴，我们的精神榜样！

因为进入一中所以遇见您，也因为遇见您，让我们向往更美好的大学生活，也许多年以后那些数学公式会淡忘，但永远不会忘记您敬业的模样——那流淌在热血中的信仰！

学子成就摘录

刘景芳，1992年毕业于河北省邯郸市第一中学，现就职于中国科学院微生物研究所，任副研究员。1996年于河北大学生物系（现河北大学生命科学学院）获微生物生物化学专业学士学位；2001年获华中科技大学生物医学工程专业硕士学位。自2001年入职中科院微生物研究所工作至今，于2010年获得中国科学院微生物研究所遗传学博士学位，自2012年起任副研究员。长期致力于极端环境微生物环境适应性机制等基础理论研究，主持或参加国家自然科学基金或重大项目多项，探讨了极端环境微生物在基本生物学过程中（复制、转录等）的环境适应性调控机制，相关研究成果发表在 Nature communications、Nucleic Acids Research、Journal of Proteome Research 等国际期刊上。为人类探讨生物进化及开发极端环境微生物中功能特异性生物酶类积累了理论知识。

2014年开始从事蛋白质组学研究。2017年在中科院公派留学项目的资助下，赴芝加哥大学 Ben May 癌症研究所赵英明教授实验室进行了为期一年的访问学者研究。赵英明教授实验室长期致力于组蛋白表观遗传学研究，是世界上在组蛋白上鉴定修饰种类最多的研究团队。2-羟基异丁酰基化（Khib）是他们于2014年首次鉴定的一种新的组蛋白修饰，前期研究表明该修饰在雄性生殖细胞中与高转录活性基因密切相关。在此基础上，与实验室同事合作开展了"基于 label-free 方法鉴定 2-羟基异丁酰基化蛋白互作图谱"的研究，为寻找可能与组蛋白修饰相关疾病的新的药物靶点奠定基础。目前，在微生物研究所所级中心专职进行蛋白质组学相关研究，致力于定量蛋白质学及疾病相关标志物的发掘研究。

李瑞国，河北省邯郸市第一中学 1991 年毕业生，北京奥海威科技公司及迈哲思管理咨询公司联合创始人，北京师范大学经济管理学院等商学院校外导师，山东省产业集群转型升级咨询顾问，北欧日韩德与中国合作的重要推动者，曾经先后在丹麦、德国、韩国及中国的跨国企业工作，拥有二十多年销售与营销管理、战略管理和海外运营实操经验，五年咨询、培训经历，在以下方面拥有丰富的理论知识和最佳实践：

战略规划、战略管理、业务拓展、大客户营销、销售和市场管理、合并收购、渠道拓展与管理、产业集群转型升级、海外市场开拓、"一带一路"研究；工程机械、农业装备、数控机床、工业水处理、暖通空调、市政给排水、融资租赁、经营租赁。

主要成就：结合二十多年外资企业管理经验和深厚的中国传统文化知识，将《易经》《黄帝内经》《孙子兵法》等中国炎黄文化思想与西方科学化企业管理理论进行了有机结合，开发出《太极创新管理》课程体系，包括《战略的艺术——孙子、波特与冰球》《太极六步团队问题解决法》等，为中国产业及企业的创新驱动做出较大努力，也为中国与北欧日韩德等国的往来做出了突出成绩。

秦毅，河北省邯郸市第一中学 1999 届毕业生，2003 年本科毕业于吉林大学／沈阳药科大学，2011 年毕业于中国科学院生物化学与细胞生物学研究所，博士学位。复旦大学附属肿瘤医院、复旦大学肿瘤研究所、上海市胰腺肿瘤研究所研究员，硕士生导师。曾于 2011—2012 年在复旦大学分子病毒实验室工作。自 2012 年起，加盟复旦大学肿瘤研究所／胰腺肿瘤研究所工作。主要从事消化道肿瘤的临床和基础研究，科研重点为胰腺癌的转化研究和胰腺癌转移机制研究等，近五年作为第一／共同第一作者、通讯／共同通讯作者发表SCI论文二十余篇。先后主持及参与上海科委自然科学基金、国家自然科学基金、国家杰出青年基金及其他省部级项目十余项，经费合计两百余万元。

河北省名师秦喆工作室、
邯郸市秦喆数学工作室研修活动纪实

加强理论学习，创新主体课堂模式

以新教材培训研究为契机打造工作的生长点，增强教研的敏感度、更新教育教学理念。

选定学员的专业期刊《中学数学教学参考》、名师经典《章建跃数学教育随想录》。加强理论学习与实践总结，每月组织学员定期第一周进行集中学习交流研讨；优化了课堂结构及课程有效实施的制度建设；明确了学科教学应达成的正确的价值观、必备品格和关键能力，整合了三维目标，树立"四基""四能"和数学学科的六大核心素养。工作室成员老师潜心研究课堂教学，积极探索教学模式，参与各个层面的优质课评比活动。一年来市级以上优质课获奖十余人次，市级以上荣誉二十余项，送教下乡十一次，公益讲座二十余场。

落实新课堂，采用五步措施：第一，示范课观摩；第二，微讲座（阐释课堂理念及创新点）；第三，专家点评；第四，学员分组交流；第五，专家与学员交流共生，引领学员自我剖析找提升切入点，把握先进教学理念，创新与落实"学思研导"课堂模式。

工作室研修活动大事记

2016年3月23日上午8：30，邯郸市名师工作室启动暨现场观摩大会在丛台区展览路小学报告厅召开，到会有各县（市、区）教育局（文教体局）主管局长、师教科长，市直中小学校主管校长，二十一个名师工作室主持人和每个名师工作室四名成员；

2017 年 7 月 12 日，河北省首批 100 个名师工作室启动会议在省会石家庄召开，秦喆老师作为河北省名师工作室研修项目主持人参加了授牌仪式；

2017 年 9 月，秦喆老师应邀为河北省数学骨干教师培训班作了"做有底气的人民教师"专题报告，并为数信学院大三学生作了择业指导；

2018 年 7 月 16—18 日，省名师工作室代表参加 2018 年河北省数学年会，冯竞超老师的论文在中学数学教师论文评比环节中获得了一等奖；

2018 年 9 月，秦喆老师应邀为河北省数学骨干教师培训班做了专题报告"新课程下教师角色的思考"；

2018 年 12 月，省名师工作室代表参加京津冀名师张思明数学建模示范课程研修班活动；

2019 年 7 月 29—31 日，省市工作室成员利用暑期参加第七届数学课堂教学创新高级研讨会，专家章建跃博士作专题报告；

2019 年 9 月，省高中数学工作室联盟在邢台一中举办的"2019 年高中数学课堂研讨会"并做主题发言；

2019 年 9 月，秦喆老师应邀为河北省数学骨干教师培训班作了"教育教学实践与思考"专题报告，并为数信学院大三学生作了择业指导；

2019 年 10 月 16 日，省市工作室部分成员参加河北省普通课程标准（2017版）网络数学培训会，王尚志教授作专题报告；

2018—2019 年度工作室联合教科所和兄弟工作室举行"主体探究式"教学研讨活动、参加培训、对外交流研讨、送陪送教、课题研究等多种形式进行研修活动，共同发展；

2018 年和 2019 年连续两年参加全国名师工作室联盟工作创新发展成果博览会，我工作室被评为全国优秀名师工作室并聘为理事会成员；

积极送教下乡，组织听课、评课、参加教研并交流研课研教材研学情，为促进教育教学的均衡发展做出应尽的义务；

2018 年 10 月 19 日，工作室赴魏县一中送课送教活动，市工作室成员黄妍妍老师讲授"对数的运算及性质"示范课，秦喆老师作"高中数学教学的实践与思考"报告，并同与会教师深度交流，300 多名数学教师参加了此次活动，活动取得了突出效果；

2018 年 11 月 22 日，工作室在邯郸市三中南校区开展同课异构活动，省工作室成员冯竞超老师讲"直线与椭圆的位置关系"公开课，秦喆老师作专题报告，并在三中南校区建立了帮扶实验基地；

2019 年 3 月 19 日，工作室到邢台市二中开展数学教学研讨活动，观摩邢台二中高二数学组备课组活动，与老师进行深度交流，省工作室成员邯郸市二中副校长孔伟利老师作"新高考下课堂教学的思考"专题报告；

2019 年 4 月 19 日，工作室部分成员到魏县二中进行送教下乡活动，秦喆老师作"不断探求，用新的教育教学理念培育有底气的一代新人"专题讲座，魏县初中全体数学教师及魏县各学科名师工作室主持人等百余人参加活动；

2019 年 4 月 25 日，工作室赴荀子中学送课送教活动，工作室成员徐韬老师送课，讲授"解析几何中的对称问题"，课堂采用小组合作、组内研究、共同展示的方式受到了在场老师和学生的充分肯定。郑宇邻老师作"从课本到高考——课本题目在高考中的辐射作用"专题报告，工作室在荀子中学建立了帮扶实验基地；

2019 年 10 月 19 日，秦喆老师参加河北省九家工作室联盟研修会，并在廊坊市大城县高中作了数学教师专业素养培训报告"转变观念，'素养'落地，创全省一流名校 ——2019 年高考命题转向的深度思考"；

2019 年 11 月，秦喆老师参加"河北省特级教师讲师团"，分别在张家口市涿鹿县一中和沧州市献县一中为高中全体数学教师进行培训并做课，专题是"高中数学教学实践的思考"，秦喆老师做课"弧度制"、王建平老师做课"三角函数的性质"；

2019 年 11 月 30 日—12 月 3 日，秦喆工作室参加了由中媒湖南出版集团举办的"新时代数学教育的再出发"培训，其间，秦喆老师应邀在广州市南沙区麒麟中学作了教师专业素养培训"教育教学管理艺术的思考"报告，深受好评。

2020 年 11 月 16 日秦喆老师应邀在线上为"2020 年河北省数学骨干教师研

修班"做了题为"育有底气的一代新人，做有创新的未来教师"的培训。

工作室系列成果

工作室成员在各类期刊上积极发表论文，参与编写教育教学专著，进行课题研究，成员参与课题研究六项，发表论文二十余篇，论著五部；

完成录制《直击 2020 高考专题讲座》微课系列三部，分别是《2018 年高考真题解读》七个专题共十三讲，《2019 年高考真题解读》七个专题共十四讲，《2020 年高考真题解读》七个专题共九讲。另外，工作室集体制作或个人参与同步教学为高三摸底考试制作微课空中课堂十八讲。上述合计制作五十四节微课及课件在疫情期间通过公众号为广大高三学子提供有较高价值的复习材料；

河北省教育厅与移动公司联合出品名师微课系列，本工作室完成录制十四节精品课；

2020 年 11 月秦喆工作室学员研修成果集《看见成长》，经过全体学员老师的潜心写作努力，历经漫长的疫情期，终于由南海出版公司出版。全书分为成长篇、实践篇、硕果篇，共计二十余万字。

2020 年 1—6 月，秦喆工作室组织并编辑了《新版初高中衔接教材》（数学），于当年 8 月由中原出版传媒集团、中原传媒股份公司文心出版社出版。